U0911348

在正道上行

上海民进七十年

黄 震 主编

上海人民出版社

主　编

黄　震

常务副主编

胡　卫

副主编

黄山明　何少华

副主编

陈振民（执行）

编　委

汤晓平（执行）　谈　玲　李文荣

1945年12月30日，中国民主促进会在上海成立。图为民进成立旧址全貌

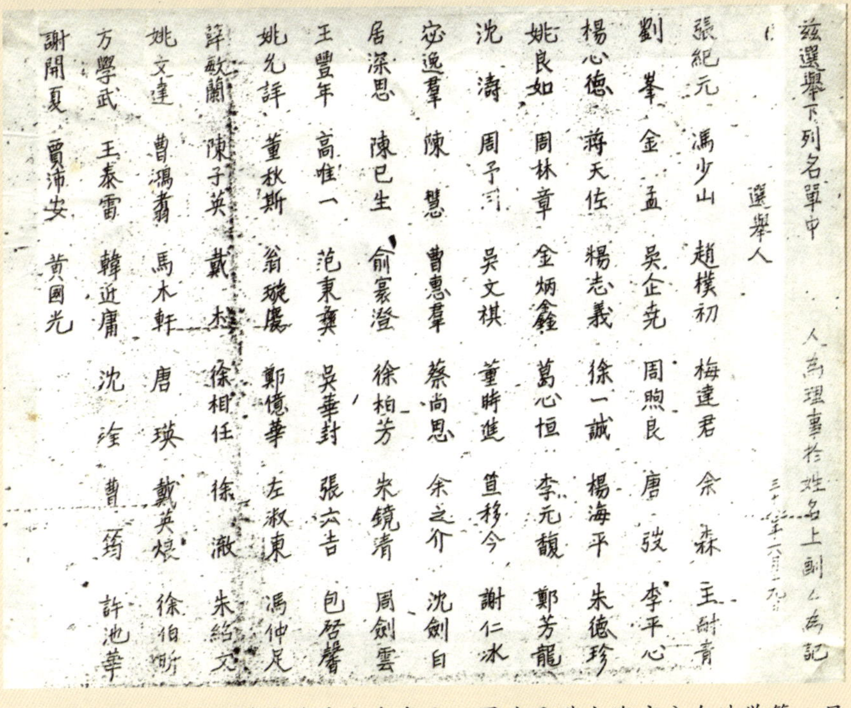

茲選舉下列名單中　人為理事於姓名上劃○為記

三十八年六月十九日

選舉人

張紀元　馮少山　趙樸初　梅達君　余　森　王耐青

劉　峯　金　孟　吳企堯　周煦良　唐　弢　李平心

楊心德　蔣天佐　楊志義　徐一誠　楊海平　朱德珍

姚良如　周林章　金炳鑫　葛心恒　李元龍　鄭芳龍

沈　濤　周予同　吳文祺　董時進　笪移今　謝仁冰

宓逸群　陳　慧　曹惠群　蔡尚思　余之介　沈劍白

居深思　陳巳生　俞寰澄　徐柏芳　朱鏡清　周劍雲

王豐年　高惟一　范東爽　吳華封　張六吉　包啓馨

姚允詳　董秋斯　翁璇慶　鄭億華　左淑東　馮仲足

薛敏蘭　陳子英　戴　杰　徐相任　徐　澈　朱紹文

姚文達　曹鴻翥　馬木軒　唐　瑛　戴英娘　徐伯昕

方學武　王泰雷　韓近庸　沈　淦　曹　筠　許池華

謝聞夏　賈沛安　黄國光

1949年6月19日，民进上海市分会成立。图为民进上海市分会选举第一届理事会的选票

1987年9月4日，民进上海市委主委吴若安为上海民进成员中的五位中学名誉校长祝寿。他们是：南洋模范中学赵宪初（右二）、育才中学段力佩（左一）、位育中学李楚材（左二）、市三女中薛正（左三）、市西中学赵传家（右一）

民进第八届中央委员会主席、副主席合影。前排左起：雷洁琼、赵朴初；后排左起：冯骥才、叶至善、葛志成、陈舜礼、楚庄、邓伟志（名誉主席谢冰心，副主席梅向明、陈难先因公请假）

1991年，出席全国会员先进事迹经验交流会的上海代表与雷洁琼主席（前排左四）合影

1999年6月17日，民进中央主席许嘉璐（后排左四）和在上海的历届民进中央委员座谈

1999年6月18日，在民进成立旧址（现上海市黄浦区明复图书馆会心楼）隆重举行“中国民主促进会成立旧址”揭牌仪式。全国人大常委会原副委员长、民进中央主席许嘉璐，民进中央副主席楚庄、邓伟志、张怀西，名誉副主席柯灵等领导出席

2005年12月18日，民进中央主席许嘉璐，民进中央常务副主席张怀西、副主席严隽琪瞻仰民进成立旧址，并在纪念碑前合影

2007年4月25日，民进上海市委（第十届至第十五届委员会）新老主委合影，左起：民进上海市第十三届委员会主委严隽琪，民进上海市第十届、十一届、十二届委员会主委刘恒椽，民进上海市第十四届、十五届委员会主委蔡达峰

2007年4月，在民进上海市第十次代表大会上，新当选的民进上海市委主委蔡达峰向上届主委严隽琪献花

2008年7月，上海市慈善基金会"人文关怀阳光基金"成立。该基金是由市慈善基金会、市作家协会、上海市民办中小学协会和上海民进企业家联谊会联合发起设立。图为全国人大常委会副委员长、民进中央主席严隽琪出席"人文关怀阳光基金"成立仪式并讲话

2017年4月，在民进上海市第十二次代表大会上，新当选的民进上海市委主委黄震和上届主委蔡达峰握手

祝贺《在正道上行——上海民进七十年》出版

全国人大常委会副委员长、民进中央主席　蔡达峰

在民进上海地方组织成立七十年之际，民进上海市委会编写出版《在正道上行——上海民进七十年》，这是很有价值的成果，也是很不容易的工作。

1945年，留居上海的爱国民主人士，在中国共产党人的指导和参与下，在上海成立了中国民主促进会，这是中国共产党领导的统一战线的历史性成就，也是上海发展史上的重要事件，反映了当时政治形势的需要、社会活动的特点，创造了独特的政党关系，其成立的过程和意义，很有深入研究的必要。

民进诞生以后，积极投身新民主主义革命，参与筹备新政协、建立新政权的工作。1949年，民进总部放眼新中国成立的伟大事业，配合上海解放的迫切需要，审时度势，主动谋划，果断地在上海筹建了新中国第一个民进地方组织。这是民进发展历程中具有标志性意义的重大决策，是民进始终紧密围绕国家事业中心，全力服务多党合作大局的生动写照，体现了多党合作的现实必要性和内在必然性，其决策的过程和历史意义，同样很有深入研究的必要。

1949年以来，民进上海地方组织各届领导机构，始终坚持党的领导，在正道上行，团结带领各级组织和广大会员，经受了各种政治运动的考验。始终加强自身建设，继承和发扬了优良传统，巩固多党合作的思想政治基础，组织规模由小到大，建制不断健全，队伍持续优化，保持了强大的凝聚力。始终注重能力建设，发挥进步性和广泛性相结合的作用，履职取得了丰硕成果，成为推动上海发展的重要政治力量，其发展历程、光辉业绩和宝贵经验，应该得到高度珍惜和充分总结。

上海民进组织的历史，是由数不胜数的决议、规章、活动、事件、建言、人

物和事迹构成的，其中每一件都是民进人的辛勤奉献，都凝聚着民进人的热情和智慧，都有一段令人感动的故事，对它们进行收集、整理和总结，实在是自我教育的过程，也是极为艰辛的工作。十年前，我曾参与《上海民进六十年》的编撰工作，深受教益，也留下了深深的遗憾和愧疚。因能力有限，终究只能整理出组织沿革的大概。

感佩民进市委会高度的使命意识、责任意识和实务能力，精心策划《在正道上行——上海民进七十年》编撰工作，其内容之全面，体例之规整，远胜于前册。其价值和作用，自然也更为可贵和显著。相信它的出版，将会帮助我们深刻理解“不忘合作初心、继续携手前进”的内涵，有力推动上海民进的自身建设，并成为全会会史研究的重要成果。

祝贺《在正道上行——上海民进七十年》出版。

2019年2月15日

认识过去 把握当今 预测未来

——写于民进上海地方组织成立七十周年

第十一届、十二届全国人大常委会副委员长
民进第十二届、十三届中央委员会主席 严隽琪

中国民主促进会成立于抗战胜利后“反独裁、反内战”的民主浪潮之中，民进的前辈都是饱含家国情怀的知识分子，他们面对“中国向何处去？”的道路之争，作出了接受中国共产党的主张、参加中国共产党领导的统一战线的历史选择，开启了民进与中国共产党肝胆相照、荣辱与共的多党合作历史进程，翻开了民进投身中国特色社会主义伟大事业的历史篇章。上海具有海纳百川、中西思想激荡的地域文化，这里知识分子云集、民主运动活跃，尤其是成为中国共产党统一战线工作的重镇，这样的历史风云际会使上海成为中国民主促进会的诞生地。

民进上海市分会是中国民主促进会最早成立的地方组织之一，之后各地方组织的陆续成立意味着中国民主促进会日益成为全国性的政党组织，意味着中国共产党领导的多党合作制度在不断发展和完善。随着中国特色社会主义事业的推进，从新中国成立之初的百废待兴到科技创新高地的崛起和现代化工业体系的建设；从人才源源不断地培养和输送到对外贸易和国际交往的窗口；从中西文化交锋交融的前沿到改革开放新时代中的先行先试，上海一直在全国一盘棋中发挥着举足轻重的独特作用，这为上海民进组织在中国民主促进会中发挥不可替代的作用提供了必要的基础和环境。七十年来，上海民进人才辈出、履职成果累累、自身建设与时俱进。

今天，中国民主促进会已在29个省（直辖市、自治区）建立地方组织，民进的队伍不断壮大，组织架构更加复杂，这就特别需要我们结合走过的道路、当今的实践以及面临的新挑战，着力加强中国特色参政党理论的研究。我很高兴地获悉值此民进上海地方组织成立七十周年之际，民进上海市委编写出版《在正道上行——上海民进七十年》。人类历史离不开一个个（或一群群）人，以及他（或他们）从事的一个个活动，但历史不是这些人或事的简单串接和堆砌。当具有了相当长的时间积累，以及相当广的空间视野时，后来的人就能够从前人的经历中发现一些规律性的东西，而我以为规律正是偶然性与必然性的关系，规律指出趋势。对历史的回顾和研究使我们不仅能认识过去、把握当今，还能预测将来，由此才能不忘初心。

2019年6月

在正道上行——上海民进七十年

民进中央副主席、上海市政协副主席、民进上海市委主委　黄　震

1945年12月30日，中国民主促进会诞生于上海。1949年4月2日，民进总部在北京召开理事会，决定成立中国民主促进会上海市分会。1949年6月19日，民进上海市分会筹备会召开第一次会员大会，宣告中国民主促进会上海市分会成立，选举产生了第一届理事会（1956年第三届理事会后改称为市委会）。民进上海地方组织诞生于上海解放之际，也是内地最早成立的民进省级地方组织。

上海是民进的诞生地，见证了民进与中国共产党风雨同舟的光辉岁月。2019年是民进上海地方组织成立七十周年。这七十年，我们始终牢记民进创始人马叙伦“只有跟着共产党走，才是在正道上行”的政治遗训，毫不动摇地坚持接受中国共产党的领导；始终不忘合作初心，坚守民进先辈的政治理想和政治承诺，继承和弘扬民进优良传统，不断深化政治交接；始终坚定不移走中国特色社会主义政治发展道路，不断巩固多党合作共同思想政治基础。

七十年来，上海民进组织在谢仁冰、赵朴初主任理事，吴若安、赵宪初、刘恒椽、严隽琪、蔡达峰等历任主委的带领下，在各级组织和全体会员的共同努力下，主动适应形势要求，积极参与社会主义建设和改革开放的伟大实践，做出了大量卓有成效的工作，发挥了积极独特的作用。

七十年来，上海民进始终高度重视组织建设，上海民进组织不断发展壮大，会员人数不断增加。从1949年成立初期的75人发展到现在的10655人，中高级知识分子占91.97%，会员层次不断提高，教育、文化、出版以及医卫、科技、经济等领域人才荟萃；组织建制不断健全，1951年开始建立基层组织时只有4个支会和7个直属小组，1978年恢复活动时仅有10个区委会，2个县支部，1994年起陆续成立

直属基层委员会，现在已有覆盖全市的16个区级组织，21个基层委员会，2个直属支部，共有392个支部。

七十年来，上海民进始终坚持围绕中心、服务大局，切实履行参政党职能。我们紧紧围绕上海经济社会发展和人民群众切身利益，认真履行参政党职能。高度关注教育、文化、出版等领域的改革和发展，对《教师法》草案、上海贯彻《义务教育法》、基础教育和高等教育改革、民办教育和职业教育、出版体制改革、公共文化服务体系、《上海市旅游条例》立法等提出一系列建议；持续多年关注社会建设与管理，在浦东开发开放、国有企业改革、精神文明建设，政府机构改革、世博会筹备、自贸区建设、上海“五个中心”建设、长三角一体化发展等方面开展协商议政，对“五违四必”、食品安全、科创中心人才政策贯彻落实情况进行专项民主监督，为市委、市政府的科学决策提供重要参考，得到中共中央、国务院有关部门和中共上海市委的高度评价和采纳，为国家和上海改革发展作出了应有的贡献。

七十年来，上海民进始终坚持发挥优势，为改善民生和促进社会发展献计出力。我们坚持“有思有行、集智聚力、顺势而为、开拓创新”的方针，构建上海民进开明画院、企业家联谊会和人文关怀阳光基金三大社会服务平台，以教育帮扶和文化帮困的形式，在师资培训、助学、助教、助医、济困等领域对贵州、云南、甘肃、新疆等贫困地区开展对口帮扶与合作交流工作。培训约5万人次西部教师和学生，援建希望小校，捐赠图书40余万册，捐款捐物（价值）达千万元。在洪灾、“非典”、地震等突发特大灾害面前，上海民进各级组织和广大会员与全国人民同舟共济、守望相助，充分体现了民进作为中国特色社会主义参政党的使命担当。

七十年来，上海民进始终把思想政治建设摆在首位，全面加强思想、组织、制度，特别是领导班子建设。团结带领各级组织和广大会员，与时俱进、探索创新，不断加强参政议政、民主监督和参加中国共产党领导的政治协商的能力建设。积极探索并推进会内监督和会内民主，建立健全领导班子议事决策制度和机制。各级组织紧密配合，增强联动与合作，不断增强民进组织的凝聚力。广大会员立足本职，关心社会，发挥自身优势，双岗建功，取得了优异成绩，赢得了诸多光荣称号和广泛声誉。

七十风雨兼程，七十岁月辉煌。民进事业薪火相传，继往开来。我们组织编写《在正道上行——上海民进七十年》一书，力图在概述、组织、市代表大会和市委全体会议、自身建设、履行职能、社会服务、人物七个方面，全方位展示民进上海地方组织成立以来的发展和成就。这对我们重温历史，思考上海民进未来发展方向，具有重大的意义。

我们要继承“只有跟着共产党走，才是在正道上行”的政治遗训，不断弘扬民进优良传统，巩固多党合作的思想基础，秉持“为执政党助力、为国家尽责、为人民服务”的宗旨，不忘初心、不辱使命、努力开创上海民进事业蓬勃发展的新局面，书写上海民进光辉历史的新篇章。

2019年4月

目 录

第四篇　履行职能

第五篇　社会服务

附录

概 述

中国民主促进会是以从事教育文化出版传媒以及相关科学技术领域高中级知识分子为主、具有政治联盟性质的政党，是同中国共产党通力合作的中国特色社会主义参政党，是爱国统一战线的组成部分，是发展先进生产力、社会主义民主政治、社会主义先进文化和构建社会主义和谐社会，实现国家富强、祖国统一、民族振兴的重要力量。

上海是中国民主促进会的发祥地，民进以上海为起点开始发展壮大，并在上海开展了发起并促成上海民主力量大联合、发起上海人民反内战大会等爱国民主运动，对推动旧中国的民主进程影响深远。20世纪40年代马叙伦、王绍鏊等民进先辈在上海投身民主事业，他们奔走呼号，在《民主》《周报》等进步刊物发表爱国民主言论，团结影响了一批批民主进步人士。民进和民进的先辈们在上海经历了风雨沧桑。上海也是中国民主促进会紧紧跟随中国共产党，同中国共产党风雨同舟、并肩战斗最初的起点。民进上海地方组织是中国内地最早成立的民进省级地方组织。

一、中国民主促进会的创建

抗日战争胜利后，全国人民迫切希望建立一个统一、独立、民主、自由的新国家，使自己的国家真正富强起来。中国共产党提出了和平民主团结的建国总方针；而以蒋介石为首的国民党统治集团，顽固地坚持独裁、内战、卖国的反动政策。国共两党围绕两种建国方针的斗争越来越激烈。在中国面临两种前途、两种命运抉择的关键时刻，中国民主促进会（简称民进）在中共地下党的帮助下于1945年12月30日在上海爱麦虞限路中国科学社（今陕西南路235号黄浦区明复图书馆）成立。在严酷的斗争中，民进不断发展壮大。1949年6月19日，民进上海市分会在上海同孚路（今石门一路）102弄6号成立。

早在抗日战争前夕，民进先贤就在不同的岗位上，共同呼吁团结御敌，一致抗日。抗战胜利后，他们目睹国民党当局顽固坚持内战、独裁、卖国的政策，运用出版舆论工具投身于反对内战、反对独裁、反对出卖国家主权的爱国民主运动。

1945年9月8日，由唐弢、柯灵主编的《周报》创刊。10月13日，由郑振铎主编、马叙伦任编委、生活书店主办的《民主》出版。

在这两份刊物周围，聚集了周建人、林汉达、许广平、李平心、傅雷、严景耀、董秋斯、罗稷南，以及郭沫若、柳亚子、宦乡、夏衍等一大批文化界知名人士。他们经常在刊物上发表文章，揭露国民党当局的罪行，抨击蒋介石的独裁统治，大声疾呼并鼓动人民大众起来争取和平民主。

1945年9月8日，柯灵、唐弢创办了抗战胜利后上海的第一份进步刊物《周报》。图为《周报》创刊号

1945年10月13日，郑振铎、徐伯昕创办了另一份进步刊物《民主》。图为《民主》第19期发表马叙伦《对于较场口惨案再说几句》

《周报》《民主》以及其他一些杂志的主编和主要撰稿人，经常聚会座谈，互通消息，研究时局，商讨斗争策略。后来，他们每周在联华银行八仙桥分行（今西藏南路26号）的会议室聚会，分析时事，商讨出版事宜和斗争方式。与此同时，在王绍鏊周围，也集结了陈巳生、谢仁冰、刘树梅、张纪元等一批上海工商界和文化界的知名人士，他们经常在谢仁冰家秘密集会，商谈救国之道。

共同的斗争目标和现实斗争的需要，使这两支有一定影响的爱国民主力量队伍走到了一起。经谢仁冰引见，马叙伦与王绍鏊得以面晤，相谈甚畅，决定双方以后一起在上海北京西路的广和居饭馆楼上集会座谈。马叙伦方面参加聚会的有郑振铎、傅雷、唐弢等；王绍鏊方面有林汉达、谢仁冰、张纪元等。以后范围逐渐扩大，许广平、周建人、赵朴初、徐伯昕、柯灵、梅达君、李平心、曹鸿翥、刘哲民、冯少山等先后加入，集会地点转移到八仙桥青年会礼堂。他们不仅座谈时局，而且开始携手联合战斗，在《周报》《民主》《文汇报》等新闻阵地，联合发表文章。1945年12月中旬，针对美国政府怂恿蒋介石集团发动内战的对华政策，马叙伦与王绍鏊利用美国特使马歇尔来沪之机，联系郑振铎、林汉达、徐伯昕、周建人、许广平以及其他爱国知名人士共61人联名发表《给美国人民的公开信》，呼吁美国人民反对美国政府的对华政策，希望他们“给我们以高尚的同情和援助，让我们制止内战，实现民主政治”。

联合战斗对当时的民主运动起到推动作用。参加座谈会的同志，分别提议或写信给马叙伦和王绍鏊，希望成立永久性的组织，以便长期共同战斗。经过协商研究，双方一致同意成立一个以促进民主政治的实现为宗旨的政治组织，取名为“中国民主促进会”。

经过充分的酝酿和筹备，中国民主促进会成立了。民进成立后，即以上海为活动基地。从成立到1947年，先后在上海召开过5次会员大会。

（一）民进第一次会员大会

1945年12月30日，民进在上海爱麦虞限路中国科学社（今陕西南路235号黄浦区明复图书馆）召开成立大会，宣告成立。出席成立大会签到的是马叙伦、王绍鏊等26人，其中徐相任未到而由其子徐彻代签，实际到25人。马叙伦担任会议主席，他在向大会报告发起组织的原因和经过时说：纵览目前国是，非促进民主不足以建永固之国基，经各方交换意见后，认为有组织团体以谋群策群力之必要，取名为中国民主促进会是要发扬民主精神以促进中国民主政治之实现。大会作出四项决议：（1）一致通过本次集会为本会的成立大会；（2）一致通过本会简章；（3）原则通过本会对时局的宣言，同时继续广泛征求意见，由理事会修改后立即公开发表；（4）决议本会暂设理事11人，常务理事3人，在理事会未产生前会务由马叙伦负责，王绍鏊、严景耀、陈巳生协助。

大会通过的民进简章明确规定了民进的性质、任务和组织原则。简章指出：中国民主促进会“以发扬民主精神推进中国民主政治之实践为宗旨”，“凡各界无党无派人士赞同本会宗旨，经会员二人以上之介绍，理事会通过，得为本会会员”。简章规定民进的最高权力机关为会员大会，同时设置理事会和常务理事，分别负责执行会员大会决议交办事项和本会经常事务。“理事会理事由会员大会选任罢免。常务理事由理事互推产生。”“一切本会之意志表示，概由会员大会决议。”简章规定了纪律：“会员如有破坏本会名誉或违反本会宗旨之言论与行动者，经会员二人以上之提议，由会员大会通过，得取消其会员资格。”

鉴于当时的政治形势和认识上的局限，简章还规定：“本会至国民代表最高

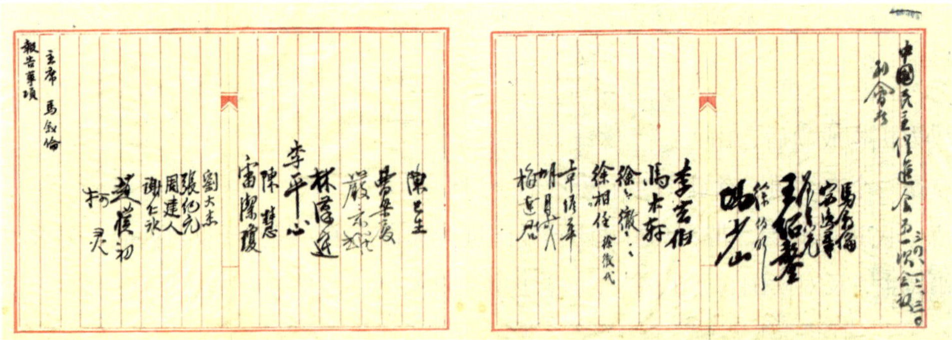

1945年12月30日中国民主促进会在原上海中国科学社（现陕西南路235号上海市黄浦区明复图书馆）举行成立大会。图为大会签到笺，签到的共26人，他们是：马叙伦、王绍鏊、林汉达、周建人、陈巳生、徐伯昕、谢仁冰、严景耀、雷洁琼、赵朴初、梅达君、张纪元、冯少山、柯灵、曹梁厦、李平心、陈慧、宓逸群、徐相任、徐彻、万景光、刘大杰、李玄伯、马木轩、章惟华、胡月城

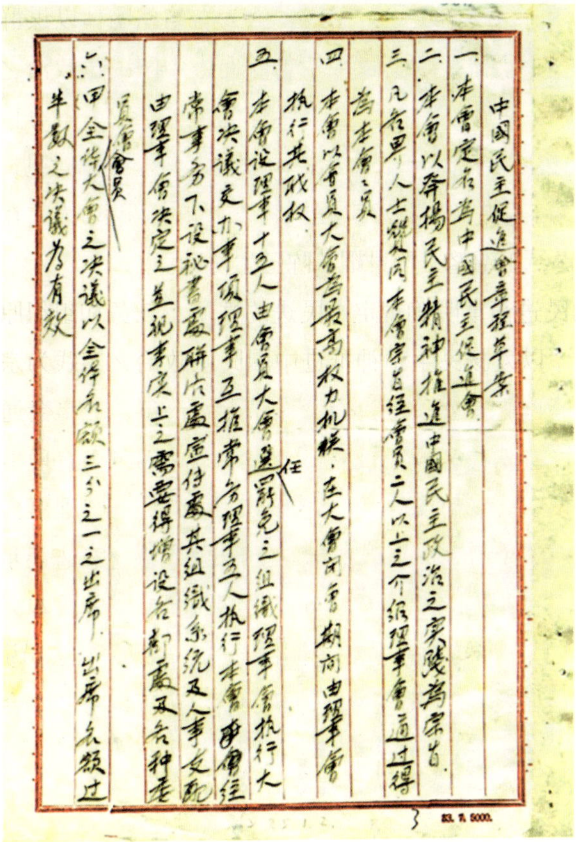

中國民主促進會章程草案
一、本會定名為中國民主促進會
二、本會以發揚民主精神推進中國民主政治之實踐為宗旨
三、凡在野人士贊同本會宗旨經會員二人以上之介紹理事會通過得為本會會員
四、本會以會員大會為最高權力機構，在大會閉會期間由理事會執行其職權
五、本會設理事十五人由會員大會選任罷免之組織理事會執行大會決議交辦事項理事互推常務理事五人執行本會日常經常事務下設秘書處聯絡處宣傳處其組織系統及人事支配由理事會決定之並視事實上之需要得增設各部處及各種委員會
六、由全體大會之決議以全體名額三分之一之出席，出席名額過半數之決議為有效

成立大会上一致通过的第一份中国民主促进会章程

权力机构成立后，由大会决议宣告结束。”简章清楚表明，民进从成立之日起，就是一个有纲领、有组织、有纪律的政治组织。

民进成立后，带领会员并团结爱国进步知识分子，投身于反对内战，要求和平民主，反对卖国、要求统一，促进中国民主政治实现的爱国民主运动。

（二）民进第二次会员大会

1946年1月2日，民进第二次会员大会在上海召开，到会33人。许广平、傅雷、曹鸿翥、董秋斯、蒋天佐、朱绍文、张凤举等参加大会。大会进行两项议程：一、选举马叙伦、严景耀、陈巳生、林汉达、郑振铎（未参加大会）、曹梁

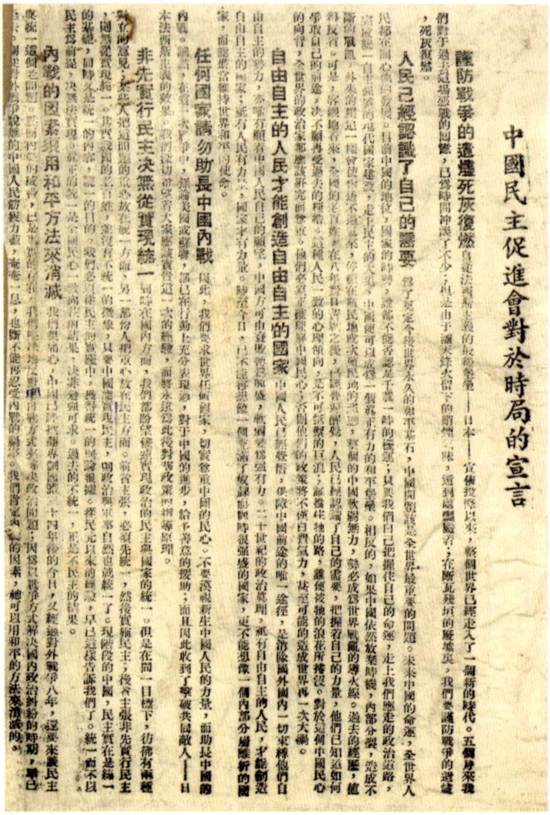

中國民主促進會對於時局的宣言

謹防戰爭的遺燼死灰復燃

人民已經認識了自己的需要

自由自主的人民才能創造自由自主的國家

任何國家請勿助長中國內戰

非先實行民主決無從實現統一

內戰的因素須用和平方法來消滅

1946年1月2日，中国民主促进会召开第二次会员大会，图为在大会上一致通过的《中国民主促进会对于时局的宣言》

厦、王绍鏊、周建人、曹鸿翥、冯少山、柯灵11人为第一届理事会理事，傅雷、许广平、张凤举3人为候补理事；二、一致通过《中国民主促进会对于时局的宣言》（以下简称《宣言》）。

《宣言》提出八点政治主张：（1）自主自动地改革政权，实现民主；（2）国民党立即无条件地还政于民；（3）立即无条件地停止内战，全国军队，各驻现地，听候调整；（4）要求友邦从速撤退驻华各军，完成日本投降事件由中国政府自行担任；（5）重新制定宪法草案，交付正式最高权力机构决定公布；（6）宣布前国民大会代表之选举无效，制定普选方法，限期完成正式最高权力机构的选举；（7）战时机构即行核实裁并；（8）制定适应时代的建国大纲，交付政府制定政策方案。《宣言》是在王绍鏊所写《意见书》的基础上，经理事会深入讨论修改后完成的。它是民进成立后公开发表的第一篇宣言。《宣言》严厉驳斥蒋介石“先统一，后民主”的谬论，全面阐述民进对国际国内形势的立场观点，公开宣布自己的政治主张。《宣言》是中国民主促进会在民主革命时期的纲领性文件。

1月4日，民进第一届理事会举行第一次会议，一致推举马叙伦、陈巳生、王绍鏊为常务理事。并选任周建人为起草委员，严景耀为财务委员，徐伯昕为出版委员，宓逸群为秘书，张纪元任事务。自此，民进有了健全的组织机构，全体成员在组织的带领下，为着实现自己的政治主张，进行坚持不懈的斗争。

（三）民进第三次会员大会

1946年2月3日，民进第三次会员大会在上海召开，出席大会的会员有27人。会议主要讨论民进的组织工作和加强宣传的问题。常务理事陈巳生主持大会，马叙伦代表理事会向大会报告自第二次会员大会以来的工作。会议同意在理事会下设秘书处、研究部、联络部、出版部和若干委员会（如经济委员会）等工作机构，秘书处由宓逸群、朱镜清、张纪元、严景耀、万景光负责；研究部由周建人负责；联络部由林汉达负责，梅达君、赵朴初、张纪元为联络员；出版部由徐伯昕负责；经济委员会由严景耀、冯少山、赵朴初、梅达君、徐伯昕、曹鸿翥等人组成。会议通过加强下层组织的提案，要求民进努力联合各学会、同业会及地方社团，共同投身爱国民主运动。

2月8日，理事会研究决定：（1）在理事会中增设国际宣传部，由严景耀负责；（2）以本会“促进民主政治之实践”的宗旨为方针，开办人文科学补习学校，由陈巳生、赵朴初、严景耀三人负责，并拟聘请严景耀、郑振铎、雷洁琼、王绍鏊、林汉达、陈巳生、周建人、冯仲足、吴大琨、蔡尚思、金仲华、沙千里、黄任之、马叙伦等为教授。这次大会特别重申民进以促进民主为宗旨的基本方针，强调一切工作“概以促进民主为原则，不论何方有不民主或反民主之现象时，当设法促使达到民主之目的”。

第三次会员大会的几项决定，对于指导民进进一步开展工作是有积极意义的。但由于后来形势的迅速变化，这些决定没有全部实现。

（四）民进第四次会员大会

1946年3月17日，民进第四次会员大会在上海召开，有47人参加。会议着重讨论在新形势下民进的斗争方向和斗争策略，马叙伦作题为《民进工作纲要》的重要报告。在报告中提出两项具体工作：（1）唤起和动员广大民众参加爱国民主运动；（2）联合各民主党派和旨趣相同的人民团体共同战斗。马叙伦的报告分析了形势，指出民进在今后一个阶段的斗争目标，提出具体手段，是民进工作的指导文件。特别是联合各民主党派和人民团体共同战斗的策略，对上海爱国民主运动的发展，产生了积极的影响。

民进第四次会员大会还一致通过一项重要决议：参与发起组织上海市人民团体联合会。会议还通过参加自由保障会、修正会章等提案，批准了理事会简章草案，大会并一致同意理事会由原来11人增加为15人，增选许广平、梅达君、徐伯昕、谢仁冰为理事，杨志义、宓逸群、雷洁琼、朱绍文为候补理事。

3月22日，理事会推举马叙伦、王绍鏊、陈巳生、林汉达、许广平为常务理事，同时决定理事会的下设机构为三处三委员会，推举谢仁冰为秘书处长，梅达君为联络处长，严景耀为宣传处长兼经济委员会主任，徐伯昕为出版委员会主任，周建人为研究委员会主任。第四次会员大会是民进历史上一次重要的会议。这次大会确定了今后的斗争纲领，加强了领导力量，对民进以后的发展起了重大的作用。

（五）民进第五次会员大会

1947年2月9日，民进第五次会员大会在上海召开，由于环境恶劣，出席会员仅39人，不到全体会员的五分之二。出席会议的有马叙伦、王绍鏊、许广平、周建人、严景耀、徐伯昕、朱绍文、李平心、柯灵、谢仁冰等。陈巳生任大会主席，王绍鏊代表第一届理事会向大会作会务报告。会议有5项主要议程：（1）会务报告；（2）形势报告；（3）修改会章及理事会规程；（4）选举理事；（5）讨论加强组织建设。严景耀和马叙伦分别向大会作了国际和国内形势报告。与会会员对理事会的工作报告和国际国内形势报告进行讨论，对理事会的工作予以充分的肯定，并一致同意马叙伦提出的以后一段时间的斗争方向和任务。会议选举产生民进第二届理事会，马叙伦、王绍鏊、许广平、周建人、陈巳生、李平心、徐伯昕、严景耀、朱绍文9人为理事，柯灵、郑振铎、蔡尚思、余之介、董秋斯为候补理事。因严景耀即将离沪，大会当即决定柯灵替补为理事。

2月28日，第二届理事会召开第一次会议，推举马叙伦、王绍鏊、许广平为常务理事，并通过组织机构和人事安排，任命谢仁冰为秘书处主任，宓逸群、黄国光为秘书；陈巳生为联络处主任，金盂为干事；李平心为宣传处主任，陈巳生兼任财务委员会主任，周建人为研究委员会主任，徐伯昕为出版委员会主任。

第五次会员大会是在民进经过一年多的实际考验后召开的。会议总结过去的斗争经验，分析形势，提出今后的任务，同时选出新的领导，作出发展新会员，进一步加强会内团结和联系以加强组织发展、扩大战斗力等重要决定，对民进以后的发展和斗争具有十分重要的意义。

二、积极投入爱国民主运动

（一）围绕旧政治协商会议的斗争

1946年1月10日，旧政治协商会议在重庆召开。当时社会上有些人对这次会议寄予很大的希望，以为通过这次会议能解决第二次世界大战后中国国内存在的一切问题，尤其是停止内战、国民党还政于民、实行民主政治等重大问题。针对上述情况，马叙伦撰写《写在政治协商会议以前》等文章，表示对会议的关注与希望，对共产党在政协会议上同国民党斗争进行有力的支持。民进在上海召开会议，专门研讨对政治协商会议的立场态度。1月11日，民进发表《给政治协商会议建议书》提出：（1）组织举国一致的民主政府；（2）政治协商会议代行正式最高权力机构职权；（3）原有国民大会代表应宣布无效，重行选举；（4）修改“五五”宪草；（5）绝对保障人民一切自由；（6）各党党费应各党自行负担；（7）发展民主化的经济。民进希望这次会议“一定更是挽回危机打开僵局的会议，一定更是解决一党专政，奠定民主政治，捩转整个中华民国历史的革命会议”，为此民进呼吁全国人民“运用一切力量，来促其成功”，以此为契机，“产生一个崭新的真正民主的中华民国”。

1月21日，民进与上海小学教师联合进修会、中等教育研究会等团体联名向政治协商会议提出立即停止内战、国大代表重新选举等四项建议。在此期间，马叙伦等继续在报纸杂志上发表文章，揭露蒋介石在会议中要弄的花招，鼓励参加会议的其他党派团体和无党派爱国民主人士坚持原则团结战斗，争取会议的成功。

在中国共产党和其他爱国党派、爱国人士的努力和斗争下，政治协商会议最后取得一定成果。通过和平建国纲领、关于军事问题的协议、关于国民大会的协议、关于宪法草案问题的协议、关于改组政府的协议五项协议。按照政协决议，真正的国民大会应当是在全面停战的和平条件下，由改组后的民主联合政府召开。由于蒋介石反共反人民的顽固立场不变，政治协商会议的决议成了一纸空文。

（二）积极开展爱国民主运动

1946年1月13日，上海各界1万多群众在玉佛寺公祭在昆明“一二・一”惨案中遇难的于再烈士，民进以组织名义参加大会。马叙伦、王绍鏊、陈巳生三位常务理事及郑振铎、许广平、林汉达等到会。公祭大会由马叙伦主持，林汉达、许广平相继在大会上演说，揭露国民党统治集团的罪行。大会通过提案向政治协商会议建议：（1）成立民主联合政府；（2）改善职员、工人及教员待遇；（3）取消对学生的高压政策；（4）取消禁止游行集会的法令；（5）释放政治犯；（6）严办昆明惨案的凶手。会后举行游行。马叙伦等还参加于再纪念委员会，编辑出版《“一二・一”民主运动纪念册》，为筹办于再纪念馆捐款。

2月1日，马叙伦、周建人参加上海大中学生声援南京临时大学被捕同学大会，并发表演讲，支持上海学生爱国民主运动。2月16日，上海大中学生联合会在天蟾舞台举行捐募助学金联欢大会，许广平、林汉达应邀参加，林汉达发表演讲。马叙伦、周建人在《文汇报》撰文，支持助学运动。3月9日，马叙伦应邀参加上海临时大学学生联欢会，发表《东北问题之我见》的演说，指出所谓东北问题乃是中国政治制度不民主的产物。

2月10日，政协决议墨迹未干，国民党统治集团就在重庆制造了“较场口事件”。事件发生后不久，国民党召开二中全会，公开撕毁政协决议。针对这种情况，马叙伦连续发表《写在国民党二中全会的期内》《国民党二中全会闭幕后》《当前一个重要问题》等文章，揭露国民党当局破坏政协决议，要使全国人民

“再流一次政治血”的阴谋。

3月18日，江苏南通市民集会，要求和平、反对内战，遭到国民党军警武装镇压，多人受伤被捕，参加集会的顾迅逸和孙天平等人被国民党绑架暗杀。4月11日，南通流亡上海青年学生向上海各界报告南通惨案发生经过。马叙伦、周建人、许广平等参加报告会，马叙伦并在会上发言指出，在当今社会上，争取民主就要准备付出血的代价，“我今天在这里讲话，就准备会后出不了大门”。民进领导人还在报纸杂志上发表多篇文章，抗议国民党特务又一次制造血案。上海各界组成“南通惨案后援会”，民进由王绍鏊、陈巳生、许广平三位理事参加后援会，并以组织名义为“南通惨案”发表宣言，抗议国民党军警的罪行。

3月下旬，国民党当局指定上海市临时参议会正、副议长，召开临时参议会，并决定在4月28日进行有条件限制的上海市参议会参议员选举。4月13日，民进发表《反对不合民主的上海市参议会宣言》，要求上海市政府立即停止市参议员的选举；根据政治协商会议决议修改民意机关组织法和选举法；政治协商会议应督促政府实行决议案等。在此前后，马叙伦、周建人、郑振铎还分别发表《反对不民主的上海市参议会》《不要包办的市参议会》《我们要求民主的选举》等文章，反对不合民主、不代表民意的上海市参议会选举。

4月11日，林汉达应邀参加上海第四区电力工会成立大会；12日，马叙伦、林汉达等应邀参加上海美商电话局产业工会成立大会；13日，马叙伦、林汉达又应邀参加上海百货业工会成立大会。对上海工人运动进行有力支持。

4月25日，为抗议物价飞涨、学生失学、教员失业，上海小教联、中教研究会等组织发动为争取教师生活权利的斗争，组织中小学教师1500人到市教育局请愿。民进会员、小教联理事长葛志成领队参加，并邀请林汉达演讲，鼓励广大教师投身爱国民主运动。小教联顾问马叙伦、周建人等在《联合晚报》上发表《从人心说到教育》《科学与自由》等文章，积极支持中小学教师争取生活权利的斗争。

（三）上海人民团体联合会成立

1946年5月5日，在中共上海地下组织的支持和帮助下，民进与上海纺织业、百货业等工会以及妇女、文化、医药、银钱、教师、学生等各界53个团体（后来发展到91个），在上海南京路劝工大楼礼堂举行大会，宣告成立“上海人民团体联合会”（简称“人团联”），实现了各界爱国民主力量的大联合。

参加这次大会的共有200多位代表。成立大会由人团联筹委会召集人、民进常务理事马叙伦主持，人团联筹委会委员、民进理事梅达君代表人团联筹委会报告筹备经过。大会通过了“人团联章程”，并选出理事29人，常务理事9人，其中马叙伦、王绍鏊、林汉达、陈巳生、梅达君、徐伯昕、许广平、周建人、冯少山和葛志成是民进会员。马叙伦、林汉达、许广平、陈巳生是常务理事。大会通过人团联成立宣言和致国共双方呼吁和平、反对内战的电函；通过关于制止东北流血事件、反对保甲制度、取消戒严法、反对不合民主的上海市参议员选举、组建人民自由保障会等提案。

人团联成立后，民进通过和配合这个联合组织，在许多重大政治事件发生后，互相协同，共商对策，在上海爱国民主运动中掀起一个个高潮。如为共同反对上海市警察局的“警员警管区制”，马叙伦、王绍鏊、周建人、林汉达、郑振铎及人团联的沙千里等分别在《民主》《文萃》《文汇报》发表文章或谈话，痛斥“警员警管区制”的反动实质。《周报》第37期还推出《警管区制问题》特辑，全文刊载刘西渭（李健吾）、傅雷、邱去耳（钱锺书）、肖思明（戈宝权）、孟木、文西（乔冠华）、严景耀等写的批判文章。在民进、人团联和广大市民的反对声中，警员警管区制未能完全出台。

（四）发表《反内战宣言》，揭露国民党内战阴谋

在美帝国主义怂恿下，国民党以和平谈判为烟幕，置停战令于不顾，不断向解放区发动进攻。1946年上半年，国民党军队向解放区的进攻达4360余次，侵占解放区大批城市和市镇，并形成对解放区的包围，全面内战迫在眉睫。

民进领导人一面撰文揭露国民党的罪恶行径，一面通过上海人民团体联合会发动各界人民起来反对内战。6月5日，人团联发表《反内战宣言》，指出内战已经有蔓延全国的趋势，“我们人民要团结起来，拒绝参加足以增加战乱的一切行动”，“我们要以主人的地位来制止战乱，如果谁竟敢压迫我们这样的举动，就是我们人民革命的对象！”紧接着，由上海人民团体联合会发起，民进马叙伦、王绍鏊、许广平、周建人、林汉达、郑振铎、徐伯昕、雷洁琼和其他各界知名人

士陶行知、罗叔章、唐弢、阎宝航、胡子婴、沙千里、胡绳等164人联名上书蒋介石、马歇尔、民盟、青年党及中共代表周恩来等，呼吁停止内战。针对美国政府暗中支持蒋介石内战的事实，马叙伦在他起草的给马歇尔的信中强烈要求美国政府立即改变对华政策，停止向国民党提供军事援助。中共代表团对马叙伦等呼吁和平的信件非常重视，周恩来、董必武、陆定一、邓颖超四人联名给马叙伦等复函，高度评价他们为国是不辞辛劳的热忱“感人至深，曷胜钦仰”，同时申明共产党的一贯主张，“决愿本一向和平民主团结统一之职志，进行谈判，并盼能从此长期停战，永息戎争，俾使政协决议整军方案得以顺利实行”。

（五）“六二三”反内战大会

为了制止全面内战的爆发，中国共产党于1946年5月3日派出以周恩来为首的代表团，到南京与国民党当局举行和平谈判。当时由于蒋介石集团在军事上连遭挫折，急需喘息时间，因此让美国特使马歇尔出面“调停”，一方面宣布自6月7日起，在东北战场停战15天；另一方面又宣布“15日后国军仍将继续分赴未接收各省接收领土与主权”。这一面谈停战，一面宣布继续内战的欺骗行为，激起全国人民的极大愤慨。为此，中共中央南京局决定发动上海爱国民主力量开展一次要求和平、反对内战的人民运动。民进和人团联立即会同民盟、民建以及其他党派团体，响应中共的号召，组织一次声势浩大的反内战群众运动。

5月26日，民进和人团联在上海南海花园饭店招待由重庆来沪的民主人士，与会者有郭沫若、茅盾、沈钧儒、柳亚子、陶行知、沙千里、马寅初、黄炎培、李公朴、阎宝航、梁漱溟、胡厥文、吴耀宗、施复亮、章伯钧、章乃器，马叙伦、王绍鏊、严景耀等在会上一致表示目前局势十分紧急，非立即停止内战实不足以救中国于水深火热之中。经共同商讨，决定发起组织上海人民反内战大会，并推举马叙伦等9人负责筹备。招待会后，马叙伦立即连续召集筹备会议，商讨有关行动计划。至5月底上海人民反内战大会的联络工作已大致完成。

蒋介石无视人民要求停止内战的呼声，扬言“三个月内可击破共军”“六个月内可完全解决共产党问题”，内战危机进一步加剧。在这样的情势下，民进、民建及人团联等组织一致决定，以上海人民反内战大会的名义，正式推派代表去南京呼吁和平。6月10日，马叙伦在民进理事会上报告这一工作，并希望“本会同仁更能坚强发出全力，以支持本次运动”。理事们一致表示支持，并当场决定捐助赴南京代表费用40万元。

6月16日，人团联召开理事会，经过充分协商、征求各方意见后，决定由马叙伦、蒉延芳、盛丕华、雷洁琼、包达三、张絅伯、阎宝航、吴耀宗和胡厥文9人（胡厥文23日因事没有赴南京）为和平请愿代表，另由上海学生和平促进会选出学生代表陈立复、陈震中，共11人，组成上海人民团体代表团，由马叙伦任团长，胡子婴、罗叔章为代表团秘书。会议还决定组织群众集会欢送和平请愿团赴京请愿，会后举行反内战大游行。

6月18日，人团联所属的上海市学生联谊会，组织交大、沪江、复旦、之江、圣约翰、光华、东吴及储能、南洋、光华附中、民治新专等上海20余所大中学校学生举行游行，反对内战。接着，上海工人也组织反战同盟，反对国民党的内战政策。马叙伦、林汉达、周建人、许广平等，当即发表文章或谈话，支持上海工人和学生的反内战运动。

6月23日，在中共上海地下组织的领导和帮助下，人团联和其他组织总共300多个团体单位、5万余群众，在上海北火车站举行声势浩大的反内战大会。大会主席团由王绍鏊、陶行知、林汉达担任，林汉达等人在大会上发表演讲，欢送以马

1946年6月23日，在“六二三”反内战大会上，雷洁琼在集会上代表请愿团发表演说

1946年6月23日，上海各界群众10万余人在北站召开反内战大会并欢送和平请愿团赴南京，马叙伦任请愿团团长，雷洁琼、蒉延芳、盛丕华、包达三、张絅伯、阎宝航、吴耀宗、胡厥文（胡厥文23日因事没有赴南京）为成员。图为请愿团出发前在站台上的合影

叙伦为团长的上海人民和平请愿团去南京。

最后，大会宣布通过四项决议：（1）成立全国争取和平联合会；（2）和平谈判只许成功，不许失败；（3）第一批请愿不成，第二批、第三批接着去，甚至全体步行晋京；（4）通电美国政府不要帮助中国打内战。上午11时，载着上海和平请愿代表团的列车启程。

列车开出后，主席团和民进等各界知名人士王绍鏊、陶行知、林汉达、周建人、许广平、沙千里、叶圣陶、严景耀、吴晗、田汉、葛志成、曹鸿翥等和5万余群众立即开始反内战大游行。

（六）下关事件

上海人民团体代表团晋京请愿和平的正义行动，使得国民党统治集团极为惊慌。“六二三”反内战大会当天，国民党上海当局就唆使一小撮人打着“上海学生反内战大同盟”“上海工人反内战大同盟”旗号，在反内战大会会场内外捣乱。

当列车经过苏州、常州时，国民党特务有意上车纠缠。列车抵达镇江时，忽有几个身着蓝色纺绸衫的人在列车上胡闹，指名要找马叙伦。他们自称是“苏北难民代表”，要马叙伦下车“慰问”，还要挟代表团答应到南京后不向“政府”请愿，而要“向共产党请愿”，否则他们就要卧轨，不准列车开动。代表团识破了他们的阴谋，一方面和他们说理，一方面发动全车旅客同他们斗争，特务们的阴谋未能得逞，列车继续前进。

当天晚上7时，和平请愿团乘坐的列车抵达南京下关车站。早已等候在这里的大批暴徒又冒充“苏北难民”，将代表们分隔包围起来，最后行凶施暴，大打出手，马叙伦、雷洁琼、陈震中、阎宝航等都身受重伤，造成震惊中外的“下关事件”。

惨案消息传到中共驻宁代表团后，周恩来、董必武、滕代远、邓颖超、齐燕铭以及郭沫若等立即赶到医院看望受伤代表，向马叙伦等表示亲切慰问。周恩来神情严肃地说：“你们的血是不会白流的。”他们忙碌着为受伤代表争得病房床位，送牛奶、饼干等，当周恩来等离开医院时，天色已破晓。

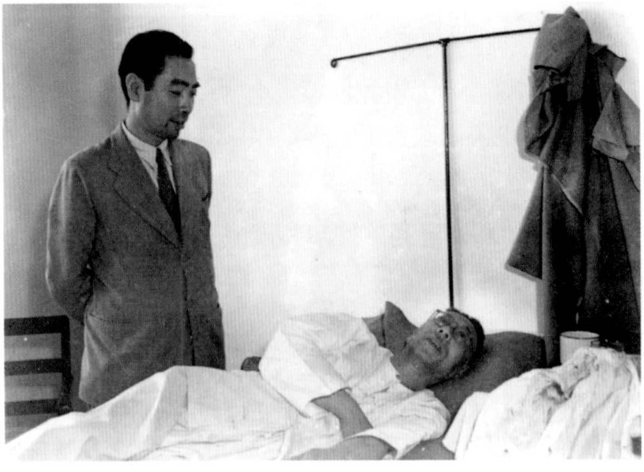

周恩来看望在“下关事件”中受伤的马叙伦，他神情严肃地说：“你们的血是不会白流的。”马叙伦激动地说：“中国的希望只能寄托在你们身上。”

6月24日，周恩来在国、共、美三方会议上，正式向国民党当局提出严重抗议，并提出六点要求：（1）严惩肇事凶犯；（2）追究治安机关之责任并予惩处；（3）撤销军统、中统等特务机构，保证以后不发生类似事件；（4）人民团体和个人有请愿申诉之权利；（5）受伤代表之医药费及各人损失由政府支付赔偿；（6）保证上海来京代表的自由及安全。驻南京的中共代表团还给马叙伦等上海人民和平请愿团代表写了慰问信。

下关事件第二天，梅达君受中共上海局书记刘晓委托，租借国际饭店宴会厅，由陶行知出面代表上海人民团体联合会招待外国驻沪新闻记者，向他们发布新闻。陶行知在招待会上用英语讲述下关惨案经过，并散发上海人民团体联合会的书面抗议书。当晚，美国的《大美晚报》详细报道了惨案详情，第二天《字林西报》也在头版新闻报道了惨案经过。外国记者还将这条重要新闻发布到纽约、伦敦、巴黎、东京、莫斯科等国际城市，有的还加以谴责。国民党当局一手炮制的封锁新闻的阴谋化为泡影，真相终于大白于天下。

同日，上海人民团体联合会就发表宣言，揭露事件真相并谴责国民党政府罪行，《宣言》说：本会各团体除向政府提出严重抗议外，并盼全国各人民团体一致起来争取和平，并对下关事件要求政府速惩凶犯，并严究发纵指使之祸首，确实保障各代表安全，及保障人民基本自由、请愿权利，保证今后不再有类似事件发生。

民进也为下关事件发表宣言，向南京军警当局提出严重抗议，并致电慰问被殴伤诸代表及记者浦熙修、高集等。《文汇报》发表《对南京暴行的抗议》的社论。抗议当局暴行，声援人民代表。

下关事件后，毛泽东和朱德从延安打电报给马叙伦等，表示亲切慰问。电报全文如下：

南京周恩来同志转上海人民团体请愿代表马叙伦、蒉延芳、包达三、盛丕华、吴耀宗、张絅伯、阎宝航、雷洁琼、陈震中、陈立复诸先生公鉴：

先生等代表上海人民奔走和平，竟遭法西斯暴徒包围殴打，可见好战分子不惜自绝于人民。中共一贯坚持和平方针，誓与全国人民一致为阻止内战、争取和平奋斗。谨电慰问，并希珍重。

延安《解放日报》专门发表了题为《南京惨案》的社论。在全国迅速掀起一股声援上海人民请愿代表，强烈谴责国民党统治集团罪行的浪潮。

在上海，一个声势浩大的抗议国民党统治集团暴行、声援和平请愿代表的群众运动爆发，民进和人团联都发表宣言，向南京军警当局提出强烈抗议，并要求严办凶手等。上海各民主党派、人民团体和各界知名人士也纷纷在报上发表谴责国民党统治集团罪行的文章。

代表团返沪后，马叙伦先后写了《记“六二三下关事件”》《南京七日记》《“六二三”血案的回忆》，雷洁琼写了《下关被殴》，分别在《民主》《周报》《文汇报》上发表，以他们的亲身经历，揭露国民党当局的暴行。民进其他理事也发表大量文章，严厉谴责国民党的这种暴行不但是反进步的、反民主的，兼是反人类的。

下关事件以后，受国民党通缉，林汉达教授在中共地下党的安排护送下，到东北解放区；梅达君受民进组织委托去香港开办东方分公司，为民进领导人以后避居香港创造条件。

上海各界人士进行和平献金，支援民主运动，共捐献1000余万元。马叙伦、雷洁琼、阎宝航等函谢各界的支持和鼓励，并将赠金移助人团联，即以此款用于社会事业。

（七）在第二条战线上的斗争

随着解放战争进程的发展，毛泽东关于解放战争“两条战线”的论述也逐渐形成。1946年7月中旬，国民党特务在昆明相继暗杀著名民主战士李公朴、闻一多，噩耗传到上海后，民进立即与人团联、全国争取和平大会联合召开理监事联席紧急会议，发表宣言。《宣言》向国民党统治集团提出严重抗议，强烈要求国民党政府立即实行：（1）全面停战，恢复和平；（2）履行四项诺言，切实保障人民自由；（3）执行政协五项协议及整军方案，成立民主的联合政府，召开民主的国民大会，制定民主的宪法；（4）取消一切特务组织；（5）由各党派共同组织调查委员会，彻底查清较场口事件以来一切暴行惨案的真相，严办祸首和凶手，并惩办负责的治安当局；（6）优恤一切死者，赔偿一切伤者的医药费及其他损失；（7）释放一切政治犯。民进还向李公朴夫人张曼筠发出唁电，表示慰问。

7月17日，在商量祭悼李、闻烈士的一次会议上，马叙伦提议，李公朴不应国葬，因为他反对这个不民主的国家，也不应同盟葬，因为他不仅仅是属于同盟的，而应举行人民葬，因为他是为人民而死的。这一提议立即得到大家的一致赞同。7月20日，郑振铎主编的《民主》第40期，辟出“敬悼李公朴、闻一多两先生”专栏，刊登了郭沫若、茅盾、郑振铎、叶圣陶等人士痛悼和抗议文章。《周报》《群众》等杂志也刊载马叙伦、周建人等民进领导人的文章。马叙伦在《周报》发表《从李闻案谈到暗杀政策》文章，指出：用暗杀作为政治斗争手段，“是国民党日落西山的象征”，是“自掘坟墓”，并说“我自然预备着接受一颗子弹，但是我也预备送还他一颗原子弹”。

10月4日，上海各界在天蟾舞台举行追悼李、闻烈士大会，马叙伦、王绍鏊代表民进参加大会主席团。10月6日，民进又与人团联、民盟、民建、人民救国会等30个社会团体在静安寺举行公祭李、闻两烈士大会，中共代表团周恩来等参加公祭。马叙伦在《努力达到他的志愿》一文中说：“李公朴先生已经发出了太阳的光明，在照着我们前进。我们只有达到他的志愿，才是对他的安慰。”

此后，马叙伦、周建人、许广平等人相继在《周报》《民主》等刊物上发表抗议文章，引起国内进步人士的关注。为此，国民党当局以查禁手段，于当年8月和10月先后迫使《周报》《民主》停刊。马叙伦等联合上海各界知名人士纷纷发表文章，尖锐指出，“人民的口是终归封锁不住的，文化终归虐杀不了的”，呼吁“全体人民一致起来争取人民所应有的自由权利”。

国民党为了使独裁统治披上“合法”外衣，于1946年11月15日，在南京召开一手包办的“国民大会”，并在12月25日通过“宪法”。对此，民进与民建、工商协会、中国妇女联谊会上海分会、九三学社等11个人民团体，发表《对一党宪法的联合声明》。《声明》指出：国民党“一党专政的政府”公布的所谓民主宪法，我们“表示坚决反对，并愿与全国人民共同以行动制止这种反动企图的实现”。“这次片面召开的‘国大’，根本不能代表今日的民意，当然不能为全国大多数人民及各民主党派所承认……这种宪法，不仅其产生的基础和基本精神是反和平、反民主的。就是它的作用也是反和平、反民主的”。《声明》还表示，我们坚持地主张：“立即停止战争，恢复和平，根据政协决议的精神和原则，重新召开‘政协’会议，成立真正民主统一的联合政府……只有这样才能解决当前的中国问题。”

（八）转入地下继续斗争

1947年5月4日，国民党中宣部向各地发出训令，要各地“揭露”民盟、民进、民建等团体的所谓“共产奸谋”，并称“民主促进会、三民主义同志联合会等团体，实为叛党之干部，一切听取于中共”，发出了有计划地迫害爱国政治团体和爱国民主人士的信号。5月9日，民进召开理事会，讨论向国民党抗议事。12日，《文汇报》发表民进《致张院长（岳军）公开信》，揭露国民党迫害各民主团体的阴谋。不久，国民党中宣部又训令各级组织，对民盟、民进和三民主义同志联合会中的上层分子，采取“暂时容忍敷衍”，对其余中下层人士只要发现，不问其情由如何，“一律格杀勿论”。鉴于上海环境的日益危险，为了避免不必要的损失和牺牲，民进决定暂时转入地下活动，采取小组活动方式，以缩小目标，隐蔽力量。民进组织以化整为零、分组活动的方式，继续从事宣传群众、教育群众、鼓动群众的工作。

5月4日，上海学生纪念五四运动二十八周年，举行反内战、反饥饿示威游行，遭到国民党军警镇压，各校的学生立即罢课，掀开了全国学生运动的序幕。马叙伦、许广平在《文汇报》分别发表文章《中国现代青年之路》和《新五四运动》，高度赞扬学生们的革命行动。5月18日，国民党当局颁布《维持社会秩序临时办法》，严禁工人学生罢工、罢课、集会和游行示威，公开指使军警特务使用暴力对付群众运动。面对蒋介石的法西斯行径，民进挺身而出，支持工人学生的斗争。5月20日，民进发表《对和平运动的意见》，代表广大人民群众争取和平民主的普遍要求，谴责蒋介石挑起内战和镇压群众的罪行。当天，国统区内又发生国民党武装军警残酷镇压学生的“五·二〇”血案。消息传来，民进撰稿人在《对和平运动的意见》一文的末尾添上了这样一段话：“属稿才完，得到首都学生游行，军警出动阻止，竟酿成流血的不幸消息，同人非常愤怒。更信非有爱好和平的广大人民团结起来，一致呼吁和平不可。”第二天马叙伦、王绍鏊、许广平又与在沪的其他民主党派领导人举行紧急会议，讨论支持学生运动事宜，接着，周建人、李平心、叶圣陶和傅彬然等在《文汇报》分别发表《关于忍受的限度》《学潮平议》和《我们对于最近学生运动的意见》等文章，高度评价当前的学生运动，谴责国民党当局残酷镇压学生运动的野蛮行径。

1947年下半年，国内战争形势已发生根本变化，人民解放军已由战略防御转为战略进攻，国民党军队屡战屡败，国民党政权岌岌可危，加剧对统治区工人、学生、民主党派、社会民主人士的迫害镇压。10月，国民党当局宣布民盟“非法”，在勒令民盟解散的同时，对民进领导人公开进行诬陷，加以迫害。马叙伦洞悉国民党的阴谋，大义凛然，并在10月30日给家人预立遗嘱，作了置生死于度外的无私无畏的精神准备。11月1日，马叙伦致函国民党政府行政院长张群，怒斥他们的暴行，并着重声明：“捕杀不辞，驱胁无畏。” 1947年年底前后，在中国共产党的帮助安排下，马叙伦、王绍鏊、徐伯昕等秘密由上海抵达香港。撤离上海后，他们利用香港的特殊环境，坚持与蒋介石集团继续斗争，并在斗争中吸收当地部分文化界民主人士加入组织，成立民进港九分会。林汉达在下关事件后因遭国民党当局密令通缉，已在1946年8月秘密由上海到东北解放区。雷洁琼、严景耀夫妇于1946年9月和1947年2月先后离开上海抵达北平。

民进部分领导人离开上海后，留在上海的许广平、周建人、柯灵、郑振铎、谢仁冰等，继续领导民进成员在国民党统治区白色恐怖下坚持斗争。1948年3月，民进会员、小教联理事长葛志成带领小教联，联合上海市中等教育研究会，掀起一场全市规模的“上海市各界抢救教育危机”的斗争。不久，小教联等团体又引导这场斗争朝反饥饿、反迫害的方向发展，组织1000多名教师上街游行示威，抗议国民党当局对教育界的饥饿压迫政策。这场斗争后，小教联、中教会的一些主要骨干被列入国民党宪警的黑名单。11月，葛志成等撤离上海，辗转抵达华北解放区。在中共上海地下组织安排下，在马叙伦、徐伯昕布置下，12月，由会员吴企尧秘密护送沈静芷、杨文屏、华昌泗三位文化战士带了许多图书纸型，经朝鲜抵达东北解放区安东（今丹东），以支援解放区的文化出版工作。

民进自成立之日起，就带领全体会员为寻求中国的民主和平统一进行不懈的努力。他们在国民党的后院、中国革命的第二条战线上与蒋介石的反动统治展开英勇的斗争。这对揭露国民党蒋介石的罪行，唤醒和鼓励广大人民群众起来争取民主和平，起了积极作用。但是蒋介石的法西斯高压政策迫使民进从公开活动转为隐蔽活动、斗争中心从内地移至香港的事实，也使民进会员认识到，对窃有国家政权、得到美国全力支持、武装到牙齿的国民党反动集团，是不能靠文章、口号打倒的。中国人民要取得革命的胜利，只有在共产党的领导下，走武装夺取政权的道路。各民主党派包括中国民主促进会在内，也只有紧紧团结在中国共产党的周围，依靠共产党的伟大力量与正确领导，才能真正实现自己的政治理想，在全国实现真正的民主和平。

1948年4月21日，中国人民解放军收复革命圣地延安。消息传来，民进为此感到欢欣鼓舞。23日，马叙伦为延安重光，驰贺毛泽东：

毛润之先生：

往昔共事北大，相交失臂，遥念风采，倍增倾企。先生领导人民，卅年奋斗，解悬拯溺，所至欢迎。兹闻延安收复，殊慰喁喁。民赋瞻寒，宇内动色。自此义纛所趋，人情归如流水；逆势自消，余烬扫于指顾。世界和平，待吾国奠其基础；人类解放，实吾人肩其任务。用申贺忱，并勖努力，为国加餐，不胜奉曲。

这份贺信，充分表达民进对中国共产党及其领袖毛泽东的倾慕敬仰之情，同时也充分体现民进愿意跟中国共产党走的坚强决心。

三、参加筹建新政协　建立新中国

（一）响应“五一口号”

1948年4月30日，在人民解放战争即将取得全面胜利的关键时刻，中共中央发布“五一口号”，号召“各民主党派、各人民团体、各社会贤达迅速召开政治协商会议，讨论并实现召集人民代表大会，成立民主联合政府！”5月2日，中共香港分局向在港的民主党派和无党派人士通报中共中央的“五一口号”，与会者无比欢欣倍受鼓舞。民进在斗争的实践中已经深刻认识到：中国共产党是真正代表人民根本利益的，是为人民的利益而奋斗的；只有紧跟共产党，中国才能实现真正的民主和平，人民才能真正自强幸福，我们为之奋斗的目标才能真正达到，因此“五一口号”一发表，民进就立即表示坚决支持和热烈拥护。1948年5月3日，在港各民主党派代表召开座谈会，推举民进领导人马叙伦起草电文。5月5日，马叙伦、王绍鏊和民革、民盟、致公、农工、救国会、民促、民联等团体领导人李济深、何香凝、沈钧儒、章伯钧、陈其尤、彭泽民、李章达、蔡廷锴、谭平山以及无党派代表郭沫若等在香港联名致电中国共产党主席毛泽东并转解放区全体同胞，积极响应“五一口号”，称赞这是“适合人民时势之要求，尤符同人等之本旨”，表示要和共产党一起“共同策进，完成大业”。

響應中共五一號召
不僅坐談更應行動
中國民主促進會發表宣言

1948年5月5日，李济深、何香凝、沈钧儒、章伯钧、马叙伦、王绍鏊、陈其尤、彭泽民、李章达、蔡廷锴、谭平山、郭沫若在香港联名致电毛泽东主席，表示积极响应“五一口号”。之后，民进还单独发表宣言，坚决拥护中共的“五一”号召

同日，他们还通电国内外各报馆、各团体并转全国同胞，指出共产党的“五一口号”“事关国家民族前途，至为重要”，呼吁全国人民响应这一号召，迅速集中意志，研讨办法，以期根绝反动派，实现民主。5月24日，民进在香港单独发表《响应中共“五一”号召的宣言》，指出“中国共产党发布了‘五一’口号廿三条，把实现中国新民主国家的具体任务，完全无缺地呈现在中国人民面前。‘五一’廿三条是近百年来中国革命史的结晶，是今后中国政治运动舵向的指标”，号召“中国的民主人士及民主党派团结在这口号的周围，形成坚固的爱国民主统一战线，以奠定我们子子孙孙万世太平的始基……光明与黑暗，生存与死灭，中间没有任何第三种路径可循进。本会对于中共的‘五一’口号，以十分的兴奋心，同意其号召，并望中国的民主党派，人民团体，社会贤达，起而响应，一致奋斗！”《宣言》最后表示：“本会暂为实现此高尚目的与中国民主党派、民主团体、民主人士共同奋斗，使新政治协商会议及早召开，进而有步骤地

实现召集人民代表大会，成立民主联合政府。”

《宣言》是民进重要的历史性文件。它首次公开庄严宣布民进要团结在中国共产党的周围，参加共产党领导的爱国民主统一战线，为彻底反对帝国主义、封建主义、官僚资本主义而奋斗。这是民进在中国“光明与黑暗，生存与死灭，中间没有任何第三种路径可循进的”斗争实践中作出的正确抉择，它标志民进在中国革命过程中一个质的变化。

（二）参加筹建新政协会议前后活动

为彻底反对帝国主义、封建主义、官僚资本主义，实现中共“迅速召开政治协商会议”的号召，民进以极大的热情，进行积极的工作。1948年7月17日，民进在港理事召开会议，讨论新政协施政纲要。7月31日，民进在港理事会议通过《中国民主促进会拟提出于政治协商会议之行动公约及政治纲领》。这一文件全面系统地提出民进对于新政治协商会议的各项政治主张。文件首先指出，民进认为政治协商会议的任务是：（1）加强人民革命统一战线之团结与其力量；（2）筹备各革命阶级民主联合政权之施政纲领；（3）筹备召开全国人民代表大会，组织民主联合政府（并临时性的）。《中国民主促进会拟提出于政治协商会议之行动公约及政治纲领》是民进一个极其重要的文件，它与后来1949年中国人民政治协商会议通过的共同纲领的基本精神是一致的。

10月初，新成立的中共中央统一战线工作部提出《关于召开新的政治协商会议诸问题》的文件草案，邀请已在平山县李家庄的周建人和其他民主人士一起商讨后，报送中共中央。经毛主席修改后，中共中央将该文件草案电发中共东北局高岗、李富春，请他们约集沈钧儒、谭平山、章伯钧、蔡廷锴、王绍鏊、高崇民、朱学范七人正式征求意见。10月21日，王绍鏊代表民进出席由高岗、李富春召集的《关于召开新的政治协商会议诸问题（草案）》第一次座谈会。23日，王绍鏊出席第二次座谈会，就参加新政协筹备会的单位组成进行协商讨论。讨论中王绍鏊提出增加“上海人民团体联合会”为参加新政协筹备会单位的意见。11月3日，中共中央作出答复，同意增加“上海人民团体联合会”作为新政协的筹备单位。

10月30日，中共中央致电中共华南分局，将讨论修改过后的《关于召开新的政治协商会议诸问题》的文件转发他们，并指示将该文件立即抄送民革李济深、何香凝，民盟周新民，民进马叙伦等，“并由潘汉年、连贯分请他们或邀请他们一起聚谈，征询他们的意见”。经过广泛征求意见和反复协商，11月25日，高岗、李富春代表中共中央与在哈尔滨的民主党派人士沈钧儒、谭平山、章伯钧、蔡廷锴、王绍鏊、朱学范、高崇民、李德全等，对《关于召开新的政治协商会议诸问题》，达成共同协议。至此，筹备新政协筹备会的工作大致完成。根据共同协议，民进作为新政协筹备会的组成单位之一，参加新政治协商会议筹备会的各项工作，为新政治协商会议的胜利召开，作出自己应有的贡献。

1948年8月起，应中共中央邀请，马叙伦、王绍鏊、徐伯昕、许广平、周建人分别由香港、上海转入解放区，参加新政协和新中国的筹备建立工作。1949年1月中旬，在燕大任教的严景耀、雷洁琼夫妇，受在哈尔滨的马叙伦的委请，到西柏坡出席中共中央召开的有关民主党派的会议。在西柏坡，严景耀、雷洁琼夫妇受到中共中央领导毛泽东、刘少奇、朱德、周恩来、任弼时等的亲切接见，毛泽东并与严景耀、雷洁琼作了彻夜长谈，给民进以巨大的教育和鼓舞。

2月中旬，中共中央特派林伯渠到沈阳迎接民主人士入关。行前，周恩来特亲笔给马叙伦、许广平写了信，委请林带交马、许。信的全文如下：

彝老、景宋两先生：

得电逾月，尚未作复，不能以忙碌求恕，唯向往之心，则无时或已。兹乘林伯渠同志出关迎迓之便，特致歉忱，并祝康健！

周恩来 2月14日

这份信函充分表达中国共产党人对民进两位领导人的深切关怀和重视。3月14日，马叙伦、王绍鏊、许广平、周建人、雷洁琼等出席中共中央在北京饭店举行的座谈会，座谈北平解放后大学的教育管理问题。4月3日，毛主席会见各民主党派领袖李济深、沈钧儒、马叙伦、谭平山、彭泽民、蔡廷锴、陈其尤等，对国共正在进行的和平谈判情况及今后的方针进行交谈。

（三）民进在北平举行第一次正式理事会议

2月28日，民进在北平举行进入解放区后的第一次正式理事会议。出席会议的有马叙伦、王绍鏊、周建人、许广平、严景耀、雷洁琼六人。会议举行三天。

马叙伦、许广平两位常务理事首先汇报和总结自1947年春第五次会员大会以来进行的各项活动和会务情况，接着与会者各自报告到解放区后的见闻与感受，最后研讨今后工作。会议认为："新民主主义是全国人民在现阶段一致要求实行的主义，本会同仁当尽力与中共及其他党派在这主义之下，一致努力，促其迅速实现。"会议决定：为加紧会务工作，在平理事每星期开会一次，同时电邀徐伯昕、柯灵、李平心等理事速从香港北上，共商会务。会议还推举马叙伦为民进总发言人，王绍鏊负责总务，许广平负责联络，严景耀负责宣传。以后理事会就如期每周召开会议，讨论新政协的筹备工作事项及会务工作，直至新中国正式成立。这次会议标志过去一年多时间里民进因环境关系而被迫处于隐蔽、分散状态的阶段业已结束，民进恢复正常活动。

（四）民进出席中国人民政治协商会议，参加中央人民政府工作

1949年9月21日至30日，中国人民政治协商会议第一届全体会议在北京中南海怀仁堂隆重开幕。

民进推举马叙伦、许广平、周建人、王绍鏊、梅达君、徐伯昕、林汉达、雷洁琼为正式代表，严景耀为候补代表。另外，赵朴初作为宗教界民主人士代表，郑振铎作为全国文联代表，葛志成作为全国教育工作者候补代表，冯少山作为全国工商界候补代表也参加了大会。马叙伦还被推为大会主席团常务委员。王绍鏊、赵朴初担任大会《政协组织法》草案整理委员会委员，许广平为《共同纲领》草案整理委员会委员，周建人为《政府组织法》草案整理委员会委员，雷洁琼为《大会宣言》起草委员会委员，马叙伦、郑振铎为《国旗、国徽、国都、纪年方案》审查委员会委员，马叙伦并为召集人，该委员会前身即"拟定国旗、国歌及国徽方案"的第六小组，马叙伦为组长。

该小组曾于7月10日以新政协筹备会的名义发出由周恩来签发的《征求国旗国徽图案及国歌词谱启事》，成员精心审阅了每一件应征稿件图案，经反复讨论，一致确认五星红旗图案大方，寓意深远。红色象征革命，五颗星象征中国共产党领导下的人民大团结，定为国旗图案。马叙伦还提议："我们的政府就要成立，而国歌根据目前情况一下子是制作不出来的，是否我们可暂时用《义勇军进行曲》暂代国歌。"许多委员表示赞成，也有的委员提出需要修改歌词。周恩来表

民进出席全国政协第一届会议的代表合影（1949年9月）。前排左起：林汉达、周建人、马叙伦、许广平、王绍鏊。后排左起：梅达君、雷洁琼、徐伯昕、严景耀

示，就用原来的歌词，他说：“这样才能鼓动情感，修改后，唱起来就不会有那种情感。”毛泽东也同意歌词不改。与会者一致赞同在中华人民共和国的国歌未正式制定以前，以《义勇军进行曲》为代国歌。最后，毛泽东、周恩来与马叙伦等与会者一起合唱《义勇军进行曲》。马叙伦因为夜以继日地工作，身心疲惫，开国大典后在家休息。在病中的他还说10月1日是个很有国际意义的日子，在这一天新中国举行了开国大典，提议可以作为国庆日，便委托许广平委员向会议提出。大会上许广平即席请求发言，得到主席同意后，她宣读了马叙伦“请政府明定10月1日为中华人民共和国国庆日，以代替10月10日的旧国庆日”的建议。毛泽东即席请与会者讨论，最后一致通过这个议案并决定送请中央人民政府采择施行。1949年12月2日，中央人民政府委员会第四次会议通过《关于中华人民共和国国庆日的决议》，宣告：“自1950年起，即以每年的10月1日，即中华人民共和国宣告成立的日子，为中华人民共和国的国庆日。”

中国民主促进会作为新政治协商会议的组成单位之一，参加了中央人民政府的组建和部分领导工作。马叙伦当选为中央人民政府委员、政务院政务委员，并任文化教育委员会副主任、教育部部长；王绍鏊任财政部副部长；许广平任政务院副秘书长；周建人任出版总署副署长；徐伯昕任出版总署办公厅副主任；雷洁琼任政务院文化教育委员会委员；葛志成任教育部办公厅副主任；陈巳生、谢仁冰任华东军政委员会委员。

10月1日，北京天安门广场三十万人集会隆重举行中华人民共和国开国大典。参加政协第一届全体会议的民进代表登上天安门城楼和两侧的观礼台，出席了为世界所瞩目的盛大典礼。毛泽东主席向世界庄严宣布，中华人民共和国成立了，中国人民从此站起来了。从此，中国历史开始了一个新的纪元。

新中国成立后，民进的工作也随之进入了一个新的阶段。

马叙伦被推举为新政协筹备会常委以及负责拟定国旗、国徽、国歌方案的第六小组的组长

四、民进上海地方组织的成立

1949年2月，民进开始在北平正式组建总部。4月2日，民进总部理事会决定筹建民进上海分会，派徐伯昕为民进总部驻沪代表，负责联络，由谢仁冰、李平心、赵朴初、冯宾符、宓逸群负责筹备。并于4月16日对上海分会筹委会发出三点指示：（1）上海分会应在中共指导之下，联合各界知识分子，配合华南解放运动，加速完成新民主主义革命；（2）推动上海人民团体联合会：①以上海人团联名义欢迎解放军；②在人团联指导下发动各团体协助军管会做好接收工作；③由人团联发动恢复及发展生产运动；（3）分会及人团联在解放后所开展之工作经常报告总会，俾得紧密联系。4月29日，马叙伦以中国民主促进会和上海人民团体联合会常务理事身份，通过新华社向上海人民发表广播讲话，号召上海各阶层人民，迅速团结起来，协助解放军，迎接上海解放。

民进在上海解放前夕，就做好了准备。1949年5月13日晚，民进在上海愚园路1292弄65号召开会议。与会人员有谢仁冰、宓逸群、陈巳生、周煦良、陈慧、曹鸿翥、曹未风、韩近庸、胡永华和吴企尧。会议由谢仁冰主持，曹未风作形势报告，告诉大家上海最近就要解放，要会员做好迎接上海解放的各项准备工作。5月27日，上海解放。民进留沪会员发表告全市同胞书，庆祝上海解放，并号召全市同胞：（1）尽一切可能，给正在战斗和休息的解放军战士以物质上、精神上的协助；（2）慰劳人民解放军全体将士；（3）救护并慰问伤病的荣誉战士；（4）悼念战死的解放军战士与为革命牺牲的民主烈士，并捐款济助他们的遗属；（5）协助人民解放军与市政接管人员及早恢复上海秩序与繁荣；（6）检举潜伏的战犯与国民党特务，防止反动分子的阴谋、破坏与捣乱；（7）协助新政府机关救护难胞；（8）协助人民解放军与政治接收人员推行八大公约。6月1日，留沪会员在上海红棉酒家召开解放后第一次会员联欢大会，徐伯昕代表总部对上海工作提出5点指示，并积极筹备召开民进上海分会第一次会员大会。

民进上海市分会第一届理事会（1949.6—1950.8）

1949年6月19日，筹备会在同孚路（今石门一路）102弄6号原常州旅沪同乡会举行第一次会员大会，选举产生民进上海市分会第一届理事会。谢仁冰任主任理事。

民进上海市分会成立后，在民进总部和中共上海市委领导下，参加上海地方政权的建设和人大、人民政协工作，参与上海地方重大方针政策的贯彻执行和重要领导人选的政治协商。在视察、调查研究、专题讨论的基础上，对国计民生的重大问题提出意见和建议。从1950年开始，设立机关行政机构，当时设有秘书处、组织处、宣传处、文教处、组织委员会、文教委员会、工商委员会、节约救灾运动委员会民进分会。

民进上海市分会第二届理事会（1950.8—1953.4）

1950年8月27日，民进上海市分会召开第二次会员大会。出席会议的会员约100余人。大会选举产生民进上海市分会第二届理事会。谢仁冰任主任理事，谢仁冰于1952年1月27日逝世后，由赵朴初任代理主任理事。

思想建设　第二届理事会期间，民进市分会主要组织会员学习《共同纲领》。在学习期间，会员听取陈毅、谭震林等领导所作的报告。会员还联系思想，适当地展开批评和自我批评。认识到《共同纲领》是中国人民的宪章，也是民进的政治纲领；明确新民主主义革命性质是属于世界无产阶级革命的一部分；明确工人阶级的领导和统一战线的作用与任务，加深对于《共同纲领》的理解。

当时学习上的重要特点是举办民进新知识讲座，讲座由民进上海市分会主办，每两周举办一次，或每月举办一次。自1951年起至1954年，历时近三年。主要内容为政治形势、统战问题、如何办好教育、知识分子的思想改造，以及社会主义改造等。

民进上海分会还加强干部的培训工作。1950年保送会员陈兆康等8人去华东革命大学学习。1951年8月、1953年3月，分两期保送会员黄钟良、陈邦炎等10人，到华东革命大学政治研究院深造，结业后回原单位工作。

组织建设　第二届理事会加强民进的组织发展工作。1950年11月，民进三届二中全会作出《关于发展与巩固组织的决议》， 1951年8月，民进三届三中全会作出《关于建立基层组织，加强组织教育，进一步发展组织的决议》。这两项决议，进一步界定和强调民进以中小学教师为主要发展对象，其他方面的对象也适当发展。1952年8月，民进总部中央常务理事会确定民进发展对象“应以小资产阶级知识分子为主，在各种职业界中，则应以中小学教职员、文化出版工作者为主要发展对象，高等学校教职员亦应适当发展……至于工商界人士则一般不发展”。1951年，市分会开始建立基层组织（支会或直属小组），当年有4个支会和7个直属小组，有会员共188人。1952年8月起按工作单位建立支会或直属小组，当年有5个支会、6个直属小组。至1953年年底，有会员436人。

从1950年8月民进上海市分会第二届理事会开始，在市分会的直接领导下，建立专门委员会（或工作组），就某一方面协助市分会开展工作。历届专门委员会设置根据工作需要有所变动。专门委员会成员由理事会聘任。

市分会第二届理事会设置：学习委员会、增产节约委员会、组织委员会、文教委员会、工商委员会、临时学习委员会。

抗美援朝　1950年10月，抗美援朝开始后，各民主党派于1950年11月4日联合发表《各民主党派关于抗美援朝的联合宣言》。中共中央、中央人民政府在全国范围开展抗美援朝保家卫国群众运动，并成立抗美援朝总会。11月19日，民进中央举行三届二中全会，作出《关于贯彻1950年11月4日各民主党派联合宣言的决议》。要求各级组织“动员一切力量，以志愿行动积极援助朝鲜人民兄弟，为抗击美帝国主义对朝鲜和中国的侵略，为保卫我们祖国的神圣疆土、解放台湾，为保卫世界持久和平而坚决奋斗到底！”1951年3月，民进总部订立《本会会员爱国公约》，以此作为全体会员在抗美援朝运动中的具体行动纲领。民进上海市分会成立“抗美援朝保家卫国工作委员会”，主任委员赵朴初，副主任委员曹鸿翥、周煦良、吴企尧。民进上海市分会与各民主党派上海地方组织共同发电，向中朝战士致敬。6月5日，民进市分会发表声明响应抗美援朝总会的“六一”号召。6月21日，工作委员会召开响应抗美援朝总会“六一”号召动员大会，由谢仁冰、曹鸿翥作动员报告，要求会员：（1）做好本职工作，以实际行动响应“六一”号召；（2）捐款购买飞机大炮；（3）讨论修订全体会员爱国公约，各小组订出小组爱国公约，每位会员订出执行小组爱国公约的具体计划。会后共捐款6000余万元（旧人民币）。

1953年，民进市分会派冯少山、戚逸影、江芷千、周之芹参加第三届赴朝慰问团。1954年元旦派吴若安、曹鸿翥随上海慰问团分别至各医院慰问志愿军伤病员，曹鸿翥担任上海慰问团第三分团副团长。

江芷千赴朝慰问归来，将访问期间的见闻和志愿军事迹等写成13则故事，以亲切温和的口吻向儿童娓娓道来，后由少年儿童出版社于1954年11月出版《我们见到最可爱的人》一书。民进创始人之一的陈巳生还提出向上海和全国各界人士发出捐献飞机大炮的倡议。民进在抗美援朝、保家卫国的伟大运动中，表现了高度的爱国热情和政治责任心。

土地改革　1951年，上海郊区全面开展土地改革。民进上海市分会根据民进总部《发动会员中的积极分子参加土改工作》的通告，有计划地组织会员学习《中华人民共和国土地改革法》《城市郊区土地改革条例》。通过学习，会员们理解到反封建最根本的就是要消灭封建制度，彻底铲除地主阶级封建剥削的土地所有制，实行农民的土地所有制，借以解放生产力，才能为新中国的工业化开辟道路。从而不断加深对土地改革方针政策重要意义的认识。

1951年6月，民进上海市分会组织谢仁冰、赵朴初等25人，随同市政协土地改革参观团到上海市郊区参观访问；还组织8位会员赴上海市郊区和皖北参加土地改革工作队，使他们在土地改革运动中经受锻炼。

镇压反革命　1950年10月，中国共产党发出了《关于镇压反革命活动的指示》，在全国大张旗鼓地开展镇压反革命的运动。1950年下半年，上海市开始办理反动党团及特务人员登记。1951年2月，中央人民政府颁布《中华人民共和国惩治反革命条例》。这场运动得到包括民进在内的各民主党派和人民团体的一致拥护和支持。民进上海市分会先后发表声明表示坚决拥护，并敦促反动分子向政府登记自新。

民进上海市分会还开展政策宣传，加强对会员及群众的思想教育，发动各学习小组讨论“反动党团及特务人员登记”问题。动员会员听取中央人民政府司法部长史良关于镇压反革命问题的报告。组织分会所属学习小组讨论《中华人民共和国惩治反革命条例》。发动全体会员及部分群众参加各民主党派上海地方组织举办的学习讲座，听取刘思慕作关于镇压反革命问题报告。民进上海市分会还先后组织一部分会员参加市、区的公审反革命分子大会及控诉反革命分子罪行大会，进一步提高全体会员的认识，纠正一些错误看法，从而以实际行动协助政府做好镇压反革命工作。

民进上海市分会第三届理事会（1953.4—1956.12）

1953年3月22日，民进上海市分会举行第三次会员大会，会员262人出席大会。大会通过赵朴初所作的工作报告，选举产生民进上海市分会第三届理事会。赵朴初当选主任理事。

思想建设 第三届理事会期间，民进市分会及时配合形势进行教育，主要学习《中华人民共和国宪法草案》（以下简称《宪法草案》）和党的过渡时期总路线。大家认识到《宪法草案》的特点和人民民主制度的优越性，要以《宪法草案》的精神实质武装自己，提高政治积极性，加强自我改造，为实现国家社会主义工业化和社会主义改造的伟大事业贡献力量。进一步明确过渡时期总路线的总体要求，增加生产、厉行节约、艰苦奋斗、服从计划，充分认识加强中共的领导，增强中共的团结是总路线彻底胜利的保证。

民进上海市分会根据1955年全国文化教育工作会议中关于提高中小学教育质量的精神，举办学习苏联教育讲座。讲座以全体中小教民进会员为主，吸收一部分非会员教师参加。主要内容以苏联教育学基本理论为基础，结合中央教育部对中小学工作的各项指示以及上海市中小学在提高教育质量方面的措施，在一年内分五讲进行，由华东师范大学教育系教授、民进上海分会宣传委员朱有瓛主讲。目的是帮助会员学习苏联教育经验和当前我国有关文教工作的方针政策，提高教育理论水平和政策思想水平，提高教育质量。5次讲座听讲者共达5600多人次。

1954年7月，民进上海市分会决定创办会刊，定名《民进沪讯》。成立编辑委员会，由周煦良任主编、陈云涛任副主编。编委会在民进市分会常务理事会直接领导下进行编辑出版工作。

组织建设 自1955年起支会和直属小组改为支部。1956年后，除直属单位外，各区、县相继成立区、县委员会，下设支部。1956年8月，民进第二次全国代表大会举行，确定“发展对象主要是以从事文化教育工作的知识分子，而以高等师范院校、各类中等学校和初等学校的教育工作者以及文化出版工作者为重点，其他高教、科技、医卫、财经、政法、体育和文艺工作者以及中上层的社会知识分子等方面都应发展”。1956年11月1日，民进中央发出《关于本会地方各级组织更改名称的通知》，民进上海市分会由此更名为中国民主促进会上海市委员会（简称民进市委），下设社会人士学习委员会。1956年年底有会员1162人，有109

个支部，分布于教育、文化出版、医卫、科技、机关团体和工商企业界，上海民进工作形成良好的态势。

“三反”“五反”运动 1951年12月1日，中共中央发布《关于实行精兵简政、增产节约、反对贪污、反对浪费和反对官僚主义的决定》。1952年1月，“五反”运动正式开始，民进上海分会积极响应。根据中共上海市委布置，1952年2月2日民进成立增产节约委员会，多次召开全体会员大会和小组讨论会，反复阐明开展“三反”运动的政治意义，提高会员觉悟。根据“五反”运动规定，民主党派的“五反”运动在党派内部进行，以工商界基层组织为重点。民进上海市分会对所属工商支会的主要工作是：（1）对会员及其所联系的群众进行宣传教育，讲解政策；（2）鼓励会员带头坦白，互助互评，交代“五毒”行为，以达到清理内部，整顿队伍的目的；（3）组织会员投入“五反”实际工作，如去各区参加检查、宣传“五反”工作。广大会员通过学习和运动实践，深刻认识到官僚主义的危害性，浪费是可耻的行为，进一步坚定革命立场。

1954年，国家发行经济建设公债，民进总部发出通知，要求全会从贯彻执行过渡时期总路线的高度，踊跃认购公债，支援国家建设。上海广大会员热烈响应超额完成认购。

民进上海市第四届委员会（1956.12—1958.9）

1956年12月23日，民进市委在上海市第三女子中学礼堂召开第四次会员大会，出席大会的会员988人。段力佩作工作报告。大会选举产生民进上海市第四届委员会。吴若安当选为主任委员。

思想建设 1957年4月，中共中央发出《关于整风运动》的指示。5月29日，民进市委作出《关于我会各级组织在帮助党整风中如何开展工作的几点意见》，要求“各级组织和成员有责任在认真学习有关文件，深刻领会政策的基础上，本着拥护党，爱护社会主义事业的精神，用正确的态度，帮助中共整风”。

1957年5月，民进中央在上海召开两省一市（江苏、浙江、上海）会议。原定议题为民进应如何进一步贯彻“长期共存、互相监督”方针，发挥积极作用。后因形势变化，会议内容实际上变为如何帮助中共整风。6月24日，民进中央常委会发布《关于进行会内整风运动的决议》，民进市委会即动员会员投入这一运动。8

月2日开始，在民进市委会内展开反右派斗争。

同年8月21日，《人民日报》发表《各民主党派的严重任务》的社论，把运动全面推向反右派斗争。9月20日，民进全国整风工作会议通过《关于全面展开彻底深入反右派斗争的决议》，要求把反右派斗争持续深入开展下去。接着，运动全面展开。民进市、区、基层组织绝大多数会员在其所在工作单位参加反右派斗争。由于反右派斗争严重扩大化，1957年7月至1958年8月，上海民进会员中有184人（其中市委委员、市委候补委员8人）被划为“右派分子”。其中142人被开除民进会籍，42人保留民进会籍。

组织建设　1958年整风反右后，民进除吸收少数进步骨干，充实领导力量外，基本上停止发展会员。至1958年年底，有会员1682人；有172个支部，其中市属30个，区、县属142个。

履行职能　即便在整风反右斗争中遭到沉重的伤害和打击，各项工作受到严重挫折，广大会员依然坚决相信共产党，相信社会主义道路，按照党所指示的方向前进，在艰苦的环境中继续以自己出色的工作为社会主义事业服务，经受住严峻的考验。1956年，在上海市政协一届二次全体会议上，周煦良作题为《关于代课教师的问题和意见》的发言，发言提出：新中国成立初期，由于上海市教育事业迅猛发展，师资力量明显不足，为充实中小学教师队伍，教育行政部门在社会上吸收了一批知识分子，经过短期培训为代课教师。他们在代课期间工作认真负责，遵守办公制度，积极参加学校的政治学习和教研组活动。但是，他们由于长时间得不到转正，待遇偏低，因而思想苦闷，情绪低落。周煦良的发言在《解放日报》发表后，在中小学代课教师中引起很大反响。发言经民进市委整理报民进中央转国家教育部，教育部要求有关司局“迅速设法解决”。经各方努力，上海有一千多名中小学代课教师转为正式教师。

担任全国和市政协委员的民进会员，通过参加政协全会，列席人民代表大会，参与审议政府工作报告，讨论关于国家大政方针和国家经济计划的制定，参与各项视察活动。并通过提案，就上海的经济发展、城市建设和管理、社会稳定等方面提出建议。如周煦良在上海市政协二届一次全体会议上，作题为《做一个向共产主义过渡的促进派》的发言，深刻阐述民主党派在新时期的主导方针。

民进上海市第五届委员会（1958.9—1961.5）

1958年9月14日，民进上海市第一次会员代表大会在南昌路47号科学会堂举行，270名代表出席。吴若安代表民进上海市第四届委员会作整风工作报告。大会选举产生民进上海市第五届委员会。吴若安当选主任委员。

思想建设　1959年2月起，先后组织市委委员及区、县、总支委员会负责人赴上海市社会主义学院进修。学习的重点是《毛泽东选集》（第四卷）、《中国共产党第八届中央委员会第十次全体会议公报》以及爱国主义、国际主义和社会主义教育内容。参观访问罗店公社三六九贸易市场、浦东上海轻工业机器制造厂等。并适当参加生产劳动和社会生活实践，使学员认识到必须树立无产阶级的立场、观点和方法，加强思想改造，进一步接受中国共产党的领导和走社会主义道路，才能更好地为社会主义建设事业服务。

1960年起，民进市委会和各区（县）委会采用“神仙会”的方式，通过自己提出问题，分析问题，解决问题，进行国内外形势教育。增强为社会主义服务的积极性和自我改造的自觉性。1960年9月，民进市委召集王佩贞、薛正、孙鸣岐、李楚材、赵传家、赵宪初召开六校长座谈会，史称“小神仙会”。由于效果好，“小神仙会”参加范围不断扩大，后来还邀请两位兄弟党派的校长参加。参加者感到每一次都有触动、有体会、有提高，对接受中共的领导有深一层的体会。

组织建设　至1961年年底，有会员1508人；有160个支部，其中市属31个，区属124个，县属5个。第五届市委会期间设置：对台工作组、社会人士工作组。

民进上海市第六届委员会（1961.5—1965.1）

1961年5月26日举行第二次会员代表大会，吴若安作工作报告。出席代表246人，选举产生民进上海市第六届委员会。吴若安当选为主任委员。

思想建设　加强干部的培训工作，组织会员进社会主义学院学习。1964年至1965年，会员朱镜清、杨国英、赵宪初去北京中央社会主义学院学习。

1959年9月17日，中共中央发出《关于摘掉确实悔改的右派分子的帽子的指示》。至1964年，民进130名错划为“右派分子”的民进会员陆续摘掉帽子。

1963年6月3日起，《民进沪讯》编委会改称编辑小组，由方学武、李楚材、周煦良、张孝权、陈穗九组成。《民进沪讯》自1954年7月创刊至1964年4月出版第76期后停刊。

组织建设 民进第六届市委会期间，有基层支部159个，会员1489人。1962年周恩来总理宣布为知识分子脱帽加冕后，统一战线形势呈现较为宽松和谐的新气象。5月14日，民进中央常务委员会《关于加强基层组织的几点意见》文件对基层组织的基本任务作了四点规定：（1）做好政治思想工作；（2）过好组织生活；（3）改进和提高支部委员会工作；（4）坚决接受中共领导。

履行职能 1962年5月31日，经民进市委六届十六次常委会讨论通过的关于《教育改革的建议》的专题调研，送市教育局，主要有：建议制定学校组织制度规章办法，加强思想品德教育和应制定中小学劳动教育大纲等三方面内容，得到市政府有关行政主管部门的肯定和好评。

社会主义教育运动 中共八届十中全会之后，1963年在民主党派的上层人士中开展以阶级斗争为中心内容的爱国主义、国际主义和社会主义思想教育运动。1964年8月，民进市委常委会议根据市委统战部双周座谈会的部署精神，决定开展“回顾检查”，主要内容是结合当时的国际国内形势，检查民进会员在政治思想上的“大反复”。9月9日，在民进市委领导下，成立“回顾检查”领导小组。参加“回顾检查”的有常委、部分市委委员、区委委员和参加民进市委学习的会员共45人。“回顾检查”的主要内容是：对当时国内形势的“怀疑、动摇”，以及对国际上“和平主义、福利主义的欣赏”等。市委副主委周煦良还代表民进市委会检查了三年来市委领导上存在的问题。

机关建设 民进市委机关设置由于形势发展需要和机关工作任务的不断变化，机关工作机构设置亦作相应调整。到1965年，市委机构设置为秘书处、组织处、宣传处，并沿用至“文革”前。

民进上海市第七届委员会（1965.1—1980.1）

1965年1月12日，民进市委在泰兴路市政协文化俱乐部举行第三次会员代表大会，出席代表210人。吴若安作工作报告。大会选举产生民进上海市第七届委员会。吴若安当选为主任委员。“文化大革命”开始后，各民主党派的活动全部停止，第七届委员会延至“文化大革命”结束后的1980年。

“文化大革命”结束后，各民主党派开始恢复活动。民进市委原有的印章，在“文化大革命”期间全部被毁，新印章自1977年11月7日起启用，民进市委正式恢复活动。

思想建设 在民进中央和中共上海市委领导下，民进市委坚决贯彻“长期共存、互相监督”的方针，解放思想，开动机器，充分调动全体会员及其所联系的知识分子的积极性，加强学习，提高认识。其间，市委会先后组织会员学习了中共十一届三中、六中全会精神和《邓小平文选》，并组织开展讨论交流。

组织建设 1978年4月5日和9月17日，中共中央批转中央统战部等单位颁发的《关于全部摘掉右派分子帽子的请示报告》和《贯彻中央关于全部摘掉右派分子帽子决定的实施方案》的文件下达后，民进市委配合有关单位对被划为“右派分子”的会员进行全面复查，被错划的184人全部得到摘帽改正，被开除会籍的全部恢复民进会籍。1977年恢复党派活动时，会员人数减为1329人。1978年，有虹口、长宁等10个区委员会和上海、川沙2个县支部。至1980年年底，有会员1373人，支部116个。

履行职能 在1979年市政协五届二次会议上，李楚材委员等提出《建议市教育行政机关，明确规定中小学人员编制，淘汰冗员，以提高学校行政效率和教育教学质量》《建议上海市1980年激增中小学教育经费预算，大幅度提高中小学教师的待遇》《建议市教育行政机关及早做好中学体制改革的准备工作》等提案，引起社会很大反响。

民进上海市第八届委员会（1980.1—1984.4）

1980年1月13日，民进市委在延安中路上海展览馆举行第四次会员代表大会，出席代表259人。吴若安作题为《在党的领导下继续奋勇前进》的工作报告。大会选举产生民进上海市第八届委员会。吴若安当选为主任委员。

思想建设 学习中共十一届六中全会精神。邓小平南方谈话、《邓小平文选》第三卷，《各民主党派中央关于加强自身建设若干问题座谈会纪要》等重要文献，提高会员思想觉悟，充分认识中共六十年来的光荣历史，充分认识中共十一届六中全会在党的指导思想上完成拨乱反正的历史任务，进一步明确我国社会主义事业继续前进的方向。

民进市委还结合形势发展，举办教育心理学讲座。1980年6月27日，时任中共中央总书记的胡耀邦在中共中央书记处举行的师范教育座谈会上，向广大教师提出“要认真掌握教育科学，懂得教育规律”。但是，大多数中小学教师都没有学习过教育科学中很重要的教育心理学。为此，民进市委于1981年3至6月举办教育心理学讲座，邀请华东师范大学教育科学研究所与心理学系筹办，讲课内容是讲授德育心理学、智育心理和差异心理，包括教育心理学问题漫谈。听讲人数2682人次。

1980年3月，民进市委会刊《民进沪讯》复刊。

组织建设　1980年8月，为适应新的历史时期形势的需要，按照民进中央通知，恢复吸收在群众中有影响的、有代表性的、符合入会条件的人士入会，并根据民进中央常委会《关于发展组织工作的暂行办法》和《关于加强基层组织的意见》规定，按照各民主党派重点分工，在高等师范院校、各类中等学校、初等学校和幼儿教育界以及文化、出版界中发展会员，同时注意吸收从事其他文教工作的知识分子，符合条件的退休人员中社会影响较大、或有丰富的专业经验的亦可少量吸收为会员。同时遵照1983年11月中共中央统战部《关于民主党派组织发展问题座谈会纪要》精神，在回祖国大陆定居的拥护祖国统一的爱国者中选择适当人员进行发展。并注意发展科技界和其他界别的人员入会。到1983年10月，“文化大革命”中224件冤假错案全部予以平反，并落实政策。至1984年年底，有会员2698人，有支部174个。

民进市委自1982年起，为加强对中青年会员的培养和考察，每年暑期举办一期中青年会员学习班。

1983年，民进市委举行1982年先进基层、会务工作积极分子表彰大会，表彰先进基层组织18个、会务工作积极分子92人。

履行职能　1980年5月下旬起，民进市委先后举行13次座谈会，历时六个多月，提出有关教育方针、培养目标、中等教育结构、学校规模、教材改革和师资培养等11个方面的建议，送民进中央和上海市教育局。

1981年4月，张乃璇、陈穗九在市政协五届三次会议上，提出《关于发展职业技术教育案》的提案，建议：（1）教育结构的调整和改革，要密切配合国民经济发展规划，适应国民经济发展的要求。（2）职工技术教育经费的筹措，贯彻由地方自筹的原则。（3）采取多种形式，发展职业技术教育。（4）要解决职业技术教育制度与劳动制度的衔接问题。

1981年，民进市委的《对改进医卫工作的献计献策》建议书，送民进中央和上海市卫生局。建议书分中、西医两大部分。中医部分提出，中医的前途和中医学院的办学方向，中药材的质量检定和中药剂型以及制药管理，中西医结合等建议。西医部分对重视和提高人民健康水平，关心少年儿童的健康成长，积极支持人体器官移植手术的开展，大力培养口腔科专业技术人员等七个方面建议。

社会服务　民进办学起步于1980年。到1984年，11个区2个县共举办15所业余学校，在校学生10628人。民进市委会分别于1982年和1984年作出《关于各区（县）委会创办学校的几点意见》和《关于区（县）委会举办学校的规定》，推动了民进区委的业余办学。由于坚持适应社会需求，又有一批富有经验的教育家、老教师参加办学工作及教授课程，因而办成一批有特色的学校，满足了当时市场的需求，多次被评为社会力量办学先进称号。

1983年暑假期间，民进市委组织上海市第四、第六师范等校教师一行31人，组成4支队伍，分赴云南省德宏、大理、丽江、玉溪地区，进行智力支边。这是民进最早举行的智力支边。1984年7月中旬，应云南丽江地区邀请，民进市委组成“中国民主促进会上海市委会1984年赴丽江地区支边交流代表团”，参加会员28人，在丽江地区培训教师、中学校长、教导主任共1162人。

“三胞”联络工作　1980年4月，民进市委建立对台工作委员会，由陈穗九、王佩贞、方去疾等13人组成，下设各区（县）对台联络工作组。委员会成立后，组织委员和有关会员学习中国共产党和政府有关台湾回归祖国的一系列方针政策。举办各种形式的座谈会、联欢会，如邀请“三胞”（台湾同胞、港澳同胞、海外侨胞）亲属会员参加国庆、中秋、春节等传统节日的晚会，参观各地经济建设成就等，激发他们的爱国热情，组织他们写对台宣传稿件和家信。

机关建设　民进上海市第八届委员会机关工作机构设置为：秘书处、组织处、宣传处。

民进上海市第九届委员会（1984.4—1988.5）

1984年4月9日，民进市委在延安西路文艺会堂举行第五次会员代表大会，出席代表319人。李楚材作题为《团结起来，加快步伐，勇于创新，为全面开创民进工作新局面而奋斗》的工作报告。大会选举产生民进上海市第九届委员会。吴若安当选为主任委员。

思想建设　为加强思想教育，民进市委举办专题和理论研讨学习班，1987年8月，民进市委举办政治体制改革与民主党派工作学习班，部分民进市委领导人、民进区（县）委、总支、直属支部部分负责人以及会员代表共40人参加学习班。学习内容着重于全面正确地理解中共十一届三中全会以来的路线、方针、政策。对如何加强民主党派自身建设，进一步参政议政，坚持和完善中国共产党领导的多党合作和政治协商制度，以及加强社会主义建设等问题进行探讨并提出建议。

1986年6月，民进市委举行“六二三下关事件”四十周年纪念大会。民进市委领导和民进发起人柯灵、梅达君、宓逸群及早期会员温崇实、朱镜清、吴企尧以及各界会员50余人聚集一堂，共同回忆民进的光荣历史，并进行传统教育。《民进沪讯》1987年第1期起改名《上海民进》。1985年5月，民进市委举行民进主要创始人马叙伦主席一百周年诞辰纪念会。7月，民进市委在市政府礼堂举行庆祝首届教师节大会。中共上海市委、市人大、市政府、市政协、市委统战部、各兄弟党派以及教育、文化、卫生等部门领导及会员教师们出席了庆祝大会。大会由副主委李楚材主持。民进中央副主席雷洁琼专程来沪代表民进中央表示祝贺。同年9月首届教师节期间，民进医卫界会员深入一师附小、五十一中学，及虹口、杨浦、南市、黄浦等区一些学校为教师进行医疗咨询服务，求诊者达600余人次。

组织建设　至1988年年底，有会员3800人，有支部282个。本届期间，吴若安（女）当选为第六届全国人大代表、第八届上海市人大常委会副主任。有市人大代表7人。柯灵、段力佩、臧慧芬（女）、蒋家祥当选为第六届全国政协委员。李楚材、罗君惕、周煦良、金幼云、赵宪初、蒋家祥当选为第六届上海市政协常委，有市政协委员21人。1988年3月，民进市委庆贺吴若安百岁华诞。全国政协副主席刘靖基，中共上海市委副书记杨堤、吴邦国，上海市人大常委会主任胡立教，市政协副主席、市委统战部部长毛经权，民进中央副主席葛志成到会祝贺。

履行职能　1986年，民进市委对中共上海市委草拟的《关于上海教育发展战略课题研究的初步设想》提出建议。组织20余次专题座谈会，对《中华人民共和国教师法》草案提出修改意见。通过调研分析，写出《关于在本市中学试行把会考成绩计入高考总分办法的几点意见》《关于上海市普及义务教育条例实施细则座谈会的情况汇报》《应该端正中小学办学思想》等专题报告，供教育领导部门参考。

在1988年的上海市人民代表大会上，人大代表盛士琰等提出议案：《切实贯彻“义务教育法”，清除教育危机，提高教育质量，制止人员素质的“滑坡”》。共有60位市人大代表参与签名，引起政府部门的重视，将当年上海市教育经费由原来计划增长的5.7%提高到8%。

社会服务 1986年2月，民进市委咨询服务部成立。1987年2月改制为有偿服务的咨询机构。建立包括高级工程师、教授等300多人的咨询队伍，初步形成一个咨询网络。承接完成100多个项目，接受口头无偿咨询千余人次，完成咨询产值65万元。

机关建设 1985年，机关工作机构设置由秘书处、组织处、宣传处，更名为办公室、组织部、宣传部。

1984年，民进市委举行1984年度五好支部和会务工作积极分子表彰大会，表彰五好支部29个，会务积极分子123人，民进市委“三八”红旗手22人、“三八”红旗集体2个。

1986年，民进市委举行1986年度先进支部和先进个人表彰大会，表彰先进支部31个，先进会务工作者164个，民进市委“三八”红旗手17人。

民进上海市第十届委员会（1988.5—1992.6）

1988年5月28日，民进市委在南京西路722号联谊俱乐部举行第六次会员代表大会，出席代表311人。蒋家祥作题为《发扬民进传统，为实现党派工作的新转变而努力》的工作报告。大会选举产生民进上海市第十届委员会。赵宪初当选为主任委员。

思想建设 1989年年底，中共中央发表《关于坚持和完善中国共产党领导的多党合作和政治协商制度的意见》。文件确定民主党派的参政党地位和任务。1990年初，民进市委分别组织市委委员、区县、总支负责人、会员中的人大代表、政协委员，传达学习文件精神。并层层布置下属各级组织认真开展学习讨论。1992年初，民进市委组织会员学习邓小平南方谈话。增强贯彻执行中共的基本路线和各项任务的责任感、自觉性和主动性。

组织建设 1988年4月，上海市政协七届一次会议举行。赵宪初当选为市七届政协副主席。1990年6月，民进中央参议委员会副主席、民进市委员会名誉主委吴若安在上海病逝，享年100岁。6月，民进市委举行第九次全会扩大会议，赵宪初辞去主任委员职务，增选刘恒椽为主任委员。

1990年3月16日，民进中央《关于我会巩固与发展组织工作的意见》提出，组织发展工作要“着重巩固，放慢发展步子”，严格掌握“坚持标准，保证质量，改善结构，慎重发展”的原则，努力提高全会的政治素质。民进市委严格按照民进中央规定进行组织发展工作。其间，陈炳生、钱伯诚当选为第七届全国人大代表，柯灵当选为第七届全国政协常委，朱鸿鹗、刘恒椽、赵丽宏、蒋家祥、臧慧芬（女）当选为第七届全国政协委员。

履行职能　从1990年起，上海市政府市长办公会议经常邀请各民主党派的市委领导人列席会议。1990年6月至1992年年底，赵宪初、刘恒椽、陈穗九、蒋家祥等先后应邀列席市政府市长办公会议及市府常务会议20余次。作为地方参政党的民进市委领导人，在参加上述会议时都认真表示对市府重大方针政策的看法，并提出建议。1990年2月，中共上海市委书记朱镕基、副书记吴邦国邀请各民主党派主要负责人进行谈心活动，就贯彻《中共中央关于坚持和完善中国共产党领导的多党合作和政治协商制度的意见》，以及共同关心的问题亲切交谈。

1989年夏季，上海市区的初中毕业生中将有20%（约12万名）的学生不能升学。为及时解决他们的出路问题，民进市委通过调研，于1989年4月17日向中共上海市委、市人大常委会、市人民政府递交了《关于初中毕业生出路的建议》。提出“希望市委、市府重视关心应届初中毕业生的出路问题，调动政府各部门和社会、舆论等各方面的力量来关心这一问题”等6条建议。受到中共上海市委的重视，并于5月2日函复民进市委，认为所提问题和解决办法都很好，已转请市教卫办和有关部门认真研究提出意见。

1990年4月市政协七届三次会议上，民进市委有《建议采取必要措施，切实减轻小学生学习负担重》《为稳定教师队伍，发展教育事业，要求加快教职工住宅建设》和《建议改善上海音乐厅的后台管理工作》三件提案被评为优秀提案。

1991年市政协七届四次会议上，民进市委提交的《建议加强领导，理顺管理体制，促进职业技术教育的进一步发展》被评为优秀提案。

“三胞”联络工作　1979年至1991年，民进市委组织对台湾有影响和有台胞亲属的民进会员写稿，经《中国新闻社》、中央人民广播电台、港澳报刊采用的稿件共372件。韩兰根《给台湾电影界老朋友的信》、吴瑞年《和台湾当局及同胞叙衷情》和柯灵《韩兰根参加民进前后》等较有影响。

机关建设 1989年，上海市各民主党派和市工商联举行先进集体、先进个人表彰大会，上海民进受到表彰的有先进集体20个、先进个人120人。同年，民进市委召开表彰大会，表彰先进集体20个、会务积极分子120人。

1991年，民进市委举行1991年度先进集体、先进个人表彰大会，表彰先进集体71人、先进会员118人。

民进上海市第十届委员会机关工作机构设置为：办公室、组织部、宣传部、咨询部、联络部、理论研究室6个部室。

民进上海市第十一届委员会（1992.6—1997.7）

1992年6月3日，民进市委在北京西路市政协江海厅举行第七次会员代表大会，出席代表296人。蒋家祥作工作报告。大会选举产生民进上海市第十一届委员会。刘恒椽当选为主任委员。

思想建设 1994年组织会员学习《邓小平文选》第三卷。1997年3月3日，与民革、农工党、九三学社上海市委联合举办“纪念邓小平三篇重要文献”学习辅导报告会。下发《民进市委关于学习贯彻中共十五大精神的通知》，要求各级组织和广大会员认真学习邓小平理论，在邓小平理论的指引下，积极履行参政党的职能，围绕经济建设这个中心，努力做好本职工作。

1997年，民进与其他七个兄弟党派联合举行迎接香港回归系列报告会，4月，由市政府参事杨小佛主讲第一讲《回归声中谈香港——香港的过去、现在和将来》；5月，上海市国际战略问题研究会副会长吕蓬主讲第二讲《香港回归及当前国际形势的几个问题》；6月，市高级人民法院副院长李昌道主讲第三讲《香港问题和香港基本法》。其间，民进市委还请国际战略问题研究会副会长、华东师大教授作辅导报告《一国两制，香港回归，祖国统一》。

《民进沪讯》1980年3月复刊至1992年12月共出版158期。会刊作为民进市委的宣传阵地，主要宣传中共的方针政策，报道民进中央和市委会重要会议精神及领导人讲话，交流基层组织工作经验和学习心得，介绍会务及会员动态等，加强对会员的宣传教育，促使党派参政议政和会务工作的深入开展。

组织建设 1993年2月，刘恒椽当选为市八届政协副主席。3月，陈炳生、徐仁惠当选为第八届全国人大代表，4月，邓伟志当选为民进中央副主席。邓伟志、刘恒椽、朱鸿鹗、蒋家祥当选为第八届全国政协委员。

截至1997年年底，有会员5833人，分布于教育、科技、工程技术、财经、医卫、出版、文化艺术、工商企业、机关团体等界别。1992年12月16日，民进第七次全国代表大会通过《中国民主促进会章程》，民进市委按新章程开展工作。1995年12月，民进市委隆重举行庆祝建会五十周年大会，民进中央和中共中央政治局委员、中共上海市委书记黄菊分别向大会发来贺电和贺信。上海市政协主席陈铁迪为大会题词。刘恒缘作题为《开拓奋进，为建设有中国特色社会主义作贡献》的报告。市政协副主席、农工党上海市委主委陈灏珠代表上海各民主党派和工商联致贺词。胡正昌、龚学平、毛经权、王生洪，以及上海市各民主党派和工商联负责人出席大会。2500多名会员参加会议。

自1994年起，民进市委与市社会主义学院联办每年一次的暑期青年会员学习班。

履行职能　1992年3月14日，民进市委邀请市园林局领导和专家共同研讨加快发展上海绿化工作，会议向政府有关部门提出8项建议。

本届期间，较有影响的调研报告和提案有：1992年《关于深化上海出版改革的几点建议》，获评市政协优秀提案；1993年调研报告《对深化上海普教体制改革的几点意见》和《上海社区文化和社区服务建设的思路和对策》，得到相关部门的好评，还形成民进市委在市政协的发言和3份提案，其中1份被评为优秀提案；1993年《对深化上海教育体制改革进程中几个问题的思考》获评市政协优秀提案；1996年《建议将民进成立大会会址作为革命遗址加以保护》；1997年《上海就业结构的发展变化与人才培养及就业问题研究》分析上海要实现建成特大型中心城市这一战略目标，存在就业结构变化以及人才结构与之不相适应的状况，提出人才培养的对策建议，获评优秀提案，并被上海市人民政府1997年第四期《决策参考》刊用。

自1989年12月中共中央14号文件颁发后，被聘任市级特约监察员、检察员、审计员和教育督导员的上海民进会员共有57人次，直接参与监督。在担任特约监督员期间，会员都尽心尽职履行自身职责。如副主委蒋家祥在担任特约监察员期间，曾对市某原局级领导的严重官僚主义和家长式作风等问题予以指出，并提出不适合留岗担任领导职务的意见，最后市领导部门采纳了蒋家祥等特约监察员的意见。东方电视台主持人陈宝雷，在主持《法与情》等栏目中，结合自己参与检察机关活动的经历，多次策划编导了反映检察工作和检察干警精神风貌的专题节目，扩大了检察机关的社会影响。徐福荣被聘请为特约检察员后，提出编一部检察工作辞典的建议，得到最高人民检察院和市检察院领导的肯定，并把它列入检察工作重要基础工作。历经五年编撰，《检察大辞典》终于在1996年由上海辞书出版社出版，填补了中国检察史上没有工具书的空白。结合监督员工作，1993年，民进市委完成调研报告《参政议政、民主监督仍应是民主党派的主要职责——民进市委关于贯彻落实中共中央1989年14号文件的情况及今后设想》，为民进履行职能提供建议。

机关建设 机关部室中工作理论研究室更名为政策理论研究室。

民进上海市第十二届委员会（1997.7—2002.5）

1997年7月15日，民进市委在延安饭店举行民进第八次代表大会，出席代表246人。蒋家祥作题为《团结奋进，开创民进工作新局面，迎接二十一世纪》的工作报告。大会选举产生民进上海市第十二届委员会。刘恒椽当选为主任委员。

思想建设 “三个代表”重要思想发表后，民进市委立即举办“三个代表”重要思想辅导报告会，积极贯彻落实，在全市范围内组织成员听取学习辅导。组织庆祝中国共产党成立八十周年系列活动和江泽民在庆祝中国共产党成立八十周年大会上的讲话。民进市委学习指导组还结合如何建设高素质参政党，交流学习江泽民“5·31”讲话精神体会。还以文件的形式，要求各级基层学习讨论。

1997年民进市委、民进徐汇区委与田林街道联合举办迎接香港回归广场文化活动。1999年，民进市委开展声讨以美国为首的北约轰炸中国驻南使馆的野蛮行径，坚决拥护党和政府取缔“法轮功”邪教组织的决定，谴责和批判李登辉分裂祖国的倒行逆施的三次重大政治活动。

1998年10月，民进市委举行许广平诞辰一百周年纪念座谈会。市政协主席王力平、民进市委主任委员刘恒椽等出席并讲话，民进市委领导和全国政协委员、鲁迅和许广平之子周海婴夫妇及子女等出席座谈会。

《民进申城月报》和《上海民进》季刊被民进中央评为1998年、1999年度和全国新闻宣传工作先进单位。2000年，民进市委宣传工作和信息工作被民进中央评为先进。2002年11月，民进市委被民进中央授予民进全国先进集体称号。

组织建设 截至2002年年底，民进会员6949人，会员分布除传统的界别外，增加公有制和非公有制经济界别。其间，刘恒椽当选为第九届上海市政协副主席。民进市委于6月16日在云峰剧场举行民进市委员会成立五十周年庆祝大会，近千名会员参加大会。刘恒椽致欢迎词，民进中央名誉主席雷洁琼发来贺信和题词，全国人大常委会副委员长、民进中央主席许嘉璐等为大会题词并出席大会讲话。台盟上海市委主委郑励志代表上海各民主党派、工商联致贺词。同月，民进市委在上海卢湾区图书馆（原中国科学社）举行成立旧址挂牌揭幕仪式。雷洁琼发来贺信，许嘉璐和民进创始人之一、民进中央名誉副主席柯灵为旧址挂牌揭幕。

1999年9月，民进市委成立中青年联谊会，联谊会每届五年，为中青年会员的培养提供了又一个平台。

履行职能 本届期间主要的调研报告、提案有：1998年《关于将民进成立大会会址作为爱国主义教育基地的建议》和1999年《关于将民进成立大会会址作为上海市爱国主义教育基地的再建议》等提案的连续呼吁，在中共市委和统战部的支持和帮助下，民进成立旧址得以保护并在1999年6月举行揭牌仪式。1998年《关于提高早期退休的老年人生活质量的建议》的提案在《联合时报》发表并同时刊登在《决策参考》上，收到许多读者来信，得到有关领导和部门的高度重视，相关建议被采纳，提高了上海早期退休人员的养老金，受到老年人的欢迎。1999年关于《建立中国旅游资源信息网，发展上海旅游业》的大会发言、2000年《关于提高上海旅游市场化水平的建议》、2001年《关于加快制订〈上海市旅游条例〉的建议》，促成《上海市旅游条例》通过市人大常委会立法。2001年民进市委、民革市委、民盟市委的联名提案《进一步推进本市语言文字规范化工作的几点建议》，周慕尧副市长作了批示："请市语委按黄菊同志批示精神高度重视积极研究认真办理，情况盼告。"提案引起市领导和语言文字主管部门的重视，市政府将语言文字工作法制建设列入2001年立法调研项目。2001年专题调研报告《积极推进终身教育，把上海建成学习型城市》提出终身教育已成为21世纪教育发展的重要趋势，认为上海要创建学习型城市，发展社区教育是一个重要载体和主要抓手。专题调研报告转化所形成的市政协大会发言被市政协评为优秀大会发言。

在社情民意信息工作中也取得一些成绩。1999年，民进市委向中共上海市委统战部反映的《一民主党派人士反映〈围棋人生〉一书中有明显违背对台宣传政策之处》被评为1999年度统战好信息。2000年6月23日，民进会员艾小白提出关于“尽快建立我国纳米技术研究中心”的建议。建议指出，纳米技术是明天最能产生突破性进展的领域，21世纪人类面临的人口、粮食、能源、资源、环境五大危机可望由纳米科技的发展而得到解决或缓解。该建议得到朱镕基总理批示，并予以落实。

2000年后，民主党派中特约监察员，就加强廉政法制教育，注重从源头上治理腐败，完善行政效能监察机制等工作，提出反腐倡廉的意见和建议。在王慧敏牵头组织下，民进市委提出《关于全面推进市政府采购的几点建议》，从源头治理的角度提出在推进政府采购工作的同时，要建立内部机制。

社会服务　1998年8月，民进市委认真学习中共中央关于长江抗洪抢险工作的决定，贯彻落实市委市政府紧急会议部署抗洪救灾会议精神，向各区县委和基层组织下发通知，要求全市各级民进组织动员和组织会员的募捐工作，截至8月31日，各区县和基层组织共向民进市委捐款97504.51元。

2001年12月，上海民进自强进修学院捐资20万元建造的“民进上海自强希望小学”在贵州省黔西南布依族、苗族自治州普安县罗汉乡落成。民进中央名誉主席雷洁琼题写校名，民进中央常务副主席张怀西、民进市委主委刘恒椽出席落成典礼并剪彩。

机关建设　1997年7月，民进上海市第十二届委员会决定把咨询部更名为社会服务部，政策理论研究室更名为研究室。民进市委机关工作机构设置为：办公室、组织部、宣传部、社会服务部、联络部、研究室。

1999年6月，民进中央在上海青松城召开民进全国机关建设工作会议。刘恒椽在会上致欢迎词。许嘉璐出席会议并在开幕式和闭幕式上分别作讲话。张怀西作工作报告。楚庄、邓伟志以及全国29个省市的民进负责人近百人出席大会。会议交流和讨论进一步搞好政治交接，更好履行参政党职责，加强各级机关建设的经验。

民进上海市第十三届委员会（2002.6—2007.4）

2002年6月1日，在上海第二医科大学举行第九次代表大会，247名代表出席。

刘恒椽作题为《发扬传统，开拓创新，为建设21世纪高素质参政党而努力》的工作报告。大会选举产生民进上海市第十三届委员会。严隽琪当选为主任委员。

思想建设 2003年，民进市委积极响应民进中央和中共市委统战部号召，制定计划发动基层组织开展“三增强、四热爱”教育活动。10月，民进市委通过《民进市委会关于加强与民进成员中市级各类监督员联系制度》，更好地为各级各类监督员的工作创造条件提供服务。

2004年12月召开纪念中共中央〔1989〕14号文件颁布十五周年大型座谈会，组织学习《中共中央关于进一步加强中国共产党领导的多党合作和政治协商制度建设的意见》（中共中央〔2005〕5号文件）。

2005年12月18日，全国人大常委会副委员长、民进中央主席许嘉璐，全国政协副主席、民进中央常务副主席张怀西在民进中央副主席、民进市委主委、上海市副市长严隽琪陪同下，瞻仰民进成立旧址。同日下午，民进市委举行纪念中国民主促进会成立六十周年大会。严隽琪主持大会并在纪念大会上讲话。全国人大常委会副委员长、民进中央主席许嘉璐，全国政协副主席、民进中央副主席张怀西，中共上海市委副书记罗世谦，中共上海市委常委、统战部部长沈红光等领导出席纪念大会。上海民进各级组织会员千余人出席纪念大会。会后举行纪念民进成立六十周年文艺演出。

坚持以政治交接为主线，将加强政治学习，特别是领导班子的学习，放在首要位置。2007年，民进市委开展政治交接学习教育活动。严隽琪副主席到民进市委进行指导，并在专题报告会上作专题报告《坚持走中国特色社会主义政治发展道路，建设适应时代要求的参政党》。政治交接学习教育活动期间，严隽琪副主席多次到试点区委会进行指导。2008年，举办“风雨同舟，继往开来”政治交接学习教育活动图片展。民进市委在民进中央举办的“中国特色社会主义主题教育活动经验交流会”上介绍试点工作经验和做法。

正副主委分别参加市委各专门委员会学习会和各类专题研讨学习活动，推动各项工作开展。邀请高等院校、市社会科学院等单位的会内外专家学者参加政治理论研讨会或座谈会，相关研究成果报送民进中央、市统战理论研究会、全国或区域性民进理论研讨会，或推荐给有关刊物。五年中召开三次“民进华东六省一市工作研讨会”。开展如何树立社会主义荣辱观大讨论，参加民进中央举办的一系列知识竞赛。举办“民进在我心”征文活动和“民进先辈文学作品朗诵会”，编印出版《风雨同舟六十年》图片集，重新布置“民进成立旧址”。

《民进申城月报》坚持准确性和时效性，努力增强知识性和趣味性，《上海民进》于2006年年底恢复综合季刊，增加新的内容。2006年12月30日开通“上海民进网站”。本届期间，被新闻媒体采用的稿件有730多篇，其中中央级媒体报50多篇。

组织建设　截至2007年年底，共有会员8116人，分布于教育、文化出版、科技医卫、金融、司法、国有企业、机关团体等多个界别。有16个区（县）委员会，340个基层支部。其间，褚以琳、蔡达峰、瞿钧当选为第十届全国人大代表，王慧敏当选为第十二届上海市人大常委会常委。王静、邓伟志、严隽琪、陈振楼、赵丽宏当选为第十届全国政协委员。刘奕民、李名慈、余源培、张哲、陈瑜、黄震当选为第十届上海市政协常委。市级各类特约（特邀）监督员37人。33名会员担任政府处级以上实职干部。制定《关于建立直属基层委员会的办法》《区（县）委班子届中调整工作程序》《后备干部民主推荐办法》《市委委员、常委候选人建议名单产生办法》等一系列文件。

履行职能　民进市委及时制定《关于落实中共上海市委“党外人士座谈会”等重要协商议题的工作规程（试行）》，对原《民进市委专门委员会工作通则》进行修订并制定实施细则。注重专门委员会工作与培养后备干部的有机结合。

本届期间，承接中共市委、市政协等委托的重大调研课题20多件，向市政协大会递交大会发言和提案共90多件，其中9件被评为优秀提案。如 2002年民进市委课题组根据上海市“十五”规划将加快郊区城镇化步伐，首先重点发展“一城九镇”的规划，提出“以人为本”，重视小城镇生态建设的多项思路和对策。撰写《上海市郊小城镇生态环境建设与可持续发展》专题调研报告；如2002年王慧敏等19名代表提出《上海旅游业的健康、快速发展急呼〈上海市旅游管理条例〉尽快出台》的议案得到有关部门重视，次年12月市人大常委会审议通过《上海市旅游条例》，并于2004年3月1日起施行；2004年《关于解决本市流浪乞讨人员问题的建议》提案，得到中共市委副书记刘云耕的批示。《要以科学的发展观推进上海城郊一体化建设》提案得到市委、市政府主要领导批示；《关于加快建设出版博物馆的建议》提案被中共市委宣传部采纳。2005年《关于上海率先启动图书希望工程的意见和建议》提案得到中共市委宣传部高度重视，《新民晚报》为此作系列报道，激起市民捐书热潮；2007年中共市委宣传部又对图书捐赠进展作了答复。2006年《关于大力扶持本市民办非企业单位发展的建议》提案得到市社会服务局、市社会团体管理局领导的重视并专程到民进市委机关进行沟通。2006年，民进市委有5项调研成果被民进中央采纳。

从2003年起民进市委主办首届“上海民进教育论坛”，邀请会内外专家学者和教育行政管理人员共同参与，形成较有影响的系列研讨成果。

从2004年开始设立4项“主委课题”，其中3项列为中共市委、市政府的决策咨询课题。市委会关于出版方面的调研成果，有3项被民进中央采纳并作为提案递交全国政协。

由民进中央牵头、民进市委领衔、长江干流八个省市民进组织和会内外专家学者共同参与“长江流域水环境安全与保障”课题，发挥民进组织协同调研的集成效应。相关成果作为民进中央提案递交全国政协。2005年4月在上海召开首次“苏浙沪参政议政工作联席会议”，建立四项有关三地参政议政工作的合作机制。 2005年和2006年，苏浙沪民进组织分别就推进职业教育、加强新农村文化建设等议题展开联合调研，向民进中央递交两篇万字以上的调研报告。2004年和2006年，参政议政工作两度获评民进全国先进省级组织。

本届共向民进中央报送社情民意信息330余件。从2003年起，信息工作连续三年获评民进全国先进省级组织。市委会信息工作职能部门多次以得分第一的成绩被评为上海市统战系统信息工作先进处室，在2006年市政协首次信息工作评选中获二等奖。

社会服务 市委会积极响应民进中央“彩虹行动”号召，坚持对口帮扶推进重点项目，努力打造“同心”品牌。2002年开始举办“西部地区希望学校教育管理干部培训班”“西部贫困地区教师培训班”等，形成由民进会员中的企业家资助，设立固定的培训基地，每年为西部贫困地区教师举办培训班的活动机制。在“城乡少年手拉手助学活动”中，为贵州学校和贫困学生捐钱、捐物、捐书。

2003年4月，民进市委在抗击“非典”中，向民进下属各级组织发出通知，进行慰问，并要求会员为预防“非典”和战胜“非典”献计献策。医卫界会员不顾自身被感染的危险，放弃节假日休息，走在抗击“非典”第一线。各区县还组织抗“非典”募捐活动和慰问医卫界会员活动，其间许多会员建言献策，民进市委报送相关信息29条。

2005年成立“上海民进企业家联谊会”，参与市政协有关科技创新、民进中央的“百企龙江行”等一系列活动。

机关建设 2003年全面修订各项规章制度，编印新的《规章制度汇编》。2005年制定《职位说明书》。2004年市委机关被中共市委统战部评为“上海统一战线为三个文明建设服务先进集体”。2005年，上海民进机关信息化建设工作被评为民进全国省级先进组织。2006年，民进市委被评为民进全国社会服务工作先进集体。

经民进上海市第十三届委员会常务委员会第五次会议决定，联络部更名为参政议政部，机关工作机构为办公室、组织部、宣传部、参政议政部、社会服务部、研究室六个部室，并一直至今。

民进上海市第十四届委员会（2007.4—2012.4）

2007年4月23日，民进市委在上海展览中心友谊会堂举行第十次会员代表大会，279名代表出席。严隽琪作题为《搞好政治交接，履行参政党职能，为构建社会主义和谐社会作贡献》的工作报告。大会选举产生民进上海市第十四届委员会。蔡达峰当选主任委员。

思想建设 2007年为配合政治交接学习教育活动，编撰出版《一代名师》一书下发上海民进各级组织学习。2009年初，民进市委下发文件并制定实施方案，在全市范围内开展“学习贯彻科学发展观”活动。组织收看中共十七大大会电视直播，学习十七大文件以及《毛泽东、邓小平、江泽民论科学发展》《科学发展观重要论述摘编》和民进中央专题报告视频转播，开展学习交流。

制定《加强新形势下思想建设的意见》。2007年、2008年，民进市委认真落实民进中央部署的政治交接学习教育活动，出色完成省级试点工作和在基层支部拓展工作。从2010年开始，民进市委制定“学习践行社会主义核心价值体系、推进学习型参政党建设”三年规划、实施方案及培训大纲。

结合中国共产党成立九十周年、“五一口号”、新中国成立、人民政协成立、中共领导的多党合作和政治协商制度确立六十周年和改革开放三十周年，以及民进市委成立六十周年和许广平、赵朴初、雷洁琼、吴若安、柯灵、刘恒椽等先贤领导周年纪念日，举行庆祝或纪念活动，不断深化爱国主义和多党合作教育。整理编印“风云往昔”系列资料中的《上海民进60年回顾》《口述民进会史》和《民进上海区县地方组织会史汇编》。2009年、2011年民进市委被民进中央评为省级组织参政党理论研究工作先进单位。

对《民进申城月报》和民进市委网站进行改版增栏，《上海民进》复刊。2008年、2009年、2011年民进市委被民进中央评为省级组织新闻宣传工作和会刊（报）工作先进单位。2011年11月4日，由民进市委、普陀区政协联合举办的“苏州河文化创意论坛”在上海新发展亚太万豪酒店举行，民进中央主席严隽琪出席并讲话。民进中央副秘书长兼办公厅主任高友东，中共普陀区委书记张国洪，区人大常委会主任叶维华，区政协主席许伟国出席论坛。会议由普陀区政协副主席、统战部部长夏斯德主持。

组织建设 本届期间共发展会员1187人，截至2012年年底，会员9070人，分布于教育、文化艺术、新闻出版、科技医卫、金融、司法、公有制经济、机关团体等多个界别。现有15个区县地方组织，44个直属基层组织。

本届期间，严隽琪、陈振楼当选为第十一届全国人大代表，蔡达峰当选为第十三届上海市人大常委会副主任，陈强努、瞿钧当选为第十三届上海市人大常委会常委。蔡达蜂当选为第十一届全国政协常委，王静、张群、赵丽宏、黄震、屠杰当选为第十一届全国政协委员。李名慈、吴毅、胡卫、袁园、郭翔、褚以琳当选为第十一届上海市政协常委。

制定《民进市委组织发展五年规划（2009—2013年）》。不断完善党委统战部长恳谈会制度。制定并实施《市委领导班子后备干部队伍建设工作计划》。从2008年起，每年选拔会员到上海党外代表人士挂职锻炼基地挂职锻炼。编印《推进支部建设，夯实组织基础——基层组织建设材料选编》和《在正道上行——上海民进支部组织生活案例选》。民进浦东、静安和卢湾区委荣获“民进全国先进地方组织”，民进上海交通大学委员会等19个组织被评为 “民进全国先进基层组织”。2011年10月12日，民进华东六省一市第十三次工作研讨会在沪召开，蔡达峰主委出席并致开幕词。民进中央副秘书长兼组织部部长王建国出席并作“关于进一步加强基层组织建设”专题报告。中共市委统战部副部长丁志坚出席并讲话。民进有关省市领导出席研讨会。

2011年2月，民进市委成立第一届监督委员会，制定《民进市委监督委员会工作条例》。2012年以党际监督为重点，努力开展参政党民主监督工作的理论研究和实践探索，制定《关于推进民主监督工作的意见》。

中共市委领导走访党派机关　2007年4月2日，中共上海市委书记习近平走访民进市委机关，并与本市各民主党派、工商联同志座谈。副主委王慧敏、蔡达峰、陈强努参加会议。2007年10月31日，中共上海市委书记俞正声来民进市委调研，中共市委统战部部长杨晓渡、民进市委主委蔡达峰陪同。

履行职能　本届期间，市委会共承接民进中央、市政协、中共上海市委决策咨询委员会、中共上海市委统战部等委托的重大调研课题39件，9件提案被评为优秀提案。2007年和2010年被民进中央评为民进省级组织参政议政工作先进单位。

2008年《关于促进网络出版发展的若干建议》的提案中，对如何更好地促进网络出版成员的发展提出相关建议和对策，引起政府部门的高度重视。市新闻出版局在答复中，明确表示将采纳提案的有关建议，并采取相应的对策和措施。2009年《关于上海科技创新中的高端专业人才开发与引进的建议》的提案在客观全面分析上海高端专业人才开发和引进工作的现状并指出存在问题的基础上，提出合理化建议，应实行政策聚焦突破，加大国内外高端专业人才尤其是国际高端专业人才的引进力度，同时把握人才国际化趋势，加快国内高端专业人才的开发与培养。建议得到有关政府部门的重视和采纳。此外，民进市委在中共上海市委召开的党外人士座谈会上关于党风廉政、社会管理、“两个中心”建设等的建言得到中共上海市委、市政府主要领导高度关注并作重要批示。

民进市委重视中共上海市委召开的“党外人士座谈会”和政治协商活动。2009年，蔡达峰主委提出的“减少群众负担，树立群众观念”意见，得到中共上海市委主要领导高度评价，批示给全市局级以上领导干部学习，并在《解放日报》全文刊登，成为民主监督的一个典型案例。本届期间，有180余位会员担任各级各类特约特邀人员。2007年，制定《民进市委关于落实中共上海市委“党外人士座谈会”等重要协商议题的工作规程（试行）》，修订并完善《民进市委专门委员会工作通则》。

2007年，民进市委建立和完善反映社情民意信息的工作机制。本届以来共向民进中央和市政协、中共市委统战部递交社情民意信息2700余件。2008年，民进市委被民进中央评为省级组织反映社情民意信息工作先进单位。有些社情民意还得到有关领导批示，如2008年“旧区改造”获市政协主席批示并转相关部门落实，2009年“上海私营企业半强制收费引发众多企业不满”“为迎世博急待规范申城外语招牌及告示”得到中共市委、市政府领导批示，2010年“关于水利建设的建议”得到回良玉副总理批示，“关于规范机动车年检收费建议”获中共市委书记批示，2011年《尽快出台相关政策、鼓励上海张江高新区企业申请“新三板”挂牌》《关于加快推进上海国际贸易中心建设的建议》得到市领导批示，2012年《关于上海建立教育培训质量监控培训体系的建议》等得到市领导批示。

2008年起，民进市委以中共上海市委决策咨询委员会委托的课题作为“主委课题”，主委班子全程负责和参与，连续开展上海社区三个中心建设、社会建设与管理创新、社会组织发展、公益型社会组织培育等专题的对策研究，形成具有前瞻性的调研成果。

此外，上海民进教育论坛的相关成果得到政府采纳。2008年，提出的“加强学校体育工作，改善上海青少年体质健康状况研究”课题，获中共上海市委、市政府主要领导批示，相关建议很快得到落实。2010年和2011年，受市政协和市教委委托，完成《上海基础教育国际化的理论与实践研究》《上海教育信息化现状与未来发展趋势研究》等调研报告。

社会服务 建立西部教师培训基地，捐建希望小学和多媒体教室。发起成立“人文关怀阳光基金”。汶川、玉树地震及西南旱灾等灾难发生后，民进市委迅速动员组织医卫、教育等界别会员奔赴灾区救援。累计向灾区捐款捐物1400多万元。2007年、2009年、2010年，被民进中央评为省级组织社会服务工作先进单位。

2010年初，民进市委发出倡议书，号召全体会员在世博会期间发挥积极作用，践行“理解、沟通、欢聚、合作”的世博理念，以真情与奉献为世博增光添彩。会员张峰通过撰写社情民意，建议提前筹划世博演出工作，得到中共上海市委主要领导批示，要求市委相关部门抓紧落实。2010年1月27日，蔡达峰代表民进市委慰问参与世博场馆建设的民进会员，并鼓励他们以建设精品工程为目标，高质量地完成世博场馆建设任务。

机关建设 2008年，制定完善《民进市委机关职位说明书》《民进市委关于进一步加强机关保密工作的暂行规定》《文明部室评选办法（试行）》等十多项规章制度，机关干部综合素质明显提高。2008年，民进市委机关被民进中央评为“信息化建设先进集体”。2009年、2010年，连续两次被评为“上海市级机关国有资产管理优秀单位”。2011年，民进市委机关被民进中央评为“民进全国机关建设先进单位”。

民进市委机关设有办公室、组织部、宣传部、参政议政部、社会服务部和研究室。

民进上海市第十五届委员会（2012.4—2017.4）

2012年4月23日，在上海展览中心举行民进上海市第十一次会员代表大会，288名代表出席。蔡达峰作题为《夯实组织基础，提升整体素质，为推进经济社会全面发展作贡献》的工作报告。大会选举产生民进上海市第十五届委员会。蔡达峰当选为主任委员。

思想建设 民进市委把学习实践活动作为贯穿各项工作的一条主线，抓住学习内容和活动对象两个重点环节，协同推进民进市委、区级组织和基层委员会、基层支部三个层面，着力深化工作目标要求。组织“我身边的先进”宣讲活动，开展主委班子专题调研、机关部室联合调研、编印学习实践活动简报。2012年9月12日，专职副主委许政涛在民进中央召开的总结表彰会上介绍交流上海民进学习践行活动的经验做法。上海民进9个地方组织和会员个人分别被评为“民进学习践行社会主义核心价值体系先进集体”和“先进个人”。

2013年1月23日，民进市委通过《民进市委关于推进学习型参政党建设的实施意见（讨论稿）》，2013年起，组织开展深入学习《“四个全面”学习读本》《习近平总书记重要讲话读本》《习近平关于全面深化改革论述摘编》，进一步增强“三个自信”，凝聚对全面建成小康社会、全面深化改革、全面推进依法治国的共识。

2013年至2014年，完成两轮覆盖区级组织、基层委员会和直属支部的联合调研，在调研基础上开展条块结合、优势互补的结对联动机制。组织征集、编印《在正道上行——上海民进基层支部坚持和发展中国特色社会主义学习实践活动案例选》，完成《风云往昔：民进市委人物传略》。民进市委被评为2014年民进省级组织电子信息化工作先进单位。

民进市委2013年、2015年被评为民进省级组织参政党建设理论研究工作先进单位。

坚持继承和发扬民进优良传统，以纪念民进成立七十周年、民进上海地方组织成立六十五周年为契机，出版印刷《庆祝民进成立七十周年历史图册》《纪念民进上海地方组织成立65周年丛书》等，召开纪念马叙伦诞辰130周年、雷洁琼诞辰110周年座谈会，宣传民进先贤的光辉历程和家国情怀、高尚风范与人格魅力。

2016年，制定《民进成立旧址会史教育基地建设工作方案》，对民进成立旧址的会史教育功能进行总体升级规划。柯灵故居举行开馆仪式，正式对公众开放，蔡达峰主委出席并为故居揭牌。

2016年年底，根据民进中央统一部署，民进市委将“不忘合作初心，继续携手前进”专题教育作为坚持和发展中国特色社会主义学习实践活动的重要内容。

坚持办好《民进申城月报》《上海民进》和网站。2015年，结合新兴媒体特征，建立“上海民进”微信公众号。制作7个专题宣传网页，累计发布各类报道4402条，其中在会外媒体发稿2999篇。2012年、2013年、2015年、2016年被评为民进省级组织宣传报道工作先进单位。

组织建设 截至2017年年底，共有会员10156人，分布于高教、普教、文化出版、科学技术、医药卫生、非公经济、国有企业、机关等界别。本届期间，新建民进上海高教联合等5个基层委员会。有区级组织16个，基层支部390个。严隽琪、陈振楼当选为第十二届全国人大代表。蔡达峰任第十四届上海市人大常委会副主任，张辰任市人大常委，有市人大代表23人；蔡达蜂当选为第十二届全国政协常委，赵丽宏、黄震、胡卫、屠杰当选为第十二届全国政协委员，吴毅、许政涛、邵志勇、褚以琳、郭翔、谭帆等任上海市第十二届政协常委，有市政协委员22人。

制定一系列规章制度。2012年4月，依据《民进上海市第十五届委员会监督委员会主任、副主任、委员产生办法》，选举产生民进上海市第十五届委员会监督委员会。2012年9月，制定《民进市委关于进一步做好发展会员工作的实施意见》；2013年1月，制定《民进市委加强联系区县、直属组织的若干规定》；2013年3月，制定《民进市委关于进一步改进工作作风、密切联系群众的实施意见》；2013年9月，制定《民进市委关于进一步规范领导干部参加基层组织（会员）会议、活动管理办法（试行）》；2013年10月，制定《民进市委关于进一步做好关心退休会员工作的若干意见》。推动组织建设和组织发展。

2014年3月，民进全国专职副主委组织建设工作研讨班在上海举办。全国人大常委会副委员长、民进中央主席、中央社会主义学院院长严隽琪，中共上海市委常委、统战部部长、上海市社会主义学院党组书记沙海林，民进中央副主席、上海市人大常委会副主任、民进市委主委蔡达峰出席研讨班并讲话。

履行职能 建立参政议政课题招投标机制。2012年6月27日，召开2012年苏浙沪民进参政议政工作联席会议，交流和推进苏浙沪三方参政议政。本届每年以主委课题形式，承接中共上海市委决策咨询课题。2012年，蔡达峰主委撰写的《关于社会稳定与社会组织关系的认识》报送中共市委主要领导。民进市委《关于加强上海水环境治理的建议》被列入当年市政协主席重点督办提案。2016年，民进市委“关于上海创建具有全球影响力科创中心的建议”，被列入市发改委主任督办提案。

2012年，蔡达峰主委参与完成的《推进基本公共教育服务均等化，夯实社会公平的基石》一文，作为民进中央在十一届五次全国政协上的发言，获民进中央2012年参政议政成果一等奖；黄震副主委参与完成民进中央的提案《关于防治机动车PM2.5污染改善大气质量的提案》，获民进中央2012年参政议政成果二等奖。建立履职“专家库”，与上海社科院、华东师范大学、上海师范大学、华东政法大学等专业部门深度合作，建立四个参政议政专题智库。2014年、2015年，民进市委先后创办文化论坛、出版论坛并持续举办，进一步发挥民进在主界别的优势和参政议政作用。民进市委2013年、2015年获民进中央参政议政成果奖14项。

本届期间，有近30篇社情民意信息获党和国家领导人，中共上海市委、市政府领导批示。2012年、2017年被评为民进省级组织参政议政工作先进单位。

民进市委的各级领导、政协委员、人大代表和监督员在中共市委各类专题协商座谈会、调研协商座谈会上，就收入分配改革、浦东综合配套改革、“十三五”规划、党建工作等议题提出意见建议。在中共市委党外人士座谈会上，对党风廉政建设和反腐败工作等提出监督意见。认真落实中共上海市委部署，对长宁区、青浦区的“五违四必”环境综合整治工作进行专项监督。

社会服务 2013年，民进市委制定对各区县、直属委员会和各专门委员会社会服务品牌项目的支持办法及经费管理办法，通过“人文关怀阳光基金”对民进基层组织和专委会开展的各类慈善性质的社会服务项目给予人力和财力的支持。2013年，与民进贵州省委、黔西南州册亨县教育局签订三年智力帮扶协议，对口培训册亨县中小学教师。举办西部教师培训班、开设讲座，培训贵州省册亨县等地教师。创设“开明书屋”图书捐赠公益项目，为贵州省金沙县中小学和幼儿园提供课内外读物。2015年被评为民进省级组织社会服务工作先进单位。

民进上海市第十六届委员会（2017.4—　　）

2017年4月25日，民进市委在上海展览中心举行民进上海市第十二次代表大会。蔡达峰作题为《坚持主线引领，坚定政治共识，紧紧围绕改革发展稳定大局履职尽责》的工作报告。大会选举产生民进上海市第十六届委员会。黄震当选为主任委员。

思想建设　2017年，民进市委印发《民进市委关于学习贯彻中国共产党第十九次全国代表大会精神的决定》和学习计划，号召全体会员认真学习深刻领会习近平新时代中国特色社会主义思想，深入学习中共十九大报告精神和习近平同志系列重要讲话精神；2018年，制定《民进市委2018年思想政治教育主题年工作方案》《民进市委关于进一步加强宣传思想工作的实施意见》；召开宣传思想工作会议；主委班子身体力行，开展主委基层大调研，走访12家中共区委主要领导，深入了解民进区级和基层组织建设发展情况。

2018年，开展纪念“五一口号”发布七十周年系列活动，制作“民进与五一口号”专题片，编辑出版《在正道上行——民进市委纪念中共中央发布“五一口号”七十周年征文选登》。开展庆祝改革开放四十周年系列活动，召开庆祝改革开放四十周年“四十年·双岗建功四十人”表彰会。

组织建设　截至2018年年底，共有会员10636人，分布于高教、普教、文化出版、科学技术、医药卫生、非公经济、国有企业、机关等界别，有区级组织16个，基层委员会21个，直属支部2个，基层支部392个。潘向黎当选为第十三届全国人大代表。张辰、黄山明任市人大常委，有市人大代表22人。黄震当选为第十三届全国政协常委，胡卫、戴立益、倪闽景、吴焕淦当选为第十三届全国政协委员，黄震当选为上海市第十三届政协副主席，卢慧文、余岚、张伟滨、邵志勇、倪闽景、郭坤宇等当选上海市第十三届政协常委，有市政协委员28人。任副处级以上政府及司法机关实职的有33人。

制定一系列规章制度。2017年，制定《民进市委2016—2018年先进基层支部创建评选办法》和综合评价指标体系，研究制定《民进上海市第十六届委员会工作纲要》；2018年，编制《民进市委组织建设五年规划（2017—2022）》，制定《民进市委组织发展工作先进评选办法》。

履行职能　2017年，根据《会章》规定，制定《民进市委委员履职工作规则

（试行）》《民进市委专委会工作规程》等制度，新增和调整高等教育、基础教育、文化艺术，出版传媒、科技经济、医疗卫生6个专委会，保留人口资源环境、社会法制、妇女儿童、老年工作4个专委会，撤并了理论和会史研究、联络两个委员会。联合华东师范大学，主办“中国非物质文化遗产保护智库高峰论坛”。研究制定《民进市委参加政党协商工作方案》；修订《民进市委关于加强特约（邀）人员工作的意见》，召开民进会员中的特约（邀）人员联席会议，总结“五违四必”专项民主监督工作。

2018年，民进市委贯彻落实中共十九大“坚决打赢脱贫攻坚战”的战略任务，落实民进中央脱贫攻坚专项民主监督工作，多次赴湖南省祁东、衡阳、怀化等地开展脱贫攻坚民主监督调研。受中共市委委托，对长宁区、青浦区贯彻落实《上海市食品安全条例》情况进行专项监督。提出“建设‘青嘉吴’长三角一体化发展示范区”建议，对长三角一体化高质量发展产生积极影响；在专题协商座谈会上提出打造上海“技术转移之都”的建议，得到中共上海市委主要领导的高度评价。举办“长三角公共服务一体化论坛”暨参政议政联席会议。建立“民进长三角一体化联盟”，论坛成果受到市政协主要领导重要批示，并受到主流媒体高度关注。成功举办第五届上海民进出版论坛，承办民进华东六省一市工作研讨会。2018年全年，有21篇社情民意信息获省部级以上领导批示。

社会服务　2017年，召开西部教师培训基地负责人与讲师团联席会议，制定项目方案及新一轮五年帮扶计划。与民进贵州省委、安龙县人民政府签订三方教育帮扶协议。组织讲师团赴安龙县支教助学。成功举办庆祝中共十九大召开书画展暨义卖活动，征集展出书画作品112幅，募集善款300余万元将用于贵州、湖南扶贫攻坚。

2018年，举办“庆祝改革开放四十周年——2018上海民进开明画院书画笔会交流活动”。落实企业家会员出资为安龙县4所学校建造多媒体教学备课室，缓解当地教育硬件资源的紧缺；打造“开明图书馆上海馆”，发动上海17家出版社及广大会员募得图书2万余册，价值近56万元；在黔西南州筹备建立示范性、标杆性的特色教育帮扶平台，助力建成当地教育教研中心、师资培训中心和课程开发中心；组织会内专家，为黔西南州民族古村落的保护、重建和开发提供帮助，探索将乡愁文化融入新农村建设。

机关建设 民进市委按照民进中央机关建设主题年要求，以建设“阳光、高效、规范、和谐”为目标，积极推进学习型、研究型、服务型机关建设。专题召开机关建设专题调研座谈会、机关部室负责人会议，围绕“机关建设和部门建设相互促进”等主题进行系列讨论。组织机关干部开展“我与民进共成长”主题征文活动和“我为机关建设建一言”活动；赴民进兄弟省级组织机关开展调研，交流工作。加快推进机关干部竞聘晋升，使想干事的人有机会，能干事的人有平台，干成事的人有地位，营造人尽其才的惜才爱才用才氛围，推动机关工作迈上新台阶。

第一篇
组织

第一章 会员

第一节 会员概况

1945年12月30日，中国民主促进会在上海爱麦虞限路中国科学社（今陕西南路235号的黄浦区明复图书馆）宣告成立。出席成立大会签到的有26人，他们是：马叙伦、王绍鏊、林汉达、周建人、徐伯昕、赵朴初、陈巳生、梅达君、严景耀、雷洁琼、谢仁冰、冯少山、万景光、曹梁厦、张纪元、柯灵、李平心、陈慧、宓逸群、刘大杰、李玄伯、马木轩、徐彻、徐相任（徐相任并未到会，系由其子徐彻代签）、章蟾华、胡国城，故实到25人。

1946年1月2日，中国民主促进会召开第二次会员大会，大会选举产生第一届理事会理事和候补理事。当时会议所发的选票上有44个会员的名字，他们是：张纪元、徐相任、张凤举、徐伯昕、郑振铎、马叙伦、周煦良、唐弢、宓逸群、林汉达、周建人、严景耀、王绍鏊、谢仁冰、柯灵、冯少山、徐彻、李玄伯、陈慧、李平心、刘大杰、许广平、曹吉荪、赵朴初、雷洁琼、章蟾华、胡国城、曹梁厦、周予同、吴文祺、梅达君、陈巳生、朱绍文、姚文达、曹鸿翥、马木轩、杨心德、蒋天佐、金仲华、董秋斯、吴大琨、俞寰澄、万景光、傅雷。

从此，民进不断发展壮大，至2018年年底，全国民进会员已达17.01万余人。

民进成立时的基本队伍，由两部分成员组成，一部分是以马叙伦所联系的文化、出版、教育等界的爱国民主人士；另一部分是以王绍鏊所联系的上海工商界的爱国民主人士。

1950年，民进三届二中全会决定，发展对象是进步的知识分子、自由职业者及工商界人士，重心是文化、教育、科学技术工作者，在工商界人士中重心是工商界从业人员中小工商业者，尤其是着重知识分子成分的工商业者。1951年民进三届三中全会。决议提出：以中小学教师为主要发展对象，其他方面的对象也适当发展。1952年8月，民进中央常务理事会确定民进发展对象“应以小资产阶级知识分子为主，在各种职业界中，则应以中小学教职员、文化出版工作者为主要发展对象，高等学校教职员亦应适当发展，并应注意吸收各种职业界中的较有影响的分子，至于工商界人士则一般不发展”。1956年8月11日，民进第二次全国代表大会确定，“发展对象主要是以从事文化教育工作的知识分子，而以高等师范院校、各类中等学校和初等学校的教育工作者以及文化出版工作者为重点，其他高教、科技、医卫、财经、政法、体育和文艺工作者以及中上层的社会知识分子等方面都应发展”。

民进上海市分会成立时，有75名会员。至1957年9月，会员从75人扩大至1780人，其中教育界（主要是中小教）有1450人，占会员总数的81.5%。

1958年整风反右后，除吸收少数进步骨干，充实领导力量外，基本上停止发展会员。“文化大革命”期间，民进上海市各级组织都停止活动。至1978年恢复党派活动时，会员人数减为1329人。

1979年，会员数开始有所增长，为1388人，其中教育界为1146人，文化出版界为97人；全国和上海市人大代表10人，政协委员23人。1980年8月，为适应新的历史时期形势的需要，按照民进中央通知，恢复吸收在群众中有影响的、有代表性的、符合入会条件的人士入会，并根据民进中央常委会《关于发展组织工作的暂行办法》规定，按照各民主党派重点分工，在高等师范院校、各类中等学校、初等学校和幼儿教育界，以及文化、出版界中发展会员，同时注意吸收从事其他文教工作的知识分子。符合条件的退休人员中社会影响较大，或有丰富的专业经验的亦可少量吸收为会员。为实现祖国统一大业的需要，民进市委会遵照1983年11月中共中央统战部《关于民主党派组织发展问题座谈会纪要》精神，在回祖国大陆定居的拥护祖国统一的爱国者中选择适当人员进行发展。同时，注意发展科技界及其他界别的人员入会。随着组织发展工作的加快，到1984年会员数达2698人，比恢复活动时增加一倍。

1990年3月16日，民进中央《关于我会巩固与发展组织工作的意见》提出，组织发展工作要“着重巩固，放慢发展步子”，发展会员要特别注意政治素质，严格掌握“坚持标准，保证质量，改善结构，慎重发展”的原则，努力提高全会的政治素质。民进市委会严格按照民进中央规定的吸收会员标准，积极而又慎重地进行组织发展工作，至1992年，会员为4539人。其中，教育界3121人，文化出版界598人，科技医卫界别有所拓展。会员中有高级职称的848人，占会员总数的18.7%；中级职称的2173人，占会员总数的47.8%。

2002年，会员达6949人，其中教育界4502人，文化出版界752人，增加公有制和非公有制经济界别。

截至2018年12月底，上海民进会员有10636人，平均年龄54.6岁。成员界别分布：高教界11.0%，普教界49.8%，文化出版界9.1%，科学技术界4.6%，医药卫生界12.0%，经济界8.3%，机关及其他5.1%。上海民进会员中现有全国人大代表1人；全国政协委员5人，其中常委1人；民进中央委员14人，其中民进中央副主席1人。市人大代表22人，其中常委2人；市政协委员28人，其中副主席1人，常委6人。任副处级以上政府及司法机关实职的有33人。

1949年至2018年上海市民进会员人数

年份	会员人数	年份	会员人数	年份	会员人数	年份	会员人数
1949	75	1967	资料已失	1985	2758	2003	7190
1950	106	1968	资料已失	1986	3087	2004	7399
1951	188	1969	资料已失	1987	3472	2005	7692
1952	257	1970	资料已失	1988	3800	2006	7907
1953	436	1971	资料已失	1989	4190	2007	8116
1954	455	1972	资料已失	1990	4402	2008	8280
1955	451	1973	资料已失	1991	4438	2009	8465
1956	1162	1974	资料已失	1992	4539	2010	8651
1957	1780	1975	资料已失	1993	4924	2011	8836
1958	1682	1976	资料已失	1994	5156	2012	9070
1959	1610	1977	资料已失	1995	5386	2013	9415
1960	资料已失	1978	1329	1996	5645	2014	9669
1961	1508	1979	1388	1997	5833	2015	9910
1962	1508	1980	1373	1998	6049	2016	10093
1963	资料已失	1981	1743	1999	6323	2017	10339
1964	1485	1982	1901	2000	6546	2018	10636
1965	1489	1983	2113	2001	6765		
1966	1483	1984	2698	2002	6949		

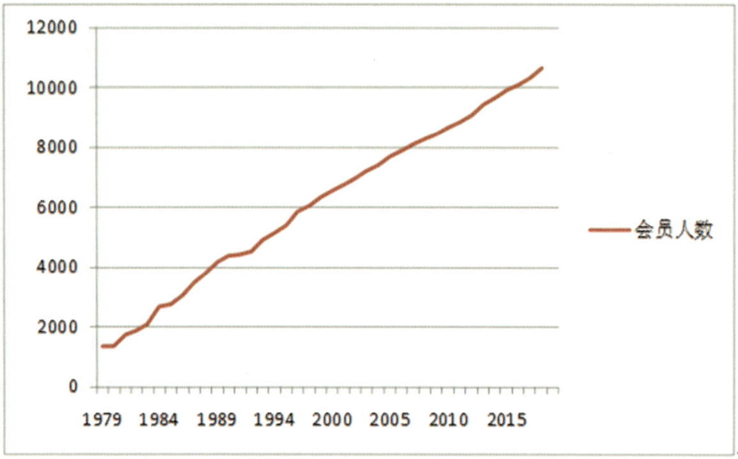

1978年至2018年上海民进会员人数趋势

自1993年至2018年，上海民进会员总数稳步攀升，会员结构更趋合理。

其中，女会员人数和比例逐年上升，由1796人上升至5220人，比例由36.5%提高到49.1%。

1993年至2018年上海市民进女会员人数和比例情况

年度	女会员人数	比例	年度	女会员人数	比例
1993	1796	36.5%	2006	3441	43.5%
1994	1913	37.1%	2007	3570	43.9%
1995	2021	37.5%	2008	3693	44.6%
1996	2136	37.8%	2009	3822	45.1%
1997	2225	38.1%	2010	3952	45.7%
1998	2347	38.8%	2011	4083	46.2%
1999	2479	39.2%	2012	4264	47.0%
2000	2612	39.9%	2013	4470	47.5%
2001	2727	40.3%	2014	4645	48.0%
2002	2826	40.7%	2015	4784	48.3%
2003	2991	41.6%	2016	4909	48.6%
2004	3123	42.2%	2017	5064	49.0%
2005	3298	42.9%	2018	5220	49.1%

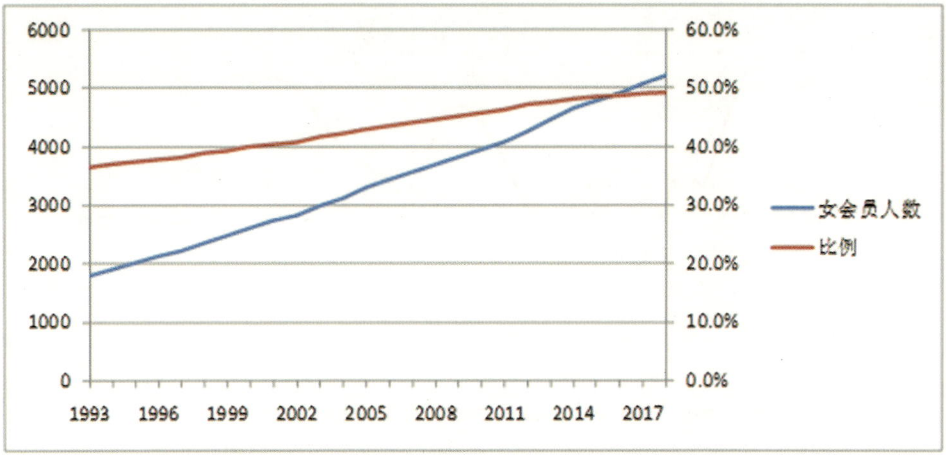

1993年至2018年上海民进女会员人数和比例情况

自1993年至2018年，会员平均年龄略有下降，由54.8岁下降至54.6岁，40岁以下的会员人数明显增加，由372人增加至1703人。年龄层次趋于合理。

1993年至2018年上海民进会员平均年龄情况

年度	平均年龄	年度	平均年龄	年度	平均年龄
1993	54.8	2002	52.4	2011	52.8
1994	54.7	2003	51.72	2012	53.1
1995	53.8	2004	52.34	2013	53.3
1996	52.9	2005	52.7	2014	53.5
1997	53.3	2006	53.4	2015	53.9
1998	52.6	2007	53.9	2016	54.3
1999	51.7	2008	54.2	2017	54.6
2000	51.9	2009	54.1	2018	54.6
2001	52	2010	53.3		

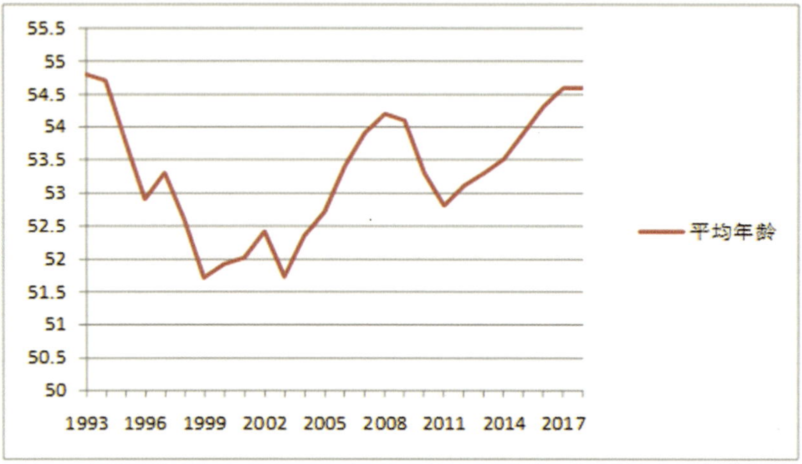

1993年至2018年，上海民进会员平均年龄趋势图

自1993年至2018年，会员中具有中、高级职称的人数，由4524人提高至9790人，比例由91.9%提高至92.7%。

1993年至2018年，上海民进会员中具有中、高级职称的人数和比例情况

年度	中、高级职称	比例	高级职称	高级职称比例	中级职称	中级职称比例
1993	4524	91.9%	1559	31.7%	2965	60.2%
1994	4720	91.6%	1628	31.6%	3092	60.0%
1995	4953	91.8%	1705	31.5%	3248	60.3%
1996	5177	91.7%	1752	31.0%	3425	60.7%
1997	5357	91.8%	1802	30.9%	3555	60.9%
1998	5567	92.0%	1851	30.6%	3716	61.4%
1999	5842	92.3%	1912	30.2%	3930	62.1%
2000	6047	92.4%	1985	30.3%	4062	62.1%
2001	6258	92.4%	2047	30.2%	4211	62.2%
2002	6440	92.6%	2115	30.4%	4325	62.2%
2003	6579	91.5%	2338	32.5%	4241	59.0%
2004	6858	92.7%	2409	32.6%	4449	60.1%
2005	7356	95.6%	2473	32.2%	4883	63.5%
2006	7589	96.0%	2544	32.2%	5045	63.8%

2007	7775	95.8%	2614	32.2%	5161	63.6%
2008	7954	96.0%	2662	32.1%	5292	63.9%
2009	8144	96.2%	2721	32.1%	5423	64.1%
2010	8329	96.3%	2777	32.1%	5552	64.2%
2011	8529	96.5%	2862	32.4%	5667	64.1%
2012	8738	96.3%	2922	32.2%	5816	64.1%
2013	9051	96.1%	3004	31.9%	6047	64.2%
2014	9247	95.6%	3055	31.6%	6192	64.0%
2015	9438	95.2%	3097	31.3%	6341	64.0%
2016	9378	92.9%	3122	30.9%	6256	62.0%
2017	9584	92.7%	3634	35.1%	5950	57.5%
2018	9790	92.0%	3692	34.8%	6098	57.3%

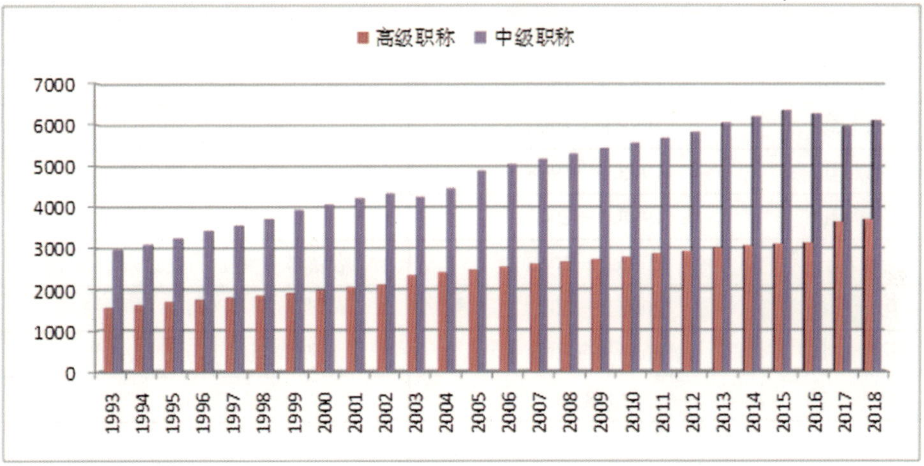

1993年至2018年，上海民进会员中具有中、高级职称的人数情况

1993年至2018年，在所涉界别中，教育、文化、出版界别的会员人数占总会员人数的比例呈缓慢下降趋势，公有制经济、非公有制经济（新的社会阶层人士）、法律（司法机关）、人大政协机关、政府机关等界别人数在稳步攀升。在保持主界别的基础上，会员界别逐步呈现多元化发展格局（1993年至2018年上海民进会员界别分布情况详见附录）。

第二节 担任人大代表的会员

在历届全国人民代表大会和上海市人民代表大会中，上海民进会员当选第一届至第十三届全国人民代表大会代表的有21人次；当选第一届至第十五届上海市人民代表大会代表的有281人次。

当选全国人大代表的民进会员情况

届次	任期	姓名
第一届	1954.8—1959.3	吴若安（女）、林汉达、陆渊雷
第二届	1959.3—1964.10	吴若安（女）
第三届	1964.10—1973.10	吴若安（女）
第四届	1973.10—1978.11	吴若安（女）
第五届	1978.11—1983.4	吴若安（女）
第六届	1983.4—1988.8	吴若安（女）
第七届	1988.8—1993.3	陈炳生、钱伯诚
第八届	1993.3—1998.3	陈炳生、徐仁惠
第九届	1998.3—2003.3	许世远
第十届	2003.3—2008.3	褚以琳（女）、蔡达峰、瞿钧
第十一届	2008.3—2013.3	严隽琪（女）、陈振楼
第十二届	2013.3—2018.3	严隽琪（女）、陈振楼
第十三届	2018.3—	潘向黎（女）

当选上海市人大代表的民进会员情况

届次	任期	姓名
第一届	1954.8—1956.12	冯少山、朱镜清、江芷千（女）、李楚材、严宝礼、严独鹤、沈同一、沈体兰、罗君惕、金幼云、周煦良、钟吉宇、梅达君、曹鸿翥、黄丹朦、黄羡明、戚逸影（女）、薛　正（女）
第二届	1956.12—1958.10	冯少山、朱镜清、江芷千（女）、李平心、李楚材、严宝礼、严独鹤、沈同一、罗君惕、金幼云、周煦良、柯　灵、赵传家、钟吉宇、曹鸿翥、黄丹朦、黄羡明、戚逸影（女）、薛　正（女）

第三届	1958.10—1962.7	朱镜清、江芷千（女）、杨国英（女）、李楚材、严独鹤、吴若安（女）、沈同一、罗君惕、周煦良、赵传家、曹鸿翥、黄丹騰、黄羡明、曾季肃（女）、薛　正（女）
第四届	1962.7—1964.9	王子平、朱镜清、江芷千（女）、杨国英（女）、李楚材、严独鹤、吴若安（女）、沈同一、陈品英（女）、罗君惕、罗稷南、周家凤、周煦良、赵传家、曹鸿翥、黄丹騰、黄羡明、薛　正（女）
第五届	1964.9—1966.6	吴若安（女）（常委会副主任）、江芷千（女）、杨国英（女）、严独鹤、陈品英（女）、罗君惕、罗稷南、周煦良、赵传家、曹鸿翥、黄丹騰、黄羡明、薛　正（女）
第六届	1966.6—1977.11	（“文革”期间，民主党派停止活动）
第七届	1977.11—1983.4	吴若安（女）（常委会副主任）、朱镜清、江芷千（女）、杨国英（女）、李昌允、周家凤、钟达轩、黄羡明、薛　正（女）
第八届	1983.4—1988.4	吴若安（女）（市人大常委会副主任）、朱镜清、李昌允、陈炳生、钟达轩、黄羡明、盛士琰、薛　正（女）
第九届	1988.4—1993.2	陈心田（常委）、孔耀洲、李　峙、沈剑英、范荣屏、黄羡明、龚继先、盛士琰、蔡维友、瞿　钧
第十届	1993.2—1998.2	盛士琰（常委）、丁文魁、孔耀洲、许世远、刘伟国、陈子壮、陈心田、李　峙、范荣屏、瞿　钧、张庆龙（1997.5止）
第十一届	1998.2—2003.2	丁文魁、王慧敏（女）、孔耀洲、古　晓、卢承锐、刘伟国、吴小静（女）、陈子壮、陈心田、陈菊珏（女）、汤以烈、顾国庆、褚以琳（女）、蒋德海、瞿　钧、叶文博、严隽琪（女）
第十二届	2003.2—2008.1	王慧敏（女）（常委）、叶文博、叶冠峰、刘伟国、许世远、李皑、吴　毅、吴小静（女）、张　群、张少波、张伟玉、陈心田、柯碧华（女）、倪闽景、姚国华、顾国庆、顾奎华
第十三届	2008.1—2013.1	蔡达峰（常委会副主任）、陈强努（常委）、瞿　钧（常委）、于颖彦（女）、卫晓萍（女）、王　浩、王文平、王其芬（女）、叶文博、朱　芳（女）、李清娟（女）、张辰（女）、张少波、陈　瑾、金哲民、姚　戎、姚安宝、倪闽景、黄　溪（女）、蒋碧艳（女）、鲍英菁（女）
第十四届	2013.1—2018.1	蔡达峰（常委会副主任）、张　辰（女）（常委）、丁建勇、于颖彦（女）、王　浩（嘉定）、王　浩（浦东）、王文平、李颖（女）、李清娟（女）、杨　军、杨　燕（女）、张　展、张少波、金哲民、周　梅（女）、洪　涛、姚伟明、姚安宝、袁园（女）、倪闽景、高湘萍（女）、常生龙、蒋碧艳（女）、樊汉彬、瞿志军

第十五届	2018.1—	张　辰（女）（常委）、黄山明（常委）、丁建勇、王　浩（浦东）、王文平、王品玲（女）、冯志刚、杨　军、杨　蓉（女）、杨　燕（女）、吴　坚（女）、周　梅（女）、赵雪平（女）、姚安宝、袁家勤（女）、高湘萍（女）、诸春梅（女）、曹　清、常生龙、康　锐（女）、曾　云、樊汉彬、瞿志军

第三节　担任政协委员的会员

在全国政协和上海市政协中，上海民进会员担任第一届至第十三届全国政协委员的有57人次，其中柯灵当选为第七届常委，邓伟志当选为第九届常委，蔡达蜂当选为第十一、第十二届常委，黄震当选为第十三届常委。

担任第一届至第十三届市政协委员的有318人次，其中当选市政协常委有70人次；沈体兰当选为第二、第三、第四届市政协副主席，吴若安当选为第四、第五届市政协副主席，赵宪初当选为第七届市政协副主席，刘恒椽当选为第八、第九届市政协副主席，黄震当选为第十三届市政协副主席。

【全国政协】

第一届（1949.9—1954.12）

委员：陈巳生　赵朴初

第二届（1954.12—1959.4）

委员：冯少山　李平心　沈体兰　柯　灵　唐　弢

第三届（1959.4—1964.12）

委员：冯少山　李平心　严独鹤　沈体兰　柯　灵　唐　弢

第四届（1964.12—1978.2）

委员：冯少山　李平心　严独鹤　柯　灵

第五届（1978.2—1983.6）

委员：周煦良　柯　灵

第六届（1983.6—1988.3）

委员：柯 灵 段力佩 臧慧芬（女） 蒋家祥

第七届（1988.3—1993.3）

常务委员：柯 灵

委员：朱鸿鹗 刘恒椽 赵丽宏 蒋家祥 臧慧芬（女）

第八届（1993.3—1998.3）

委员：邓伟志 刘恒椽 朱鸿鹗 蒋家祥

第九届（1998.3—2003.3）

常务委员：邓伟志

委员：马惠生 刘奕民 刘恒椽

第十届（2003.3—2008.3）

委员：王 静（女） 邓伟志 严隽琪（女） 陈振楼 赵丽宏

第十一届（2008.3—2013.3）

常务委员：蔡达蜂

委员：王 静（女） 张 群 赵丽宏 黄 震 屠 杰

第十二届（2013.3-2018.3）

常务委员：蔡达峰

委员：赵丽宏 黄 震 胡 卫 屠 杰

第十三届（2018.03— ）

常务委员：黄 震

委员：胡 卫 戴立益 倪闽景 吴焕淦

【上海市政协】

第一届（1955.5—1958.10）

常务委员：段力佩 曹鸿翥 笪移今

委员：王子平 李楚材 严宝礼 吴文祺 沈百英 沈剑白 罗君惕
金幼云 周煦良 赵传家 戚逸影（女）

第二届（1958.10—1962.7）

副 主 席：沈体兰

常务委员：陈云涛 曹鸿翥 笪移今

委员：王子平　王佩贞（女）　王雪门　朱有瓛　严宝礼　吴若安（女）
　　吴瑞年　沈百英　周煦良　张兆桢　金兆梓　闻茂康

第三届（1962.7—1964.9）

副 主 席：沈体兰

常务委员：李楚材　吴若安（女）　陈云涛　金兆梓　曹鸿翥

委员：王佩贞（女）　王雪门　朱有瓛　笪移今　吴瑞年　沈百英
　　周煦良　张兆桢　赵宪初　闻茂康　钱 潮

第四届（1964.9—1977.12）

副 主 席：吴若安（女）　沈体兰

常务委员：李楚材　陈云涛　金兆梓　曹鸿翥

委员：王佩贞（女）　方学武　朱有瓛　吴瑞年　沈百英　周煦良　张兆桢
　　赵宪初　闻茂康　钱 潮

第五届（1977.12—1983.4）

副 主 席：吴若安（女）

常务委员：李楚材　罗君惕　周煦良　赵宪初

委员：王佩贞（女）　毛智凤（女）　方学武　朱有瓛　沈百英　陈云涛
　　陈南生　陈穗九　张乃璇　张兆桢　金幼云　单晓天　赵传家
　　闻茂康　钱 潮　董涤尘　蒋孝毅
　　段力佩（1979.12任）
　　蒋家祥（1982.3任）

第六届（1983.4—1988.4）

常务委员：李楚材　罗君惕　周煦良　金幼云　赵宪初　蒋家祥

委员：毛智凤（女）　王佩贞（女）　方去疾　方学武　朱有瓛
　　朱曼殊（女）　朱鸿鹗　杨国英（女）　陈云涛　陈穗九　陈南生
　　张乃璇　张兆桢　单晓天　赵传家　闻茂康　钱 潮　翁泽永　童祥苓
　　董涤尘
　　乐嘉基（1984.3任）

第七届（1988.4—1993.2）

副 主 席：赵宪初

常务委员：李楚材　陈穗九　金幼云

委员：毛智凤（女）　邓伟志　乐嘉基　朱镜清　李昌九　任　意　刘征泰
许松寿　杨国英（女）　杨德壬　陈云涛　陈南生　张应湘　张和豪
林笃桢　林黛文　范一辛　赵一民　夏文慧（女）　徐志璋
黄葆慧（女）　童祥苓　闻茂康　黄增基

第八届（1993.2—1998.2）

副 主 席：刘恒椽

常务委员：陈　瑜（女）　金幼云　谭玉美（女）

委员：王慧敏（女）　毛　琦　毛智凤（女）　冯世銮　许松寿　李名慈
乐嘉基　任　意　杨德壬　余源培　沈剑英　张应湘　张和豪
张静娴（女）　陈寿鹏　林丙义　夏文蕙（女）　徐志璋
黄葆慧（女）　童祥苓　熊衍元　薛福田　瞿　钧

第九届（1998.2—2003.2）

副 主 席：刘恒椽

常务委员：李名慈　余源培　张　晳（女）　陈　瑜（女）　金幼云
赵丽宏

委员：马雪萍（女）　毛　琦　邓国坤　尹达新　吴立昌　张　彤　张大同
张应湘　张静娴（女）　邵光宇　岑国桢　林丙义　林庚金　金幼云
金良年　夏文蕙（女）　徐仁惠（女）　黄葆慧（女）　童祥苓
熊衍元

第十届（2003.2—2008.2）

常务委员：刘奕民　李名慈　余源培　张　晳（女）　陈　瑜（女）　黄　震

委员：王圣民（女）　王祥荣　孔耀洲　邓国坤　沈建青　岑国桢　吴长福
张大同　张文龙　张臣吉　张静娴（女）　陈　江　陈　军　陈强努
邵光宇　邵志勇　杨荣华　金良年　洪　涛　徐惠新　郭　翔
袁　园（女）　黄山明　程霄玉（女）　屠　杰　熊衍元

第十一届（2008.2—2013.2）

常务委员：李名慈　吴　毅　胡　卫　袁　园（女）　郭　翔　褚以琳（女）

委员：丁建勇　王　杰　王圣民（女）　王祥荣　方亚芬（女）　邓　莹
孙甘露　杨荣华　李　皑　吴长福　吴范宏　吴焕淦　张　峰　张大同
张文龙　陈　军　陈　江　迟黎明　金良年　胡传海　洪　涛　徐惠新

郭坤宇　黄山明　喻碧波　程霄玉（女）

第十二届（2013.2—2018.1）

常务委员：吴　毅　许政涛　邵志勇　褚以琳（女）　谭　帆　郭　翔

委员：王　杰　王祥荣　王　静（女）　方亚芬（女）　孙甘露　吴长福
吴范宏　吴焕淦　余　岚（女）　沈克俭　沈建青　沈维藩　迟黎明
张　峰　陈金隆　徐淀芳　郭坤宇　黄山明　崔海灵（女）　密春雷
程霄玉（女）　鲍英菁（女）　潘向黎（女）

第十三届（2018.1—）

副主席：黄　震

常务委员：卢慧文（女）　余岚（女）　张伟滨　邵志勇　倪闽景　郭坤宇

委员：王　杰　王　浩（嘉定）　孙甘露　杨　薇（女）　吴心宏　何少华
邹甫文（女）　沈维藩　陈金隆　陈振楼　陈　翔　范秀敏（女）
袁晓兵　徐士龙　曹建华　崔海灵（女）　蒋国兴　蒋碧艳（女）
程　伟　鲍英菁（女）　蔡永洁　金江波

第四节　担任政府等部门领导职务的会员

民进上海市分会成立以后，上海部分民进会员已经开始担任政府部门领导职务，参与政府事务管理，到2018年民进会员中先后有40人被举荐担任市级委办局、区（县）人民政府和大学领导职务（副局级以上）。

担任政府等部门领导职务（副局级以上）

姓名	担任职务	任期
谢仁冰	华东军政委员会委员 （1952.11改为华东行政委员会。下同）	1949.12—1952
陈巳生	华东军政委员会委员 华东军政委员会监察委员会副主任	1949.12—1954.6 1950.1—1953.8
赵朴初	华东军政委员会民政部副部长 上海市人民委员会政法委员会副主任	1949.12—1954.6 1953.5—1955.2
柯　灵	华东军政委员会文教委员会委员	1949.12—1954.6

徐伯昕	上海市新闻出版处副处长	不详
沈体兰	华东军政委员会体育运动委员会主任 上海市体育运动委员会主任	1949.12—1954.6 1955.1—1958.10
梅达君	上海市人民政府办公厅第二副主任 上海市人民政府办公厅副主任 上海市民族事务委员会副主任	1950.12—1952.11 1952.11—1954.10 1957.10—1962.4
吴若安	上海市教育局副局长 上海市第三、四、五届人民委员会委员	1955.12—1970.3 1958.12—1964.9
李平心	上海市第二届人民委员会委员	1956.12—1958.10
黄丹騰	上海市教育局副局长	1957.7—1970.3
江芷千	江宁区、静安区副区长	1958.9—1963.11
周之芹	新成区、静安区副区长	1958.10—1963.11
段力佩	新成区、静安区副区长	1958.10—1963.11
冯少山	上海市民政局副局长	1959.5—1970.3
董涤尘	徐汇区副区长	1956.2—1967.11
赵宪初	徐汇区副区长	1960.3—1967.11 1981.5—1984.3
薛 正	长宁区副区长	1961.9—1967.4
张乃璇	川沙县副县长	1961.9—1967.3
罗君惕	上海市民族事务委员会副主任	1979.9—1984.2
陈炳生	普陀区副区长	1984.3—1990.4
张敏东	川沙县副县长	1984.4—1987.4
王慧敏	长宁区副区长	1987.4—1997.5
瞿 钧	静安区副区长	1990.4—2002.12
刘奕民	徐汇区副区长	1991.3—1998.3
张庆龙	川沙县副县长 浦东新区社会发展局副局长	1991.3—1992.12 1992.12—1997
陈心田	普陀区副区长	1993.2—1999.2
陈 怡	杨浦区副区长	1993.4—1998.3
孔耀洲	黄浦区副区长	1996.4—2000.6
褚以琳	崇明县副县长	1998.3—2009.8

顾奎华	徐汇区副区长	1998.3—2003.3
严隽琪	上海市信息化办公室副主任 上海市副市长	2001.4—2002.5 2002.5—2007.11
张　辰	闵行区副区长 黄浦区副区长	2001.8—2009.12 2010.1—2011.9
蔡达峰	复旦大学副校长 同济大学副校长	2003.3—2016.4 2016.4—2017.4
程霄玉	卢湾区副区长 黄浦区副区长	2009.2—2011.9 2011.10—2017.1
黄　震	上海交通大学副校长	2010.1—
鲍英菁	闸北区副区长 静安区副区长	2010.2—2016.3 2016.3—
戴立益	华东师范大学副校长	2016.6—
王　浩	嘉定区副区长	2016.10—
倪闽景	奉贤区副区长 上海市教育委员会副主任	2014.9—2017.6 2017.6—
袁　园	奉贤区副区长	2017.10—

第二章　市级组织

第一节　市委员会

中国民主促进会上海市委员会（简称“民进上海市委员会”）是民进在上海市的省级地方组织，前身是中国民主促进会上海市分会（简称“民进上海市分会”）。民进上海地方组织领导机构自1949年6月至2018年年底，共经历16届，其中第一至第三届为民进上海市分会理事会，第四届至第十六届为民进上海市委员会。

1956年12月23日，在上海市第三女子中学礼堂召开会员大会，选举产生民进上海市第四届委员会。至此，民进上海市分会更名为民进上海市委员会。

1958年9月14日，召开第一次代表大会，选举产生民进上海市第五届委员会。

此后，民进上海市各届委员会都由民进上海市代表大会选举产生。2017年4月25日至27日，召开民进上海市第十二次代表大会，大会选举产生民进上海市第十六届委员会，委员78名。

在代表大会闭会期间，民进市委领导市地方组织的工作，对外代表市地方组织。其职权是：（1）听取、审议和批准同级委员会或常委会的报告；（2）讨论和决定本级组织的重大事项；（3）选举同级委员会主任委员、副主任委员、常委；（4）必要时经上一级组织同意，可以调整同级委员会的少部分成员；（5）听取同级监督委员会的报告，选举同级监督委员会主任、副主任、委员。民进市委设主任委员一人，副主任委员若干人组成主任委员会议，领导委员会的日常工作。

民进上海市分会第一届理事会（1949.6—1950.8）

主任理事：谢仁冰

副主任理事：赵朴初

理事：谢仁冰　陈巳生　冯少山　梅达君　赵朴初　李平心　曹鸿翥　朱绍文
金芝轩　宓逸群　韩近庸

候补理事：唐　掮　周煦良　蔡尚思　笪移今

民进上海市分会第二届理事会（1950.8—1953.4）

主任理事：谢仁冰

副主任理事：赵朴初

常务理事：谢仁冰　赵朴初　梅达君　曹鸿翥　周煦良

理事：谢仁冰　赵朴初　梅达君　曹鸿翥　周煦良　冯少山　陈巳生　李平心
柯　灵　张纪元　宓逸群　朱镜清　吴企尧　金芝轩　徐福民

候补理事：余　森　金正光　周景胡　陈萃芳　杨心德

谢仁冰于1952年1月27日逝世后，由赵朴初任代理主任理事。

民进上海市分会第三届理事会（1953.4—1956.12）

主任理事：赵朴初

副主任理事：吴若安　段力佩

常务理事：赵朴初　吴若安　段力佩　梅达君　柯　灵　曹鸿翥　周煦良

理事：赵朴初　吴若安　段力佩　梅达君　柯　灵　曹鸿翥　周煦良　陈巳生　方　明　沈体兰　冯少山　方学武　陈云涛　周之芹　江芷千　戚逸影　黄丹臒　张纪元　宓逸群　钟吉宇　吴企尧

民进上海市第四届委员会（1956.12—1958.9）

主任委员：吴若安

副主任委员：段力佩　曹鸿翥　周煦良

秘书长：曹鸿翥（兼）

常务委员：马龙瑞　朱镜清　李平心　李楚材　严独鹤　吴若安　陈云涛　周煦良　宓逸群　柯　灵　段力佩　钟吉宇　黄丹臒　曹鸿翥　戚逸影

委员：马龙瑞　王雪门　冯少山　朱有瓛　朱镜清　刘哲民　江芷千　杨国英　杨荣祥　李平心　李季开　李楚材　严宝礼　严独鹤　吴企尧　吴若安　吴朗西　沈同一　沈剑白　沈体兰　陈云涛　陈袜如　余　森　张　锐　周之芹　周家凤　周煦良　金幼云　宓逸群　柯　灵　赵传家　赵廷为　赵渭人　段力佩　钟吉宇　姚国芳　顾少明　钱　潮　钱瘦铁　徐国霖　徐福民　黄丹臒　黄羡明　曹鸿翥　董涤尘　戚逸影　薛　正

候补委员：王佩贞　杜春潮　徐启堂　徐稚鹤　陈南生　程约奉　陈邦炎　郑伯山

民进上海市第五届委员会（1958.9—1961.5）

主任委员：吴若安

副主任委员：陈云涛　曹鸿翥　周煦良　黄丹臒

秘书长：曹鸿翥（兼）

常务委员：王雪门　方学武　朱有瓛　杨国英　李楚材　吴若安　陈云涛　周煦良　柯　灵　黄丹臒　曹鸿翥　董涤尘

委员：马龙瑞　王佩贞　王雪门　方学武　毛仲磐　朱有瓛　江芷千　杨国英　杨荣祥　李楚材　严宝礼　严独鹤　吴若安　吴朗西　陈云涛　陈南生　余　森　周之芹　周家凤　周煦良　金兆梓　宓逸群　柯　灵　赵传家

赵渭人　段力佩　姚国芳　俞秀乐　钱　潮　徐福民　黄丹膺　黄羡明
曹鸿翥　董涤尘　薛　正

候补委员：朱君平　杜春潮　陈穗九　奚宗沂　张兆祯　程约奉

民进上海市第六届委员会（1961.5—1965.1）

主任委员：吴若安

副主任委员：陈云涛　曹鸿翥　周煦良　黄丹膺

秘书长：曹鸿翥（兼）

常务委员：王雪门　方学武　朱有瓛　杨国英　李楚材　吴若安　陈云涛
周家凤　周煦良　赵传家　黄丹膺　曹鸿翥　董涤尘

委员：王佩贞　王雪门　方学武　朱有瓛　江芷千　孙鸣岐　杨国英　杨荣祥
李楚材　杜春潮　严独鹤　吴若安　吴朗西　陈云涛　陈南生　陈科美
陈穗九　余　森　张乃璇　张兆祯　周之芹　周家凤　周煦良　金兆梓
宓逸群　赵传家　赵宪初　赵渭人　姚国芳　俞秀乐　钱　潮　徐福民
黄丹膺　黄羡明　曹鸿翥　董涤尘　薛　正

候补委员：李道瑜　奚宗沂　张孝权　戚逸影　程约奉　蒋家祥

民进上海市第七届委员会（1965.1—1980.1）

主任委员：　吴若安

副主任委员：陈云涛　曹鸿翥　周煦良　黄丹膺　董涤尘　张兆祯　赵宪初

秘书长：张乃璇

常务委员：方学武　朱有瓛　江芷千　杨国英　吴若安　吴朗西　张乃璇
张兆桢　陈云涛　陈南生　周家凤　周煦良　赵传家　赵宪初
黄丹膺　曹鸿翥　董涤尘

委员：王佩贞　方学武　朱有瓛　江芷千　孙鸣岐　杨国英　杨荣祥　李道瑜
李楚材　杜春潮　严独鹤　吴若安　吴朗西　陈云涛　陈冰清　陈南生
陈科美　陈穗九　余　森　张乃璇　张兆祯　张孝权　周之芹　周家凤
周煦良　金兆梓　宓逸群　赵传家　赵宪初　赵渭人　赵鹤九　姚国芳
俞秀乐　钱　潮　徐福民　黄丹膺　黄羡明　曹鸿翥　董涤尘

薛　正　薛圭方

候补委员：　徐仲钰　奚宗沂　盛士琰　戚逸影　程约奉　蒋家祥

民进上海市第八届委员会（1980.1—1984.4）

主任委员：吴若安

副主任委员：陈云涛　周煦良　李楚材　董涤尘　赵宪初　张兆桢　方学武　张乃璇　陈穗九（1983.8任）　蒋家祥（1983.8任）

秘书长：方学武（兼，1983.3止）　陈穗九（1983.3任）

常务委员：方学武　朱有瓛　江芷千　张乃璇　张兆桢　李楚材　杨国英　吴若安　吴朗西　陈云涛　陈南生　陈穗九　周朋寿　周家凤　周煦良　赵传家　赵宪初　赵鹤九　钟达轩　盛士琰　戚逸影　蒋家祥　董涤尘　方去疾（1983.8任）　余　森（1983.8任）　朱子建（1983.8任）　奚宗沂（1983.8任）

委员：方去疾　方学武　王佩贞　毛仲磬　刘永贞　刘哲民　孙鸣歧　朱有瓛　江芷千　张乃璇　张兆祯　张孝权　孙　强　李楚材　李博民　李道瑜　杜春潮　杨国英　杨荣祥　吴启尧　吴若安　吴朗西　吴瑞年　陈云涛　陈冰倩　陈南生　陈科美　陈穗九　余　森　宓逸群　周之芹　周朋寿　周家凤　周熙良　姚国芳　赵传家　赵宪初　赵渭人　赵鹤九　胡　嘉　俞秀乐　钟达轩　徐仲钰　徐福民　奚宗沂　钱　潮　黄羡明　盛士琰　戚逸影　蒋家祥　董涤尘　薛　正　薛圭方

候补委员：朱子建　许明道　陈邦炎　翁璇庆　程约奉　魏兴中

民进上海市第九届委员会（1984.4—1988.5）

主任委员：吴若安

副主任委员：陈云涛　李楚材　董涤尘　赵宪初　张兆桢　张乃璇　陈穗九　蒋家祥　陈炳生　毛智凤　刘恒椽（1988.1任）

秘书长：蒋家祥（兼）

常务委员：王佩贞　方去疾　毛智凤　朱子建　朱有瓛　杨国英　李楚材　吴若安　余　森　张乃璇　张兆桢　张邦纶　陈云涛　陈邦炎　陈南生　陈炳生　陈穗九　周朋寿　赵传家　赵宪初　赵鹤九

钟达轩　奚宗沂　徐孝穆　黄　正　盛士琰　戚逸影　蒋家祥
董涤尘

委员：丁　超　王佩贞　方去疾　毛仲磐　毛智凤　朱子建　朱有瓛　刘永贞
刘哲民　许明道　孙鸣歧　杨国英　李博民　李道瑜　李楚材　吴启尧
吴若安　吴厚成　吴瑞年　余　森　沈剑英　汪裕荪　张乃璇　张邦纶
张兆祯　张孝权　张和豪　张敏东　陈云涛　陈邦炎　陈冰倩　陈南生
陈炳生　陈科美　陈穗九　周之芹　周朋寿　宓逸群　赵传家　赵宪初
赵鹤九　胡　嘉　钟达轩　俞秀乐　姜达育　姚国芳　钱　潮　奚宗沂
翁璇庆　徐仲钰　徐孝穆　黄　正　黄介六　黄羡明　常干桢　盛士琰
戚逸影　蒋家祥　董涤尘　薛　正　薛圭方　魏兴中
刘征泰（1988.1任）　刘恒椽（1988.1任）　杨德壬（1988.1任）
陈心田（1988.1任）　周以勤（1988.1任）

候补委员：乐嘉基　邢共嘉　朱正谊　杨天来　洪　始　姚善源　徐志璋
籍娱亲　杜祥昌（1988.1任）陈　怡（1988.1任）

民进上海市第十届委员会（1988.5—1992.6）

主任委员：赵宪初（1990.6止）　刘恒椽（1990.6任）

副主任委员：陈穗九　蒋家祥　陈炳生　毛智凤　刘恒椽　邓伟志　盛士琰

秘书长：蒋家祥（兼）

名誉主任委员：吴若安

名誉副主任委员：陈云涛　李楚材

常务委员：赵宪初　陈穗九　蒋家祥　陈炳生　毛智凤　刘恒椽　邓伟志
盛士琰　方去疾　朱子建　杨国英　杨德壬　沈剑英　张邦纶
张和豪　陈心田　陈邦炎　陈南生　林笃桢　宓逸群　赵丽宏
夏文蕙　奚宗沂　徐志璋　徐诒浩　谈延德　黄羡明　童祥苓
蔡维友

委员：丁　超　王有为　尤振国　方去疾　毛智凤　邓伟志　孔耀洲　乐嘉基
邢共嘉　朱子建　朱正谊　朱鹏程　任　意　刘征泰　刘恒椽　许明道
杜祥昌　杨天来　杨国英　杨德壬　吴厚成　沈　沅　沈世明　沈剑英
汪裕荪　张　晢　张邦纶　张应湘　张和豪　张敏东　陈　怡　陈子成

陈心田　陈邦炎　陈炳生　陈南生　陈穗九　邵公权　范一辛　林笃桢
金培基　周以勤　宓逸群　赵丽宏　赵宪初　胡永槐　施觉怀　姜达育
洪　始　姚善源　夏文蕙　奚宗沂　徐诒浩　徐志璋　徐炳胜　谈延德
谈柏年　黄美明　常干桢　盛士琰　蒋家祥　童祥苓　蔡维友　魏兴中

候补委员：席秋霞　瞿　钧　籍娱亲　杨继华　何靖华　徐小鲁　龚继先
张孝权

民进上海市第十一届委员会（1992.6—1997.7）

主任委员：刘恒椽

副主任委员：蒋家祥　陈炳生　毛智凤　邓伟志　盛士琰
张庆龙（1995.11任，1997.7止）　许世远（1996.7任）
王慧敏（1996.12任）

秘 书 长：蒋家祥（兼）　邵光宇（1996.12任）

名誉主任委员：赵宪初

名誉副主任委员：陈云涛　李楚材

常务委员：丁文魁　毛智凤　方去疾　王有为　邓伟志　刘恒椽　杨德壬
沈剑英　张　晢　张和豪　陈心田　陈炳生　林笃桢　赵丽宏
徐诒浩　徐志璋　夏文蕙　奚宗沂　盛士琰　蒋家祥　童祥苓
蔡维友　瞿　钧　孔耀洲（1995.11任）　刘奕民（1995.11任）
李名慈（1995.11任）　许世远（1995.11任）　张庆龙（1995.11任）
陈　怡（1995.11任）　林庚金（1995.11任）　施浩然（1995.11任）
王慧敏（1996.12任）

委员：丁文魁　毛　琦　毛智凤　方去疾　王有为　尤振国　孔耀洲　邓伟志
乐嘉基　任　意　刘恒椽　刘奕民　朱正谊　朱鹏程　许世远　杨天来
杨德壬　沈　沅　沈世明　沈剑英　张　晢　张庆龙　张和豪　张应湘
张敏东　张静娴　吴厚成　何绍康　杜祥昌　陈　怡　陈子成　陈心田
陈炳生　陈寿鹏　汪裕荪　邵公权　邵光宇　林笃桢　林庚金　金培基
范一辛　周以勤　赵丽宏　侯桂兰　胡永槐　施觉怀　施浩然　姚乃中
姜达育　徐小鲁　徐诒浩　徐志璋　徐福荣　夏文蕙　奚宗沂　盛士琰
常干桢　蒋家祥　童祥苓　蔡维友　谭玉美　熊衍元　瞿　钧

邓国坤（1995.11任） 李名慈（1995.11任） 何靖华（1995.11任）
王慧敏（1996.12任）

候补委员：邓国坤 李名慈 何靖华 杨继华 罗永祥 柳苇成 席秋霞 潘妙兴

民进上海市第十二届委员会（1997.7—2002.5）

主任委员：刘恒椽

副主任委员：陈炳生 许世远 王慧敏 赵丽宏 刘奕民
严隽琪（1999.12任） 李名慈（1999.12任）
蔡达峰（2001.6任）

秘书长：邵光宇

名誉主任委员：赵宪初

常务委员：丁文魁 马惠生 王 涓 王慧敏 孔耀洲 许世远 刘奕民 刘恒椽 李名慈 张 晢 张静娴 陈 怡 陈心田 陈炳生 邵光宇 林庚金 金良年 施浩然 赵丽宏 顾国庆 夏文蕙 熊衍元 瞿 钧 严隽琪（1998.12任） 蔡达峰（2001.6任）

委员：丁文魁 马中岳 马惠生 王 涓 王慧敏 毛 琦 毛文虎 邓国坤 孔耀洲 叶国梁 汤以烈 许世远 许政涛 刘伟国 刘奕民 刘恒椽 朱钟堂 沈 沅 汪华忠 沈瑞康 李 峙 李名慈 杨晋夫 岑国桢 何靖华 张 晢 张洪林 张强辛 张静娴 陈 军 陈 怡 陈子成 陈心田 陈寿鹏 陈炳生 吴 毅 邵仁兴 邵光宇 林庚金 罗永祥 周 青 周苏生 金良年 金培基 施浩然 柳苇成 赵丽宏 侯桂兰 姚乃中 顾国庆 顾奎华 夏文蕙 徐大安 徐福荣 龚继先 谭玉美 蒋有倩 蔡达峰 熊衍元 潘妙兴 瞿 钧 梁撒苗（1998.1任）
张 辰（1998.1任） 涂之远（1998.1任） 谢柏梁（1998.1任）
陈 江（1998.1任） 陈子康（1998.1任） 傅 萍（1998.1任）
褚以琳（1998.1任） 严隽琪（1998.12任）

候补委员：梁撒苗 张 辰 涂之远 谢柏梁 陈 江 陈子康 傅 萍 褚以琳

民进上海市第十三届委员会（2002.6—2007.4）

主任委员：严隽琪

副主任委员：王慧敏　赵丽宏　刘奕民　李名慈　蔡达峰　吴　毅　黄　震
陈振楼　顾奎华（2005.12任）　陈强努（2006.8.14任）

秘书长：陈强努

名誉主任委员：刘恒椽

名誉副主任委员：蒋家祥　盛士琰　陈炳生

顾问：陈穗九　毛智凤　吴企尧

常务委员：孔耀洲　王　涓　王慧敏　邓国坤　叶国梁　刘奕民　严隽琪
吴　毅　吴长福　张　辰　张静娴　李名慈　沈　沅　沈瑞康
邵志勇　陈心田　陈振楼　陈强努　金良年　金培基　赵丽宏
褚以琳　顾奎华　黄　震　熊衍元　蔡达峰　瞿　钧

委员：马中岳　孔耀洲　方亚芬　王　文　王　杰　王　涓　王　静　王慧敏
邓国坤　叶伟成　叶国梁　刘伟国　刘奕民　许政涛　严隽琪　严健康
吴　毅　吴长福　吴范宏　岑国桢　张　辰　张大同　张小红　张少波
张文龙　张伟滨　张洪林　张强辛　张静娴　李名慈　汪华忠　沈　沅
沈建青　沈维藩　沈瑞康　邵志勇　陈　军　陈　江　陈子成　陈小群
陈心田　陈国强　陈振楼　陈强努　周苏生　季建林　竺建伟　罗永祥
郑惠萍　金文男　金良年　金培基　姜培民　柯碧华　洪　涛　赵丽宏
徐　威　徐大安　殷寄明　褚以琳　钱武军　顾国庆　顾奎华　屠　杰
梁撒苗　黄　震　程霄玉　蒋有倩　谢柏梁　鲍英菁　熊衍元　蔡达峰
樊汉彬　瞿　钧　吴玉雷（2004.12任）　胡　卫（2004.12任）
金哲民（2005.12任）　黄山明（2005.12任）

民进上海市第十四届委员会（2007.4—2012.4）

主任委员：蔡达峰

副主任委员：赵丽宏　吴　毅　黄　震　陈振楼　张　辰　陈强努　胡　卫
李名慈（2010.12止）　许政涛（2010.12任）

秘 书 长：陈强努（兼）

常务委员：叶文博　叶国梁　刘伟国　许政涛　吴　毅　吴长福　吴玉雷

张　辰　张少波　张文龙　张伟滨　李名慈　沈建青　邵志勇
陈振楼　陈强努　金良年　姜培民　胡　卫　赵丽宏　屠　杰
黄　震　黄山明　程霄玉　褚以琳　鲍英菁　蔡达峰

委员：马　良　孔明珠　方亚芬　毛爱群　王　文　王　杰　王　静　王宗义
王祥荣　邓　莹　叶文博　叶伟成　叶国樑　叶蕙星　刘亦武　刘伟国
朱　芳　许政涛　何少华　何培新　吴　毅　吴长福　吴玉雷　吴范宏
吴焕淦　张　辰　张少波　张文龙　张伟滨　李　颖　李名慈　汪耀华
沈华勤　沈建青　沈维藩　邵志勇　陈　江　陈小群　陈国强　陈金隆
陈振楼　陈菊珏　陈强努　季建林　竺建伟　范仲兴　郁建生　郑惠萍
金良年　金哲民　姚　忻　姜培民　柯碧华　洪　涛　胡　卫　胡传海
赵丽宏　倪闽景　徐　威　徐惠新　殷寄明　袁　园　屠　杰　黄　震
黄山明　龚晓平　程霄玉　蒋德海　谢柏梁　褚以琳　鲍英菁　管更新
蔡达峰　樊汉彬　戴立益　王　浩（2010.12任）
姚伟明（2010.12任）　杨　燕（2010.12任）　谭　帆（2010.12任）

民进上海市第十五届委员会（2012.4—2017.4）

主任委员：蔡达峰

副主任委员：吴　毅　黄　震　陈振楼　张　辰　胡　卫　许政涛　余　岚

秘 书 长：黄山明

常务委员：王　浩　朱　芳　许政涛　何少华　余　岚　吴　毅　吴长福
吴玉雷　吴焕淦　张　辰　张少波　张伟滨　沈建青　沈维藩
邵志勇　陈振楼　胡　卫　倪闽景　徐惠新　屠　杰　常生龙
黄　震　黄山明　程霄玉　蒋德海　褚以琳　鲍英菁　蔡达峰
戴立益

委员：丁亚萍　万　芾　干建达　方亚芬　毛爱群　王　杰　王　浩　王　静
王祥荣　卢慧文　叶伟成　刘亦武　孙　青　朱　芳　许政涛　何少华
何培新　余　岚　吴　毅　吴长福　吴玉雷　吴范宏　吴焕淦　张　辰
张　峰　张少波　张伟滨　李　萍　李　颖　杨　蓉　杨　燕　汪耀华
沈华勤　沈建青　沈维藩　沈嘉禄　邵志勇　陈小群　陈金隆　陈振楼
陈菊珏　范仲兴　范秀敏　郁建生　郑　苏　郑　琦　郑惠萍　金哲民

姚伟明　施建华　洪　涛　洪　璐　胡　卫　胡传海　赵　玲　倪闽景
徐惠新　聂　丹　袁　园　陶　勇　顾铮先　高湘萍　屠　杰　常生龙
黄　震　黄山明　龚晓平　曾如亭　程霄玉　董文博　蒋碧艳　蒋德海
褚以琳　鲍英菁　管更新　蔡达峰　谭　帆　樊汉彬
潘向黎（2016.9任）　戴立益

民进上海市第十六届委员会（2017.4—）

主任委员：黄　震

副主任委员：张　辰　胡　卫　余　岚　黄山明　戴立益　张伟滨　郭坤宇　潘向黎

秘 书 长：何少华

常务委员：王　浩（浦东）　王　浩（嘉定）　朱　芳　李　颖　杨　蓉　杨　燕　吴长福　吴玉雷　何少华　余　岚　沈维藩　张　辰　张少波　张伟滨　邵志勇　胡　卫　洪　璐　袁晓兵　倪闽景　郭坤宇　黄　震　黄山明　常生龙　屠　杰　蒋碧艳　程霄玉　鲍英菁　潘向黎　戴立益

委员：王　杰　王　浩（浦东）　王　浩（嘉定）　王　静　王文平　毛爱群
方亚芬　卢慧文　叶伟成　冯志刚　朱　芳　刘亦武　许蓓蓉　孙　青
李　萍　李　颖　杨　辉　杨　蓉　杨　燕　吴　玲　吴长福　吴心宏
吴玉雷　何少华　何冬英　何培新　余　岚　汪耀华　沈维藩　沈翡文
张　辰　张　峰　张少波　张伟滨　陈金隆　陈振楼　陈菊珏　邵志勇
范秀敏　周　梅　周进华　周丽昀　郑　苏　郑　琦　赵　玲　胡　卫
施建华　洪　璐　姚伟明　姚安宝　袁　园　袁晓兵　袁家勤　聂　丹
顾铮先　钱思剑　倪闽景　高湘萍　郭坤宇　诸春梅　黄　嘉　黄　震
黄山明　龚晓平　常生龙　康　锐　屠　杰　董文博　蒋碧艳　程霄玉
傅　松　曾如亭　鲍英菁　蔡永洁　樊文军　樊汉彬　潘向黎　戴立益

第二节 市委机关工作机构

1949年6月19日，民进上海市分会宣告成立，组成第一届理事会，成立时并未建立机关行政机构。从1950年开始，上海民进正式建立市委机关行政机构。1956年11月，民进上海市分会更名为民进上海市委员会，选举产生民进上海市第四届委员会，是上海市地方组织的领导机构。民进市委机关行政机构在历届民进上海市分会和民进市委领导下开展工作。机关行政机构设立部（处）室，随着形势的发展需要和机关工作任务的不断变化，机关工作机构的设置亦作相应调整。

民进上海市委（分会）机关各个时期的办公处所

民进上海市分会成立大会会址（1949—1955）：
石门一路102弄6号（原常州旅沪同乡会）

威海路745号（1955—1958）

外滩15号（1958—1967）

香港路150号（1967—1979）

陕西北路186号（1979—1996）

上海民主党派大厦，陕西北路128号（1997—）

民进上海市地方组织历届机关工作机构设置情况表（1949–2018年）

时间	市委会（理事会）	工作机构名称
1949年6月	民进上海市分会第一届理事会	
1950年8月	民进上海市分会第二届理事会	秘书处
		组织处
		宣传处
		文教处
1953年4月	民进上海市分会第三届理事会	秘书处
		组织处
		宣传处
1956年12月	民进上海市第四届委员会	秘书处
		组织处
		宣教处
		文教处
1958年9月	民进上海市第五届委员会	秘书处
		组织处
		宣教处
1961年5月	民进上海市第六届委员会	秘书处
		组织处
		宣教处
1965年1月	民进上海市第七届委员会	秘书处
		组织处
		宣教处
1980年1月	民进上海市第八届委员会	秘书处
		组织处
		宣教处
1984年4月	民进上海市第九届委员会	办公室
		组织部
		宣传部
1988年5月	民进上海市第十届委员会	办公室
		组织部
		宣传部

1988年5月	民进上海市第十届委员会	咨询部
		联络部
		理论研究室
1992年6月	民进上海市第十一届委员会	办公室
		组织部
		宣传部
		咨询部
		联络部
		理论研究室
1997年6月	民进上海市第十二届委员会	办公室、社会服务部
		组织部
		宣传部
		联络部、理论研究室
2002年6月	民进上海市第十三届委员会	办公室、社会服务部
		组织部
		联络部、研究室
		宣传部
2007年4月	民进上海市第十四届委员会	办公室
		组织部
		参政议政部、研究室
		宣传部
		社会服务部
2012年4月	民进上海市第十五届委员会	办公室
		组织部
		参政议政部
		宣传部
		社会服务部
		研究室
2017年4月	民进上海市第十六届委员会	办公室
		组织部
		参政议政部
		宣传部
		社会服务部
		研究室

第三节 专门委员会

专门委员会是在民进上海市委领导下开展学习教育、参政议政、社会服务的机构，是民进市委联系相应界别会员的纽带，并为履行参政党职能发挥研究咨询的作用，由每一届民进市委常委会决定机构设置和人员聘任。历届专门委员会的设置根据工作需要有所变动。

从1950年8月，民进市分会第二届理事会开始，建立专门委员会（或工作组），就某一方面协助市委开展工作。

民进上海市第八届委员会设置学习委员会、文教委员会、退休会员委员会、对台工作委员会。第九届委员会改文教委员会为教育卫生委员会，改对台工作委员会为“三胞”联络委员会，增设文化出版委员会和妇女委员会。第十届委员会调整教育卫生委员会为教育委员会和医药卫生委员会，调整文化出版委员会为新

2013年4月19日，民进上海市委举办专委会（联谊会）履职研修班。民进上海市委秘书长黄山明参加

2015年3月12日，民进上海市委妇女儿童委员会与区委联合举办“美丽中国——旗袍文化沪上行”暨纪念三八国际劳动妇女节105周年活动。民进上海市委副主委张辰参加活动

2017年7月26日，民进上海市委出版传媒委员会召开主任（扩大）会议。民进上海市委副主委余岚出席并讲话

2018年9月4日，民进上海市委基础教育委员会在上海民主党派大厦召开全体会议，民进上海市委副主委戴立益出席并讲话

2019年3月22日，民进上海市第十六届委员会文化艺术委员会2019年度第一次全体会议在黄浦区大隐精舍召开。民进上海市委副主委潘向黎出席会议并讲话

闻出版委员会和文化艺术委员会，改退休会员委员会为离退休会员委员会。第十一届委员会调整教育委员会为高等教育委员会和普通教育委员会，增设经济科技委员会和文史资料委员会。第十二届委员会改“三胞”联络委员会为联络委员会，增设法制委员会。第十三届委员会撤销文史资料委员会，调整高等教育委员会和普通教育委员会为教育委员会，调整经济科技委员会和法制委员会为科技经济法制委员会，改妇女委员会为妇女儿童委员会，改离退休会员委员会为老年工作委员会。第十四届委员会调整科技经济法制委员会为科技经济委员会和社会法制委员会。第十五届委员会不再设置学习委员会，增设人口资源环境委员会、理论和会史研究委员会，调整文化艺术委员会和新闻出版委员会为文化出版传媒委员会，调整科技经济委员会和医药卫生委员会为经济委员会和科技医疗卫生委员会。第十六届委员会撤销理论和会史研究委员会和联络委员会，调整经济委员会和科技医疗卫生委员会为科技经济委员会和医疗卫生委员会，调整教育委员会为高等教育委员会和基础教育委员会。

至2018年年底，民进市委共设置高等教育、基础教育、文化艺术、出版传媒、科技经济、医疗卫生、人口资源环境、社会法制、妇女儿童、老年工作10个委员会。

第八届至第十六届专门委员会

届数	专委会名称	主任	副主任
第八届专门委员会	学习委员会	赵宪初	方学武 张乃璇
	文教委员会	陈云涛	李楚材 赵宪初 张兆祯 朱有𤩽
	退休会员委员会	董涤尘	赵传家 王佩贞（女） 赵鹤九 戚逸影（女）
	对台工作委员会	周熙良	李楚材 陈穗九
第九届专门委员会	学习委员会	赵宪初	陈穗九
	教育卫生委员会	陈云涛	李楚材 赵宪初 黄羡明
	文化出版委员会	董涤尘	钟达轩 方去疾 徐孝穆
	“三胞”联络委员会	李楚材	薛 正（女） 陈穗九
	退休会员委员会	张兆祯	赵传家
	妇女委员会	吴若安（女）	毛智凤（女） 程 韵（女）

第十届专门委员会	学习委员会	朱镜清	黄介六　彭迅雷
	教育委员会	朱鸿鹗	沈剑英　乐嘉基
	新闻出版委员会	钟达轩	陈邦炎　刘征泰　龚继先
	文化艺术委员会	方去疾	徐孝穆　童祥苓　张应湘
	医药卫生委员会	黄羡明	黄　正　顾伯康
	“三胞”联络委员会	秦瘦鸥	张邦伦　蔡维友　钟　山
	妇女委员会	程　韵（女）	王女杰（女）　王　涓（女）
	离退休会员委员会	吴企尧	吴祖荫
第十一届专门委员会	学习委员会	余源培	熊衍元　印润田
	经济科技委员会	丁文魁	范荣屏（女）　薛福田 李时德　黄森威
	高等教育委员会	朱鸿鹗	杨德壬　沈剑英　杨明福
	普通教育委员会	乐嘉基	何靖华　邢　亮　沈瑞康
	新闻出版委员会	陈邦炎	汪裕荪　王有为
	文化艺术委员会	张应湘	高式熊　张南云（女）
	医药卫生委员会	黄硕麟	柏连松　林庚金
	妇女委员会	王　涓（女）	冷福志（女）　陆木兰（女）
	三胞联络委员会	蔡维友	钟　山　张　立　吴关松
	离退休会员委员会	姜达育	姚善源　张文霞（女）
	文史资料委员会	陈穗九	温崇实
第十二届专门委员会	学习委员会	余源培	陈子成　陈　军
	高等教育委员会	吴立昌	詹永麒　顾国庆　王祥荣
	普通教育委员会	谭玉美（女）	吴传发　陈胜庆　贾志敏
	文化艺术委员会	张应湘	陈瑜（女）　潘妙兴　张强辛
	新闻出版委员会	王有为	金良年　宋丽珍（女）
	医药卫生委员会	柏连松	林庚金　张　晢（女）　施浩然
	法制委员会	熊衍元	高玉成　徐　威
	经济科技委员会	丁文魁	陈子壮　徐大安 范荣屏（女）　李时德
	妇女委员会	陈　怡（女）	夏文蕙（女）　张静娴（女） 李露蕾（女）　傅　萍（女）
	联络委员会	蔡维友	邓国坤　钟　山　张　立　吴关松
	离退休会员委员会	张文霞（女）	陆木兰（女） 孙平策　葛瑞徵（女）
	文史资料委员会	陈穗九	温崇实　吴企尧　蒋　衍

第十三届专门委员会	学习委员会	余源培	陈子成 陈 军 殷寄明 叶文博 王宗义
	教育委员会	陈强努	王祥荣 陈胜庆 陈 江 徐淀芳 孙荣强
	文化艺术委员会	张静娴（女）	张强辛 谢柏梁 张文龙 叶蕙星（女）
	新闻出版委员会	金良年	沈维藩 汪耀华 罗允和 张黎明
	医药卫生委员会	张 皙（女）	叶伟成 毛家亮 季建林 王玲玲（女）
	科技经济法制委员会	熊衍元	徐 威 陈子壮 李时德 何培新 龚晓平
	妇女儿童委员会	王 涓（女）	李露蕾（女） 蒋有倩（女） 杨 燕（女）
	联络委员会	邓国坤	罗永祥 屠 杰 何少华
	老年工作委员会	沈瑞康	姜培民（女） 张德樵 蔡幽凤（女） 张利年（女）
第十四届专门委员会	学习委员会	余源培	陈子成 陈 军 殷寄明 陈 江 柯碧华（女）
	教育委员会	胡 卫	王祥荣 叶文博 谭 帆 徐淀芳 姜培民（女） 陈胜庆 孙荣强 蒋碧艳（女） 顾晓彦（女）
	文化艺术委员会	张文龙	谢柏梁 王宗义 叶蕙星（女） 张强辛 孙甘露 郑鑫尧
	新闻出版委员会	金良年	沈维藩 汪耀华 胡传海 罗允和 余 岚（女） 张黎明 管国忠
	医药卫生委员会	吴 毅	叶伟成 季建林 吴焕淦 毛家亮 青 春（女）
	科技经济委员会	黄 震	李清娟（女） 何培新 龚晓平 郑 琦（女） 姜永坤
	社会法制委员会	蒋德海	徐 威 施蔷生 吴 群 张 奕 马 申 王宏刚
	妇女儿童委员会	王 涓（女）	杨 燕（女） 陆 键（女） 丁翔华（女） 庄 丽（女） 佟喜彦（女）
	老年工作委员会	沈瑞康	张德樵 钱武军 蔡幽凤（女） 张利年（女）
	联络委员会	李名慈	袁 园（女） 何少华 管更新 江孝渔 季菊星

第十五届专门委员会	教育委员会	胡　卫	谭　帆　郭坤宇　范秀敏（女）蔡永洁　倪闽景　王　浩　常生龙　潘婷婷（女）　郑惠萍（女）
	文化出版传媒委员会	余　岚（女）	王宗义　沈维藩　李　萍（女）管国忠　江　蕾（女）　诸春梅（女）
	经济委员会	黄　震	何培新　李清娟（女）　姜永坤　杨　蓉（女）　陈金隆　张宝国
	社会法制委员会	许政涛	蒋德海　范仲兴　张　奕　郑琦（女）　单福良
	科技医疗卫生委员会	吴　毅	张伟滨　吴焕淦　叶伟成　王　杰　龚晓平　吴　群　吴范宏
	人口资源环境委员会	陈振楼	王祥荣　吴心宏　施蔷生　林卫青　李　响
	妇女儿童委员会	张　辰（女）	杨　燕（女）　庄　丽（女）　殷岫绮（女）　卫晓萍（女）　袁家勤（女）　李　丹（女）
	联络委员会	黄山明	袁　园（女）　沈建青　丁翔华　江孝渔　季菊星
	老年工作委员会	黄山明	王　涓（女）　张德樵　顾晓彦（女）　张　涛　曹　悦
	理论和会史研究委员会	许政涛	毛爱群　汪耀华　傅　勇
第十六届专门委员会	高等教育委员会	郭坤宇	谈胜利　江海雄　梁春敏（女）　苏彦新　詹　黎　蔡永洁　江孝渔
	基础教育委员会	戴立益	王　浩（浦东）　冯志刚　樊汉彬　毛爱群　卢慧文（女）　潘婷婷（女）　叶开江
	文化艺术委员会	潘向黎（女）	江　蕾（女）　金江波　孙　青（女）　方亚芬（女）　钱思剑　郑　华（女）　沈琦华
	出版传媒委员会	余　岚（女）	沈维藩　汪耀华　邵国松　李　萍（女）　傅　勇　姚旭颖　管国忠
	科技经济委员会	袁晓兵	何培新　李清娟（女）　姜永坤　陈金隆　范秀敏（女）　杨　蓉（女）　季菊星
	医疗卫生委员会	张伟滨	吴焕淦　叶伟成　王　杰　孟志强　阎　骅（女）　王　珏（女）　胡祖鹏
	人口资源环境委员会	吴长福	王祥荣　袁　园（女）　吴心宏　林卫青　李　响　朱邦尚　那仁朝克图
	社会法制委员会	程霄玉（女）	蒋德海　吴　群　郑　琦（女）　许蓓蓉（女）　邹甫文（女）　周丽昀（女）　虞　蔚（女）
	妇女儿童委员会	杨　燕（女）	庄　丽（女）　殷岫绮（女）　卫晓萍（女）　袁家勤（女）　李　丹（女）　陆　键（女）　施冬云（女）
	老年工作委员会	张　辰（女）	王　涓（女）　沈建青　顾晓彦（女）　曹　悦　戚任伟　龚　利　周　蓓（女）

注：第一至七届专委会无档案资料（第十六届专门委员会统计至2018年年底）。

第三章　区级组织和基层组织

民进基层组织的任务，不同时期有所不同。1962年5月14日，民进中央常务委员会《关于加强基层组织的几点意见》对基层组织的基本任务作了四点规定：（1）做好政治思想工作；（2）过好组织生活；（3）改进和提高支部委员会工作；（4）坚决接受中共领导。

1981年11月2日，民进中央《关于加强基层组织的意见》规定：基层组织的主要任务是遵循“长期共存、互相监督”的方针，围绕为“四化”服务这一中心，深入地进行政治思想工作，教育会员、联系群众、调动服务，发挥中共的助手作用。

具体任务是：（1）结合形势，学习、宣传、贯彻中共的各项方针政策，帮助会员继续沿着正确的方向前进；（2）结合本单位的中心工作，动员和帮助会员努力完成中共和行政布置的任务；（3）结合业务，交流思想，交流经验，帮助会员提高业务水平；（4）联系群众，搞好团结，协调关系；（5）对社会主义建设和各项工作献计献策，及时提出意见和建议；（6）关心会员和所联系的知识分子的思想、工作和生活情况，反映并代表他们的正当利益和合理要求，协助中共贯彻知识分子政策；（7）发展新会员。

1992年12月16日，民进第七次全国代表大会通过的《中国民主促进会章程》规定基层组织的基本任务共8条：（1）传达和执行上级组织的决议和决定；（2）帮助会员学习时事、政策、理论，发扬本会的优良传统，提高思想政治水平和业务水平；（3）推动会员积极参加社会主义物质文明和精神文明建设，努力做好本职工作；（4）围绕单位的中心任务开展活动，提出意见和建议；（5）组织会员过好组织生活，交流思想，开展批评与自我批评，互相帮助，增强团结，共同进步；（6）关心会员的工作、学习和生活，了解、研究、反映他们的意见、要求和建议；（7）教育会员遵纪守法，维护和执行会的纪律，讨论对会员的表扬和处分；（8）吸收会员，收缴会费。

上海民进从1951年开始建立基层组织，1952年8日起按工作单位建立支会或直属小组，1955年起改为支部。1957年后，除直属单位外，各区、县按行政区划相继成立区、县委员会，下设支部。上海民进从1951年的只有4个支会和7个直属小组发展至2018年年底，有区级组织16个，其中区级委员会14个，总支部委员会2个；基层委员会21个，直属支部2个。现有基层支部392个，其中区级组织下属支部272个，基层委员会下属支部118个（其中3个总支部），市委直属支部2个。

第一节　各区级组织沿革简介

一、中国民主促进会上海市浦东新区委员会

中国民主促进会上海市浦东新区委员会（以下称“民进浦东新区区委”）是由民进浦东新区区委与民进南汇区总支部合并而来。

1993年以前川沙县时期：1956年，民进东郊区中小学联合支部成立，负责人石炳扬，有会员十余名。1957年，民进东郊支部会员发展到30名，负责人张乃璇。1958 年秋，成立民进浦东县直属支部，主任委员张乃璇，支部下设高桥、金桥、杨思3个小组。1961年2月，撤销浦东县建制，组织更名为“民进川沙县中小学联合支部”。1980年4月，选举产生民进川沙县第一届支部委员会，张敏东任主任委员。1986年4月，民进市委批准成立民进川沙县委员会，经全体会员大会选举产生民进川沙县第一届委员会，主任委员张敏东，副主任委员张杰，下设14个支部，有会员90名。

2009年以前浦东新区时期：1993年1月1日，中共上海市浦东新区工作委员会、上海市浦东新区管理委员会成立。1993年5月，民进市委成立由金培基、张庆龙、贾志敏、钱旭、陶树善组成的民进浦东新区筹备委员会领导小组，金培基、张庆龙分别担任正、副组长。1993年6月30日，民进浦东新区委员会（筹）正式揭牌成立，民进市委专职副主任委员蒋家祥兼任主任委员，张庆龙为副主任委员（主持工作）。民进川沙县委、民进黄浦区委所属5个支部61名会员、民进南市区

委部分会员划归民进浦东新区区委（筹）。全区划设川沙南片、川沙北片、黄浦片、南市片，下设21个基层支部。2000年6月，民进上海市浦东新区第一届委员会成立，主任委员王慧敏（民进市委专职副主任委员兼），副主任委员钱武军、傅萍。

2009年以前南汇区时期：2007年前，南汇县没有民进组织，当时南汇县的民进会员隶属于民进浦东新区区委。2007年10月，民进南汇区总支部成立，选举产生第一届委员会，郑苏任主任委员，郭南凯任副主任委员。

2009年南汇区并入浦东新区以后：2009年7月，根据上海市行政区划作出的调整，民进市委决定，将民进南汇区总支部并入民进浦东新区区委，撤销民进南汇区总支部。2009年8月，民进南汇区总支部并入民进浦东新区区委后，张少波任主任委员，桂继生、郁建生、郑苏任副主任委员。

2016年6月，民进浦东新区委员会召开第四次会议代表大会，选举产生民进浦东新区第五届委员会，王浩任主任委员，郑苏、徐德定、童自强、单福良、沈翡文、王珏任副主任委员。

至2018年年底，民进浦东新区区委有23个基层支部，会员701人。

民进浦东新区区委沿革

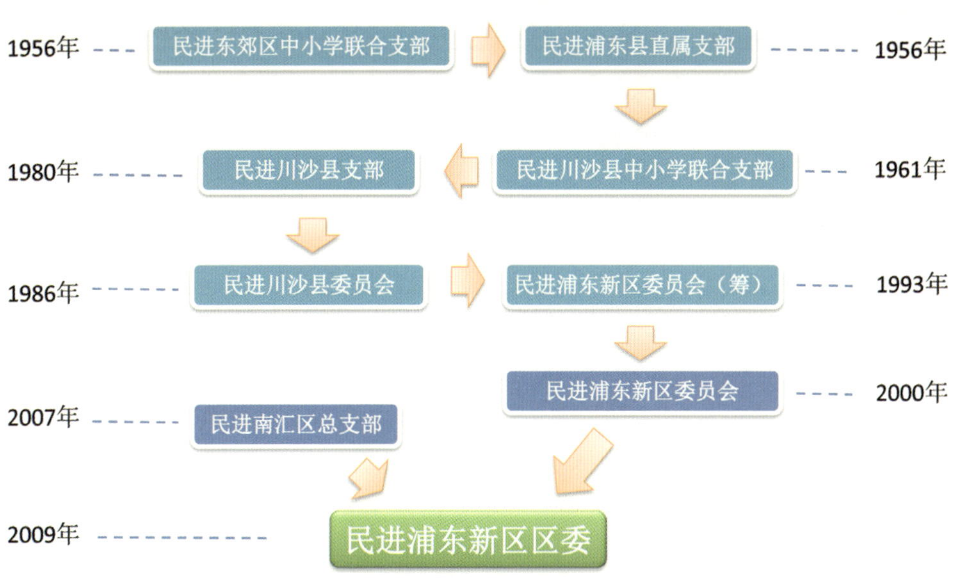

二、中国民主促进会上海市黄浦区委员会

中国民主促进会上海市黄浦区委员会（以下称“民进黄浦区委”），先后由原民进黄浦区委、原民进南市区委和原民进卢湾区委合并而来。原民进南市区委由原民进蓬莱区工委与原民进邑庙区工委合并而来。

2000年以前原黄浦区时期：1951年，原黄浦区在教育界、出版界和报社、银行等处共有会员39 人，其中有柯灵、李平心、笪鎵今等。1956年民进上海分会负责人吴若安来区召开老教师座谈会，介绍会史，发展组织。此后，在黄浦区筹建民进组织，成立3个学校支部、1个出版支部。1958年6月，产生民进黄浦区第一届委员会，主任委员翁璇庆，副主任委员赵鹤九，委员5人。1993年6月，5个支部61名会员划归浦东。至2000年8月，共产生7届区委员会。

2000年以前原南市区时期：1949年6月民进上海市分会成立后，随着会员人数增加，按区分组开展活动。在原蓬莱和邑庙区（该两区为原南市区前身）区域内的民进组织曾称“沪南大组”，负责人为吴若安。1952年至1953年，蓬莱区相继成立民进第一市直属支部中华职业学校支部、市八中学（原清心女中）民进支部，邑庙区相继成立民进敦化中学支部、中教联合支部和小教联合支部。1956年，民进蓬莱区工作委员会成立，与此同时，民进邑庙区支部筹备委员会建立。1958年6月，邑庙和蓬莱区工作委员会均因原工委主任工作变动而进行改选。1959年年底，邑庙和蓬莱两区合并为南市区后，民进南市区第二届工作委员会于1960年1月成立，区委主任委员王雪门，副主任委员王佩贞。1993年民进南市区委有委员7名（有部分委员转入浦东新区）。至2000年8月以前，共选举产生8届区委员会。

2000年7月黄浦、南市两区合并后的黄浦区时期：2000年7月，因黄浦区、南市区两区合并，经民进中央批准，民进市委决定撤销民进黄浦区委、民进南市区委。2000年8月，新的民进黄浦区委成立，孔耀洲任主任委员，熊衍元任第一副主任委员，程霄玉、栾国藩、杨燕任副主任委员，有委员20人，会员471人。2001年12月，召开民进黄浦区第一次代表大会，选举产生民进黄浦区第二届委员会。至2011年6月以前，共产生3届区委员会。

2011年前原卢湾区时期：1956年，民进卢湾区委筹备委员会成立，戚逸影为主任。1958年6 月，成立民进卢湾区委员会，奚宗沂任主任委员，罗君蔚任副主任委员，委员数有7人。至2011年6月以前，共产生9届区委员会。

2011年6月黄浦、卢湾两区合并后的黄浦区时期：2011年6月，因黄浦区、卢湾区两区合并，经民进中央批准，民进市委决定撤销民进黄浦区委、民进卢湾区委。2011年8月，召开民进黄浦区第一次代表大会，选举产生民进黄浦区第一届委员会，有委员22名，程霄玉为主任委员，沈建青、杨燕、毛爱群、顾晓彦、袁毅、孙晔当选为副主任委员。2013年12月，程霄玉因工作原因不再担任民进黄浦区委主任委员，经民进黄浦一届十二次区委会投票选举，杨燕当选为区委主任委员 。

2016年6月，选举产生民进黄浦区第二届委员会，有委员21名，杨燕为主任委员，毛爱群、顾晓彦、孙晔、程皓、陆键为副主任委员。

至2018年年底，民进黄浦区委有29个基层支部，会员1017人。

民进黄浦区委沿革

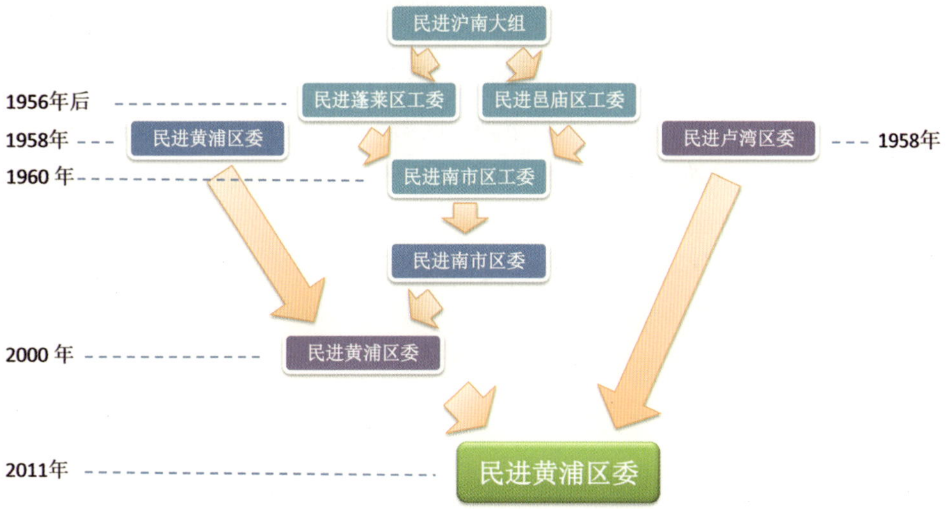

三、中国民主促进会上海市静安区委员会

中国民主促进会上海市静安区委员会（以下称“民进静安区委”）先后由原民进新成区委和原民进江宁区委合并，再由原民进静安区委和原民进闸北区委合并而来。

1959年以前原新成区和原江宁区期间：1957年，民进新成区委成立，周之芹任主任委员，向颖任副主任委员。1958年，民进江宁区委成立，顾谷嘉任主任委员，江芷千任副主任委员。

2016年以前原静安区时期：1959年12月，两区合并组建静安区。民进新成、江宁两区委于1960年4月合并组建民进静安区委，产生民进静安区第二届委员会。至2016年以前，共产生11届区委员会。

2016年以前原闸北区时期：1950年起，闸北区开始有徐仲钰、马鸿钧等第一批民进会员。1954 年3月，民进上海市分会指派盛士琰、刘俊璧、倪炳章三人组成民进闸北区筹备小组，盛士琰任组长，时有会员10人。1955年，盛士琰调黄浦区，由刘俊璧继任组长。1957年4月，民进市委会四届六次会议决定，由刘俊璧、徐仲钰、秦苏三人组建民进闸北区工作委员会筹备委员会（简称“筹委会”），有会员63人。1958年5月，筹委会召开会员大会，选举产生民进闸北区第一届工作委员会（简称“工委会”），刘俊璧任主任委员，徐仲钰任副主任委员，有委员5人。1965年6月，“民进闸北区工委”改称为“民进闸北区委”。至2016年以前，共产生11届区委员会。

2016年静安、闸北两区合并后的静安区时期：2015年11月，闸北、静安两区“撤二建一”，民进闸北区委、民进静安区委合并组建成民进静安区委。2016年1月15日，召开中国民主促进会上海市静安区第一次代表大会，140名代表出席，选举产生民进静安区第一届委员会，洪璐任主任委员，曾云、袁园、蒋青、江海雄、聂丹、黄溪、杜国英任副主任委员。

截至2018年年底，民进静安区委有43个基层支部，会员1018人。

民进静安区委沿革

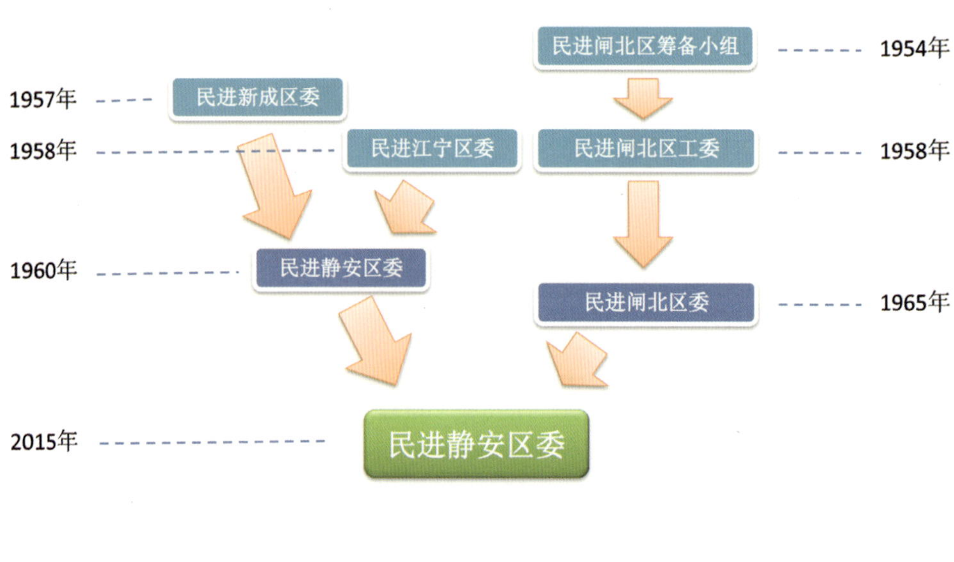

中国民主促进会上海市徐汇区委员会（以下称“民进徐汇区委”）成立于20世纪50年代。20世纪50年代初，民进上海市分会在徐汇区发展沈同一、李楚材、董涤尘、赵宪初等为会员。1955年，徐汇区民进小组成立。1956年，常熟、徐汇两区合并后，区内民进组织有4个支部，会员40余人。

1957年1月，民进徐汇区委筹备委员会成立。同年秋，经会员选举产生民进徐汇区第一届委员会，董涤尘任主任委员，赵宪初任副主任委员。

2016年5月底，民进徐汇区第十二次代表大会召开，选举产生民进徐汇区第十二届委员会，李颖任主任委员，冯志刚、张孜燕、卫晓萍、梁春敏任副主任委员。

至2018年年底，民进徐汇区委有20个基层支部，会员645人。

民进徐汇区委沿革

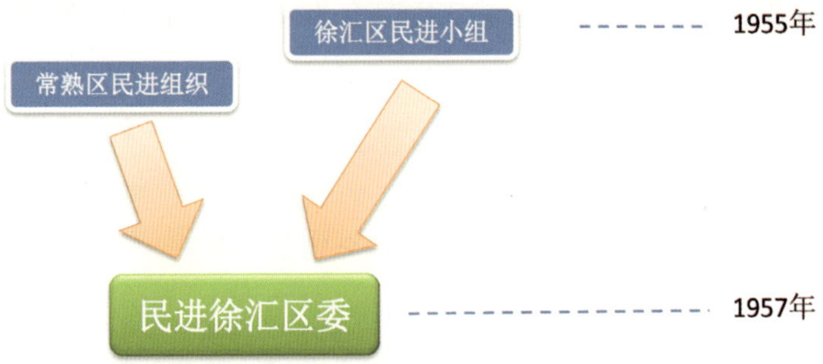

五、中国民主促进会上海市长宁区委员会

中国民主促进会上海市长宁区委员会（以下称“民进长宁区委”）成立于20世纪50年代。

1950年，长宁区胡介峰、薛正、周景胡三人相继加入中国民主促进会。1953年，胡介峰在复旦中学发展第一批会员，建立区民进支部，胡介峰任主任。1955年年底，民进上海分会决定筹备建立民进长宁区委，委任赵传家和胡介峰任正副组长，组成筹建工作组。1956年，成立民进长宁区第一届委员会，主任委员赵传家，副主任委员胡介峰、潘泉耀、蒋家祥。

2016年，选举产生民进长宁区第十三届委员会，主任委员吴玉雷，副主任委员傅松、杨军、姚旭颖。

至2018年年底，民进长宁区委有17个基层支部，会员467人。

民进长宁区委沿革

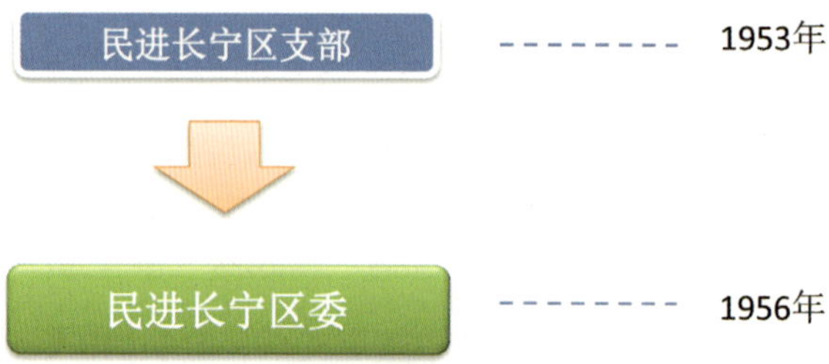

六、中国民主促进会上海市普陀区委员会

中国民主促进会上海市普陀区委员会（以下称“民进普陀区委”）成立于20世纪50年代。

1956年5月26日，民进上海市分会指派会员黄仲苏、杨福耀、李博民、陈情、潘人杰五人组成民进普陀区工作组，开始在普陀区中小学发展会员。1957年4月，民进普陀区工作组改为民进普陀区委员会筹备委员会。1958年7月，召开会员大会，选举产生民进普陀区第一届委员会，李博民任主任委员。

2016年5月19日举行第十二次会员代表大会，选举产生民进普陀区第十二届委员会，戴立益任主任委员，黄嘉、瞿志军、潘婷婷任副主任委员。

至2018年年底，民进普陀区委有18个基层支部，会员390人。

民进普陀区委沿革

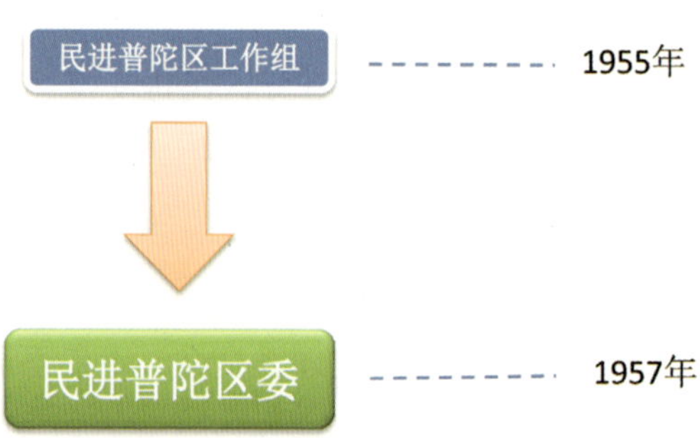

七、中国民主促进会上海市虹口区委员会

中国民主促进会上海市虹口区委员会（以下称“民进虹口区委”）先后由虹口、北四川路两区民进组织合并，再与民进提篮桥区委合并而来。

1959年以前提篮桥、虹口区时期：解放初，虹口区、北四川路区和提篮桥区民进会员同属民进上海市分会直属沪东区小组。1953年，提篮桥区另行成立民进小组，虹口区和北四川路区民进会员仍联合活动。1956年8月，提篮桥区建立民进区委，主任委员为姚国芳。1956年，北四川路区撤销建制，辖区划归虹口区。虹口、北四川路两区民进组织合并后，于同年10月成立民进虹口区委，产生第一届区委员会，余森任主任委员。

1959年提篮桥、虹口区两区合并后的虹口区时期：1959年12月，民进提篮桥区委、民进虹口区委合并为民进虹口区委，主任委员俞秀乐，副主任委员姚国芳、袁定一、俞启隆。

2016年5月，召开民进虹口区第十二次代表大会，大会选举产生民进虹口区第十二届委员会，常生龙任主任委员，毕红秋、何培新、刘定明任副主任委员。

至2018年年底，民进虹口区委有25个基层支部，会员630人。

民进虹口区委沿革

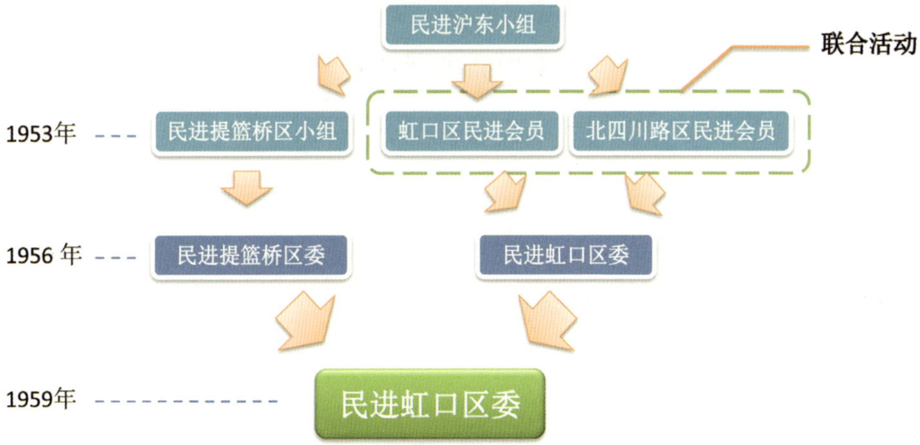

八、中国民主促进会上海市杨浦区委员会

中国民主促进会上海市杨浦区委员会（以下称“民进杨浦区委”）由原民进杨浦区委和原民进榆林区委合并而成。

1960年以前原榆林区时期：1951年5月，榆林区有民进会员赵渭人、刘文辉。1952年11月，民进会员、市东中学校长段力佩发展殷子弘，然后相继发展了杨国英、许白云、常培棠、陈大森等入会。1953年12月，民进市东中学支部成立，殷子弘任支部主任委员。1956年，民进上海第二师范学校支部成立。1958年秋，榆林区民进举行会员大会，民进榆林区第一届委员会成立，下属两个支部，分别为民进市东中学支部和民进第二师范学校支部，杨国英任区委主任委员，叶帼英任副主任委员。

1960年以前原杨浦区时期：1953年时仅有一名民进会员，随着会员人数的逐渐增加，到1956年成立民进杨浦区综合支部，曹冈任支部主任委员。1957年，民进杨浦区工作组成立，曹冈任组长，组员为钱文佩、曹镇藩，有会员24人，下设2个支部。

1960年榆林、杨浦两区合并后的杨浦区时期：1959年，上海调整行政区域，榆林区与杨浦区合并为杨浦区。1960年1月，民进榆林区委与民进杨浦区工作组合并，成立民进杨浦区第一届委员会；主任委员杨国英，副主任委员曹冈、叶帼英，委员戴兆东、杨薰善、杨嗣业、曹诚英、许白云。

2016年6月，选举产生民进杨浦区第十二届委员会，邵志勇任副主任委员（主持工作），周梅、许蓓蓉、石敏任副主任委员。

至2018年年底，民进杨浦区委有17个基层支部，会员361人。

民进杨浦区委沿革

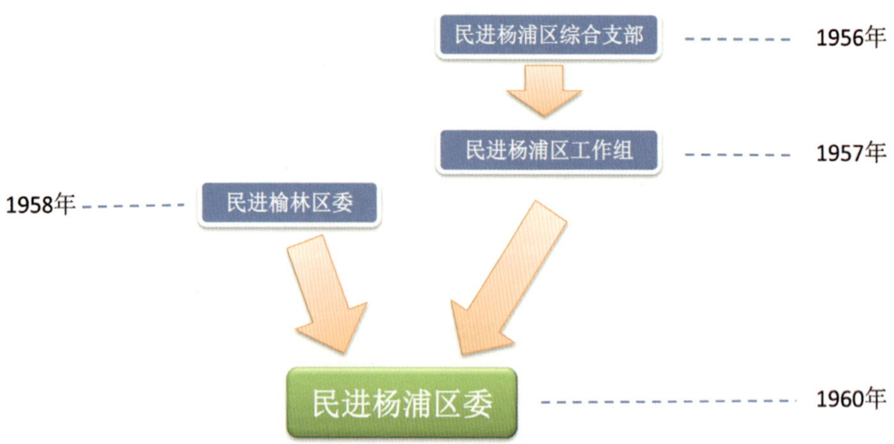

九、中国民主促进会上海市宝山区委员会

中国民主促进会上海市宝山区委员会（以下称“民进宝山区委”）是由原民进吴淞区委和原宝山县支部合并而来。

民进宝山区委沿革

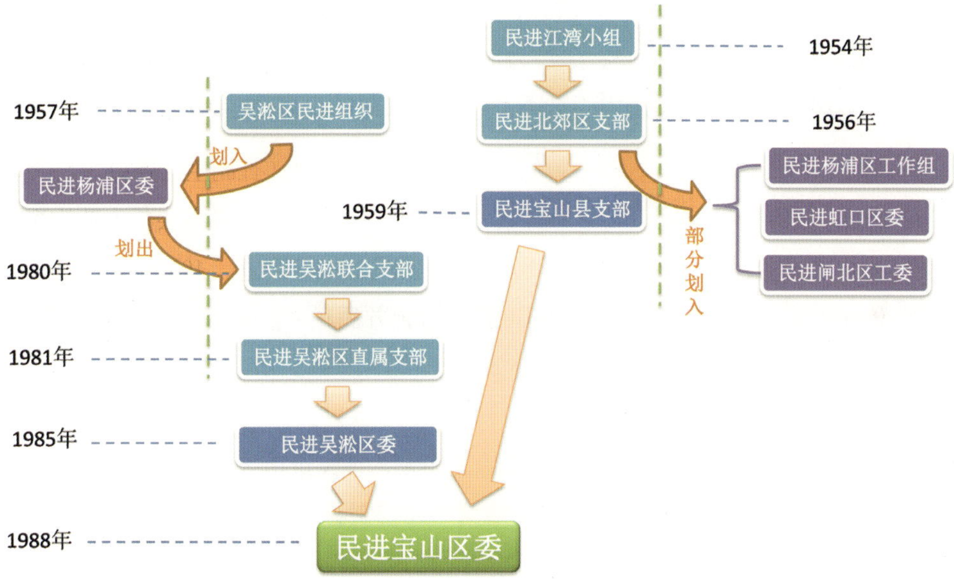

1988年以前吴淞区时期：1957年，民进吴淞中学支部成立，主任叶学源，副主任印润田，会员9人。1964年，吴淞区撤并入杨浦区，民进吴淞中学支部归属民进杨浦区委领导。1980年，重建吴淞区，民进吴淞联合支部从民进杨浦区委划出，于1981年9月成立民进吴淞区直属支部，主任印润田。1985年，成立民进吴淞区委，主任委员印润田。区委下设宝钢二中、虎林中学、爱晖职校、松浦中学、区进修学院和宝钢6个支部，会员51人。

1988年以前宝山县时期：1954年，中国民主促进会上海市江湾小组成立，组长陈南生，成员5人。1956年，成立民进北郊区支部，支部主任陈南生，会员60人，下设4个小组。1959年，成立民进宝山县支部，因原北郊区部分地区和学校分别划入闸北区、虹口区、杨浦区，支部会员减少为30人，支部主任仍为陈南生，下设3个小组。

1988年以后宝山区时期：1988年6月，吴淞区与宝山县“撤二建一”合并为

宝山区后，立即成立民进区委“撤二建一”工作小组，由印润田和陈南生负责。8月，召开原民进吴淞区委和原宝山县支部全体会员大会，成立民进宝山区委员会，选举产生民进宝山区第一届委员会，印润田当选主任委员，谢林、严穗祥当选为副主任委员。

2016年6月，召开民进宝山区第七次代表大会，大会选举产生民进宝山区第七届委员会。蒋碧艳任主任委员，康锐、陆进生、崔晋任副主任委员。2018年2月，蒋碧艳调任市委组织部部长，增补康锐为主任委员，12月增补臧波为副主任委员。

至2018年年底，民进宝山区委有16个基层支部，会员283人。

十、中国民主促进会上海市闵行区委员会

中国民主促进会上海市闵行区委员会（以下称“民进闵行区委”）是于1993年2月4日由上海县委员会和原闵行区委员会合并后建立。

1992年以前上海县时期：由解放初期原属上海西郊地区的薛圭方、金宗庆等会员划归而建。至1958年冬，有会员10人，建立民进上海县直属支部，主任薛圭方、副主任金宗庆。1988年5月会员超过50人，经民进市委批准，民进上海县支部改为民进上海县委员会，选举产生县第一届委员会，尤振国任主任委员，金大璋任副主任委员。

1992年以前闵行区时期：1982年前属民进徐汇区委领导的闵吴地区小组，有花炳南、赵振基、谭天群、褚连发4名会员，花炳南任民进徐汇区委委员兼闵吴地区小组负责人。1982年闵行恢复区建置。同年4月，民进市委直属机关支部成员宓逸群、李惠中、郑雪怀与原徐汇区闵吴小组4位会员成立民进闵行区临时支部，民进市委指定宓逸群为临时支部负责人。1986年，会员发展至12人，于1月正式成立民进闵行区第一届支部委员会，宓逸群为主任委员，林漳生为副主任委员兼组织委员。1989年会员增加至50人，经民进市委批准，支部改为区委员会，于11月8日召开民进闵行区委员会成立大会，选举徐诒浩、林漳生、张富启、许松寿、王佐才、卜国强等组成民进闵行区第一届委员会，徐诒浩任主任委员，林漳生任副主任委员。

1992年以后闵行区时期：1992年9月，上海县与闵行区“撤二建一”，成立新的闵行区。民进组织也随之于1993年2月由上海县委和闵行区委合并为新的民进闵行区委员会，1993年2月4日选举产生民进闵行区第一届委员会，主任委员徐诒

浩，副主任委员尤振国、林漳生、卫建民、毛文虎（1994年12月增补）。

2016年5月，选举产生民进闵行区第六届委员会，主任委员王浩（2017年2月因工作调动辞去主任委员职务），副主任委员袁家勤（2017年3月届中调整为主任委员）、龚耀昌、卢慧文、周培、徐中杰（2017年10月届中增补为副主任委员）。

至2018年年底，民进闵行区委有14个基层支部，会员394人。

民进闵行区委沿革

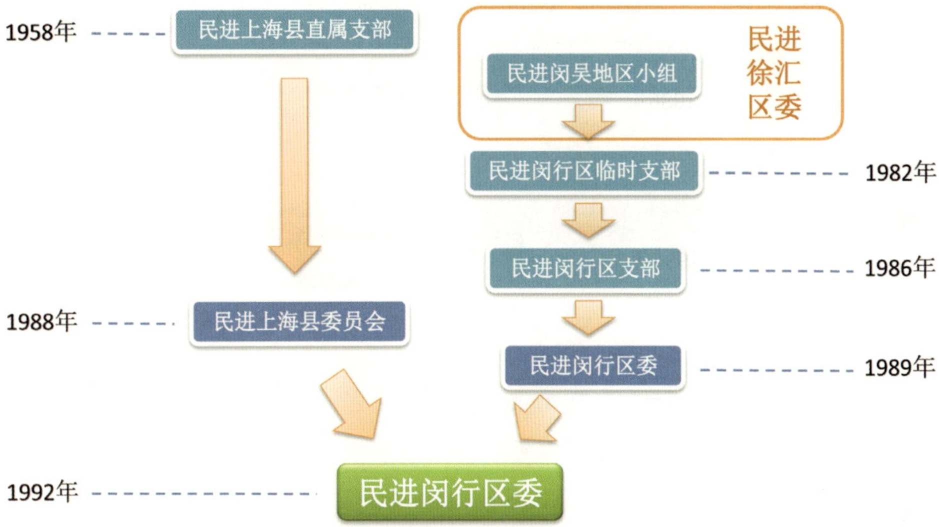

十一、中国民主促进会上海市嘉定区委员会

中国民主促进会上海市嘉定区委员会（以下称“民进嘉定区委”）成立于1986年7月8日，前身为民进嘉定县委。

1980年10月24日，民进嘉定县直属支部在嘉定南下塘街20号成立，陆九华任支部主任、张祖文任副主任。1985年底，嘉定县已有民进会员45人，在此基础上，开始着手筹备成立民进嘉定县委员会。1986年7月8日，民进嘉定县委员会正式成立，选举产生嘉定县第一届委员会，朱鹏程任主任委员，王元昌、严明德（1989年10月12日增补）任副主任委员。

1993年4月8日，民进嘉定县委因嘉定县撤县建区自然过渡为民进嘉定区委。朱鹏程任区委主任委员，邓国坤、王元昌、严明德任区委副主任委员。

2016年6月3日，选举产生民进嘉定区第六届委员会，朱芳任主任委员，何冬英、吴良、赵雪平任副主任委员。

至2018年年底，民进嘉定区委有15个基层支部，会员319人。

民进嘉定区委沿革

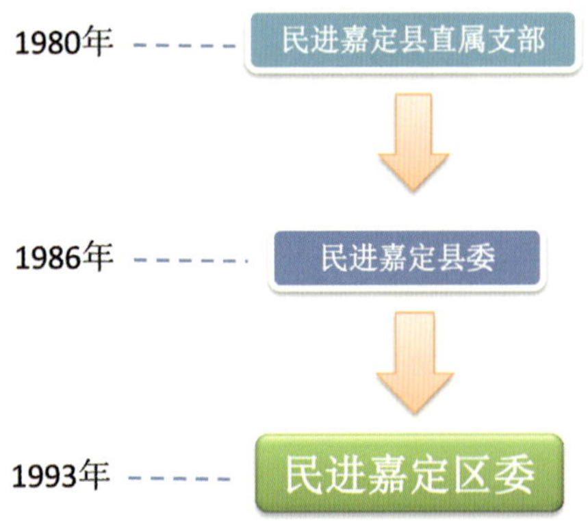

十二、中国民主促进会上海市金山区委员会

中国民主促进会上海市金山区委员会（以下称“民进金山区委”）是由民进金山支部升格而来。

1987年9月，民进石化直属支部成立，支部主任委员为傅义湧。1988年7月，民进市委在金山县发展第一位会员。1993年6月，召开民进金山县支部成立大会，选举产生民进金山县第一届支部委员会，李峙任主任委员。

1997年10月6日，民进金山县支部和石化直属支部合并成立金山区支部，选举产生民进金山区第一届支部委员会，李峙任主任委员，陈德兴、徐国锋任副主任委员。

1998年11月20日，民进金山区委成立，选举产生民进金山区第一届委员会，李峙任主任委员，彭为成、樊汉彬任副主任委员。区第一届委员会下设4个支部，共有会员55人。

2016年6月13日，召开民进金山区第五次代表大会，选举产生民进金山区第五届委员会，樊文军任主任委员，陈豪、姚戎任副主任委员。2018年3月8日，召开五届九次区委（扩大）会议，增补连云青为副主任委员。2018年11月18日，成立民进金山区委青年联谊会。

至2018年年底，民进金山区委有7个基层支部，会员127人。

民进金山区委沿革

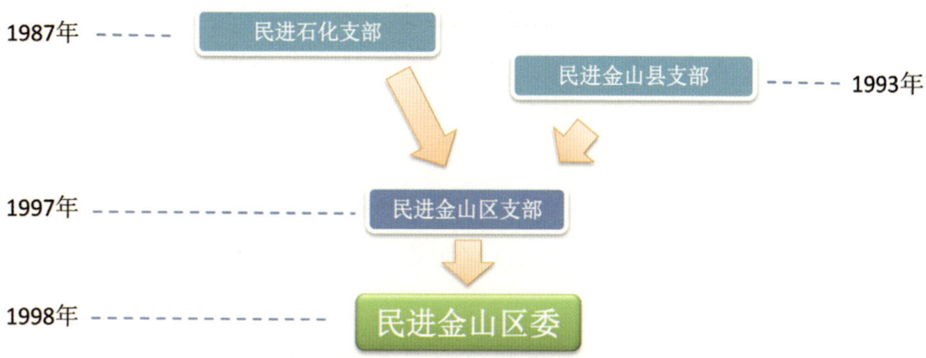

十三、中国民主促进会上海市崇明区委员会

中国民主促进会上海市崇明区委员会（以下称“民进崇明区委”）成立于1992年，其前身是民进崇明县委。

民进崇明区委沿革

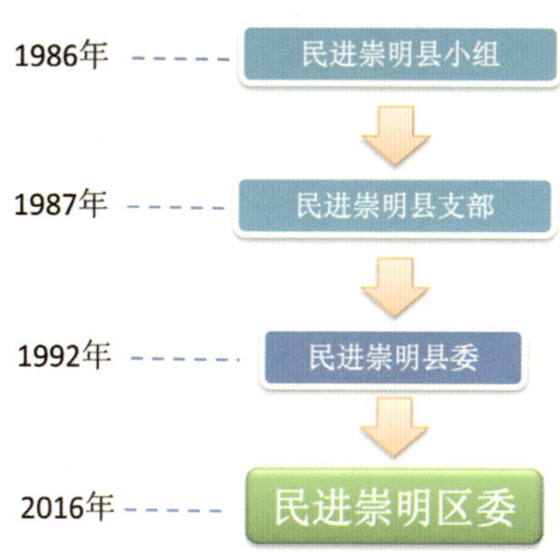

20世纪70年代初，在崇明的民进会员仅有赵远柔、闻志亨2人。1985年，会员刘应埙从上海冶金专科学校退休回崇明，会员增加到3人，1986年8月，建立民进

崇明县小组，赵远柔任组长，刘伟国任副组长，会员有6人。1987年12月，民进崇明县支部成立，赵远柔任支部主任，刘伟国任支部副主任，张诗履任支部委员。

1992年12月，民进市委批准成立民进崇明县委员会，民进崇明县第一次全体会员大会召开，选举产生民进崇明县第一届委员会，罗永祥任主任委员，张诗履、顾速行任副主任委员。

2016年5月，民进崇明县委第六次会员大会召开，选举产生民进崇明县第六届委员会，委员7人，姚安宝任主任委员，施建华、吴美华任副主任委员。2016年11月，成立中国民主促进会上海市崇明区委员会，原有班子成员及领导机构成员自动转任为民进上海市崇明区委班子成员及领导机构成员。

至2018年年底，民进崇明区委有13个基层支部，会员201人。

十四、中国民主促进会上海市松江区委员会

中国民主促进会上海市松江区委员会（以下称“民进松江区委”）成立于2001年，其前身是民进松江区支部。

民进松江小组：1993年，在民进市委和中共松江县委的协商安排下，组织关系已经转入松江的4位民进会员陈子康、张凤辉、何成侃、何金仁成立民进松江小组，由陈子康任组长。小组主要工作是发展松江新会员和筹备建立民进松江县支部。

民进松江县支部：民进松江小组成立之后，经过两年的组织发展，至1995年松江民进会员人数由4人增加到9人，教育界6人，医卫界1人，经济界1人，机关1人。1995年7月，经民进市委批准成立民进松江县支部，并在原政协礼堂举行支部成立大会。陈子康任支部主任委员，冯宝根任副主任委员，1998年2月增补樊云开为副主任委员。

民进松江区支部：1998年7月，松江撤县设区，时有民进会员24人。8月，民进县支部转为区支部，由陈子康任支部主任委员，冯宝根和樊云开任支部副主任委员。2001年1月增补洪涛为支部副主任委员。

民进松江区委：民进松江区支部成立之后，至2001年，会员数已达到50人。经民进市委批准，2001年9月民进松江区第一届委员会成立，陈子康任主任委员，洪涛、樊云开任副主任委员。

2016年5月25日，民进松江区第四次会员大会选举产生民进松江区第四届委员

会。吴玲任主任委员，李凡、沈云芳任副主任委员。

至2018年年底，民进松江区委有7个基层支部，会员131人。

民进松江区委沿革

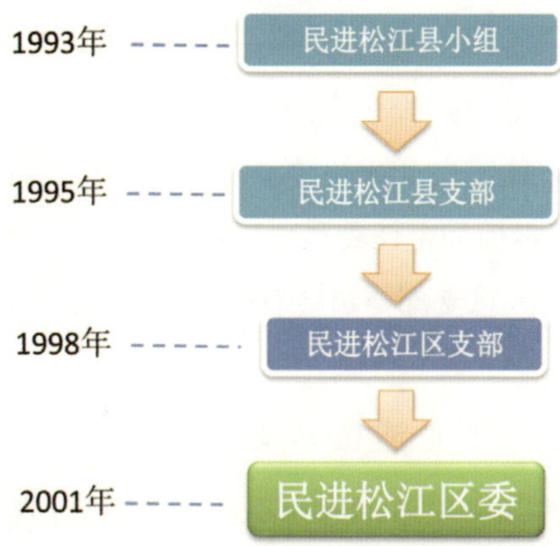

十五、中国民主促进会上海市奉贤区总支部委员会

中国民主促进会上海市奉贤区总支部委员会（以下称“民进奉贤总支”）成立于2011年，是由民进奉贤区支部升格而来。

民进奉贤区总支沿革

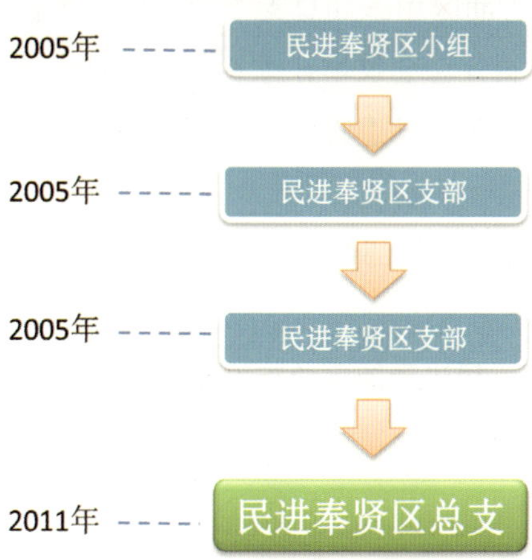

2005年之前，奉贤民进会员有7人，均为上海电子信息职业技术学院中德学院

教师。2005年6月，经民进市委同意，成立民进奉贤小组，金哲民为组长。有会员8人。小组成立后，重点做好新会员发展和筹建民进奉贤区支部各项准备工作。

2005年12月2日，民进奉贤区支部委员会成立，金哲民为主任委员。有会员12人，分为南桥地区和中德学院两个小组。

2011年7月15日，民进奉贤区第一届总支部委员会成立，金哲民为主任委员。时有会员39人，下设普教、高教、综合3个支部。

2016年5月31日，民进奉贤区总支部举行换届选举会议，会议选举产生民进奉贤区第二届总支部委员会，诸春梅为主任委员。

至2018年年底，民进奉贤区总支部委员会有5个基层支部，会员85人。

十六、中国民主促进会上海市青浦区总支部委员会

中国民主促进会上海市青浦区总支部委员会（以下称“民进青浦总支”）成立于2014年，是由民进青浦区支部升格而来。

2008年8月28日，民进青浦区支部筹备组成立，组长姚伟明。2009年8月26日，正式成立民进青浦区支部，姚伟明任主任委员，裘德荣任副主任委员。

2014年12月4日，中国民主促进会上海市青浦区总支部委员会成立。在民进青浦区第一届总支部委员会第一次会议上，姚伟明当选为第一届总支部委员会主任委员，裘德荣当选为副主任委员。

2015年9月11日“民进青浦区第一届总支委员会增补委员暨基层支部成立大会”在青浦区行政学院顺利召开。会议增补顾琴英为民进青浦区总支委员；成立小幼教、中教和综合支部。至此，民进青浦区总支委员增补和下属支部成立工作顺利完成。

至2018年年底，民进青浦区总支部委员会有3个基层支部，会员83人。

民进青浦区总支沿革

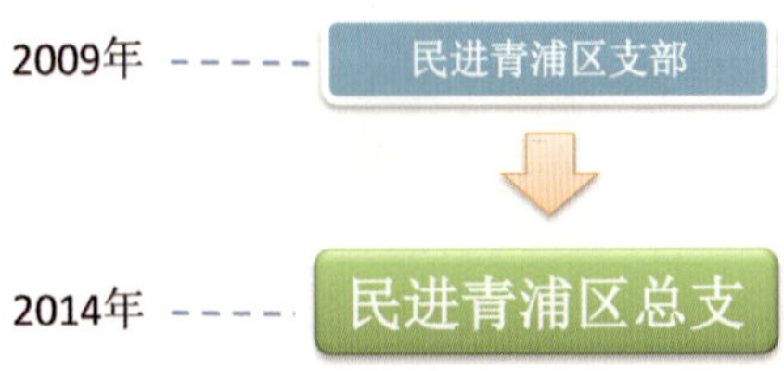

第二节 各基层组织沿革简介

一、中国民主促进会复旦大学委员会

中国民主促进会复旦大学委员会（以下称“民进复旦大学委员会”），是由原民进上医大委员会和原民进复旦大学支部合并而成。

原民进复旦大学支部：民进邯郸校区支部前身是民进复旦大学支部。“文革”前，会员有哲学系陈珪如，电工系黄嘉华等人，组织活动的方式是由“高校联合支部”组织，隶属于民进市委直属支部。“文革”之后，从外校调入两名教师会员，20世纪80年代末至90年代初，吴立昌、戚进勤等参加民进。1992年12月26日，民进复旦大学支部正式成立，吴立昌任支部主任。现任民进中央主席蔡达峰曾长期在民进复旦大学邯郸支部。

原民进上海医科大学委员会：民进枫林校区总支部前身是民进上海医科大学委员会，由民进上海医科大学支部委员会发展而来。

1986年民进市委从上海医科大学妇产科医院开始发展会员，到1987年年底已具备成立支部的条件。1988年2月12日，民进上海医科大学支部委员会成立，朱人烈任支部主任，邵公权任支部副主任。

1993年12月28日，经民进市委批准，民进上海医科大学支部委员会升格为民进上海医科大学总支部委员会。林庚金任总支部主任委员，邵公权任总支部副主任委员。

1996年12月27日，经民进市委批准，民进上海医科大学总支部委员会升格为民进上海医科大学委员会。林庚金任主任委员，吴毅、郑如恒任副主任委员。

两校合并后的民进复旦大学委员会：2000年4月，原复旦大学与原上海医科大学合并成立新的复旦大学。2001年原两校民进组织合并，有会员170人，成为民进市委直属基层委员会中人数最多的组织。

2001年7月，复旦大学邯郸校区支部召开两校合并后的第一次会员大会，选举产生民进复旦大学邯郸校区第一届直属支部委员会。9月，复旦大学枫林校区民进组织召开会员代表大会，选举产生民进复旦大学枫林校区第一届总支部委员会。

12月，民进复旦大学委员会正式成立，经选举产生民进复旦大学第一届委员会，吴毅任主任委员，殷寄明、郑如恒任副主任委员。2015年10月，民进复旦大学邯郸校区总支部成立。

2016年6月，民进复旦大学委员会召开第四次代表大会，选举产生民进复旦大学第四届委员会。郭坤宇为主任委员，王文平、陈宗祐、苏仰锋为副主任委员。

至2018年年底，民进复旦大学委员会下设有2个总支部，即民进复旦大学邯郸校区总支部委员会和民进复旦大学枫林校区总支部委员会。会员288人。其中邯郸总支下设2个支部，会员49人，枫林总支下设7个支部，会员239人。

民进复旦大学委员会沿革

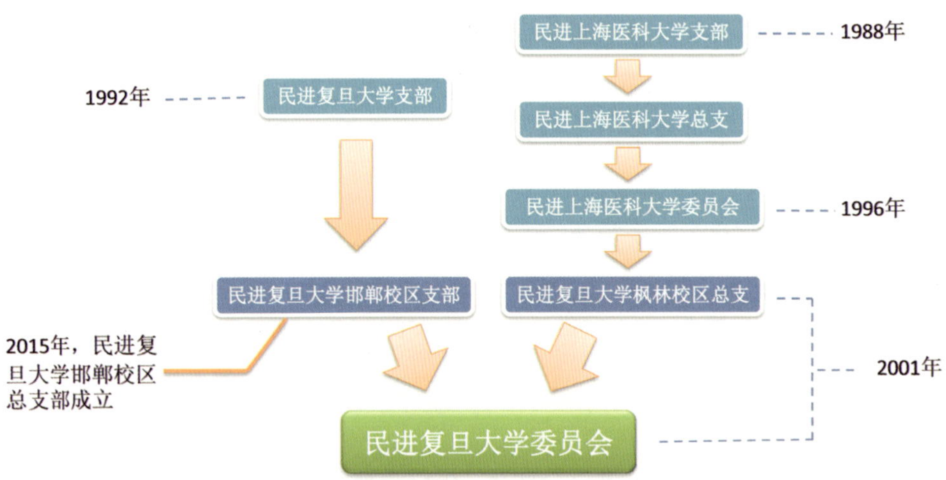

二、中国民主促进会上海交通大学委员会

中国民主促进会上海交通大学委员会（以下称“民进上海交通大学委员会”）成立于2004年，前身为民进上海交通大学支部。

1982年3月，民进上海交通大学支部成立，第一任支部主任为钱家声，王亨时为支部委员。1995年，詹永麒任第五届支部主任委员。2001年，黄震任第六届支部主任委员。

2004年11月19日，民进上海交通大学组织建制由支部升格为委员会，选举产生民进上海交通大学第一届委员会，黄震任主任委员，顾建明、詹仁左任副主任委员。

2016年7月1 日，选举产生民进上海交通大学第三届委员会，主任委员黄震，副主任委员范秀敏、朱邦尚，委员王丽伟、彭崇胜、李凤英、詹黎、陈鑫、曹建华。2017年4月25日至27日，民进上海市第十二次代表大会召开，主任委员黄震当选为民进市委主任委员。2017年8月9日，委员会届中调整选举，民进上海交通大学委员会的组织结构为：主任委员范秀敏，副主任委员朱邦尚，委员王丽伟、彭崇胜、李凤英、詹黎、陈鑫、曹建华、邵国松。2018年9月4日， 委员会届中调整，选举邵国松、曹建华为民进上海交通大学第三届委员会副主任委员。

至2018年年底，民进上海交通大学委员会有3个基层支部，会员88人。

民进上海交通大学委员会沿革

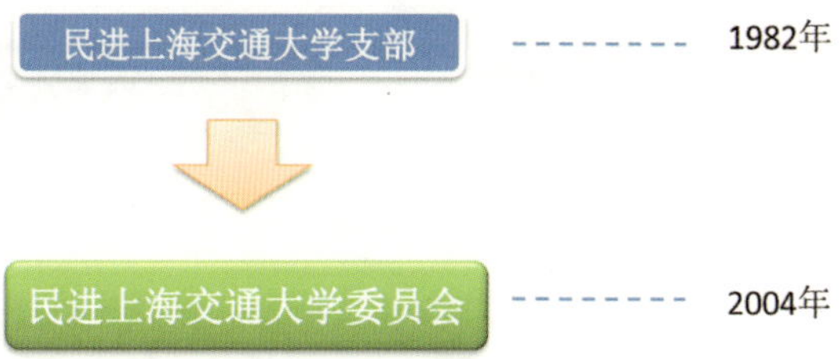

三、中国民主促进会同济大学委员会

中国民主促进会同济大学委员会（以下称“民进同济大学委员会”）成立于2005年，由民进同济大学支部、民进上海建材学院支部和民进上海铁道大学支部合并而来。

20世纪90年代初，民进市委开始在同济大学发展会员，均参加民进上海市高等教育联合支部活动，同济大学会员丁文魁曾经担任民进高等教育联合支部主任。1996年同济大学会员人数达到单独成立支部的条件，经民进市委同意，组建民进同济大学支部。1996年11月19日，选举产生民进同济大学第一届支部委员会，丁文魁为支部主任。

1996年，上海建材学院并入同济大学，由凌云宝任支部主任的民进上海建材学院支部随即并入民进同济大学支部。2000年，同济大学与上海铁道大学合并，当时由王志艺任支部主任的民进上海铁道大学支部随即并入民进同济大学支部。

2005年10月，同济民进会员已达52人，经民进市委同意民进同济大学支部升格为委员会。10月21日，民进同济大学委员会举行成立大会。选举产生民进同济大学第一届委员会，吴长福为主任委员，涂之远、王玉新为副主任委员。

2016年6月14日经民进同济大学委员会第三次会员大会选举产生民进同济大学第三届委员会。主任委员吴长福，副主任委员张洛先、蔡永洁、鲁星燧。

至2018年年底，民进同济大学委员会下设有3个支部，会员75人。

民进同济大学委员会沿革

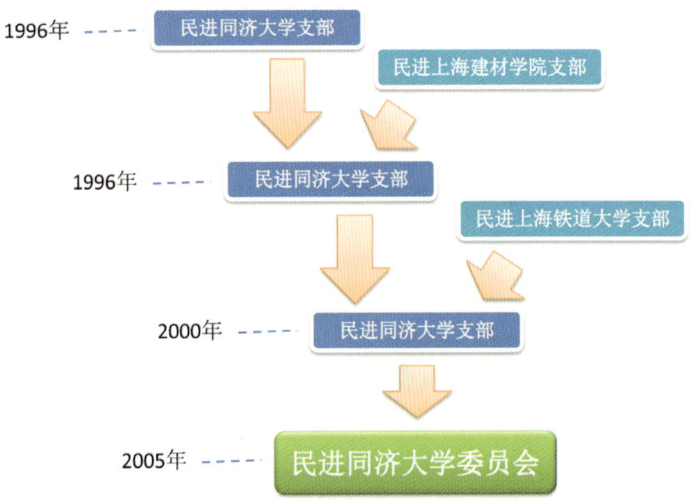

四、中国民主促进会华东师范大学委员会

中国民主促进会华东师范大学委员会（以下称“民进华东师范大学委员会”）成立于1995年，由民进华东师范大学总支部委员会升格而来。

1952年至1988年，华东师范大学民进组织为支部建制。1989年2月，成立民进华东师范大学总支委员会。第一届总支委员会主任谢象贤，副主任冷福志、徐小鲁（谢象贤退休后由刘恒椽任主任委员，1989年秋增补许世远为副主任）。

1995年，经民进市委批准，民进华东师范大学总支部委员会升格为民进华东师范大学委员会。

2016年6月22日，经选举产生民进华东师范大学第五届委员会，杨蓉为主任委员，叶军、李响、谈胜利为副主任委员。

至2018年年底，民进华东师范大学委员会有5个基层支部，会员192人。

民进华东师范大学委员会沿革

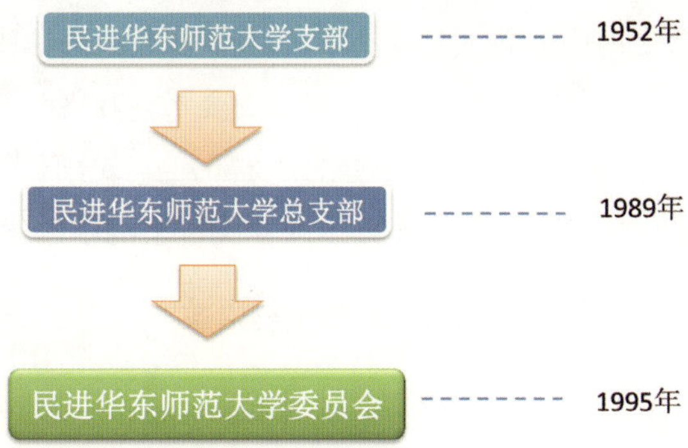

五、中国民主促进会上海师范大学委员会

中国民主促进会上海师范大学委员会（以下称“民进上海师范大学委员会”）成立于1995年，由民进上海师范大学总支部委员会升格而来。

上海师范大学民进组织具有悠久的历史。1954年师专时期，有民进会员3人，未成立支部。1956年至1958年，第一师范学院有民进会员7 人；第二师范学院有民进会员15人，成立第二师范学院支部。1958 年，民进上海第二师范学院支部改名为民进上海师范学院支部。1989年6月，成立民进上海师范大学总支，会员56人。1995年11月，民进上海师范大学委员会成立，历任主任委员：李伯黍、杨德壬、岑国桢、叶文博。

2016年，民进上海师范大学委员会举行换届选举，选举产生民进上海师范大学第五届委员会，高湘萍为主任委员，裴玉峰、李丹、周进华为副主任委员。

至2018年年底，民进上海师范大学委员会有7个基层支部，会员177人。

民进上海师范大学委员会沿革

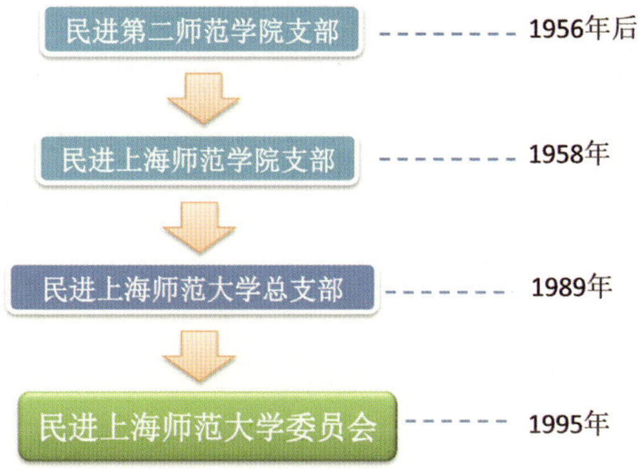

六、中国民主促进会上海中医药大学委员会

中国民主促进会上海中医药大学委员会（以下称“民进上海中医药大学委员会”）成立于1994年，由民进上海中医药大学总支委员会升格而来。

20世纪80年代初，民进市委成立民进医卫支部，支部主任黄羡明，随着组织发展，会员人数增多，从民进医卫支部分出成立民进上海中医学院（上海中医药大学前身）支部。1991年，民进上海中医药大学总支委员会成立，黄羡明、柏连松先后担任总支部主任。1994年7月，经民进市委批准，民进上海中医药大学总支部委员会升格为民进上海中医药大学委员会，历任支部、总支和委员会主任委员黄羡明、徐志璋、柏连松、吴焕淦、叶伟成。

2016年7月8日，民进上海中医药大学委员会举行换届选举，选举产生民进上海中医药大学第四届委员会。叶伟成为主任委员，龚雨萍、陈川、龚利为副主任委员。

至2018年年底，民进上海中医药大学委员会有1个总支（曙光医院总支）和7个支部（曙光医院内科支部、曙光医院外科支部、曙光医院退休支部、龙华医院支部、岳阳医院支部、校本部支部、针灸所支部），会员178人。

民进上海中医药大学委员会沿革

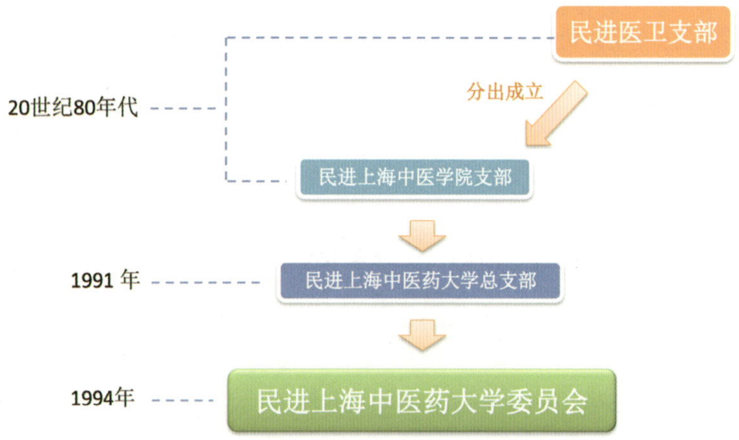

七、中国民主促进会上海交通大学医学院委员会

中国民主促进会上海交通大学医学院委员会（以下称“民进上海交通大学医学院委员会”）成立于2005年，其前身是民进上海第二医科大学委员会。

20世纪80年代，上海第二医科大学仅有1名民进会员，组织关系挂靠在民进卢湾区委。20世纪80年代后期，在民进市委和中共上海第二医科大学党委的支持、帮助下，开始有计划发展会员，在1987年成立民进上海第二医科大学支部，20世纪90年代初升格为总支，2001年升格为民进上海第二医科大学委员会。2001年，选举产生民进上海第二医科大学第一届委员会，施浩然为主任委员，朱顺和、张伟滨、朱振安为副主任委员。2005年7月，民进上海交大医学院委员会成立。

2016年6月23日经选举产生民进上海交通大学医学院第五届委员会，张伟滨为主任委员，杜勤、姚革、徐楠杰为副主任委员。

至2018年年底，民进上海交通大学医学院委员会有5个基层支部，会员181人。

民进上海交通大学医学院委员会沿革

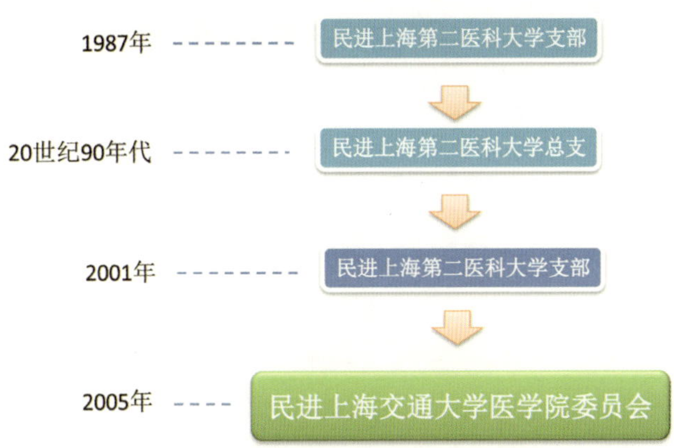

八、中国民主促进会上海理工大学委员会

中国民主促进会上海理工大学委员会（以下称“民进上海理工大学委员会”）成立于2005年，前身是民进上海机械高等专科学校支部。

1986年3月6日，民进上海机械高等专科学校支部成立，王嗣德为主任委员。

1990年4月6日，民进上海机械学院（1994年更名为华东工业大学）支部成立，姚昆群为主任委员，顾文逵为副主任委员。

1996年，华东工业大学与上海机械高等专科学校合并成立上海理工大学。1997年3月，两支部合并组建民进上海理工大学支部，产生民进上海理工大学第一届支部委员会，顾国庆为主任委员，江孝渔为副主任委员（1999年为常务副主任委员）。

2003年9月25日，民进上海理工大学总支部委员会成立，江孝渔担任主任委员，马良担任副主任委员。

2006年7月4日，民进上海理工大学委员会成立，产生民进上海理工大学第一届委员会，马良为主任委员，江孝渔、张学龙为副主任委员。

2011年9月17日，民进上海理工大学委员会召开第二次会员大会，选举产生第二届委员会，张学龙为主任委员，江孝渔、顾铮先为副主任委员。

2016年6月28日，民进上海理工大学委员会召开第三次会员大会，选举产生民进上海理工大学第三届委员会，顾铮先为主任委员，马杰、薛雯为副主任委员。

至2018年年底，民进上海理工大学委员会有3个基层支部，会员78人。

民进上海理工大学委员会沿革

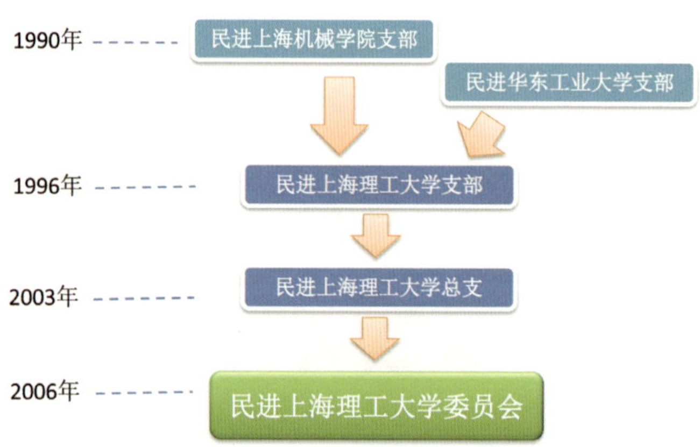

九、中国民主促进会上海文化广播影视集团委员会

中国民主促进会上海文化广播影视集团委员会（以下称“民进上海文广集团委员会”）成立于2002年，是由民进上海市文化局委员会和民进市委直属广电支部合并而成。

民进上海市文化局委员会：1979年，民进市委恢复活动后，及时成立民进上海市文化局支部，支部主任徐孝穆，支部副主任周葆源。1987年，民进上海市文化局支部升格为文化局总支委员会，总支主任委员汪正华，总支副主任委员金美芳、何少伟。1995年7月，民进上海市文化局总支升格为民进上海市文化局委员会，主任委员黄葆慧，副主任委员张静娴、周苏生。

民进上海市广电局支部：1987年，民进上海市广电局支部成立，徐大康为支部主任，高宝根为支部副主任。

民进上海文广集团委员会：2001年4月19日，上海文化广播影视集团成立。2002年8月19日，民进上海市文化局委员会和民进市委直属广电支部合并，成立民进上海文广集团委员会。

2016年8月3日，召开民进上海文广集团第四次会员代表大会，选举产生民进上海文广集团第四届委员会，孙青为主任委员，秦雷、田盛强为副主任委员。

至2018年年底，民进上海文广集团委员会有广电支部、音乐联合支部、滑稽剧团支部等3个支部，会员56人。

民进上海文广集团委员会沿革

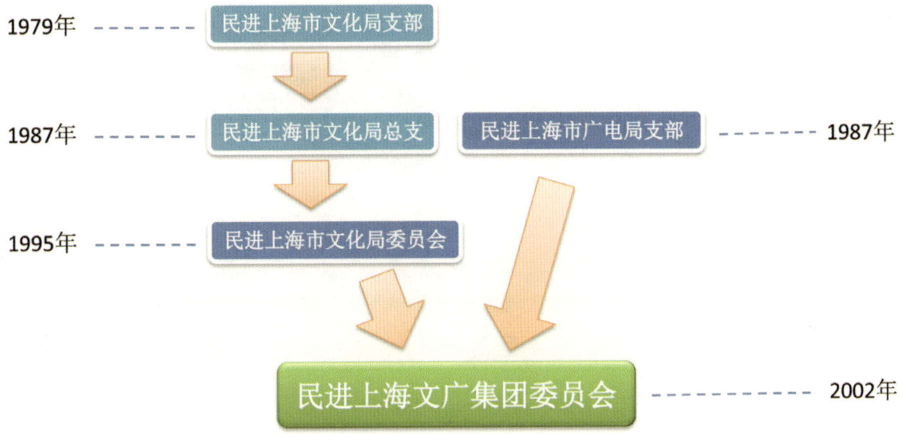

十、中国民主促进会上海市宝钢委员会

中国民主促进会上海市宝钢委员会（以下称“民进宝钢委员会”），是由民进宝钢支部、民进梅山支部和民进上海冶金综合支部合并而成。

1983年，宝钢联合支部（由宝钢民进、石洞口电厂民进、上钢五厂民进组成）成立，首任支部联络人周秋丽。此后历届支部主任委员为陆兴兰、申飏繁、凌索菲、冯莲芹、姜伟忠和陈文明。支部成立初期接受民进宝山区委领导，2002

年12月，民进宝钢委员会成立，宝钢联合支部更名为宝钢支部（不含石洞口电厂民进），同时接受民进宝钢委员会领导。

1987年10月13日，民进梅山支部成立，支部主任委员夏秦涛，此后历届支部主任委员为吴建楣、王鼎辉、赵强。

1992 年7月，民进上海冶金综合支部成立，历届支部主任委员为吴海华、庄丽。2002年12月，原梅山支部分为梅山支部和退休支部，与宝钢支部、上海冶金局综合支部共4个支部，共同组建民进宝钢委员会。

2016年7月5日，经民进宝钢委员会第四次会员大会，选举产生民进宝钢第四届委员会，王静为主任委员，曹清、陆争辉、赵强为副主任委员。

至2018年年底，民进宝钢委员会有4个支部（宝钢支部、梅山支部、综合支部、退休支部），会员115人。

民进宝钢委员会沿革

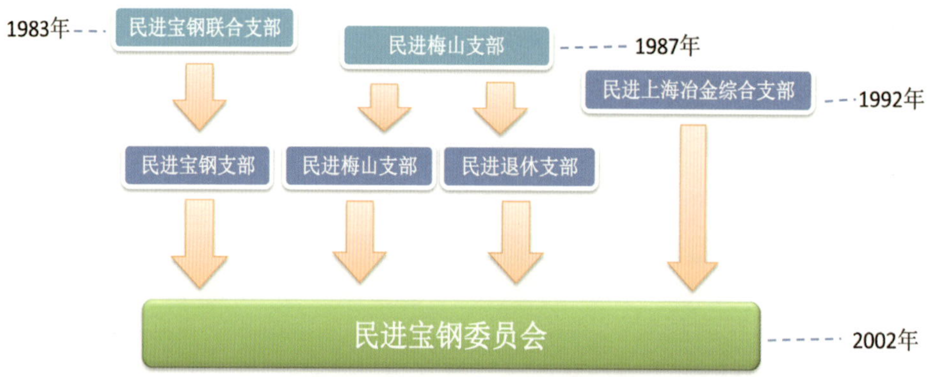

十一、中国民主促进会上海出版系统综合委员会

中国民主促进会上海出版系统综合委员会（以下称“民进上海出版系统综合委员会”）前身为民进上海市新闻出版局委员会的部分组织。

20世纪80年代初成立民进上海新闻出版局总支委员会。1995年7月，民进上海新闻出版局总支委员会升格为民进上海市新闻出版局委员会，第一届委员会主任委员李名慈，副主任委员王有为、周萍、金良年。

随着我国文化体制的改革，上海出版界在体制格局上发生重大变化，分别成立上海世纪出版集团、上海文艺出版总社、上海新华发行集团等大型集团公司。为适应新形势，使党派组织尽快建立与对口中共党组织的工作联系，2006年10月，经民进市委同意，决定撤销民进上海市新闻出版局委员会建制，在已经成立的民进上海世纪出版集团委员会、民进上海文艺出版总社委员会的基础上，成立民进上海出版系统综合委员会。第一届民进上海出版系统综合委员会主任委员汪耀华，副主任委员丁家宝，委员郑月林、刘承荣、尤培基。

2016年4月6日，经民主选举产生第三届委员会。李萍为主任委员，许伟国、沈文昊为副主任委员。

至2018年年底，民进上海出版系统综合委员会有3个基层支部，会员56人。

十二、中国民主促进会上海世纪出版集团委员会

中国民主促进会上海世纪出版集团委员会（以下称“民进上海世纪出版集团委员会”），由原民进上海市新闻出版局委员会部分组织合并而成。

民进上海出版系统综合委员会和民进上海世纪出版集团委员会沿革

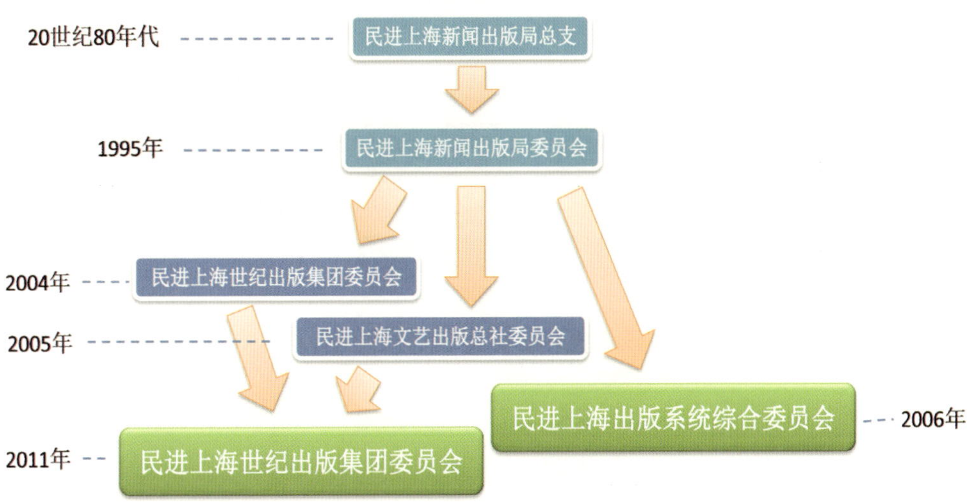

20世纪80年代初成立民进上海新闻出版局总支委员会。1995年7月，民进上海新闻出版局总支委员会升格为民进上海市新闻出版局委员会。

随着我国文化体制的改革，上海出版界在体制格局上发生重大变化，分别

成立上海世纪出版集团、上海文艺出版总社、上海新华发行集团等大型集团公司。2004年5月，民进上海世纪出版集团委员会成立，经任命产生第一届委员会。李名慈为主任委员，金良年、沈维藩为副主任委员。

2011年10月，民进上海世纪出版集团委员会与民进上海文艺出版总社委员会合并，成立新的民进上海世纪出版集团委员会，经选举产生第一届委员会，余岚为主任委员，胡传海、汪耀华、沈维藩、丁翔华为副主任委员。

2016年8月，委员会召开第二届代表大会，选举产生民进上海世纪出版第二届委员会，余岚为主任委员，陈闵梁、沈维藩、汪耀华为副主任委员。

至2018年年底，民进上海世纪出版集团委员会有14个基层支部，会员305人。

十三、中国民主促进会上海申康医院发展中心委员会

中国民主促进会上海申康医院发展中心委员会（以下称“民进上海申康医院发展中心委员会”）的前身是民进上海市卫生局总支。

民进上海申康医院发展中心委员会沿革

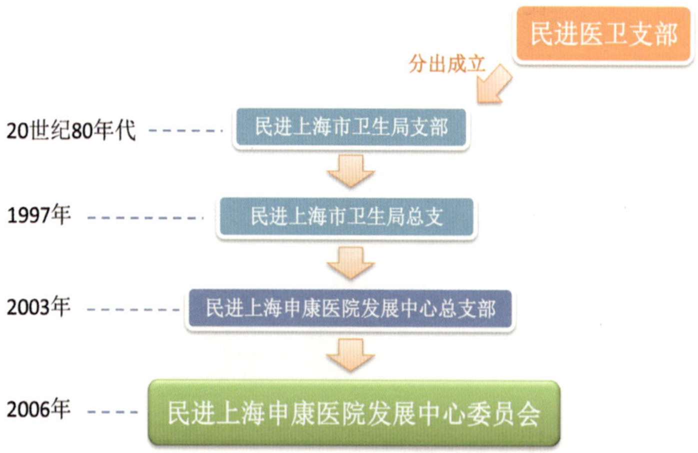

1983年，民进市委直属医卫支部成立。随着会员人数的增加，后分别成立民进上海中医院支部、民进上海市卫生局支部。

1997年1月23日，正式成立民进上海市卫生局总支，张皙任总支委员会主任，

袁启志任副主任。下设民进上海市中医医院支部、民进上海市第一人民医院支部、民进眼防联合支部。

2003年，民进上海申康医院发展中心总支委员会成立，张皙为总支委员会主任。

2006年9月，民进上海申康医院发展中心总支委员会升格为民进上海申康医院发展中心委员会。

2016年6月，民进上海申康医院发展中心委员会进行换届选举，选举产生民进上海申康医院发展中心第三届委员会，王杰任主任委员，李勇、王桑任副主任委员。

至2018年年底，民进上海申康医院发展中心委员会有3个基层支部，会员146人。

十四、中国民主促进会上海应用技术大学委员会

中国民主促进会上海应用技术大学委员会（以下称“民进上海应用技术大学委员会”）由民进上海应用技术大学支部升格而来。

民进上海应用技术大学委员会沿革

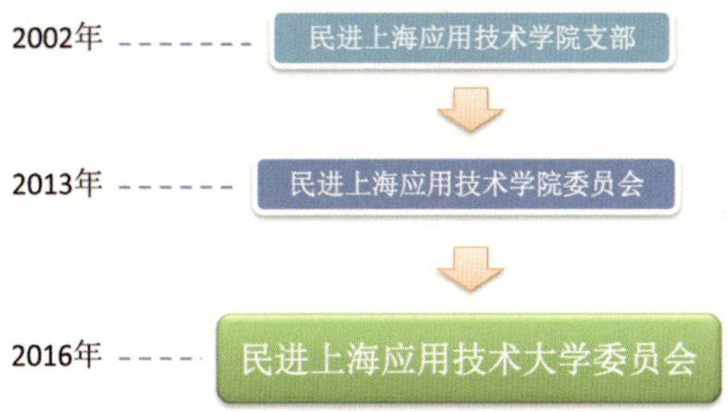

2002年11月，民进上海应用技术学院支部成立。2013年6月28日，经民进市委同意，民进上海应用技术学院支部升格为民进上海应用技术学院委员会。

2016年3月，上海应用技术学院更名为上海应用技术大学。经民进市委研究决定，将民进上海应用技术学院委员会更名为民进上海应用技术大学委员会。

2016年4月8日，民进上海应用技术大学委员会召开会员大会，选举产生民进

上海应用技术大学第二届委员会，吴范宏为主任委员，陈家旭、黄清俊为副主任委员。

至2018年年底，民进上海应用技术大学委员会有3个基层支部，会员54人。

十五、中国民主促进会上海外国语大学委员会

中国民主促进会上海外国语大学委员会（以下称“民进上海外国语大学委员会”）于2013年12月30日成立，前身为民进上海外国语大学支部委员会。

1985年6月，民进上海外国语学院支部成立，有近10名会员。

1994年，上海外国语学院正式更名为上海外国语大学。经民进市委同意，民进上海外国语学院支部更名为民进上海外国语大学支部。

2013年12月30日，经民进市委同意，民进上海外国语大学支部委员会升格为民进上海外国语大学委员会，并举行民进上海外国语大学委员会成立大会，选举产生第一届委员会。杨辉为主任委员，陆莹、宋亚南为副主任委员。

2016年9月30日，经选举产生民进上海外国语大学第二届委员会，主任委员杨辉，副主任委员陆莹、宋亚南。

至2018年年底，民进上海外国语大学委员会有2个基层支部，会员61人。

民进上海外国语大学委员会沿革

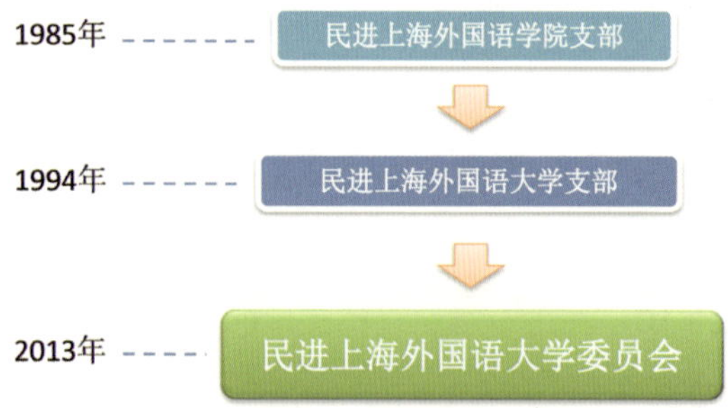

十六、中国民主促进会上海大学委员会

中国民主促进会上海大学委员会（以下称“民进上海大学委员会”）成立于2014年，前身为民进上海大学支部委员会。

1994年5月，由上海工业大学、上海科技大学、上海科技高等专科学校和原上海大学四校合并组建新上海大学。同年，民进上海大学支部成立，选举产生民进上海大学第一届支部委员会，吴益敏为主任委员。

2014年，经民进市委同意，民进上海大学支部升格为民进上海大学委员会，12月3日，举行民进上海大学委员会成立大会，选举产生民进上海大学第一届委员会，丁亚萍为主任委员，张梅、马国宏为副主任委员。2018年1月，上海大学委员会进行届中调整，丁亚萍不再担任主任委员，选举周丽昀为主任委员。

至2018年年底，民进上海大学委员会有2个基层支部，会员62人。

民进上海大学委员会沿革

十七、中国民主促进会上海高教联合委员会

中国民主促进会上海高教联合委员会（以下称“民进上海高教联合委员会”）成立于2016年，前身是由民进华东理工大学支部、民进上海体育学院支部、民进高教联合支部、民进上海市教育委员会机关及直属系统联合支部、民进上海音乐学院支部、民进上海海事大学支部、民进上海戏剧学院支部、民进华东政法大学支部、民进上海立信会计学院支部、民进上海工艺美术职业学院支部10个民进市委直属支部合并而成。

10个民进市委原直属支部的沿革简介

支部名称	成立时间及沿革简介
民进华东理工大学支部委员会	1999年11月成立。
民进市委员会直属 民进上海海事大学支部委员会	2001年成立。2007成立南汇区总支部，支部更名为民进南汇区第一支部，组织关系由市委直属支部变为隶属南汇区总支。2009年随着浦东、南汇两区合并，民进南汇区总支并入浦东区委，支部恢复民进上海海事大学支部的名称，组织关系也恢复为市委直属支部。

民进华东政法大学支部委员会	1985年成立，施觉怀为第一任主任。
民进高教联合支部委员会	20世纪80年代初期成立，丁文魁为第一任主任委员。
民进上海市教育委员会机关及直属系统联合支部	1987年成立，潘鸿新为第一任主任委员。
民进上海音乐学院支部委员会	2001年5月成立。
民进上海体育学院支部委员会	1955年筹建， 1957年成立。
民进上海戏剧学院支部委员会	前身是由原民进上海戏剧学院支部和原民进上海戏曲学校支部合并而来。2003年，上海戏曲学校与上海戏剧学院合并成为新的上海戏剧学院。2004年5月，经民进市委研究决定，民进上海戏剧学院支部委员会和民进上海戏曲学校支部委员会合并，成立新的民进上海戏剧学院支部委员会。
民进上海立信会计学院支部委员会	1990年4月成立。
民进上海工艺美术职业学院支部委员会	2001年成立。

2016年9月，民进上海高教联合委员会成立大会召开，大会产生第一届委员会。赵玲为主任委员，张建良、吴坚、金京泽为副主任委员。

至2018年年底，民进上海高教联合委员会有10个基层支部，会员342人。

十八、中国民主促进会上海文化系统委员会

中国民主促进会上海文化系统委员会（以下称“民进上海文化系统委员会”）由民进文学支部、民进上海图书馆支部、民进美术支部、民进新闻支部、民进上海博物馆支部、民进上海沪剧院支部、民进上海越剧院支部7个民进市委直属支部以及原隶属于民进上海文广集团委员会的民进上海京剧团支部、民进上海评弹团支部、民进上海昆剧团支部、民进上海歌剧院支部4个支部合并而来。

7个民进市委原直属支部的沿革简介

支部名称	成立时间及沿革简介
民进文学支部委员会	20世纪90年代成立。
民进上海图书馆支部委员会	2006年6月成立，曾经是上海文化局下属的“社会文化支部”的一部分。

民进美术支部委员会	20世纪90年代成立。
民进新闻支部委员会	民进新闻支部成立时间资料暂缺。
民进上海博物馆支部委员会	2006年7月成立。
民进上海沪剧院支部委员会	2003年9月成立。
民进上海越剧院支部委员会	2003年1月成立。

民进上海京剧团支部、上海评弹团支部、上海昆剧团支部及上海歌剧院支部原均属于民进上海文广集团委员会，后由于文广体制改革，于2016年划出民进上海文广集团委员会。

2016年9月，民进上海文化系统委员会成立，任命产生民进上海文化系统委员会第一届委员会。潘向黎为主任委员，张予佳、钱思剑为副主任委员。

至2018年年底，民进上海文化系统委员设有11个基层支部，会员311人。

十九、中国民主促进会上海科技系统委员会

中国民主促进会上海科技系统委员会（以下称“民进上海科技系统委员会”）由民进市委原直属上海光机所支部委员会为主体和民进市委原直属科技支部委员会的部分成员合并而来。

2个民进市委原直属支部的沿革简介

支部名称	成立时间及沿革简介
民进上海光机所支部委员会	1986年成立。
民进科技支部委员会	1987年成立，2016年民进市委调整民进市委直属基层组织架构期间进行拆分，大部分成员划归民进上海市综合委员会，另有部分属于科技系统的会员划归民进上海科技系统委员会。

2016年9月26日，上海科技系统委员会成立大会召开，产生民进上海科技系统第一届委员会。袁晓兵为主任委员，周军、任奔为副主任委员。

至2018年年底，民进上海科技系统委员会有4个基层支部，会员55人。

二十、中国民主促进会上海金融工作委员会

中国民主促进会上海金融工作委员会（以下称“民进上海金融工作委员会”）前身是民进市委原直属金融法律支部的部分会员，加上在银行、券商、保险等金融机构工作的会员。

2016年8月30日，经过界别划分，民进金融法律支部一拆为二，此后分别成立民进金融工作委员会和民进法律支部。

2016年9月26日，民进上海金融工作委员会成立，同日产生民进上海金融工作第一届委员会。主任委员陈金隆，副主任委员沈嘉华、吴宁、贺强。民进金融工作委员会汇集上海民进在银行、券商、保险等金融机构工作的会员，具有行业专业属性，同时也吸收部分原金融法律支部的会员。

至2018年年底，民进上海金融工作委员会有3个基层支部，会员162人。

二十一、中国民主促进会上海综合委员会

中国民主促进会上海综合委员会（以下称“民进上海综合委员会”）成立于2016年，由原民进市委机关支部、科技一支部、科技二支部（民进科技一支部、科技二支部的前身是民进科技支部）、综合一支部、综合二支部（民进综合一支部、综合二支部的前身是民进综合支部）、企业一支部、企业二支部（民进企业一支部、企业二支部的前身是民进企业支部）、社科院支部、公用事业学校支部、法律支部共10个支部合并而成。2018年2月成立民进中国东方航空集团有限公司支部。

相关的民进市委原直属支部的沿革简介

支部名称	成立时间及沿革简介
民进综合支部委员会	解放初成立，前身为民进市委直属机关企业支部，1985年定名为民进市委直属综合支部，并从支部中分离出一部分会员成立民进市委直属科技支部和冶金支部。2000年12月更名为民进市委直属综合联合支部，内设综合一支部、二支部。2003年9月26日又合二为一，恢复民进市委直属综合支部，同时又分离出39名会员成立民进市委直属金融法律支部。2016年8月支部换届，将综合支部一分为二，于8月8日、19日分别成立民进市委综合第一支部、民进市委综合第二支部。

民进企业支部委员会	1991年成立，2016年企业支部拆分，于8月9日、8月19日成立企业第一支部和企业第二支部。
民进科技支部委员会	1985年从民进市委直属综合支部单独拆分出来。1999年4月，科技支部拆分成一支部、二支部。2000年左右，两支部再次合并。2016年8月，民进科技支部拆分成科技一支部和科技二支部。
民进上海社会科学院支部委员会	1982年2月18日成立。
民进市委机关支部委员会	“文革”后，开始恢复支部组织生活。
民进公用事业学校支部委员会	2005年12月成立，前身是民进上海市公用局总支部。
民进法律支部委员会	前身是民进金融法律支部，2003年9月26日成立。2016年8月30日，经过界别划分，民进金融法律支部一拆为二，成立金融委员会和法律支部。
民进东航支部委员会	2018年2月9日成立。

2016年9月26日，民进上海综合委员会成立，任命产生民进上海综合第一届委员会。何少华为主任委员，吴心宏为副主任委员。

至2018年年底，民进上海综合委员会有11个基层支部，会员638人。

二十二、民进上海市委员会直属上海健康医学院支部委员会

民进上海市委员会直属上海健康医学院支部委员会（以下称“民进上海健康医学院支部委员会”）成立于2018年。

2018年11月29日，民进上海健康医学院支部委员会成立大会召开，大会选举产生民进上海健康医学院第一届支部委员会。江孝渔为主任委员，单纯玉为副主任委员。

至2018年年底，民进上海健康医学院支部委员会有会员9人。

二十三、民进上海市委员会直属上海对外经贸大学支部委员会

民进上海市委员会直属上海对外经贸大学支部委员会（以下称“民进上海对外经贸大学支部委员会”）成立于2018年。

2018年12月11日，民进上海对外经贸大学支部委员会成立大会召开。大会选举产生民进上海对外经贸大学第一届支部委员会。陈子雷为主任委员，黄郁成为副主任委员。

至2018年年底，民进上海对外经贸大学支部委员会有会员8人。

第二篇
市代表大会和市委全体会议

第一章 市会员大会与市代表大会

根据《中国民主促进会章程》第二十二条规定，各级组织的权力机构是各级会员大会或代表大会。在大会闭会期间，各级委员会即为领导机构。

自1949年6月19日民进上海市组织成立以来，至2018年12月31日，民进上海市组织共选举产生16届次领导机构，前四届是由会员大会选举产生，其中第一届至第三届为民进上海市分会理事会，第四届为民进上海市委员会。1958年9月，民进上海市召开第一次代表大会，选举产生的领导机构在届次上承前续计为民进上海市第五届委员会，代表大会次数与领导机构届数由此延续。

第一节 市会员大会

一、1949年6月19日会员大会

1949年6月19日，民进上海分会筹备会在同孚路（今石门一路）102弄6号召开会员大会，出席大会75人。会议宣告民进上海市分会成立。选举产生民进上海市分会第一届理事会。

二、1950年8月27日会员大会

1950年8月27日，民进上海市分会召开会员大会，出席100人左右。大会选举产生民进上海市分会第二届理事会。

三、1953年3月22日会员大会

1953年3月22日，民进上海市分会召开会员大会，出席262人。听取并通过民

进上海市分会代理主任理事赵朴初代表民进上海市分会第二届理事会所作的工作报告。大会选举产生民进上海市分会第三届理事会。

四、1956年12月23日会员大会

1956年12月23日，民进上海市分会在上海市第三女子中学礼堂召开会员大会，出席988人。中共上海市委书记处书记魏文伯到会致贺。民进上海市分会副主任理事段力佩代表民进上海市分会第三届理事会作工作报告。

大会认为，中国共产党提出的“长期共存、互相监督”的方针，对民主党派提出了光荣而艰巨的任务。为了贯彻“长期共存、互相监督”的方针和民进第二次全国代表大会提出的各项任务，要求全体会员更加紧密地团结在中国共产党的周围，学习和宣传中共的政策，做好中共和人民的桥梁，从而加强和巩固人民民主专政，加强人民内部的大团结。

会议提出：我们要密切联系群众，关心群众要求，积极代表他们的正当利益和合理要求；对国家政治生活中的各项重大问题，要给予最大的关心，并对政府的工作进行必要的监督。必须进一步发展和巩固组织，在发展会员工作中贯彻需要、可能、自愿的原则，做到数量与质量并重，在发展的同时注意巩固。必须认真学习马列主义，努力改造自己，深入钻研业务，积极参加社会活动，为社会主义建设事业作贡献。

大会选举产生民进上海市第四届委员会。

第二节　市代表大会

一、第一次会员代表大会

1958年9月14日，在南昌路47号科学会堂举行，出席代表270名，列席45名。

中共上海市委书记处书记陈丕显到会就国内外形势、民主党派自我改造作重要报告。民进市委会主任委员吴若安代表民进上海市第四届委员会作1957年以来整风工作报告。大会决议指出：一年来的整风使我们深刻体会到，接受中国共产党的领导是民主党派的关键所在。全体会员必须在中共上海市委和我会中央的领

导下，为把自己改造成又红又专的工人阶级知识分子，把我们的组织改造成为真正为社会主义服务的政治力量而奋斗。

大会通过《拥护周总理关于台湾海峡地区局势的声明》的决议。大会选举产生民进上海市第五届委员会。

二、第二次会员代表大会

1961年5月26日，在西藏南路青年会礼堂举行，出席代表246名。民进中央副主席周建人到会致贺。

代表大会召开前，举行将近一个月的预备会议，民进中央副主席许广平应邀在代表大会预备会议上讲话。会议贯彻 “神仙会”精神，学习讨论中共上海市委第一书记柯庆施在中共上海市委统战部报告会上关于国内外形势、阶级关系，以及民主党派工作的报告。与会者一致认为，报告起到教育与鼓舞人心的作用，帮助大家进一步认清目前国内遇到的困难是前进中的困难，是暂时的、局部的，是可以克服的，因而坚定信心，表示要努力学习毛泽东著作和中共的方针政策，认真改造自己的非无产阶级的立场和世界观，更好地为社会主义服务。

5月26日下午，代表大会举行正式会议。民进市委会主任委员吴若安代表民进上海市第五届委员会作工作报告。大会作出决议：号召全体会员认真学习中共的方针政策，学习毛泽东思想，坚定不移地接受中共领导，紧密地团结在中共周围，同甘共苦，鼓足干劲，力争上游，为社会主义革命和建设事业作贡献。

大会选举产生民进上海市第六届委员会。

三、第三次会员代表大会

1965年1月12日，在泰兴路市政协文化俱乐部举行，出席代表210名、列席10名。

民进市委会副主任委员黄丹騰传达中共上海市委书记处书记陈丕显在市人代会五届一次会议和市政协四届一次会议上所作的政治报告。民进市委会主任委员吴若安代表民进上海市委第六届委员会作工作报告。

大会决议：（1）千万不要忘记真诚接受中共领导；（2）千万不要忘记承认阶级和阶级斗争；（3）千万不要忘记抓紧自我改造；（4）千万不要忘记开展批评与自我批评。全体会员必须积极进行改造，接受锻炼和考验，积极投入社会主义教育运动，认真学习毛泽东著作，为建设伟大的社会主义国家贡献力量。

大会选举产生民进上海市第七届委员会。

四、第四次会员代表大会

民进上海市第四次会员代表大会于1980年1月13日至16日在延安中路1000号上海展览馆举行，出席代表259名。

大会期间，中共上海市委第一书记彭冲，书记王一平、赵行志等领导会见全体代表，彭冲在会上作讲话。中共市委统战部部长张承宗看望代表。民进中央发来贺信，向大会表示热烈祝贺。吴若安代表民进上海市第七届委员会作题为《在党的领导下继续奋勇前进》的工作报告。大会选举产生民进上海市第八届委员会，委员53名，候补委员6名。

大会通过决议，要求民进组织在恢复活动基础上，根据实际情况进行调整，逐步做到充实提高组织生活；同时充分调动全体会员及所联系的知识分子的积极性，解放思想，开动机器，实事求是，团结一致向前看，为把上海建成先进工业、科学技术和外贸基地，为实现“四化”和台湾回归祖国，完成祖国统一大业作出最大努力。

民进上海市第四次会员代表大会于1980年1月13日至16日举行。图为大会主席台

民进上海市第八届委员会（1980.1—1984.4）主任委员吴若安，副主任委员陈云涛、周煦良、李楚材、董涤尘、赵宪初、张兆桢、方学武、张乃璇、陈穗九（1983.8任）、蒋家祥（1983.8任），秘书长方学武（兼，1983.3止）、陈穗九（1983.3任）。图为民进上海市第八届委员会全体委员合影

五、第五次会员代表大会

民进上海市第五次会员代表大会于1984年4月9日至12日在延安西路200号文艺会堂举行，出席代表319名、列席35名。中共市委书记杨堤到会祝贺并讲话。吴若安致开幕词，李楚材代表民进上海市第八届委员会作题为《团结起来，加快步伐，勇于创新，为全面开创民进工作新局面而奋斗》的工作报告。大会传达市人

民进上海市第五次会员代表大会于1984年4月9日至12日在延安西路200号文艺会堂举行

民进上海市第九届委员会（1984.4—1988.5）主任委员吴若安，副主任委员陈云涛、李楚材、董涤尘、赵宪初、张兆桢、张乃璇、陈穗九（专职）、蒋家祥（专职）、陈炳生、毛智凤、刘恒椽（1988.1任），秘书长蒋家祥（兼）

大八届二次会议和市政协六届二次会议精神。大会选举产生民进上海市第九届委员会，委员62名，候补委员8名。

大会通过决议号召民进各级组织和全体会员，要面向现代化，面向世界，面向未来，锐意进取，立志改革，在建设社会主义两个文明和促进祖国统一的光辉征途上，团结起来，加快步伐，为全面开创民进工作新局面而奋斗。

六、第六次代表大会①

民进上海市第六次代表大会于1988年5月28日至30日在南京西路722号联谊俱乐部举行，出席代表311名、列席34名。

中共市委书记杨堤到会讲话祝贺。民进中央参议委员会副主席张明养代表民进中央专程到会宣读贺信。农工党市委代理主委陈灏珠代表各兄弟党派、工商联市委致贺辞。吴若安致开幕词，蒋家祥代表民进上海市第九届委员会作题为《发扬民进传统，实现党派工作的新转变》的工作报告。大会选举产生民进上海市第

① 根据民进上海市委大事记记载，民进上海市自第六次代表大会起不再叫作会员代表大会。

民进上海市第六次代表大会于1988年5月28日至30日在南京西路722号联谊俱乐部举行

民进上海市第十届委员会（1988.5—1992.6）主任委员赵宪初（1990.6止）、刘恒椽（1990.6任），副主任委员陈穗九（专职）、蒋家祥（专职）、陈炳生、毛智凤、刘恒椽、邓伟志、盛士琰，秘书长蒋家祥（兼）。图为民进上海市第十届委员会全体委员合影

十届委员会，委员64名，候补委员8名；选举上海市出席民进第六次全国代表大会的代表21名。会上宣读吴若安致代表大会请求辞去主任委员职务的信，并宣读代表大会给吴若安等29位老同志的致敬信。

大会通过的决议号召全市各级组织和全体会员紧密团结起来，在社会主义和爱国主义的旗帜下，为开创民进工作的新局面，为统一祖国、振兴中华和振兴上海奋勇前进。闭幕式上中共市委统战部副部长张耀忠到会讲话，赵宪初致闭幕词。

七、第七次代表大会

民进上海市第七次代表大会于1992年6月3日至6日在北京西路860号市政协江海厅举行，出席代表296名。

民进中央副主席葛志成专程前来参加大会并宣读民进中央贺信。中共市委副书记陈铁迪到会讲话祝贺。农工党市委副主委孔令朋代表各民主党派市委和市工商联致贺辞。刘恒椽致开幕词，蒋家祥代表民进上海市第十届委员会作工作报

民进上海市第十一届委员会（1992.6—1997.7）主任委员刘恒椽，副主任委员蒋家祥（专职）、陈炳生、毛智凤、邓伟志、盛士琰、张庆龙（1995.11任，1997.7止）、许世远（1996.7任）、王慧敏（1996.12任），秘书长蒋家祥（兼）、邵光宇（1996.12任）

告。大会选举产生民进上海市第十一届委员会，委员63名，候补委员8名；选举上海市出席民进第七次全国代表大会的代表18名。

大会通过的决议要求全市各级干部和全体会员认真学习邓小平南方谈话，进一步解放思想，更新观念，为社会主义两个文明建设多做实事，进一步发挥参政党的作用。闭幕式上中共市委统战部副部长赵定玉到会讲话，陈炳生致闭幕词。

八、第八次代表大会

民进上海市第八次代表大会于1997年7月15日至18日在延安中路1111号延安饭店12楼东方厅举行，出席代表246名，列席20名。

民进中央常务副主席陈舜礼到会祝贺并宣读民进中央致大会的贺信。中共市委副书记孟建柱到会祝贺。市政协副主席、中共市委统战部部长王生洪在会上宣读中共市委致大会的贺信。民革市委主委厉无畏代表市各民主党派和工商联致贺词。中共市委常委、副市长赵启正，市人大常委会副主任孙贵璋，市政协副主席赵定玉，民进中央副主席邓伟志应邀出席大会。刘恒椽致开幕词，蒋家祥代表民进上海市第十一届委员会作题为《团结奋进，开创民进工作新局面，迎接二十一世纪》的工作报告。大会选举产生民进上海市第十二届委员会，委员61名，候补委员8名；选举上海市出席民进第八次全国代表大会的代表20名。大会宣读给离任

民进上海市第八次代表大会于1997年7月15日至18日在延安中路1111号延安饭店12楼东方厅举行

民进上海市第十二届委员会（1997.7—2002.5）主任委员刘恒椽，副主任委员陈炳生、许世远、王慧敏（专职）、赵丽宏、刘奕民、严隽琪（1999.12任）、李名慈（1999.12任）、蔡达峰（2001.6任），秘书长邵光宇

老同志的致敬信。

大会通过的决议号召各级组织和全体会员要高举邓小平建设中国特色社会主义理论伟大旗帜，紧密团结在以江泽民同志为主要代表的中国共产党人周围，为迎接中国共产党第十五次全国代表大会和民进第八次全国代表大会的胜利召开，迎接21世纪的到来而努力奋斗。陈舜礼出席闭幕式大会，王生洪在闭幕式上作题为《认清形势任务，加强自身建设，更好地肩负起参政党的历史使命》的讲话，陈炳生致闭幕词。

九、第九次代表大会

民进上海市第九次代表大会于2002年6月1日至4日在重庆南路227号上海第二医科大学东校园新科技二楼报告厅举行，出席代表274名。

全国人大常委会副委员长、民进中央主席许嘉璐，中共市委副书记罗世谦到会祝贺并讲话。中共市委常委、统战部部长黄跃金和民进中央常务副主席张怀西分别宣读中共市委和民进中央致大会的贺信，市政协副主席、农工党市委主委左焕琛代表市各民主党派和工商联致贺辞。市人大常委会副主任沙麟，市人大

民进上海市第九次代表大会于2002年6月1日至4日在重庆南路227号上海第二医科大学东校园新科技二楼报告厅举行

民进上海市第十三届委员会（2002.6—2007.4）主任委员严隽琪，副主任委员王慧敏（专职）、赵丽宏、刘奕民、李名慈、蔡达峰、吴毅、黄震、陈振楼、顾奎华（2005.12任）、陈强努（2006.8任），秘书长陈强努

民进上海市第十三届委员会全体委员合影

常委会副主任、民盟市委主委张圣坤，副市长周慕尧、严隽琪，市政协副主席陈正兴，市政协副主席、民建市委主委黄关从，民进中央副主席邓伟志应邀出席大会。刘恒椽致开幕词并代表民进上海市第十二届委员会作题为《发扬传统，开拓创新，为建设21世纪高素质参政党而努力》的工作报告。大会选举产生民进上海市第十三届委员会，委员74名；选举上海市出席民进第九次全国代表大会的代表28名。

大会通过的决议号召全市民进各级组织和全体会员要同心同德，团结合作，与时俱进，奋发有为，为实现新世纪的三大任务作出新的贡献。闭幕式上黄跃金作讲话，蔡达峰宣读代表大会给离任老同志的致敬信，严隽琪致闭幕词。

十、第十次代表大会

民进上海市第十次代表大会于2007年4月23日至25日在南京西路1333号上海展览中心友谊会堂宴会厅举行，出席代表279名。

全国政协副主席、民进中央常务副主席张怀西，中共市委副书记罗世谦分别代表民进中央和中共市委出席开幕式并致辞，中共市委常委、统战部部长杨晓渡宣读中共市委的贺信。市政协副主席、农工党市委主委左焕琛代表市各民主党派和工商联致贺辞。全国人大常委、民进中央副主席王立平，市人大常委会副主

民进上海市第十次代表大会于2007年4月23日至25日在南京西路1333号上海展览中心友谊会堂举行

民进上海市第十四届委员会（2007.4—2012.4）主任委员蔡达峰，副主任委员赵丽宏、吴毅、黄震、陈振楼、张辰、陈强努（专职）、胡卫、李名慈（2010.12止）、许政涛（2010.12任），秘书长陈强努（兼）

任刘伦贤，副市长周太彤，市政协副主席王生洪应邀出席大会。严隽琪致开幕词并代表民进上海市第十三届委员会作《搞好政治交接，履行参政党职能，为构建社会主义和谐社会作贡献》的工作报告。大会选举产生民进上海市第十四届委员会，委员75名；选举上海市出席民进第十次全国代表大会的代表30名。大会宣读给离任老同志的致敬信。

大会通过的决议号召民进各级组织和全体会员在新一届市委的带领下，全面贯彻和落实科学发展观，团结一致，勤奋工作，为上海加快实现“四个率先”和建设“四个中心”作出新的更大贡献。闭幕式上，王立平代表民进中央向大会的圆满成功表示热烈祝贺，杨晓渡作讲话，蔡达峰致闭幕词。

十一、第十一次代表大会

民进上海市第十一次代表大会于2012年4月23日至25日在南京西路1333号上海展览中心友谊会堂宴会厅举行，出席代表288名。

全国政协副主席、民进中央常务副主席罗富和代表民进中央出席开幕式并致贺信，中共市委副书记殷一璀代表中共市委出席开幕式并讲话。中共市委常委、统战部部长杨晓渡宣读中共上海市委的贺信。市政协副主席、农工党市委主委蔡威代表各民主党派市委、市工商联向大会致贺辞。市人大常委会副主任王培生、

民进上海市第十一次代表大会于2012年4月23日至25日在南京西路1333号上海展览中心友谊会堂举行

民进上海市第十五届委员会（2012.4—2017.4）主任委员蔡达峰，副主任委员吴毅、黄震、陈振楼、张辰、胡卫、许政涛（专职）、余岚、黄山明（2016.9任），秘书长黄山明

民进上海市第十五届委员会全体委员合影

副市长姜平、市政协副主席高小玫应邀出席大会。蔡达峰致开幕词并代表民进上海市第十四届委员会作《夯实组织基础，提升整体素质，为推进经济社会全面发展作贡献》的工作报告。大会选举产生民进上海市第十五届委员会，委员79名；选举上海市出席民进第十一次全国代表大会代表32名。大会宣读给离任老同志的致敬信。

大会通过的决议号召全市民进各级组织和全体会员在新一届民进市委的领导下，按照科学发展观的要求履行职能、发挥作用，为实现上海“创新驱动、转型发展”、努力推进“四个中心”建设作出新的更大贡献。杨晓渡出席闭幕式并讲话，蔡达峰致闭幕词。

十二、第十二次代表大会

民进上海市第十二次代表大会于2017年4月25日至27日在南京西路1333号上海展览中心友谊会堂宴会厅举行，出席代表297名。

民进中央第一副主席罗富和，中共市委副书记尹弘分别代表民进中央和中共市委出席开幕式并发表讲话。中共市委常委、统战部部长沙海林出席开幕式并宣读中共市委贺信。市人大常委会副主任吴汉民，副市长时光辉，市政协副主席李逸平应邀出席开幕式。致公党市委主委张恩迪出席开幕式并代表各民主党派市委、市工商联致贺词。蔡达峰致开幕词并代表民进上海市第十五届委员会作《坚持主线引领，坚定政治共识，紧紧围绕改革发展稳定大局履职尽责》的工作报告。大会选举产生民进上海市第十六届委员会，委员78名；选举上海市出席民进第十二次全国代表大会代表32名。大会宣读给离任老同志的致敬信。

大会通过的决议号召全市民进各级组织和全体会员要更加紧密地团结在以习近平同志为核心的中共中央周围，不忘合作初心，继续携手前进，自觉做践行社会主义核心价值观的模范，积极投身全面深化改革实践，为推进国家民主政治建设、完善多党合作制度，为上海加快向具有全球影响力的科技创新中心进军，加快建成“四个中心”和社会主义现代化国际大都市，作出新的更大贡献。沙海林出席闭幕式并讲话，黄震致闭幕词。

民进上海市第十二次代表大会于2017年4月25日至27日在南京西路1333号上海展览中心友谊会堂举行

民进上海市第十六届委员会（2017.4—　）主任委员黄震，副主任委员张辰、胡卫（专职）、余岚、黄山明（专职）、戴立益、张伟滨、郭坤宇、潘向黎，秘书长何少华

民进上海市第十六届委员会全体委员合影

第二章 市委全体会议

第一至第七届委员会全体会议资料在“文革”中灭失，市委全体会议从第八届委员会起记述。

一、第八届委员会

民进市委第八届委员会1980年1月至1984年4月共召开19次全体会议。全会情况如下：

会议名称	时 间	地 点	主要议程及决定	备注
第一次会议	1980年1月17日	上海展览馆会议室	选举第八届委员会常委、正副主委和正副秘书长。	
第二次会议	1980年3月6日	民进市委礼堂	⑴学习讨论党的十一届五中全会公报和邓小平《目前的形势和任务》；⑵讨论通过市委1980年工作要点（草案）；⑶同意对第四次代表大会提出的意见和建议的处理情况；⑷通过学习、文教、退休、对外宣传工作委员会名单、常委会秘书名单以及市委组织机构负责人名单。	
第七次会议	1981年9月14日	民进市委礼堂	⑴传达中共市委统战部召开的各民主党派负责人座谈会精神；⑵传达教育战线思想工作精神；⑶部署9月10月工作。	扩大

第八次会议	1982年1月9日	民进市委礼堂	⑴传达全国两会精神；⑵传达民进中央常委会十一次（扩大）会议精神。	扩大
第九次会议	1982年4月17日	民进市委礼堂	⑴传达市两会精神；⑵传达全国统战会议精神；⑶传达民进中央三月全国工作座谈会精神；⑷增补市委副主委。	扩大
第十一次会议	1982年12月9日	民进市委礼堂	⑴关于开展评选先进支部、会务积极分子活动的情况汇报；⑵关于开展知识分子政策落实的调研工作情况汇报；⑶关于区（县）委办学情况汇报。	
第十二次会议	1983年1月29日	民进市委102室	讨论民进市委1983年工作计划。	
第十三次会议	1983年3月15日	民进市委礼堂	⑴同意正副主委、秘书长第58次办公会议调整秘书长人选，决定提请市委会选任；⑵讨论《民进上海市第四次会员代表大会以来工作小结》。	
第十四次会议	1983年4月8日	民进市委礼堂	⑴传达民进中央1983年全国工作座谈会精神；⑵汇报关于民进上海市第四次会员代表大会工作经验和关于为何开创新局面问题；⑶汇报民进上海市第五次会员代表大会筹备工作等问题。	扩大
第十七次会议	1983年8月10日	静安书场	增补2人为市委副主委，4人为市委常委。	
第十九次会议	1984年4月6日	民进市委礼堂	汇报、讨论第五次会员代表大会筹备工作。	

注：第三至六次、第十次、第十五次、第十六次、第十八次会议档案资料暂缺。

二、第九届委员会

民进市委第九届委员会1984年4月至1988年1月共召开14次全体会议。全会情况如下：

会议名称	时 间	地 点	主要议程及决定	备注
第一次会议	1984年4月13日	延安西路200号文艺会堂	⑴选举第九届委员会常委、正副主委和秘书长；⑵决定第九届委员会顾问人选，决定副秘书长人选；⑶讨论传达贯彻第五次代表大会精神的意见。	
第二次会议	1984年5月23日	民进市委礼堂	⑴传达全国工作会议精神；⑵讨论1984年下半年工作要点（草案）。	扩大
第三次会议	1984年7月7日	民进市委礼堂	⑴传达全国两会精神；⑵传达中共市委统战部双月座谈会精神；⑶各专门委员会、机关机构调整以及第三季度工作安排。	扩大
第四次会议	1984年10月20日	民进市委礼堂	⑴庆祝中共十二届三中全会胜利闭幕；⑵汇报工作以及讨论第四季度工作；⑶补选市委委员。	扩大
第五次会议	1985年1月3日	民进市委礼堂	⑴庆祝1985年元旦和建会39周年；⑵传达七届二中全会精神；⑶讨论1985年工作设想。	扩大
第八次会议	1985年12月3日	民进市委礼堂	⑴传达民进中央部分地方组织负责人工作座谈会以及常委会会议精神；⑵讨论1986年工作意见。	扩大
第九次会议	1986年2月6日	民进市委礼堂	⑴吴若安代表市委致迎春祝词；⑵传达民进中央七届三中全会精神；⑶传达国家教委教育工作会议精神；⑷汇报1985年工作情况和1986年工作补充意见。	扩大
第十一次会议	1987年6月25日	民进市委礼堂	传达民进全国代表大会精神。	扩大
第十三次会议	1987年12月25日	民进市委礼堂	讨论第六次会员代表会议筹备工作。	扩大
第十四次会议	1988年1月3日	民进市委礼堂	⑴增补市委副主委；⑵审议通过区（县）换届改选工作的几点意见。	

注：第六次、第七次、第十次、第十二次会议档案资料暂缺。

三、第十届委员会

民进市委第十届委员会1988年5月至1992年4月共召开13次全体会议。全会情况如下：

会议名称	时 间	地 点	主要议程及决定	备注
第一次会议	1988年5月30日	联谊俱乐部	⑴选举第十届委员会常委、正副主委和秘书长；⑵通过聘请名誉主委、名誉副主委以及顾问名单。	
第二次会议	1989年1月29日	民进市委礼堂	讨论1989年工作。	
第四次会议	1989年7月7日	民进市委礼堂	传达中共中央十三届四中全会精神。	扩大
第五次会议	1989年8月31日	民进市委礼堂	传达民进中央八届三次全会精神。	
第七次会议	1990年1月19日	民进市委礼堂	⑴讨论通过《民进市委1990年工作打算（讨论稿）》；⑵讨论通过《民进市委1990年巩固和发展组织工作的几点意见（讨论稿）》。	扩大
第八次会议	1990年4月16日	民进市委礼堂	⑴传达中共中央召开的“民主协商会”精神；⑵传达中共中央十三届六中全会精神。	扩大
第十一次会议	1991年1月3日	民进市委礼堂	⑴传达民进中央八届三中全会精神；⑵汇报1990年的工作。	扩大
第十二次会议	1991年5月2日	民进市委礼堂	⑴传达全国、市两会精神；⑵部署下半年工作。	扩大

注：第三次、第六次、第九次、第十次会议档案资料暂缺。

四、第十一届委员会

民进市委第十一届委员会1992年6月至1997年7月共召开12次全体会议。全会情况列表如下：

会议名称	时 间	地 点	主要议程及决定	备注
第一次会议	1992年6月6日	市政协月潭厅	⑴选举第十一届委员会常委、正副主委和秘书长；⑵聘任名誉主委、名誉副主委和顾问。	

第二次会议	1992年12月25日	市政协月潭厅	⑴传达民进全国第七次代表大会精神；⑵传达中央参议委员会会议精神。	扩大
第三次会议	1993年2月6日	民进市委礼堂	⑴审议通过《九三年工作要点》；⑵传达江泽民在全国计划会议上讲话精神。	扩大
第四次会议	1993年4月13日	民进市委礼堂	传达全国两会精神及江泽民参加上海组讨论会的讲话精神。	扩大
第五次会议	1993年12月27日	民进市委礼堂	⑴传达民进中央九届二中全会精神；⑵审议并同意“1993年度工作汇报”和“1994年工作计划要点”的建议。	扩大
第六次会议	1994年12月13日	民进市委礼堂	传达民进九届三中全会精神。	扩大
第七次会议	1995年3月21日	民进市委礼堂	传达全国两会精神。	扩大
第八次会议	1995年11月18日	民进市委礼堂	⑴汇报1995年上半年度工作；⑵传达民进中央为社会主义两个文明建设服务经验交流会精神；⑶递补市委委员、市委常委、市委副主委。	
第九次会议	1996年2月23日	民进市委礼堂	⑴传达市两会精神；⑵审议通过1996年工作打算和1995年工作汇报。	扩大
第十次会议	1996年7月4日	民进市委礼堂	⑴传达民进中央九届十一次常委扩大会议精神、《民进中央关于1997年中央换届工作的意见》和《民进中央关于1997年省级组织换届工作的意见》；⑵审议通过贯彻执行《民进中央关于1997年省级组织换届工作的意见》的实施意见；⑶审议通过上半年主要工作简况汇报（书面）；⑷增补市委副主委；⑸讨论通过市委机关人事任命事项。	扩大
第十一次会议	1996年12月28日	民进市委礼堂	⑴增补市委常委、副主委；⑵通过常委会关于市委秘书长任免建议名单。	
第十二次会议	1997年7月4日	民进市委1609室	⑴通报第八次代表大会筹备情况，审议通过第八次代表大会有关文件；⑵决定第八次代表大会召开日期；⑶通报民进中央批准免除张庆龙会内一切职务并开除其会籍的处分决定。	

五、第十二届委员会

民进市委第十二届委员会1997年7月至2002年5月共召开14次全体会议。全会情况如下：

会议名称	时 间	地 点	主要议程及决定	备注
第一次会议	1997年7月18日	民进市委1609室	⑴选举第十二届委员会常委、正副主委和秘书长；⑵通过聘请名誉主委、名誉副主委和顾问的决定；⑶通过聘请第十二届各专门委员会正副主任和顾问的决定；⑷通过任命副秘书长的决定。	
第二次会议	1997年9月28日	山西南路200号南京饭店	⑴传达民进中央九届十八次常委会精神；⑵传达刘延东在中共中央统战部通报会上的讲话。	扩大
第三次会议	1997年12月10日	民进市委1609室	传达民进第八次全国代表大会精神。	扩大
第四次会议	1998年2月27日	民进市委1609室	⑴传达民进中央主席会议精神；⑵传达市两会精神。	扩大
第五次会议	1998年10月24日	民进市委1609室	⑴传达民进全国宣传思想工作会议、全国组织工作会议和华东六省一市工作交流研讨会精神；⑵部署贯彻实施中央两个工作会议精神。	扩大
第六次会议	1998年12月1日	民进市委1609室	学习邓小平新时期爱国统一战线理论交流发言。	扩大
第七次会议	1998年12月26日	民进市委1609室	⑴传达民进中央十届二中大会精神；⑵传达中央统战部副部长刘延东“形势报告”精神；⑶审议通过《1998年工作汇报和1999年工作打算》报告；⑷聘请会内法律界专家成立市委会法律顾问团；⑸增补市委委员、常委。	扩大
第八次会议	1999年3月19日	民进市委1609室	传达全国两会精神。	扩大
第九次会议	1999年7月20日	民进市委1609室	⑴刘恒椽就李登辉在台湾抛出分裂祖国的所谓“两国论”发表谈话；⑵传达民进中央十届六次常委会精神；⑶讨论通过下半年主要工作实施计划。	扩大

第十次会议	1999年12月26日	民进市委1609室	⑴审议通过《1999年工作汇报和2000年工作打算》；⑵增选市委副主委。	扩大
第十一次会议	2000年12月22日	民进市委1609室	⑴座谈纪念中国民主促进会成立55周年；⑵传达民进中央十届四次全会精神；⑶审议并原则通过“2000年工作汇报和2001年工作打算”和“关于加强思想政治工作的意见”。	扩大
第十二次会议	2001年6月20日	民进市委1609室	⑴传达民进中央十届十二次常委会精神；⑵汇报市委上半年工作；⑶增选市委副主委、常委。	
第十三次会议	2001年12月28日	民进市委1609室	⑴审议通过《2001年工作汇报和2002年工作打算》工作报告；⑵增补市委常委。	
第十四次会议	2002年5月19日	青浦区南华苑度假村	⑴讨论第九次代表大会的有关文件；⑵通过第十三届委员会委员、常委、领导班子成员和大会执行主席等建议名单；⑶汇报第九次代表大会筹备情况。	扩大

六、第十三届委员会

民进市委第十三届委员会2002年6月至2007年3月共召开10次全体会议。全会情况如下：

会议名称	时 间	地 点	主要议程及决定	备注
第一次会议	2002年6月3日	二医大东校园新科技楼2楼报告厅	⑴选举第十三届委员会常委，正副主委；⑵通过关于任命秘书长、副秘书长的决定；⑶通过关于聘请名誉主委、名誉副主委、顾问的决定。	

第二次会议	2002年12月28日	民主党派大厦6楼多功能厅	审议并原则通过常委会2002年工作报告。	
第三次会议	2003年12月24日	民主党派大厦6楼多功能厅	⑴审议并原则通过常委会工作报告；⑵传达民进中央十一届二中全会精神。	
第四次会议	2004年7月10日	民主党派大厦6楼多功能厅	⑴常委会上半年工作汇报；⑵部署下半年工作。	
第五次会议	2004年12月27日	民主党派大厦6楼多功能厅	⑴审议并原则通过常委会2004年工作报告；⑵传达民进十一届三中全会精神；⑶增选市委委员。	扩大
第六次会议	2005年6月20日	民主党派大厦6楼多功能厅	⑴常委会上半年工作汇报；⑵传达民进十一届九次中常会精神。	
第七次会议	2005年12月29日	民主党派大厦6楼多功能厅	⑴审议并原则通过常委会2005年工作报告；⑵传达民进十一届四中全会精神和民进中央举行纪念民进成立60周年大会的精神；⑶增补市委副主委和市委委员。	扩大
第八次会议	2006年8月14日	民立中学会议室	⑴增补市委副主委；⑵传达近期召开的全国统战工作会议和中共市委举行的各民主党派市委领导暑期学习会精神；⑶市委换届工作动员并布置有关工作。	扩大
第九次会议	2006年12月30日	上海展览中心友谊厅	⑴审议通过常委会2006年工作报告；⑵传达民进中央十一届五中全会精神；⑶举行上海民进网站开通仪式。	扩大
第十次会议	2007年3月26日	民主党派大厦2楼报告厅	⑴传达全国两会精神；⑵报告第十次代表大会的筹备情况；⑶决定第十次代表大会召开日期；⑷审议通过第十次代表大会的议程、日程、特邀代表名单等有关文件。	

七、第十四届委员会

民进市委第十四届委员会2007年4月至2012年3月共召开12次全体会议。全会情况如下：

会议名称	时间	地点	主要议程及决定	备注
第一次会议	2007年4月25日	上海展览中心1楼友谊厅	(1)选举第十四届委员会常委，正副主委；(2)通过任命秘书长。	
第二次会议	2007年12月28日	民主党派大厦2楼报告厅	(1)传达民进第十次全国代表大会精神；(2)审议并通过常委会2007年工作报告。	扩大
第三次会议	2008年3月28日	民主党派大厦2楼报告厅	(1)传达全国两会精神；(2)部署2008年工作。	扩大
第四次会议	2008年12月30日	民主党派大厦2楼报告厅	(1)审议并通过常委会2008年工作报告；(2)传达民进中央十二届二中全会精神；(3)推荐市委领导班子后备干部。	扩大
第五次会议	2009年3月20日	民主党派大厦2楼报告厅	传达学习全国两会精神。	扩大
第六次会议	2009年12月26日	民主党派大厦6楼多功能厅	(1)传达民进中央十二届三中全会精神；(2)审议并通过常委会2009年工作报告。	扩大
第七次会议	2010年3月30日	民主党派大厦6楼多功能厅	传达学习全国两会精神。	扩大
第八次会议	2010年12月29日	民主党派大厦6楼多功能厅	(1)审议并通过常委会2010年工作报告；(2)传达民进中央十二届四中全会精神；(3)通过《监督委员会条例》，产生第一届监督委员会；(4)增补市委副主委、市委委员。	扩大
第九次会议	2011年3月18日	民主党派大厦2楼报告厅	(1)传达全国两会精神；(2)通报关于2011年区县委员会换届工作的实施意见、第十一次代表大会代表名额及产生办法意见的情况说明。	扩大

第十次会议	2011年8月2日	民主党派大厦6楼多功能厅	(1)市委主委班子述职报告和部分主委班子成员个人述职报告；(2)市委换届工作动员；(3)民主推荐第十五届委员会领导班子人选。	扩大
第十一次会议	2011年12月30日	民主党派大厦6楼多功能厅	(1)审议并通过常委会2011年工作报告；(2)听取市委监督委员会2011年工作情况报告；(3)传达民进中央十二届五中全会精神。	扩大
第十二次会议	2012年3月30日	民主党派大厦2楼报告厅	(1)传达全国两会精神；(2)报告第十一次代表大会筹备工作情况；(3)通过第十一次代表大会有关文件，决定大会召开日期。	

八、第十五届委员会

民进市委第十五届委员会2012年4月至2017年3月共召开12次全体会议。全会情况如下：

会议名称	时 间	地 点	主要议程及决定	备注
第一次会议	2012年4月25日	上海展览中心友谊会堂1楼友谊厅	(1)选举第十五届委员会常委、正副主委；(2)通过第十五届委员会监督委员会组成人员。	
第二次会议	2012年12月28日	民主党派大厦6楼多功能厅	(1)审议通过2012年工作报告；(2)听取第十五届委员会监督委员会2012年工作情况报告；(3)传达民进第十一次全国代表大会精神。	扩大
第三次会议	2013年3月26日	民主党派大厦6楼多功能厅	传达全国两会精神	扩大
第四次会议	2013年12月13日	民主党派大厦6楼多功能厅	(1)民进市委网站“会员交流平台”启动仪式；(2)传达民进十三届二中全会精神（书面）；(3)听取常委会2013年工作报告（草案）；(4)听取市委会监督委员会2013年工作情况报告；(5)中共上海市委统战部吴捷副部长讲话；(6)分组讨论并审议常委会2013年工作报告（草案）；(7)蔡达峰主委讲话。	扩大

第五次会议	2014年3月14日	民主党派大厦6楼多功能厅	(1)学习传达全国两会精神；(2)蔡达峰主委讲话；(3)关于民进市委民主推荐领导班子后备干部的说明；(4)推荐领导班子后备干部。	扩大
第六次会议	2014年12月17日	民主党派大厦6楼多功能厅	(1)听取常委会2014年工作报告（草案）；(2)听取市委会监督委员会2014年工作情况报告；(3)传达民进十三届三中全会精神（书面）；(4)中共上海市委统战部副部长严军讲话；(5)分组讨论并审议常委会2014年工作报告（草案）；(6)蔡达峰主委讲话。	扩大
第七次会议	2015年3月17日	民主党派大厦6楼多功能厅	(1)学习传达全国两会精神；(2)通报市委会年度工作安排（书面：市委会2015年工作要点、主要工作分月度安排）。	扩大
第八次会议	2015年12月22日	民主党派大厦6楼多功能厅	(1)听取常委会2015年工作报告（草案）；(2)听取市委会监督委员会2015年工作情况报告；(3)传达民进十三届四中全会精神（书面）；(4)分组讨论并审议常委会2015年工作报告（草案）；(5)蔡达峰主委讲话。	扩大
第九次会议	2016年3月23日	民主党派大厦6楼多功能厅	(1)学习传达全国两会精神；(2)民进市委2016年工作要点（书面）。	扩大
第十次会议	2016年9月23日	民进市委机关4楼会议室	(1)通过《民进上海市第十五届委员会届中增补工作决定》（草案）；(2)通过《民进上海市第十五届委员会第10次全体会议选举办法》（草案）；(3)通过《民进上海市第十五届委员会第10次全体会议选举会议总监票人、监票人名单》（草案）；(4)届中增补选举民进上海市十五届委员会专职副主委、委员；(5)市委会2017年换届工作动员；(6)民进上海市第十五届委员会领导班子及成员述职和测评；(7)市委会2017年换届领导班子人选会议推荐；(8)《民进上海市第十五届委员会工作纲要》实施情况年度报告。（书面）（以上第5项至第8项为扩大会议议程）	扩大

第十一次会议	2016年12月23日	民进市委机关4楼会议室	⑴听取常委会2016年工作报告（草案）；⑵听取市委会监督委员会2016年工作情况报告；⑶听取民进上海市第十六届委员会常委候选人建议人选名单（送审稿）的说明；⑷传达民进十三届五中全会精神（书面）；⑸中共市委统战部副部长戴晶斌讲话；⑹分组讨论并审议常委会2016年工作报告（草案）、民进上海市第十六届委员会常委候选人建议人选名单（送审稿）；⑺蔡达峰主委讲话。	
第十二次会议	2017年3月17日	民进市委机关4楼会议室	⑴学习传达全国两会精神；⑵审议通过民进市委关于召开民进上海市第十二次代表大会的决定（草案）；⑶审议通过民进上海市第十二次代表大会议程、日程（草案）；⑷审查通过民进上海市第十二次代表大会代表资格；⑸审议通过出席民进全国第十二次代表大会上海代表候选人建议名单；⑹审议通过民进上海市第十六届委员会委员、常委、副主委、主委候选人建议名单和秘书长建议人选；⑺审议通过民进上海市第十六届委员会监督委员会组成人员建议名单；⑻审议通过民进上海市第十二次代表大会主席团、执行主席、秘书长和副秘书长建议名单；⑼原则通过民进上海市第十五届委员会工作报告（征求意见稿），推定报告人；⑽审议通过民进上海市第十五届委员会监督委员会工作情况报告（草案），推定报告人。	

九、第十六届委员会①

民进市委第十六届委员会2017年4月至2018年12月共召开4次全体会议。全会情况列表如下：

会议名称	时 间	地 点	主要议程及决定	备注
第一次会议	2017年4月27日	上海展览中心友谊会堂1楼友谊厅	（1）审议通过民进上海市第十六届委员会第一次全体会议选举办法；（2）审议通过总监票人、监票人名单；（3）选举民进上海市第十六届委员会主任委员、副主任委员、常务委员；（4）宣布选举结果；（5）表决通过民进上海市第十六届委员会监督委员会组成人员名单；（6）民进上海市第十六届委员会主任委员黄震讲话。	
第二次会议	2017年12月26日	民主党派大厦6楼会议中心	（1）听取常委会2017年工作报告（草案）；（2）听取市委会监督委员会2017年工作情况报告；（3）传达民进第十二次全国代表大会精神；（4）分组讨论并审议常委会2017年工作报告（草案）；（5）黄震主委讲话。	扩大
第三次会议	2018年3月22日	民主党派大厦6楼会议中心	（1）学习传达全国两会精神；（2）民进中央副主席、市政协副主席、黄震主委讲话。	扩大
第四次会议	2018年12月26日	民主党派大厦6楼会议中心	（1）听取常委会2018年工作报告（草案）；（2）听取市委会监督委员会2018年工作情况报告；（3）分组讨论并审议常委会2018年工作报告（草案）；（5）黄震主委讲话。	扩大

① 统计截至2018年年底。

第三篇

自身建设

中共十一届三中全会后，民进市委恢复活动，组织市委委员和部分有代表性的人士定期学习，先后学习中共中央全会精神、新宪法等。1989年年底，中共中央发表《关于坚持和完善中国共产党领导的多党合作和政治协商制度的意见》。民进市委以学习贯彻这一文件为中心，围绕增强参政意识、提高参政议政水平，加强自身建设、逐步实现领导班子新老交替，充分发挥参政党作用等主题开展学习。从1997年起，民进市委不断适应新形势、新任务的要求，坚持民进中央提出的“以政治交接为主线，以自身建设和参政议政为重点，把民进建设成适应21世纪的高素质的参政党”的工作总目标，以举办重大节庆、纪念活动、开展政治交接工作为契机，进一步加强以思想建设为核心，以组织建设为基础，以制度建设为保障的自身建设。着力做好组织发展工作，扎实推进基层组织建设，进一步明确加强基层组织建设目标。通过抓班子、带队伍、强基础，优化组织结构，提高会员素质，努力建设新时期高素质的参政党，不断提高全会的整体素质和履行职责的能力。

第一章 思想建设

民进市委历来把思想政治教育作为组织建设、思想建设，以提高会员素质、工作能力和党派参政议政水平的一项重要任务，常抓不懈。

第一节 时事政策教育和理论学习

一、学习《共同纲领》

1952年8月，民进市分会组织会员学习《共同纲领》，有84人参加学习。在三个月的学习中，听取陈毅、谭震林所作的报告，会员在学习中还联系思想，适当地展开批评和自我批评。学习的收获：（1）认识到《共同纲领》是中国人民的宪章，也是民进的政治纲领；（2）明确新民主主义革命性质，它是属于世界无产阶级革命的一部分，它的性质与社会主义革命有所不同，这是由中国的经济情况所决定的；（3）明确工人阶级的领导和统一战线的作用与任务。

二、学习《中华人民共和国宪法草案》

1954年7月15日，民进市分会组织全体理事和部分会员共43人学习《中华人民共和国宪法草案》。经过一个半月的学习，大家认识到《宪法草案》的特点和人民民主制度的优越性，进一步批判资产阶级的旧法律观点和旧民主主义的思想残余，要以《宪法草案》的精神实质武装自己，提高政治积极性，加强自我改造，为实现国家的社会主义工业化和社会主义改造的伟大事业贡献力量。

三、学习过渡时期总路线

1954年第二、三季度，民进市分会组织会员学习过渡时期总路线，有71人参加。通过学习明确：（1）中国逐步实现社会主义工业化，主要是发展重工业，这需要大量资金，因此，必须增加生产、增加收入、厉行节约、紧缩开支、艰苦奋斗、服从计划。（2）过渡时期阶级斗争尖锐、复杂，从国内外形势来认识加强中共的领导，增强中共的团结是总路线彻底胜利的保证的意识。

四、学习毛泽东著作

1961年1月11日至10月25日，民进市委会组织市委委员学习《毛泽东选集》第四卷。参加学习的有46人，进行讨论36次。并参观访问罗店公社三六九贸易市场、松江城东人民公社和浦东上海轻工业机器制造厂、利华造纸厂。通过学习，进一步树立大办农业、大办粮食和“调整、巩固、充实、提高”的八字方针指导下自力更生克服困难的信心；明确社会主义建设时期人民民主统一战线的主要任务是团结一切可以团结的力量，调动一切积极因素，为社会主义建设服务，从而提高社会主义觉悟，加强对党派工作的责任心。

五、召开“神仙会”进行自我教育

1960年7月，民进市委会贯彻民进中央五届二中全会（扩大）会议精神，采用“神仙会”的方式进行国内外形势教育，通过自己提出问题，自己分析问题，自己解决问题，在自由争辩中互相交流，互相学习，通过批评与自我批评达到明辨是非，提高认识，心情舒畅地解决问题。1960年至1963年，民进市委会和各区（县）委会、总支、各基层支部普遍召开各种形式的“神仙会”，推动会员进行自我教育，增强为社会主义服务的积极性和自我改造的自觉性。参加“神仙会”的人数，三五人或八九人不等，会议形式多种多样。

1960年9月，民进市委会召开六校长座谈会——“小神仙会”。六校长是：第九女中校长王佩贞、第三女中副校长薛正、培明女中校长孙鸣岐、五十一中学校长李楚材、市西中学校长赵传家、南洋模范中学副校长赵宪初。六校长都参加过民进中央五届二中全会（扩大）会议，在会议期间受到毛泽东的接见。9月至11月，他们参加民进市委召开的座谈会共17次。自11月9日起扩大为八校长座谈会，共召开29次。他们都感到参加座谈会一次比一次谈得畅、谈得透、谈得深，一次比一次有触动、有体会、有提高。他们的收获是：对接受中共的领导有深一层的体会，与单位的中共组织的关系更为接近，和学校中共支部书记、中共党员校长能够促膝谈心了；在工作方面也积极自觉、主动努力地去做，并能团结关心校内的中老年教师，经常同他们交换意见，帮助他们解决思想、工作和生活上存在的问题。接着又扩大召开十校长“神仙会”，十四校长“神仙会”。还邀请兄弟党派两位中学校长参加“神仙会”。

六、学习邓小平理论

1992年初，民进市委组织会员学习邓小平南方谈话。1994年推动并组织会员学习《邓小平文选》第三卷，完成《关于邓小平思想研讨》和《市场经济与统战工作研讨》两篇论文。1996年举办邓小平建设有中国特色社会主义理论学习研讨会和“民主监督”研讨会，撰写并提交《学习邓小平〈新时期统一战线和人民政协的任务〉》《邓小平“多党合作”思想的一点哲学思考：两点论和重点论》《参政党与民主监督》《论如何进一步提高民主党派的参政水平》等多篇论文。1997年3月3日，与民革、农工党、九三学社上海市委联合举办“纪念邓小平三篇重要文献”学习辅导报告会。9月20日，下发《民进市委员会关于学习贯彻中共十五大精神的通知》，要求各级组织和广大会员认真学习邓小平理论，完整地、准确地把握邓小平理论的科学体系，在邓小平理论的指引下，积极履行参政党的职能，围绕经济建设这个中心，努力做好本职工作。1998年8月6日，下达《关于学习贯彻中共中央〈通知〉进一步深入学习邓小平理论的通知》，8月10日举行深入学习邓小平理论的报告会、座谈会，8月12日，举行学习邓小平理论报告会。2004年8月14日，民进市委学习指导组举行纪念改革开放的总设计师邓小平诞辰100周年座谈会。

七、学习邓小平南方谈话

1992年初，民进市委会组织会员学习邓小平南方谈话。通过学习主要有以下收获：邓小平南方谈话提出要进一步解放思想，胆子还要大一点，改革开放的步子要快一点，经济要有一个更大的发展，顺应民心，受到大家的拥护；一切要从是否有利于发展社会主义社会的生产力，是否有利于增强社会主义国家的综合国力，是否有利于提高人民的生活水平这“三个有利于”作为判断是非的根本标准。民主党派参政议政也要开拓视野，提高参政议政的水平，要以讲话精神为指导，增强贯彻执行中共的基本路线和各项任务的责任感、自觉性和主动性。

八、学习“三个代表”重要思想

江泽民关于“三个代表”重要思想发表后，2000年9月20日，民进市委组织成员听取学习“三个代表”重要思想辅导报告会。江泽民在庆祝中国共产党成立八十周年大会上的讲话发表后，民进市委领导立即组织学习。2002年6月14日，在民进市委十三届委员会第一次主委会议上，新一届领导班子认真学习江泽民“5·31”讲话。9月6日民进市委学习指导组结合如何建设高素质参政党，交流学习江泽民“5·31”讲话精神体会。2003年8月4日，邀请中共市委党校冷教授作《大力弘扬与时俱进的精神——〈“三个代表”重要思想学习纲要〉辅导报告》。8月7日，民进市委宣讲团举行题为《经济全球化下的中国先进文化》的报告会。2006年，民进市委发出关于学习《江泽民文选》的通知，对各级领导干部开展学习提出要求。

2001年1月，民进上海市委举行学习江泽民总书记“七一”重要讲话，开创新世纪民主党派工作新局面研讨会。上海市政协副主席、民进上海市委主委刘恒椽，民进上海市委专职副主委王慧敏、副主委严隽琪、秘书长邵光宇参加

九、学习科学发展观

民进市委按照民进中央要求，2009年初下发学习贯彻科学发展观通知并制订实施方案。

2009年3月30日，民进市委举行“学习贯彻科学发展观”专题报告会。组织领导班子和骨干成员学习中共十七大精神以及《毛泽东、邓小平、江泽民论科学发展》《科学发展观重要论述摘编》《科学发展观与统一战线学习辅导材料》等，共举办各类学习培训班5期、学习辅导报告3次、讨论交流5次，组织问卷调查1000人次，组织会员收看民进中央学习贯彻科学发展观专题报告视频转播。

针对会员思想实际，编写《学习贯彻科学发展观材料汇编》辅导读本印发基层。民进市委报刊、网站开辟专栏，刊登学习贯彻科学发展观的做法与体会的文章。

2011年8月，民进上海市委举行学习胡锦涛总书记“七一”重要讲话暨主委集体学习（扩大）专题报告会。民进中央副主席、上海市人大常委会副主任、民进上海市委主委蔡达峰参加

十、学习多党合作和政治协商制度文件精神

1989年年底，中共中央颁布《关于坚持和完善中国共产党领导的多党合作和政治协商制度的意见》（中发〔1989〕14号文件）。1990年初，民进市委分别组织市委委员、区县、总支负责人、会员中的人大代表、政协委员，传达、学习文件精神。1993年，民进市委采用问卷和座谈会等方式开展中发〔1989〕14号文件贯彻落实情况的调研工作，并完成调研报告《参政议政、民主监督仍应是民主党派的主要职责——民进市委关于贯彻落实中共中央89年14号文件的情况及今后设想》。2004年12月22日，召开纪念中发〔1989〕14号文件颁布十五周年大型座谈会。

《中共中央关于进一步加强中国共产党领导的多党合作和政治协商制度建设的意见》（中发〔2005〕5号文件）颁布后，在2005年6月20日的民进市委十三届六次全体会议上就“加强参政议政能力建设为重点，探索提高参政议政水平途径”作学习交流。在8月3日至4日民进第23期中青年会员暑期学习班上把中发〔2005〕5号文件作为学习重点。2006年，民进市委组织发动各级组织学习《中共中央关于进一步加强中国共产党领导的多党合作和政治协商制度建设的意见》（中发〔2005〕5号）文件精神。

2004年12月，民进上海市委举行纪念《关于坚持和完善中国共产党领导的多党合作和政治协商制度的意见》（中发〔1989〕14号文件）颁布15周年座谈会。民进中央副主席、上海市副市长、民进上海市委主委严隽琪，上海市政协原副主席、民进上海市委原主委刘恒椽，中共上海市委统战部副部长周箴，民进中央原副主席邓伟志，民进上海市委副主委王慧敏、刘奕民、李名慈，秘书长陈强努参加

2009年9月，民进上海市委、上海市统战理论研究会联合举行纪念多党合作和政治协商制度确立60周年理论研讨会。上海市政协原副主席、民进上海市委原主委刘恒椽，民进上海市委副主委赵丽宏、陈强努、原副主委蒋家祥、陈炳生参加

根据2015年暑期学习会部署要求，起草《上海民主党派加强思想建设会议纪要》，并制定市委会贯彻落实《纪要》的实施意见；落实机关干部系统学习《中共中央关于全面推进依法治国若干重大问题的决定》。2016年，组织汇编《统战理论知识问答》，提高政治理论学习的针对性和实效性。2017年，组织集体学习《关于新形势下党内政治生活的若干准则》《中国共产党党内监督条例》。

十一、学习习近平新时代中国特色社会主义重要思想和十九大报告精神

2013年起，组织开展深入学习《"四个全面"学习读本》《习近平总书记重要讲话读本》《习近平关于全面深化改革论述摘编》，进一步增强"三个自信"，凝聚对全面建成小康社会、全面深化改革、全面推进依法治国的共识。

2014年10月，民进市委组织学习习近平总书记在党的群众路线教育实践活动总结大会上的重要讲话精神。

2017年4月，组织"学习习近平总书记在看望参加全国政协十二届五次会议的民进、农工党、九三学社委员时关于知识分子的重要讲话精神"集体学习会。

2017年8月，民进市委举行集体学习会，邀请中共市委党校教授作深入学习习近平总书记"7·26"重要讲话精神专题辅导报告。

2017年8月，民进上海市委举行集体学习会，邀请中共上海市委党校教授作深入学习习近平总书记"7·26"重要讲话精神专题辅导报告。民进上海市委专职副主委黄山明、秘书长何少华参加

2018年11月，习近平总书记在上海考察发表重要讲话，市委会第一时间组织学习，传达讲话精神，引导广大会员凝聚政治共识，进一步增强“四个自信”，巩固“三个认同”。2018年，组织机关干部系统学习《决胜全面建成小康社会，夺取新时代中国特色社会主义伟大胜利》中共十九大报告、参观“勇立潮头——上海市庆祝改革开放四十周年”大型主题展览等。

2018年12月，民进市委组织集体收看庆祝改革开放四十周年大会直播，聆听和学习习近平总书记重要讲话。

第二节 主题教育学习活动

一、开展“三增强、四热爱”学习教育活动

2003年5月20日，民进中央向全会发出《民进中央关于开展“三增强、四热爱”教育活动的通知》。民进市委积极响应号召，发动基层组织开展“三增强、四热爱”教育活动。6月20日，中共市委统战部召开上海市各民主党派机关全体干部大会，对全面开展“三增强、四热爱”教育活动，加强自身建设进行思想动员。民进市委根据部署制定计划并作进一步动员，组织市委机关干部学习《“三个代表”重要思想学习纲要》，参加市委统战部组织的“三增强、四热爱”教育活动和专题辅导报告，并以此为契机，重新组织修订机关各部室职能和职位说明书，建立健全各项工作制度和规定19项。

二、开展政治交接学习教育活动

根据《民进中央关于在全会开展以“坚持走中国特色政治发展道路”为主题的政治交接学习教育活动的决定》及有关通知精神，民进市委被确定为试点单位。2007年5月上旬，民进市委深入各基层组织，着重摸清会员思想反映及各级组织履行参政党职能和自身建设上存在的主要问题。5月21日，民进市委成立政治交接学习教育活动领导小组，研究制定《民进市委关于开展以“坚持走中国特色政治发展道路”为主题的政治交接学习教育活动的决定》、实施方案及相关通知，制定下发政治交接学习教育活动进度表、自学大纲、学习资料汇编等。同时确定

2007年6月12日，民进上海市委召开政治交接学习教育活动报告会。民进中央副主席严隽琪出席并作《坚持走中国特色社会主义政治发展道路，建设适应时代要求的参政党》报告。民进上海市委主委蔡达峰参加

长宁区、闸北区、静安区、浦东新区委员会和上师大委员会等为重点联系单位；民进市委及所属60个区县组织、直属组织的班子成员、骨干成员和专职干部参加。政治交接学习教育活动于5月下旬开始启动，6月初全面展开。5月30日，民进中央副主席严隽琪到民进市委就开展政治交接学习教育活动进行调研。6月12日，民进市委举行第一场政治交接学习教育活动专题报告会，严隽琪作专题报告《坚持走中国特色社会主义政治发展道路，建设适应时代要求的参政党》。6月20日，民进市委召开专门委员会正副主任、顾问会议，研讨学习教育活动开展情况。6月25日，民进市委召开十四届一次常委会议，静安区委、闸北区委、浦东区委、长宁区委、普陀区委和上师大委员会介绍开展政治交接学习教育活动的情况和主要做法。7月3日，民进市委举行第二场政治交接学习教育活动专题报告会。7月11日，民进市委召开市委委员研讨会，围绕政治交接学习教育活动展开交流研讨。7月24日，民进市委举行第三场政治交接学习教育活动报告会。8月6日，严隽琪到静安区委，就政治交接学习教育活动开展情况进行调研。10月16日，严隽琪到民进市委调研政治交接学习教育活动开展情况。12月14日，长宁、闸北、静安、浦东四区委联合组织召开政治交接学习教育活动交流研讨会。民进市委学习教育活

动领导小组办公室编印简报34期。2008年，各区县委组织及直属组织按照民进市委要求，组织政治交接学习教育活动在基层支部的拓展计划工作，举办“风雨同舟，继往开来”政治交接学习教育活动图片展。民进市委在民进中央举办的“中国特色社会主义主题教育活动经验交流会”上介绍试点工作经验和做法。

三、开展社会主义核心价值体系学习教育活动

树立和践行社会主义核心价值体系、推进参政党建设，是民进中央十二届二中全会和民进市委十四届六中全会提出的战略任务。2010年民进市委制定“树立和践行社会主义核心价值、推进学习型参政党建设”三年规划实施方案印发各区县及直属组织，编印《在正道上行——上海民进基层支部树立和践行社会主义核心价值体系活动案例选》。民进市委按照方案要求，组织2次常委集体学习会、3次主委集体学习会、3次基层支部主委报告会，举办上海民进新社会阶层人士理论培训班、直属基层组织负责人学习班、宣传思想骨干和信息员培训班、中青年会员学习班。民进市委领导班子成员深入基层开展学习宣讲活动。组织会员参加民

2013年7月11日，由民进中央主办，民进上海市委会承办的民进学习践行社会主义核心价值体系先进会员事迹宣讲大会。全国人大常委会副委员长、民进中央主席严隽琪，副主席朱永新、蔡达峰出席

进中央开展的“六个为什么”有奖征答活动6期，3000多人次参加有奖征答，获优秀组织奖。与民盟市委联合主办“关于社会主义核心价值体系理论研讨会”。同时结合主题教育活动，组织会员参与服务世博、奉献世博、宣传世博活动和“十二五”规划大讨论。2011年民进市委领导深入20个区县及直属组织开展专题调研，在此基础上制定民进区县委及直属组织主委班子成员学习培训计划和培训大纲并组织实施培训。组织民进市委和机关干部参加由中共中央统战部、九三学社中央联合主办的“杨佳同志事迹巡回报告会”。11月29日，民进市委举行树立和践行社会主义核心价值体系“双岗建功”先进典型事迹报告会，10位会员被评选为“树立和践行社会主义核心价值体系——‘双岗建功’先进典型”，对其中5位同志的先进事迹作宣讲。2012年9月12日，民进全国学习践行社会主义核心价值体系总结表彰暨工作推动会在北京召开，上海民进有9个组织、9名个人受到表彰。9月18日，在民主党派大厦举行上海民进学习践行社会主义核心价值体系总结表彰暨工作推进会，37个集体被评为 “上海民进学习践行社会主义核心价值体系先进集体”，21人被评为“上海民进学习践行社会主义核心价值体系先进个人”。

四、开展“同心同向同行”教育活动

根据各民主党派市委、市工商联学习联席会有关通知要求，民进市委2011年5月12日发出倡议，在上海民进各级组织和广大会员中开展“聚焦‘十二五’，同心促发展”建言献策竞赛活动。同时，以纪念中国共产党成立九十周年活动为契机，制订并印发“民进市委纪念中国共产党成立90周年安排意见”。5月23日，在上海市建平中学举行“‘光辉历程，同心同行’隆重庆祝中国共产党成立九十周年暨‘金盟杯’第二届全国部分省市民进合唱团演唱赛”。组织参加由中共市委统战部举办的纪念中国共产党成立九十周年座谈会。在民进市委报刊、网站开辟专栏、制作专题网页。组织各级组织开展“重温历史、同心同德、同心同向、同心同行——参观中共党史、民进会史教育基地活动”。组织会员参加市社院、市统战理论研究会组织的纪念建党九十周年征文活动，上报征文68篇，获优秀组织奖。10月25日至26日，与市社会主义学院联合举办民进区县委及直属组织主委班子成员学习培训班开展专题学习。

2013年8月，民进中央加强作风建设座谈会在沪召开，全国人大常委会副委员长、民进中央主席严隽琪，民进中央副主席、上海市人大常委会副主任、民进上海市委主委蔡达峰出席座谈会并讲话。民进上海市委副主委黄震、许政涛，秘书长黄山明，原副主委陈强努参加

五、开展坚持和发展中国特色社会主义学习实践活动

2013年，民进市委制定“开展坚持和发展中国特色社会主义学习实践活动实施方案”和“加强新形势下宣传思想工作的实施意见”。2013年11月26日，召开“民进市委宣传思想工作表彰暨开展坚持和发展中国特色社会主义学习实践活动动员会”，24个宣传思想工作先进集体和15名宣传思想工作先进个人分别受到民进中央和民进市委的表彰。2014年3月20日至22日，市社会主义学院、民进市委联合举办民进各区县、基层委员会和直属支部主委班子成员学习实践活动研修班。2014年11月21日，民进市委举行“开展坚持和发展学习实践活动交流会”，3个基层组织代表和4名个人在会上交流学习实践活动经验做法。

2015年制定“民进市委关于贯彻落实学习实践活动经验交流暨中期推动会精神的工作计划”。2015年4月1日至3日，民进市委在市社会主义学院举办2015年区县、基层组织后备干部学习实践活动研修班。2015年9月16日，民进市委举行坚

2014年11月21日，民进上海市委举行“开展坚持和发展中国特色社会主义学习实践活动交流会”，民进中央副主席、上海市人大常委会副主任、民进上海市委主委蔡达峰出席并讲话。民进上海市委副主委张辰、许政涛，秘书长黄山明参加

持和发展中国特色社会主义学习实践活动“我身边的先进”宣讲会，先后宣讲21名会员的先进事迹。2015年10月12日至16日，民进市委委托中央社会主义学院举办“以坚持和发展中国特色社会主义学习实践活动为主线，全面推进领导班子建设和代表人士、后备干部队伍建设”暨第二期后备干部研修班。2016年5月24日，民进市委召开十五届第49次主委会议，专题研究“民进市委开展坚持和发展中国特色社会主义学习实践活动阶段进展情况”。2016年7月13日至15日，民进市委在市社会主义学院举行“坚持和发展中国特色社会主义学习实践活动”培训班暨第34期中青年会员学习班。2017年11月10日，民进市委坚持和发展中国特色社会主义学习实践活动总结表彰会举行。编写“学习实践活动资料”“学习实践活动问答”“民进宣传报道案例”等印发基层组织。编辑40期简报，反映市委会相关信息107件，反映区委（总支）、基层委员会相关信息108件。向中共上海市委统战部报送“工作动态信息”83篇。民进中央2014年第4期、2015年第3期学习实践活动简报先后专辑报道上海民进开展学习实践活动的情况和成效。

六、开展“不忘合作初心，继续携手前进”专题教育

2016年年底，根据民进中央统一部署，民进市委将“民进中央关于在全会开展‘不忘合作初心，继续携手前进’专题教育的通知”转发各区委（总支）、基层委员会，并将“不忘合作初心，继续携手前进”专题教育作为坚持和发展中国特色社会主义学习实践活动的重要内容。2018年11月30日，民进市委召开宣传思想工作会议，会上下发《民进市委关于转发〈民进中央办公厅关于印发民进全国宣传思想工作会议有关文件的通知〉的通知》《民进市委关于印发〈民进市委关于进一步加强宣传思想工作的实施意见〉的通知》。

此外，民进市委为提高会员整体素质，根据形势和任务需要，组织各类学习会、报告会等形式开展学习教育活动，加强对会员的思想教育。每年的第一季度，通过组织学习会、报告会组织传达、学习全国“两会”精神报告会；在国家遇到重大灾害时，及时组织抗洪救灾、抗震救灾报告会；根据不同时期社会上的热点问题，组织专题报告会；按照不同时期的学习需求，组织专题学习会和辅导报告会；根据不同的学习对象，组织专题系列报告会。从2007年开展主题教育学习活动起，根据学习活动要求，组织相应内容的学习专题报告会。在组织各类学习会、报告会的同时，民进市委还针对政治交接等会务工作需要，组织对有关会员进行培训。

第三节　民进优良传统与会史教育

一、开展重要纪念活动

庆祝中国共产党成立八十、九十周年　2001年民进市委组织庆祝中国共产党成立八十周年系列活动。6月4日民进市委在上海民主党派大厦举行仪式，吴企尧将《“四·八”被难烈士纪念册》正本捐赠给上海档案馆，还分别向民进中央、民进市委、市民族宗教事务委员会、中共上海市委党史研究室赠送此书复制件。市档案馆领导接受捐赠并向吴企尧颁发收藏证书。民进中央常务副主席张怀西、民进中央副主席邓伟志和刘恒椽等领导出席捐赠仪式。6月8日晚民进市委举行“党的光辉照我心”文艺晚会。刘恒椽在演出前致辞，严隽琪在会上讲话，陈炳生、王慧敏、刘奕民等出席。6月26日在上海民主党派大厦举行庆祝中国共产党成立八十周年座谈会，刘恒椽出席并讲话，王慧敏主持会议，陈炳生、许世远、

2011年5月，为庆祝中国共产党成立九十周年，民进上海市委与部分民进省委联合举办“光辉历程，同心同行——第二届全国部分省市民进合唱团演唱赛”

赵丽宏、刘奕民、李名慈、蔡达峰等出席。中国共产党早期党员之一、中国共产主义青年团创始人、革命烈士俞秀松的亲属、民进老会员安志浩，以亲身经历讲述俞秀松的革命历程；民进市委顾问吴企尧回顾在中国共产党领导下，中国民主促进会的奋斗历程。2011年6月29日，民进市委在上海民主党派大厦召开庆祝中国共产党成立九十周年座谈会，赵丽宏出席并讲话。邓伟志、张辰、胡卫，老领导王慧敏、刘奕民、李名慈等出席，许政涛主持会议。

纪念中共中央颁布“五一口号”六十、七十周年活动 2008年4月24日，民进市委在上海民主党派大厦举行纪念中共中央发布“五一口号”六十周年报告会，刘恒椽、蒋家祥等出席报告会，陈强努在会上作专题报告《纪念“五一口号”发布六十周年》。4月29日，民进市委召开纪念中共中央发布“五一口号”六十周年座谈会，蔡达峰出席并讲话，邓伟志、刘恒椽、赵丽宏、蒋家祥、王慧敏出席并作主题发言，陈强努主持座谈会。5月15日，民进市委召开直属基层组织所在单位党委统战部部长恳谈会，赵丽宏、李名慈、吴毅、陈振楼、陈强努等出席会议。复旦大学、上海新闻出版局、上海市社科院等29个单位的党委统战部部长在

2018年5月2日，民进上海市委副主委余岚带队参观纪念中共中央发布“五一口号”七十周年手迹展

本单位民进组织负责人陪同下参加会议。部分单位统战部部长在会上发言。5月25日，民进市委与中共青浦区委统战部共同主办“同舟共济、再铸辉煌”纪念“五一口号”发布六十周年、改革开放三十周年大型文艺演出活动，胡卫出席并讲话，青浦区政协主席张布尔，中共青浦区委副书记胡燕平领导等参加活动。

2018年，民进市委开展纪念中共中央发布“五一口号”七十周年系列活动。1月至5月，开展“纪念‘五一口号’发表七十周年暨民进主要创始人王绍鏊和周建人诞辰130周年” “上海统一战线与改革开放四十周年”两个征文活动。

4月，积极组织民进市委机关和基层组织负责人收看民进中央举行的纪念“五一口号”七十周年座谈会视频会议。制作《民进与“五一口号”》宣传片。4月19日，民进市委在上海市社会主义学院举行纪念中共中央发布“五一口号”七十周年座谈会。9月编辑出版《纪念中共中央发布“五一口号”七十周年优秀征文汇编》，组织收看民进中央视频座谈会。参与市委统战部《同舟——上海多党合作的历史记忆和时代心声》一书撰写工作。参加纪念“五一口号”发布七十周年定向赛等活动。

2018年4月19日，民进上海市委在上海市社会主义学院举行“不忘合作初心，继续携手前进”——纪念中共中央发布“五一口号”七十周年座谈会，民进中央副主席、上海市政协副主席、民进上海市委主委黄震出席并讲话。民进上海市委专职副主委黄山明、副主委张伟滨、秘书长何少华参加

1985年教师节，民进上海市委在市政府礼堂举行庆祝第一届教师节大会。民进上海市委副主委陈云涛、李楚材、董涤尘、张兆桢、张乃璇、陈穗九、蒋家祥、毛智凤参加

庆祝教师节活动 自1985年1月第六届全国人大常委会第九次会议通过议案，决定每年9月10日为教师节后，民进市委每年在教师节前后以座谈会、大会和电影招待会等形式举行庆祝活动。

1985年8月3日至8月5日，民进市委为庆祝首届教师节组织文艺界会员在美琪大戏院举行为期三天的专场慰问演出活动。演出期间，民进出版总支下属各支部特设专柜出售紧俏书籍和优惠书籍为教师服务。民进书画家向教育会堂赠送一批作品。民进市委还把民进中央副主席赵朴初亲书的《金缕曲·敬献人民教师》水印版作为节日礼物赠送给会员中的教师。

近年来，民进市委召开以“弘扬优良传统，共话教书育人”“弘扬优良传统，共话教书育人”“教师的使命与责任——共话教师节”“我心中的上海教育2030”“如何为教师减负”等为主题的庆祝教师节座谈会，民进市委领导出席座谈会。

2018年9月7日，民进上海市委会庆祝教师节专题议政座谈会举行，民进中央副主席、上海市政协副主席、民进上海市委主委黄震出席并讲话。民进上海市委专职副主委胡卫、黄山明，秘书长何少华参加

开展“四十年·双岗建功四十人”表彰会 2018年12月28日，民进市委隆重召开庆祝改革开放四十周年“四十年·双岗建功四十人”表彰会。民进中央副主席、上海市政协副主席、民进市委主委黄震出席会议并讲话。民进中央原副主席邓伟志，民进市委副主委张辰、胡卫、黄山明、张伟滨、郭坤宇、潘向黎，秘书长何少华出席会议。民进市委老领导王慧敏、陈强努、赵丽宏、李名慈、邵光宇、金培基参加会议。

2018年12月28日，民进上海市委会召开庆祝改革开放四十周年“四十年·双岗建功四十人”表彰会。民进中央副主席、上海市政协副主席、民进上海市委主委黄震出席并讲话

二、民进成立庆祝活动

举行民进成立五十、六十、七十周年庆祝活动 1995年12月17日民进市委在静安体育馆举行庆祝中国民主促进会成立五十周年大会。市政协主席陈铁迪为大会题词。中共市委副书记在会上讲话。市人大常委会副主任胡正昌、副市长龚学平、市政协副主席毛经权、中共市委统战部部长王生洪、中共市委副秘书长刘国胜、市侨办主任袁采、市各兄弟党派、工商联负责人等领导应邀出席。2500多名会员参加会议。蒋家祥主持大会并宣读民进中央贺信和中共中央政治局委员、中共市委书记黄菊发来的贺信。刘恒椽作题为《开拓奋进，为建设有中国特色的社会主义作贡献》的讲话。农工民主党市委主委陈灏珠代表各民主党派市委、市工商联致贺词。大会还演出文艺节目。

2005年12月18日，民进市委在云峰剧院举行庆祝中国民主促进会成立六十周年大会，全国人大常委会副委员长、民进中央主席许嘉璐出席并发表讲话，中共市委副书记罗世谦出席大会代表中共市委对民进成立六十周年表示祝贺。全国政协副主席、民进中央常务副主席张怀西出席大会。严隽琪在庆祝大会上讲话。市人大常委会副主任、民盟市委主委张圣坤代表各民主党派市委、市工商联向大会致贺词。黄震主持大会。刘奕民宣读民进市委关于表彰“五个一”达标支部的决定。陈振楼宣读大会给老同志的致敬信。青年会员向老同志献花。青年会员代表毛爱群在大会发言。中共市委统战部部长沈红光，市人大常委会副主任王培生，市政协副主席谢丽娟，以及各民主党派市委、市工商联代表，上海民进各级组织会员千余人出席庆祝大会。会后举行庆祝民进成立六十周年文艺演出。为庆祝民进成立六十周年，民进市委举行一系列庆祝活动。2005年3月5日，民进市委在长宁区江苏路街道社区服务中心举办教育、医卫、法律义务咨询活动，有300多人次参加。9月28日，近百名民进会员和来宾出席民进市委在上海民主党派大厦六楼多功能厅举办的庆祝新中国成立五十六周年暨民进成立六十周年“民进先辈文学作品朗诵会”。

2015年10月30日，民进市委在上海大剧院隆重举行“七十年历程——在正道上行”庆祝中国民主促进会成立七十周年大会。

2015年10月30日，民进上海市委庆祝中国民主促进会成立七十周年大会。全国政协副主席、民进中央常务副主席罗富和，民进中央副主席、上海市人大常委会副主任、民进上海市委主委蔡达峰，中共上海市委统战部副部长虞丽娟、民进中央副秘书长王建国以及民进上海市委和兄弟党派、市工商联领导出席

全国政协副主席、民进中央常务副主席罗富和，民进中央副主席、上海市人大常委会副主任、民进市委主委蔡达峰，上海市政协副主席、致公党上海市委主委张恩迪，中共上海市委统战部副部长虞丽娟出席并讲话。民进中央原副主席邓伟志，民进中央副秘书长王建国，民革上海市委专职副主委董波，民建上海市委副主委葛俊杰，农工党上海市委秘书长王晓东，九三学社上海市委秘书长朱红，台盟上海市委专职副主委兼秘书长李碧影，上海市工商业联合会巡视员金亮，上海市知识分子联谊会副会长李鸣；民进市委副主委吴毅、黄震、张辰、胡卫、许政涛、余岚，秘书长黄山明出席会议，会后进行文艺演出。

举办民进上海地方组织成立五十、六十周年系列庆祝活动　1999年6月16日在云峰剧场举行民进上海地方组织成立五十周年庆祝大会。

民进中央名誉主席雷洁琼发来贺信并为大会题词：发扬民进优良传统，开拓创新多作贡献。全国人大常委会副委员长、民进中央主席许嘉璐为大会题词：继承先辈传统，开创民进未来。中共市委副书记、市政协主席王力平为大会题词：

“风雨同舟五十年”。上海市人大常委会主任陈铁迪为大会题词：“肝胆相照谱新篇”。中国民主促进会创始人之一、民进中央名誉副主席柯灵为大会题词：“促进民主是中国现代化的基础工程”。民进中央副主席邓伟志为大会题词：“促进民主”。许嘉璐出席会议并讲话。王力平代表中共市委表示热烈祝贺。刘恒椽在大会上致词。台盟市委主委郑励志代表各民主党派市委、市工商联向民进上海地方组织成立五十周年致贺词。庆祝大会由王慧敏主持。市人大常委会副主任沙麟，副市长冯国勤，民进中央副主席张怀西、邓伟志，市各民主党派、工商联负责人和各有关大专院校、部委办局领导到会祝贺。近千名会员参加大会。会后，民进文艺界会员演出节目。

2009年6月20日，民进市委在市政协文化俱乐部礼堂举行民进上海地方组织成立六十周年大会。

全国政协副主席、民进中央常务副主席罗富和，中共市委常委、统战部部长杨晓渡应邀到会并讲话。

蔡达峰出席并致辞，市人大常委会副主任、民盟市委主委郑惠强代表各民主党派市委、市工商联致贺词。副市长唐登杰、市政协副主席钱景林和各民主党派市委、市工商联负责人应邀出席。陈强努主持大会。上海教育、文化、出版有关单位，各区县及有关高校统战部、统战系统有关单位的领导应邀出席。会后举行庆祝民进上海地方组织成立六十周年文艺演出。

1999年，民进上海地方组织成立五十周年庆祝大会在云峰剧场隆重举行

2009年6月，庆祝民进上海地方组织成立六十周年大会在上海市政协举行。全国政协副主席、民进中央常务副主席罗富和，中共上海市委常委、市委统战部部长杨晓渡，民进中央副主席、上海市人大常委会副主任、民进上海市委主委蔡达峰以及兄弟党派、市工商联领导出席

2014年6月，民进市委召开庆祝民进上海地方组织成立六十五周年座谈会。民进中央副主席、上海市人大常委会副主任、民进上海市委主委蔡达峰出席并讲话。民进上海市委副主委陈振楼、胡卫、许政涛等领导参加

三、举行纪念民进前辈活动

许广平诞辰周年纪念座谈会 1998年10月19日，民进市委、市妇联、上海鲁迅纪念馆在上海民主党派大厦联合举行许广平诞辰一百周年纪念座谈会。中共市委副书记、市政协主席王力平出席并参观有关许广平生平的照片和文物展。刘恒椽、市妇联主席孟燕堃出席并讲话，民进市委顾问、市委文史资料委员会副主任吴企尧讲述当年护送许广平赴香港的经过。上海文化界人士和专家、学者先后发言缅怀许广平光辉事迹。邓伟志、王慧敏、赵丽宏和老领导蒋家祥、陈穗九、毛智凤以及中共市委宣传部、市文管委负责人，全国政协委员、鲁迅和许广平之子周海婴夫妇及子女，许广平生前友好以及专家、学者等出席座谈会。2008年8月15日是许广平主持编辑出版的1938年版《鲁迅全集》正式出版纪念日，民进市委、市妇女联合会、市文物管理委员会在上海鲁迅纪念馆联合主办“许广平同志诞辰一百一十周年纪念座谈会”。

2008年8月15日，民进上海市委举办纪念许广平诞辰110周年座谈会。民进中央副主席、上海市人大常委会副主任、民进上海市委主委蔡达峰出席并讲话。民进上海市委副主委赵丽宏等领导参加蔡达峰、全国妇联书记处书记王乃坤出席并致辞。中共市委宣传部副部长、市文物管理委员会副主任陈东致欢迎词，市妇联主席张丽丽，市文广局党委书记、市文物管理委员会副主任、上海博物馆馆长陈燮君，中共虹口区委书记孙卫国，以及赵丽宏、陈强努、周海婴等出席座谈会。广东省广州市文化局、北京鲁迅博物馆、浙江绍兴鲁迅纪念馆等单位领导，许广平亲属、生前友好及民进市委老领导等参加座谈会。之后，蔡达峰、王乃坤、陈燮君、张丽丽、赵丽宏等领导为“许广平纪念展”揭幕剪彩。2013年2月25日，民进市委在民进成立旧址举行纪念许广平先生诞辰一百一十五周年座谈会。民进市委专职副主委许政涛主持会议。民进中央研究室副主任左延珠，市妇联巡视员、民进市委副主委张辰分别在会上讲话。

赵宪初铜像揭幕仪式 2003年4月17日，赵宪初铜像揭幕仪式在南洋模范中学举行。民进中央副主席、上海市副市长、民进上海市委主委严隽琪，市政协副主席、复旦大学校长王生洪等为铜像揭幕。中共徐汇区委书记茅明贵，刘恒椽、邓伟志等领导以及赵宪初先生的夫人周循箴及子女，南洋模范中学历届校友和师生代表出席。2004年11月13日，赵宪初铜像揭幕仪式在上海市福寿苑举行。民进市委专职副主委王慧敏出席。

赵朴初诞辰周年纪念座谈会 2007年11月5日，民进市委、安徽省赵朴初研究会、市文史研究馆、上海宋庆龄基金会、《人才开发》杂志社、市作家协会、市书法家协会、上海中外文化艺术交流协会和上海新四军历史研究会等单位在市政协文化俱乐部四楼礼堂举行纪念赵朴初诞辰一百周年大会，民进中央向大会发来贺信，市人大常委会原主任、市慈善基金会理事长陈铁迪出席，市政协副主席王荣华出席并讲话，王慧敏、赵丽宏、陈强努等出席并发言。

2017年11月5日，由民进市委、上海市文史研究馆、上海市宗教学会、上海市新四军历史研究会、上海书法家协会主办的“赵朴初在上海——纪念赵朴初先生诞辰一百一十周年座谈会”在上海民主党派大厦举行。民进中央副主席、上海市政协副主席、民进市委主委黄震，民进中央研究室主任徐德安，中共上海市委统战部副部长房剑森，民进市委原副主委赵丽宏出席会议并讲话。

2012年11月，民进上海市委与上海市赵朴初研究会召开纪念赵朴初先生诞辰105周年座谈会。民进上海市委原副主委赵丽宏、民进上海市委秘书长黄山明参加

民进上海市委举行民进先辈文学作品朗诵会

雷洁琼追思会　2011年1月12日，民进市委举行追思会沉痛哀悼深切缅怀雷洁琼，蔡达峰出席并代表上海民进各级组织和会员对雷洁琼的逝世表示深切哀悼。邓伟志、刘恒椽，张辰、陈强努、许政涛，老领导蒋家祥、王慧敏、许世远、刘奕民、李名慈等发言悼念。陈强努主持追思会。

刘恒椽追思会　2012年2月7日，民进市委举行追思会沉痛哀悼深切缅怀刘恒椽，蔡达峰出席并讲话。赵丽宏、吴毅、黄震、陈振楼、张辰、陈强努、胡卫，老领导王慧敏、许世远、刘奕民及刘恒椽家属等参加追思会，部分同志作追思发言。许政涛主持追思会并代读邓伟志的书面追思发言。

纪念马叙伦诞辰一百三十周年、雷洁琼诞辰一百一十周年座谈会　2015年4月27日，民进市委在上海民主党派大厦六楼多功能厅举行“在正道上行——纪念马叙伦先生诞辰一百三十周年”、“不断追求，不断奉献——纪念雷洁琼先生诞

2015年4月27日，民进上海市委在上海民主党派大厦六楼多功能厅举行“在正道上行——纪念马叙伦先生诞辰一百三十周年”“不断追求，不断奉献——纪念雷洁琼先生诞辰一百一十周年”座谈会。民进中央副主席、上海市人大常委会副主任、民进上海市委主委蔡达峰出席并讲话，民进中央研究室副主任徐德安，中共上海市委统战部副部长吴捷，民进上海市委副主委张辰、许政涛，秘书长黄山明等领导参加

辰一百一十周年”座谈会。民进中央副主席、上海市人大常委会副主任、民进市委主委蔡达峰，中共上海市委统战部副部长吴捷，民进中央研究室副主任徐德安出席并讲话。座谈会由民进市委副主委张辰主持。民进市委专职副主委许政涛、秘书长黄山明，民进中央原副主席邓伟志，民进市委原副主委蒋家祥、王慧敏、陈强努、刘奕民、李名慈，民进市委原秘书长邵光宇，民进市委原专职副秘书长金培基、蔡泉源出席座谈会。

四、在迎新活动中开展会史会章和民进优良传统教育活动

民进市委每年要举行多次迎新活动，欢迎新入会同志，民进市委主要领导出席并作讲话，对新入会同志表示欢迎并提出要求。迎新活动通过多媒体形式介绍民进概况、会史会章，使新会员了解民进的光荣历史与优良传统，特别是明确中国共产党领导的多党合作和政治协商制度所具有的历史必然性、伟大独创性和巨大优越性。加深对“共产党领导，多党派合作；共产党执政，多党派参政”的中国特色政党制度的认识。

2018年11月26日，在上海民主党派大厦六楼会议中心召开民进上海市委新会员支部成立大会

五、发挥上海民进会史教育基地作用

民进成立旧址　1999年6月17日，中国民主促进会成立旧址揭牌仪式在卢湾区图书馆举行。全国人大常委会副委员长、民进中央主席许嘉璐和民进中央名誉副主席柯灵为成立旧址揭牌，刘恒椽主持仪式，民进中央名誉主席雷洁琼发来贺信，许嘉璐在揭幕仪式上讲话，民进中央副主席楚庄、邓伟志、张怀西，中共市委统战部、中共卢湾区委等有关方面负责人和民进市委副主委以及部分老同志出席揭牌仪式。

2005年确定民进召开成立大会会议室旧址，并在会议室楼前竖立纪念石碑，会议室内悬挂纪念浮雕。12月18日，许嘉璐、民进中央常务副主席张怀西、副主席严隽琪等民进中央领导瞻仰旧址。

2007年在政治交接学习教育活动中，民进市委组织会员在民进成立旧址开展现场教育。2011年结合学习教育活动制定《民进成立旧址参观学习方案》，组成19名讲解员志愿者队伍。5月组织讲解员志愿者进行专题培训提供现场讲解服务。

2012年，民进上海市委担任上海市各民主党派、工商联轮值主席期间，认真组织各类学习活动。图为2012年9月，中共上海市委统战部领导、上海各民主党派市委、市工商联学习联席会成员参观民进成立旧址，民进上海市委专职副主委许政涛向中共市委统战部、兄弟党派领导介绍民进成立旧址的情况

先后组织47批次600余人到成立旧址学习参观；同时通过制作宣传片、陈列相关著作等充实和丰富民进成立旧址内涵。2011年7月15日，召开民进成立旧址会史教育基地专项工作会议，专题研究民进成立旧址接待服务相关工作，讨论民进成立旧址会史教育基地工作机制。

2015年，民进市委为进一步加强会史教育基地建设，发挥民进成立旧址会史教育基地的重要作用，出台《关于进一步发挥民进成立旧址会史教育基地作用的意见》，明确发挥民进成立旧址五大功能，即“现场教学”功能，“支部之家”功能，“迎新课堂”功能，“交流平台”功能，“展示窗口”功能，编制民进创建史初、中、高级班学习大纲，实现iPad现场创建史学习演示功能。

2016年，民进市委制定了《民进成立旧址会史教育基地建设工作方案》，对民进成立旧址的会史教育功能进行了总体升级规划，方案从重点内容聚焦、教育形式、保障措施的落实等方面进行总体部署。先后制定《民进成立旧址现场教学培训基地活动计划（试行）》《关于成立上海民进志愿者服务总团的决定》《参观学习民进成立旧址活动方案》等保障措施。自2013年至2017年，民进成立旧址举行上海市社会主义学院培训班现场教学6次，参与学员194人；接待会员参观161批次3042人次，会员留言118条；接待外省市民进各级组织59批次1177人次。

雷洁琼铜像展厅 在会史研究中，发现雷洁琼在上海期间曾任沪江大学（现为上海理工大学）教授，市委会以此为线索，查阅了上海理工大学校史资料以及各方面历史文献材料，在此基础上挖掘出了雷洁琼先生在沪江大学期间的珍贵史料。2016年，民进市委计划在上海理工大学设立“雷洁琼雕塑铜像”展厅作为上海民进会史教育基地。5月，民进市委制定《民进市委关于在柯灵故居、雷洁琼雕塑铜像展厅建立会史教育基地的方案》，确定将雷洁琼雕塑铜像展厅打造成为上海民进会史研究、学习的重要教育基地之一。8月，民进市委制定关于“‘雷洁琼雕塑铜像展厅’暨民进会史教育基地建设布展内容”，确定展厅的详细布展内容，以及保障措施。10月26日，全国政协副主席、民进中央常务副主席罗富和在上海理工大学出席“雷洁琼雕塑铜像”揭幕暨民进会史教育基地揭牌仪式并讲话。自2016年10月展厅设立至2017年6月底，共计接待外省市和上海民进各级组织18批次95人次，发挥了会史教育基地的重要作用。

2016年10月26日，全国政协副主席、民进中央常务副主席罗富和在上海理工大学出席“雷洁琼雕塑铜像”揭幕暨民进会史教育基地揭牌仪式并讲话。民进中央副主席、上海市人大常委会副主任、民进上海市委主委蔡达峰，民进中央原副主席邓伟志参加

柯灵故居　2016年2月6日，柯灵故居举行开馆仪式，正式对公众开放，民进中央和民进市委对柯灵故居开馆非常重视，民进中央副主席、上海市人大常委会副主任、民进市委主委蔡达峰出席并为故居揭牌。柯灵故居的开馆得到民进各界的关注，民进中央对柯灵故居各项工作给予了大力支持，2016年3月28日全国人大常委会副委员长、民进中央主席严隽琪赴柯灵故居参观。严隽琪主席在参观过程中提出希望在柯灵故居内再增加一些民进元素的建议。5月，民进市委先后制定民进市委关于在柯灵故居、雷洁琼雕塑铜像展厅建立会史教育基地的方案，确定将柯灵故居打造成为上海民进会史研究、学习的重要教育基地之一；同时制定“‘柯灵故居’会史教育基地布展内容”。10月26日，全国政协副主席、民进中央常务副主席罗富和出席柯灵故居上海民进会史教育基地揭牌仪式。自2016年10月柯灵故居设立上海民进会史教育基地至2017年6月，共计接待外省市和上海民进各级组织36批次419人次，发挥了会史教育基地的重要作用。

2016年10月26日，全国政协副主席、民进中央常务副主席罗富和出席“柯灵故居”民进会史教育基地揭牌仪式，民进中央副主席、上海市人大常委会副主任、民进上海市委主委蔡达峰主持揭牌仪式，民进中央原副主席邓伟志，民进上海市委专职副主委许政涛等领导参加

六、编辑出版会史资料书籍

民进市委注重会史会章的学习教育，从历史的优良传统中汲取精神财富。2007年在政治交接学习教育活动中，编撰出版《一代名师》一书下发上海民进各级组织。2009年民进市委成立六十周年，组织编撰《上海民进六十年回顾》，同时组织区县直属组织编写《在正道上行——上海民进支部组织生活案例选》。2010年，民进中央和中共市委统战部发动开展“口述史”工作，民进市委结合学习教育活动，编撰《风云往昔：口述上海民进会史》。2011年，组织区县委员会编撰《民进上海市区县组织会史资料汇编》。2012年，组织编写《民进市委人物传略》《在正道上行——上海民进基层支部树立和践行社会主义核心价值体系活动案例选》。

2014年，编印《上海民进65年》《上海民进区县组织会史资料》《上海民进基层组织会史资料》。2016年，结合区委（总支）、基层组织换届，着手进行会史资料续编工作，续编《民进上海区级组织会史资料》和《上海民进基层组织会史资料》。2018年，出版发行《在正道上行——民进市委纪念中共中央发布“五一口号”七十周年征文选登》。

2013年4月17日下午，民进上海市委召开民进直属委员会会史编写工作会议，就开展直属委员会会史编写工作进行布置。民进上海市委专职副主委许政涛，秘书长黄山明参加

民进市委研究室编印的《风云往昔》系列和“在正道上行”系列等会史资料书籍

第四节 参政党建设理论研究

1988年，为总结民进加强自身建设的经验，进一步探索建设高素质参政党的规律，民进市委1998年12月成立统战理论研究小组，是上海市统一战线理论研究会的团体成员。

一、承接民进中央、市政协、市委统战部等参政党建设理论课题

民进市委积极承接民进中央、市政协、市委统战部、市社联、市统战理论研究会等理论研究课题。自2012年至2018年，共承接各类课题并结题55个，其中承接民进中央课题46个（中标15个），市政协重点课题3个（中标1个），市委统战部课题4个（中标1个），主委委托课题2个。

2013年至2018年中标民进中央参政党建设理论课题情况表

年度	中标课题名称
2013年	健全社会主义协商民主制度对推进民主政治建设的作用
	关于“三个自信”推动民主党派工作的现实意义的研究
	增强“目标认同、道路认同、价值认同”问题研究
	民进优良传统的时代内涵及意义
2014年	参政党在推进国家治理体系和治理能力现代化中的作用研究
	民进代表人士队伍建设存在的问题和代表人士成长规律研究
2015年	民主党派专委会建设实践研究——基于民进市委专委会的工作模式
2016年	新时期民进基层组织建设面临的问题与对策研究
	民进如何做好新的社会阶层人士工作
	民进智库建设研究（民进中央委托课题）
2017年	新媒体环境下民进如何加强意识形态工作
2018年	中国民主促进会初心研究
	响应中共中央“五一口号”与民进合作初心研究
	民进深化政治交接研究
	习近平关于新时代多党合作的思想研究

二、召开理论研讨和参政党建设理论研讨会

2001年7月10日下午，召开“学习江泽民‘七一’讲话，开创新世纪民主党派工作新局面研讨会”，就民主党派如何在新形势下进一步加强参政议政、民主监督和如何加强民主党派自身建设展开研讨。2002年9月10日召开座谈会，就建设高素质参政党的重要性和必要性、高素质参政党的内涵进行研讨。研讨论文《高素质参政党内涵的新世纪解读》于10月22日至23日民进中央在长沙召开的“民进建设高素质参政党理论研讨会”上宣读。12月5日，民进市委统战理论研究小组和民进复旦大学委员会联合举行“以十六大精神为指导，建设高素质参政党”理论研讨会，会议编印《新时期参政党建设研讨会论文集》。2004年4月28日，举办“科学发展观与统战工作”理论研讨会，就政治文明、“五个统筹”、“五个坚持”、民主党派工作以及维护司法公正、强化司法监督等重大理论和现实问题进行研讨。2005年4月29日，召开“参政议政与和谐社会”理论研讨会，提出将“加强参政议政能力建设”与推进“构建社会主义和谐社会”相结合作为当前民进理论研究工作的重中之重。2006年7月20日，召开上海民进统战理论研讨会，就进一步加强理论学习，促进统一战线和多党合作事业的巩固和发展进行研讨。2007年11月26日，召开上海民进统战理论研

2002年12月，民进上海市委会在复旦大学举行建设高素质参政党统战理论研讨会。民进中央副主席邓伟志，民进上海市委副主委王慧敏、赵丽宏、吴毅，秘书长陈强努参加

讨会，结合当前形势和参政党建设，围绕“和谐社会与政党和谐”进行研讨交流。2008年6月30日，举行参政党理论座谈会，探讨参政党理论的内涵、实质与发展前景。2009年9月19日，民进市委、市统战理论研究会联合举行“纪念多党合作和政治协商制度确立六十周年”理论研讨会。

2011年起，民进市委每年召开参政党建设理论研讨会，2012年，民进市委参政党建设理论研究工作机制进一步完善，形成理论例会＋理论研讨会的形式，推进理论研究工作。

2011年8月22日，在民进成立旧址举行民进创建史研究沙龙活动。11月25日，举行参政党自身建设理论研讨会。

2012年3月21日，民进市委参政党理论研究课题组召开例会，就“推进会内监督对领导班子建设的作用”“新形势下民主党派开展社会服务工作的定位、抓手和特点”“提高民主党派民主监督实效性问题研究”“民进为推进社会主义文化大发展、大繁荣服务问题研究”“参政党内部运行机制问题研究”“民主党派成员特点研究”等专题进行交流。11月23日，举行参政党建设理论研讨会。

2013年11月22日，民进市委举行主题为“建设中国特色社会主义参政党的理论思考”的参政党建设理论研讨会。民进中央副主席、市人大常委会副主任、民进市委主委蔡达峰出席并讲话。市社会主义学院副院长、市统战理论研究会副会长张颖，市政协研究室副主任徐梅，民进市委专职副主委许政涛、秘书长黄山明出席会议并讲话。中共市委统战部研究室主任马俊生出席会议。会议首次就上一年理论研究成果在今年的实践应用情况作报告，这一做法被之后的理论研讨会沿用。

2014年10月31日，民进市委召开 “中国特色社会主义参政党的使命和追求”为主题的民进市委参政党建设理论研讨会。民进中央副主席、上海市人大常委会副主任、民进市委主委蔡达峰，上海市社会主义学院副院长张颖，民进市委专职副主委许政涛，民进市委秘书长黄山明，民进中央研究室理论处副处长戴海荣，中共上海市委统战部研究室副主任宋华忠等负责同志出席会议并讲话。

2015年11月12日，民进市委召开主题为“继承与弘扬民进优良传统”的参政党建设理论研讨会，民进中央副主席、上海市人大常委会副主任、民进市委主委蔡达峰，民进中央原副主席邓伟志，上海市社会主义学院常务副院长房剑森，上海市政协研究室副主任徐梅出席并讲话。民进市委专职副主委许政涛主持会议。民进市委原专职副主委兼秘书长陈强努、中共上海市委统战部研究室主任马俊生出席并讲话。

2016年10月27日，民进市委参政党建设理论研讨会，民进中央副主席、上海市人大常务会副主任、民进市委主委蔡达峰出席并讲话。民进市委专职副主委许政涛、民进市委专职副主委兼秘书长黄山明主持会议。上海市政协研究室副主任徐梅、中共上海市委统战部研究室副主任宋华忠、上海市社会主义学院教研处主任蒋连华出席会议并作专家点评。会议首次采用课题分组交流和专家点评形式进行，取得良好效果。

2017年11月7日，民进市委召开主题为“有思有行，顺势而为”的参政党建设理论研讨会。民进市委专职副主委黄山明出席会议并讲话。民进市委秘书长兼组织部部长何少华主持会议。上海市政协理论研究会副会长、上海市政协民族宗教专门委员会专职副主任徐梅，上海市社会主义学员副院长姚俭建，民进市委原专职副秘书长金培基出席会议并作专家点评。

2018年12月11日，民进市委召开主题为“不忘初心，砥砺前行”的参政党建设理论研讨会。民进市委专职副主委胡卫出席会议并讲话，研究室副主任陈振民主持大会。上海市政协经济委员会常务副主任徐海鹰、上海市统战理论研究会副会长姚俭建出席会议并作专家点评。

2018年11月，不忘初心 砥砺前行——2018年民进上海市委参政党建设理论研讨会在上海民主党派大厦召开。民进上海市委专职副主委胡卫出席会议并讲话，上海市政协经济委员会常务副主任徐海鹰、上海市统战理论研究会副会长姚俭建出席会议并点评

第五节　先进集体与先进个人表彰

一、民进市委获先进表彰

1989年，市各民主党派和市工商联举行先进集体、先进个人表彰大会，上海民进有20个先进集体、120位先进个人受到表彰。

1998年1月7日，市统战系统召开“上海统一战线为两个文明建设服务先进个人和先进集体”评选表彰大会，上海民进有2个单位被评为先进集体，5人被评为先进个人。民进市委被民进中央评为1998年度民进全国会刊工作先进单位。

2001年2月26日市统战系统召开2000年度上海统一战线为两个文明建设服务先进表彰电视文艺晚会，上海民进有2个单位被评为先进集体，4人被评为先进个人。

2002年，民进市委被民进中央评为先进集体，6位会员被评为先进会员。

2003年至2005年，民进市委信息工作连续三年被评为民进全国省级先进组织。

2004年，民进市委参政议政工作被评为民进全国省级先进组织。

2006年，民进市委参政议政工作和社会服务工作分别被评为民进全国先进集体。民进市委妇女儿童委员会被评为2005年至2006年度市三八红旗集体。

2007年，民进市委参政议政工作被评为民进全国省级组织先进。组织会员参加民进中央举办的“六个为什么”有奖征答活动，获优秀组织奖。

2008年，民进市委被民进中央评为省级组织信息工作和新闻宣传工作先进单位，民进中央省级组织新闻宣传工作和会刊（报）工作先进单位；市政协信息工作先进单位。

2009年，民进市委被评为民进全国省级组织参政党理论研究工作、民进全国省级组织新闻宣传工作和会刊（报）工作先进单位。

2007年、2009年、2010年，民进市委三次被评为民进全国省级组织社会服务工作先进单位。

2010年，民进市委被评为民进全国省级组织参政议政工作先进单位，获得民进中央开展的“十二五”规划有奖征答优秀组织奖。

2011年，民进市委被评为民进全国省级组织参政党理论研究工作、民进全国省级组织新闻宣传工作和会刊（报）工作先进单位。获得由市社会主义学院、市统战理论研究会颁发的“同心同德同向同行——纪念中国共产党成立九十周年”征文活动优秀组织奖。

2012年，民进市委被评为民进全国省级组织参政议政工作先进单位、新闻宣传工作先进单位。

2013年，民进市委被评为民进省级组织新闻宣传工作先进单位、参政党理论研究先进单位；被民进中央评为民进参与毕节试验区建设“同心・彩虹行动”先进集体。

2014年，民进市委被评为民进省级组织参政议政工作先进单位、电子信息化建设工作先进单位；被上海市妇联评为上海市巾帼文明岗；“人文关怀阳光基金”获上海市慈善基金会成立二十周年贡献奖。

2015年，民进市委被评为民进省级组织新闻宣传工作先进单位、社会服务工作先进集体、参政党理论研究工作先进单位；获得民进全国社会服务工作优秀成果奖。

2016年，民进市委被评为民进省级组织参政议政工作先进单位、会刊（报）工作先进单位。

2017年，民进市委被评为民进省级组织新闻宣传工作先进单位、参政党理论研究工作先进单位。

2018年，民进市委被评为民进省级组织参政议政工作先进单位、社会服务工作先进单位、新闻宣传工作先进单位。

2008年12月，民进上海市委被民进中央评为2008年民进省级组织信息工作先进单位

2009年12月，民进上海市委被民进中央评为2009年民进省级组织参政党理论研究工作先进单位

2012年12月，民进上海市委被民进中央评为2012年民进全国机关建设先进单位

2009年12月，民进上海市委被民进中央评为2009年民进省级组织社会服务工作先进单位

2012年12月，民进上海市委被民进中央评为2012年民进省级组织参政议政工作先进单位

2011年12月，民进上海市委被民进中央评为2011年民进省级组织会刊（报）工作先进单位

2012年12月，民进上海市委被民进中央评为2012年民进省级组织新闻宣传工作先进单位

二、民进中央表彰的先进基层组织和个人

近年来，民进上海各区委、基层组织以及个人获得民进中央多项表彰。2012年，民进徐汇区委员会、民进长宁区委员会、民进上海文广影视集团委员会、民进上海交通大学医学院委员会、民进上海出版系统综合委员会、民进复旦大学邯郸支部、民进上海社会科学院支部、民进闸北区风华中学支部、民进上海大学支部被评为民进学习践行社会主义核心价值体系先进集体。9位上海民进会员被评为民进学习践行社会主义核心价值体系先进个人。

2013年，民进静安区委员会、民进长宁区委员会、民进上海交通大学委员会、民进上海中医药大学委员会、民进虹口区复兴高级中学支部、民进上海社会科学院支部被评为民进全国宣传思想工作先进集体。7位上海民进会员被评为民进全国宣传思想工作先进个人。9位上海民进会员被评为民进参与毕节试验区建设“同心·彩虹行动”先进个人。

2014年，民进黄浦区委员会、民进静安区委员会、民进浦东新区委员会被评为民进全国组织建设先进地方组织，民进上海交通大学委员会、民进上海师范大学委员会、民进上海理工大学委员会、民进上海行健职业学院支部、民进嘉定区大众工业支部、民进虹口区教师进修学院支部、民进上海市第三女子中学支部、民进上海市顾村中学支部、民进松江区经济二支部、民进上海市民办进华中学支部、民进金山区综合支部、民进闵行区闵行教育支部、民进杨浦区幼小教联合支部、民进华东师范大学委员会第三支部、民进上海世纪出版集团委员会少年儿童出版社支部、民进上海市综合支部被评为民进全国组织建设先进基层组织。15位上海民进会员被评为民进全国组织建设先进个人。

2015年，民进黄浦区委员会、民进静安区委员会、民进浦东新区委员会、民进上海交通大学委员会、民进上海师范大学委员会、民进复旦大学委员会、民进闸北区市北中学支部、民进嘉定区封浜支部、民进虹口区复兴高级中学支部、民进长宁区复旦中学支部、民进宝山区淞谊联合支部、民进金山区金山中学支部、民进闵行区莘庄教育支部、民进华东师范大学委员会第三支部、民进出版系统综合委员会上海新华传媒股份有限公司支部、民进上海交通大学医学院委员会瑞金医院支部、民进上海申康医院发展中心委员会第一人民医院支部、民进上海应用

技术大学委员会第一支部、民进上海市委员会直属综合支部被评为民进全国先进集体。21位上海民进会员被评为民进全国先进个人。

2018年，民进黄浦区委员会、民进嘉定区委员会、民进上海市综合委员会综合一支部、民进上海市交通大学委员会、民进上海市延安中学支部被评为民进全国宣传思想工作先进集体。11位上海民进会员被评为民进全国宣传思想工作先进个人。

三、民进市委表彰先进基层组织和个人

会务工作表彰 民进市委会自1980年起，对会务工作作出显著成绩的个人和基层组织给予表彰，鼓励先进，树立榜样，推动工作。

1983年举行1982年先进基层、会务工作积极分子表彰大会，表彰先进基层组织18个、会务工作积极分子92人。

1984年举行五好支部和会务工作积极分子表彰大会，表彰五好支部29个，会务积极分子123人，民进市委“三八”红旗手22人、“三八”红旗集体2个。

1986年举行先进支部和先进个人表彰大会，表彰先进支部31个、先进会务工作者164个，民进市委“三八”红旗手17人。

1989年举行先进集体、会务积极分子表彰大会，表彰先进集体20个、会务积极分子120人。

1991年举行先进集体、先进个人表彰大会，表彰先进集体71个、先进会员118人。

1995年1月20日举行表彰大会，表彰1994年度会务工作先进集体24个，积极分子155人。

2004年11月29日举行“民进上海市先进基层组织和会务积极分子表彰大会”，向本市10个荣获全国先进和33个市先进的民进基层组织以及100位会务积极分子颁奖。

2008年12月26日召开2006年至2008年度先进支部、会务工作积极分子表彰大会，56个支部被评为“民进市委先进支部”，77位民进会员被评为“会务工作积极分子”。

2012年10月31日举行先进基层支部、会务工作积极分子表彰大会，60个基

层支部被评为“民进市委先进基层支部”，91位会员被评为“会务工作积极分子”。

2015年4月9日召开先进基层支部创建总结表彰会暨基层支部换届动员会，118个基层支部被评为“2013—2015年上海民进先进基层支部”。

2018年12月，民进市委对390个基层支部进行表彰，有190个民进市委基层支部被评为“民进市委2016—2018年创先争优活动先进基层支部”，62个基层支部获得“进步奖”。

参政议政及信息工作表彰 2007年1月23日召开“2006年参政议政工作会议暨信息工作先进表彰大会”，对被评为民进市委2006年度反映社情民意信息工作的40个先进支部、8位先进个人予以表彰。2007年12月21日举行参政议政工作会议暨信息工作先进表彰大会，对40个信息工作先进支部和10位先进个人进行表彰。

2010年1月6日召开2009年度参政议政工作会议暨信息工作先进表彰大会，对12个先进单位和10位先进个人进行表彰。2010年12月23日召开参政议政工作会议暨信息工作先进表彰大会。对10个先进单位和10位先进个人进行表彰。

2012年1月4日召开民进市委 “聚焦‘十二五’，同心促发展”建言献策竞赛活动暨宣传报道工作先进表彰大会，对14个区县和直属组织、13位个人进行表彰。

2013年1月5日召开民进市委2013年度工作会议，对被评为民进市委反映社情民意信息工作先进单位、先进个人的14个区县及直属组织和12名个人进行表彰。

2014年1月10日召开民进市委2014年度工作会议，对被评为民进市委反映社情民意信息工作先进单位、先进个人的14个区县及直属组织和10名个人进行表彰。

2015年1月23日召开民进市委2015年度工作会议暨表彰大会，对被评为民进市委反映社情民意信息工作先进单位、先进个人的16个区县及直属组织和12名个人进行表彰。2015年3月27日召开民进市委参政议政工作会议，评选参政议政成果奖一等奖4个，二等奖8个，三等奖12个。

2016年1月20日召开民进市委2016年度工作会议，对被评为民进市委反映社情民意信息工作先进单位、先进个人的16个区县及直属组织和12名个人进行表彰。2016年3月24日召开民进市委参政议政工作会议，15项课题报告获得调研课题类成果奖，13篇信息获得社情民意类成果奖。2017年1月20日召开民进市委2017年度工作会议，对被评为民进市委反映社情民意信息工作先进单位、先进个人的16个区县及直属组织和12名个人进行表彰。

2017年3月27日召开民进市委参政议政工作会议，共有30项课题报告获得调研课题类成果奖。

2018年1月31日召开民进市委2018年度工作会议，对被评为民进市委反映社情民信息工作先进单位、先进个人的12个区县及直属组织和10名个人进行表彰。2018年4月27日召开民进市委参政议政年会，获得参政议政成果一等奖10人，二等奖13人。

宣传报道工作表彰 2007年1月24日召开宣传报道工作座谈暨优秀通讯员表彰会，对17名被评为2006年度民进市委优秀通讯员会员予以表彰。

2008年2月27日召开2007年度宣传报道工作先进表彰大会，对5个先进单位和14位先进个人进行表彰。2008年12月12日召开宣传报道工作先进表彰大会，对9个先进单位和15位先进个人进行表彰。

2009年12月23日举行宣传报道工作先进表彰大会，对9个先进单位和15位先进个人进行表彰。

2010年12月17日举行宣传报道工作先进表彰大会。9个单位、15名个人受到表彰。

2012年1月4日召开“聚焦‘十二五’，同心促发展”建言献策竞赛活动暨宣传报道工作先进表彰大会，对12个先进单位、14位先进个人和3篇优秀稿件进行表彰。

2013年1月5日召开2013年度工作会议，16个单位、19名个人获得宣传报道工作先进表彰，3篇文章被评为优秀稿件。

2014年1月10日召开2014年度工作会议，18个单位、19名个人获得宣传报道工作先进表彰，3篇文章被评为优秀稿件。

2015年1月23日召开2015年度工作会议暨表彰大会，18个单位、18名个人获得宣传报道工作先进表彰，3篇文章被评为优秀稿件。

2016年1月20日召开2016年度工作会议，18个单位、19名个人获得宣传报道工作先进表彰，3篇文章被评为优秀稿件。

2017年1月20日召开2017年度工作会议，16个单位、16名个人获得宣传报道工作先进表彰，3篇文章被评为优秀稿件。

2018年1月31日召开2018年度工作会议暨思想政治教育主题年工作动员会，18个单位、18名个人获得宣传报道工作先进表彰，3篇文章被评为优秀稿件。

第六节 宣传报道

一、会刊会报

1954年7月，市分会会刊《民进沪讯》创刊，1957年4月起改为《民进沪讯》月报，到1964年4月刊印了第75期后停刊。1980年3月《民进沪讯》复刊，1987年第1期起改名《上海民进》，形成民进市委机关刊物《上海民进》（双月刊）及《工作简报》（月刊）。前者由宣传部负责编辑，后者作为“工作通报”性质的月刊，只反映市委组织的各项重大活动和领导人的活动。1995年3月《工作简报》停止刊行，创刊《民进申城月报》。该报最初为4开4版，2003年3月扩版为对开4版，既有民进市委会议活动通讯报导，又有区县、直属组织报导、民进会员的动态及民进会员散文、诗歌书画创作，具有新闻性、文艺性、可读性，会员人手一份。2009年改版后的《民进申城月报》新增 “时评”“人物专访”“提案答复”“社情民意”“名家新作”“纵横谈”等栏目。《上海民进》主要栏目为“学习与研究、民进前辈风华录、风雨同舟、民声、史廊和艺苑”等。

民进上海市委会刊《上海民进》

民进上海市委报纸《申城民进》

1997年9月15日，民进市委决定成立《民进申城月报》《上海民进》编委会，举行编委会成立会议。其间，《上海民进》一度改为《上海民进专辑》，不定期出版。2006年5月18日，《上海民进》改为季刊，成立《上海民进》编委会，每年召开一次编委会议。2015年9月，再次对《上海民进》《民进申城月报》作统一改版，编委会每季度召开一次。改版后的《上海民进》栏目为“特别报道、政论、理论研究、培训聚焦、建言献策、提案故事、基层之窗、履职手记、耕耘随想、艺苑天地、海外见闻、大事记”。《民进申城月报》设“要闻”“基层”“专版”“副刊”四大版块。2018年8月30日，《民进申城月报》改为《申城民进》，设“要闻”“综合”“参政履职”“副刊”四大版块。每季度召开一次编委会议。

二、民进市委网站、微信公众号

2006年12月30日民进市委网站开通。民进市委十三届九次全体（扩大）会议举行开通仪式，严隽琪出席并为网站开通题词。网址为：www.shmj.org.cn。网站设“民进概况、新闻动态、参政议政、社会服务、学习园地、精彩专版、会员风采、交流平台”等栏目，每个栏目下设若干子栏目。2011年初改版后的网站为基层组织和广大会员提供更加方便快捷的信息服务；制作 “庆祝香港回归十周年”“抗震救灾——我们在行动”“庆祝民进市委成立六十周年”和“庆祝新中国成立六十周年”“纪念中国共产党成立九十周年”等专题宣传网页。

2011年制作“上海两会——上海民进专栏”专题网站；2013年制作“民进全国第十一次代表大会”“民进市委五年工作巡礼”专题网站；2014年制作“上海两会——上海民进专栏”“上海民进地方组织成立六十五周年”专题网站；2015年按照市委会领导关于报刊、网站要“突出引导性、体现整体性、增强参与性、提高可读性”的要求，网站进行全面改版，设民进概况、会使纵览、新闻动态、履职职能、服务社会、理论研究、精彩专题、会员风采、交流平台等栏目，并制作“上海两会——上海民进专栏”“坚持和发展中国特色社会主义学习实践活动”专题网站；2016年制作“上海两会——上海民进专栏”；2017年制作“上海两会——上海民进专栏”“民进上海市第十二次代表大会”“中国共产党第十九次全国代表大会”专题网页；2018年制作“上海两会——上海民进专栏”“2017年机关建设主题年”专题网站。

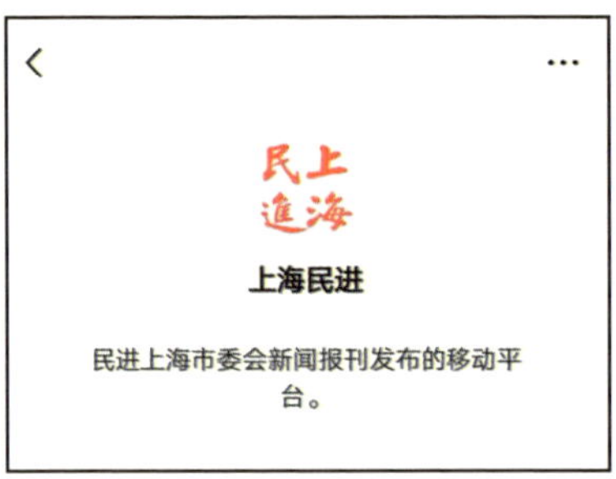

2015年10月，民进上海市委开通微信公众号

2015年，民进市委开通微信公众号，并于10月29日推送第一条新闻，2018年8月，

民进上海市委网站

微信公众号改版，成为上海民进重要的宣传载体。

三、社会新闻宣传

为了加强民进组织在社会上的影响，民进市委制定会外媒体宣传工作计划，加强与会外媒体的沟通联系，充分利用统战报刊和主流媒体，挖掘报道资源，每年的各项重要会务活动都及时在各主要媒体作宣传报道。特别在每年市“两会”召开前，民进市委各部室通力合作，向记者介绍民进会员中市人大代表、市政协委员参加会议准备情况，并将大会发言及提案等材料提供给新闻单位，在各类媒体上报道民进市委和代表、委员围绕上海改革开放和经济社会发展热点问题提出的建议。“两会”召开期间更是加大宣传报道力度，宣传部与各报、电视台、电台等紧密配合，及时组织采访与报道。为进一步做好会外媒体宣传报道工作，2011年制定《市委会新闻宣传报道暂行规定》。2017年制定《民进市委关于宣传报道中涉及民进领导人及民进组织称谓的暂行规定》。2018年制定《民进市委网站〈要闻集锦〉栏目管理办法》，更新《关于宣传报道中涉及民进领导人及民进组织称谓的暂行规定》。

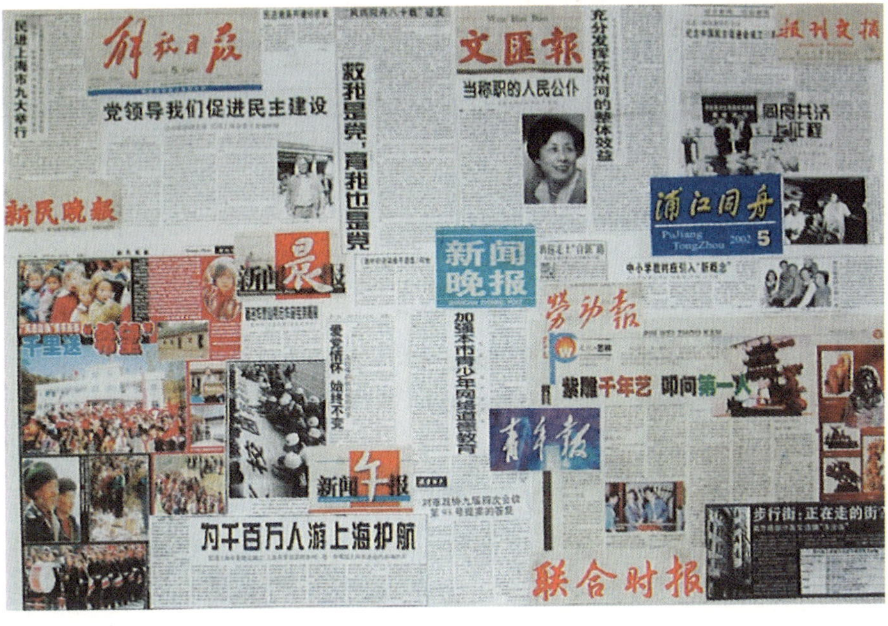

民进上海市委在主要媒体上的宣传报道报头文章剪贴

第二章　组织建设

组织建设是民主党派自身建设的基础。民进市委按照“领导班子建设有新要求、后备干部队伍建设有新规则、组织发展有新突破、基层组织建设有新举措”的工作思路推进组织建设。

第一节　领导班子建设

一、推进领导班子成员的新老交替

1980年1月民进市委召开第四次代表大会，选举产生第八届委员会，领导班子由主委1人，副主委8人，秘书长1人（兼）组成，平均年龄73岁，年龄最大的90岁，最小的62岁。1988年5月民进市委召开第六次代表大会，选举产生第十届委员会，领导班子由主委1人，副主委7人，秘书长1人（兼）组成，平均年龄降为62岁，年龄最大的81岁，最小的50岁。1990年6月民进市委进行届中调整，年过八旬的主委辞去职务，选举接任的主委不满60岁，实现主要领导年轻化。1992年民进市委召开第七次代表大会，选举产生第十一届委员会，领导班子由主委1人，副主委5人，秘书长1人（兼）组成，平均年龄62岁，年龄最大的67岁，最小的54岁，初步实现主委班子年轻化。界别都为教育界，其中高教2人，普教4人，均为大专以上文化程度，高级职称4人。为了更好地推进新老交替，1995年11月、1996年7月和12月，届中先后增补副主委，其中高教1人，政府部门领导2人。1997年7月民进市委召开第八次代表大会，选举产生第十二届委员会，领导班子由主委1人，副主委5人，秘书长1人组成，平均年龄降为58岁，年龄最大的66岁，最小的46岁，

2014年3月25日至28日，民进全国专职副主委组织建设工作研讨班在上海市社会主义学院举行。全国人大常委会副委员长、民进中央主席严隽琪出席，中共上海市委常委、统战部部长沙海林，民进中央副主席、上海市人大常委会副主任、民进上海市委主委蔡达峰，民建中央副主席、上海市政协副主席、民建上海市委主委周汉民，民进中央秘书长高友东，民进中央组织部部长王建国，中共上海市委统战部副部长吴捷等领导参加

主委班子进一步年轻化，年龄结构成阶梯状。均为大专以上文化程度，高级职称7人。界别有所拓宽，增加文化界。2002年6月民进市委召开第九次代表大会，选举产生第十三届委员会，领导班子由主委1人，副主委8人，秘书长1人组成，平均年龄降为50岁，年龄最大的62岁，最小的不满38岁。均为大专以上文化程度，高级职称15人。界别增加到教育、文化、出版、医卫、机关，涵盖民进各主要界别。一批老同志相继退出领导班子，新的领导班子成员全部为改革开放后入会的会员。2007年民进市委召开第十次代表大会，选举产生第十四届委员会，领导班子成员均为大学以上文化程度和高级职称，涵盖民进各主要界别。2012年民进市委召开第十一次代表大会，选举产生第十五届委员会，领导班子由主委1人，副主委7人，秘书长1人组成，平均年龄为53岁，年龄最大的59岁，最小的48岁。均为大学以上文化程度和高级职称，涵盖民进各主要界别。2017年民进市委召开第十二次代表大会，选举产生第十六届委员会，领导班子由主委1人，副主委8人，秘书长1人组成，平均年龄为55岁，年龄最大的60岁，最小的51岁。均为大学以上文化程度，高级职称9人，涵盖民进各主要界别。

从1980年到2017年，经过九次换届，民进市委领导班子成员与1980年相比平均年龄降低18岁，且涵盖民进各主要界别，年龄、界别和性别结构更趋合理。

二、民进市委班子学习

民进市委根据形势和任务的需要，及时安排组织班子成员的相关学习。从1997年换届后，新一届领导班子决定把自身学习作为每月一次的主委会议的第一议程。2002年换届后，除了继续把学习列为主委会议第一议程外，还成立市委学习指导组，坚持每季度进行一次学习，成员扩大到各区县委和直属基层委员会（总支）的主委，以带动基层组织的学习。从2010年起，民进市委以主委集体学习、常委集体学习、全会集体学习的形式结合党派自身建设和履职重点开展学习。学习会邀请各方专家作辅导报告，与会的主委班子成员交流学习体会。

2012年以来，市委会以学习中国特色社会主义理论体系和中共十八大、十九大精神为重点，及时制订并印发学习通知及计划，号召各级组织和广大会员开展学习实践的活动。制定《推进学习型参政党建设的实施意见》，开展以领导班子、基层支部、机关为重点的学习型参政党建设活动。坚持完善主委、常委集体学习制度，举办各类专题辅导报告，主委班子成员带头撰写学习文章，交流学习

民进上海市委领导班子坚持把学习作为主委会议的第一议程。图为2002年11月，民进上海市委主委会议学习中共十六大报告精神，民进中央副主席、上海市副市长、民进上海市委主委严隽琪，民进上海市委副主委王慧敏、赵丽宏、刘奕民等民进市委领导出席

2018年2月24日，民进上海市委主委（扩大）集体学习会在上海民主党派大厦6楼会议中心举行。民进中央副主席、上海市政协副主席、民进上海市委主委黄震出席并讲话

体会。

市委会制定《民进市委主委班子调研民进区、县工作方案》，主委班子成员先后深入区级组织、基层组织等进行专题调研。通过召开座谈会、与中共区委、统战部领导恳谈等形式，积极务实地探讨关于组织建设、基层履职等内容，了解基层组织思想建设、参政议政、社会服务等工作情况和基层会员的思想动态。民进市委建立主委班子基层调研工作任务交办机制，交办任务由机关各职能部门在规定时间内完成，切实做好基层服务工作，推动市委会与基层工作的上下联动。

三、举行民主生活会

根据《中国民主促进会章程》第四十七条规定：“本会建立健全监督制度和机制，各级领导班子成员要对履行会务工作职责和廉洁自律的情况进行述职，并接受评议。”为加强市委领导班子建设，建立领导班子民主生活会和述职制度。1999年2月7日，市委正副主委和秘书长围绕如何加强领导班子建设的问题开展谈心和自我批评。2002年12月7日，民进市委根据民进中央关于加强民主集中制，改

2004年10月29日，民进上海市委领导班子举行民主生活会。民进中央副主席、上海市副市长、民进上海市委主委严隽琪，中共上海市委统战部副部长周箴，民进上海市委副主委王慧敏、赵丽宏、刘奕民、李名慈、蔡达峰、吴毅、黄振楼等领导参加

2007年11月20日，民进上海市委召开各区县主委座谈会，主动征求基层组织对民进上海市委领导班子建设意见和建议。民进上海市委专职副主委陈强努出席并讲话

进领导作风的决定，作出民主生活会常态化的安排。市委会主委班子针对联系基层和会员、转变文风会风、严格执行接待标准等方面的作风表现，主委会议每年专题听取和研究自查情况汇报，提出进一步严格自律的要求。坚持贯彻民主集中制原则，有序推进会内民主，不断加强领导班子建设、人才队伍建设和基层组织建设，做好组织发展和会员教育工作。市委会坚持集体领导和个人分工负责相结合，提高领导班子的决策水平。每年市委会专职副主委和秘书长向全体机关同志作述职报告，机关干部根据德、能、勤、绩予以评议。

四、成立市委监督委员会

为建立健全内部监督机制，探索领导班子与制度建设长效机制的需要，民进市委于2011年2月24日成立第一届监督委员会并召开工作会议，制定《民进市委监督委员会工作条例》，确定把了解市委领导班子民主生活会和届中述职的执行情况、区县组织和直属组织换届程序的执行情况、听取常委对市委工作的意见和建议等作为2011年重点工作。2012年3月21日，市委监督委员会召开工作会议，传达

2017年6月20日，民进上海市第十六届委员会监督委员会召开工作例会。民进上海市委副主委戴立益出席并讲话

民进中央会内监督工作座谈会议精神，对市第十四届委员会监督委员会工作报告以及市新一届委员会监督委员会主任、副主任、委员产生办法和建议名单进行讨论。12月10日，市第十五届委员会监督委员会举行全体会议，修订完善《民进市委监督委员会工作条例》；对部分会员以及群众反映的情况进行核实并作妥善处理；通过查阅市委主委会议、常委会议和全体会议记录，加强会内监督实效。

第二节　会员发展

上海民进在组织发展中坚持以从事教育文化出版工作的知识分子为主、以大中城市为主、以有一定代表性的人士为主的原则；严格掌握“坚持标准，保证质量，改善结构，慎重发展”的原则；坚持发展与巩固相结合、有计划稳步发展的方针。1980年8月，为适应新的历史时期形势的需要，按照民进中央通知，恢复吸收在群众中有影响、有代表性、符合入会条件的人士入会，并根据民进中央《关于发展组织工作的暂行办法》规定，按照各民主党派重点分工，在高等师范院校、各类中等学校、初等学校和幼儿教育界以及文化、出版界中发展会员，同时注意吸收从事其他文教工作的知识分子。1983年11月，遵照各民主党派中央《关于民主党派组织发展问题座谈会纪要》精神，在回大陆定居的拥护祖国统一的爱国者中选择适当人士吸收入会。同时，注意发展科技界及其他界别的人员入会。1990年3月，民进中央《关于当前我会巩固与发展组织工作的意见》提出，组织发展工作要“着重巩固，放慢发展步子”，发展会员要特别注意政治素质，严格掌握“坚持标准，保证质量，改善结构，慎重发展”的原则，努力提高全会的政治素质。民进市委严格按照民进中央规定的要求和标准，积极而又慎重地进行组织发展工作。1993年6月，根据《关于民主党派组织发展工作有关问题的通知》精神，民进市委在注重质量的前提下做到有计划稳步发展和坚持巩固与发展相结合；在坚持重点分工前提下，适当吸收其他方面人士。1996年6月，根据《关于民主党派组织发展若干问题座谈会纪要》精神，民进市委有条件有选择地发展非公有制经济人士入会。1999年根据《各民主党派中央关于加强自身建设若干问题座谈会纪要》精神，民进市委在组织发展中继续坚持“发展是为了工作”

1999年6月，民进上海市委举办上海民进成员出版成果展。全国人大常委副委员长、民进中央主席许嘉璐，民进中央副主席楚庄、邓伟志出席

2010年2月28日至3月7日，民进上海市委新阶层人士理论培训班在中央社会主义学院举办，全国人大常委会副委员长、民进中央主席严隽琪出席培训班。图为新的社会阶层人士理论培训班开学典礼大合影

和“在工作中发展”的原则，认真贯彻“坚持三个为主（即以协商确定的范围和对象为主，以大中城市为主，以有代表性人士为主），注重政治素质，发展与巩固相结合，有计划地稳步发展”的方针，正确处理质量与数量、发展与巩固、重点与非重点、发展骨干成员与发展一般成员的关系，把发展的重点放在发展骨干成员和发展高素质的后备干部上来。2009年9月按照《中国民主促进会章程》和《民进全国组织工作会议纪要》的要求，制定《民进市委组织发展规划（2009—2013）》，就组织发展提出总体目标、任务和相应保障措施。

上海民进从1980年开始恢复发展会员。1985年之后的几年是组织发展高峰时期，每年发展会员超过300人，发展界别以传统界别为主。1990年之后，发展速度有所放缓，但发展界别有所扩展。1996年起开始发展非公有制经济界别会员，2003年起发展律师界别会员。

从1980年到2018年，发展对象从当初以教育、文化、出版及其他文教工作知识分子为主，逐步扩展到科技、医卫、法律及其他界别的中高级知识分子，包括公有制经济、非公有制经济和新的社会阶层人士等界别人士（1993年至2018年发展会员情况以及1993年至2018年发展会员界别情况详见附录）。

2015年6月30日，民进上海市委举行2015年发展会员工作专题座谈会。民进中央副主席、上海市人大常委会副主任、民进上海市委主委蔡达峰出席。民进上海市委专职副主委许政涛，秘书长黄山明参加

1980年至2018年会员发展数

年份	发展会员	年份	发展会员	年份	发展会员	年份	发展会员
1980	130	1990	262	2000	248	2010	229
1981	238	1991	109	2001	235	2011	213
1982	179	1992	155	2002	199	2012	280
1983	227	1993	335	2003	265	2013	386
1984	225	1994	271	2004	283	2014	313
1985	404	1995	263	2005	327	2015	277
1986	360	1996	288	2006	253	2016	249
1987	414	1997	216	2007	245	2017	294
1988	361	1998	251	2008	229	2018	406
1989	437	1999	312	2009	227		

第三节 后备干部队伍建设

一、举办中青年会员学习班

1982年起，民进上海市委每年与市社会主义学院联合举办中青年学习班。图为2018年7月24日至27日，民进上海市委会举行第36期中青年会员学习班，民进中央副主席、上海市政协副主席、民进上海市委主委黄震出席学习班结业式并讲话，民进上海市委专职副主委黄山明等领导参加

为加强对中青年会员的培养和考察，民进市委自1982年起，每年暑期举办一期中青年会员学习班。

自1994年开始同市社会主义学院联办，至2018年已举办36期。学习班为期4天，每期有40位左右会员参加，从2008年起每期参加学习班的会员达60人左右。学习班采用辅导报告和研讨相结合的方法，由民进市委领导作动员和总结，市社会主义学院根据每期学习班的不同学习重点和培训要求安排专题辅导报告，组织会员参加学习讨论和交流。

二、成立中青年联谊会

1999年9月3日，民进市委成立中青年联谊会。联谊会每届五年，2017年成立第五届中青年联谊会。联谊会以“学习、调研、服务、联谊”为宗旨，采取跟踪考察、动态管理的方式，建立定期考核制度。民进市委根据联谊会特点，组织各类政治学习、考察参观、参与社区共建活动和行风评议等。民进市委为每届联谊会确定若干个调研课题，组成相应课题组，在民进市委领导的直接领导、指导下开展专题调研，形成提案建议稿。通过各项活动，使联谊会成员逐步提高参政议政能力，也使民进市委培养后备干部队伍的机制更加规范化、制度化。联谊会充分发挥广大成员的优势和特色，开展灵活多样的社会服务工作，丰富履职的形式和载体，扩大民进组织在社会的影响力。

三、参加党外中青年干部培训班

从1991年起，民进市委每年推荐会员分批参加市委统战部和市社会主义学院联办的各民主党派中青年干部学习班。到2000年已推荐94位会员参加。1998年组织8位新当选的人大代表和政协委员参加市委统战部学习班。2002年组织新当选的市委委员参加市委统战部和市社会主义学院联合举办的“民主党派新当选市委委员培训班”。2003年推荐5位会员参加市委党校举办的处级干部培训班。2008年推荐2位会员参加中央社会主义学院举办的学习班。2009年推荐3位会员参加民进中央举办的培训班，推荐4位会员参加市委统战部研讨班。2010年推荐2位会员参加中央社会主义学院党外干部进修班、培训班。2011年安排2批会员参加中央社会主义学院党外干部培训班、民进中央骨干会员培训班等。2012年，推荐会员参加市委党校第一期民主党派中青年干部培训班。2013年，推荐3位会员参加中央社会主义学院第一期民进第十三届中央委员培训班。推荐3位会员参加上海市社会主义学院第25期民主党派中青年干部培训班。2014年，推荐13位会员参加民进中央举办的第一、第二、第三期民进市、县级组织主委培训班、第32期民主党派干部进修班和培训班。推荐3位会员参加上海市社会主义学院新任党外市人大代表、政协委员培训班、党外人士统一战线理论与实践研讨班。2015年，推荐4位会员参加中央社会主义学院第一期、第二期民进骨干会员培训班。推荐13位区（县）委专职干部参加中央社会主义学院第一期、第二期民进全国市、县级组织专职副主委（秘书长）培训班。推荐1位会员参加上海市党外中青年干部培训班。推荐4位会员参加在沪党外全国人大代表、政协委员专题研讨班。推荐2位会员参加新任党外人大代表、政协委员培训班。2016年，推荐14位会员分别参加中央社会主义学院第35期民主党派干部进修班和培训班、第36期民主党派干部进修班、民进全国骨干会员培训班、民进全国中青年会员培训班、民进基层组织负责人培训班。6位会员参加上海市社会主义学院第28期民主党派中青年干部培训班暨新任主委培训班。推荐5位会员参加2016年金融系统党外代表人士培训班。2017年，推荐6位会员分别参加第38期民主党派干部进修班和培训班，民进全国专职副主委、秘书长培训班。推荐6位会员参加第29期民主党派中青年干部培训班。2018年，推荐6位会员分别参加中央社会主义学院新任中央委员培训班、2期省级组织兼职副主委培训班。推荐1位会员参加中国浦东干部学院民主党派中青年骨干培训班。推荐3位会员参加新任人大代表、政协委员第三、四期培训班。推荐2位会员参加上海党外中青年干部培训班。

四、选拔优秀会员挂职锻炼

2005年，民进市委推荐会员蒋碧艳到宝山区挂职教育局副局长。自2008年起，中共市委统战部开始建立党外代表人士挂职、实践锻炼基地。2008年，中共市委统战部在宝山区成立上海党外代表人士挂职锻炼基地。2011年，中共市委统战部在浦东新区建立上海党外代表人士实践锻炼基地。2013年，中共市委统战部在奉贤区建立新的社会阶层人士奉贤实践锻炼基地。2015年，中共市委统战部在金山区建立上海党外代表人士创业创新金山实践锻炼基地。

依托中共市委统战部建立的上海党外代表人士挂职、实践锻炼基地，到2018年年底，民进市委先后推荐14位会员到宝山区、浦东新区、金山区挂职锻炼。

2009年，民进会员吴坚到宝山区挂职体育局局长。（第一批）

2010年，民进会员董文博到宝山区挂职环保局副局长。（第二批）

2011年，民进会员康锐到宝山区挂职发改委副主任。（第三批）

2012年，民进会员王沛到宝山区挂职信息委副主任。（第四批）

2013年，民进会员张婕姝、潘婷婷分别到宝山区挂职滨江委副主任、文广局局长助理。（第五批）

2014年，民进会员陈家旭到浦东新区挂职国资委副主任。

2016年，民进会员薛雯到宝山区挂职文广局副局长。（第八批）

2017年，民进会员司徒唯尔、范秀敏、郭文军分别到宝山区挂职科委副主任、经委副主任、教育局副局长。（第九批）

2018年，民进会员朱邦尚到宝山区挂职城市工业园区管委会副主任，民进会员吕明霞到金山区挂职国资委副主任。（第十批）

第四节　区级组织和基层组织建设

一、开展基层组织建设调研

民进市委为全面了解基层组织建设情况，推动支部各项工作，开展基层建设调研，市委机关各部室干部参加调研。1999年下半年，民进市委成立领导小组，确定调研的课题和要求，采用“以点带面，点面结合”的方式逐步推进。8月27日在区（县）委员会和直属委员会、总支主委会议上作部署。10月14日，在长宁区委员会和上医大委员会两个试点单位调研工作基本完成后，召开以基层组织建设调研为主要议题的组织工作会议，对试点单位的调研工作进行阶段性总结，推动面上调研工作的展开。2000年1月31日，召开全市基层组织干部大会，对基层调研作总结并制定《民进市委基层支部工作条例》，颁发《支部工作手册》等加强支部建设十项措施。开展“回家（民进市委）看看”活动，为基层支部提供组织生

2004年5月，民进中央常务副主席张怀西到上海调研组织建设情况时，参加民进上海市委举行的支部主任委员培训会。民进中央常务副主席张怀西，民进中央副主席、上海市副市长、民进上海市委主委严隽琪，民进中央副秘书长、组织部部长徐德骁，民进上海市委副主委王慧敏、赵丽宏等领导参加

活场所和内容。

2013年至2015年，根据《民进上海市第十五届委员会工作纲要》有关要求，民进市委主委蔡达峰率领民进市委主委班子先后完成了基层委员会调研、区委（总支）委员会调研的全覆盖，民进各级组织在参政议政、自身建设、社会服务等方面结合自身特点以及区域社会经济发展，做了大量扎实有效的工作，受到中共组织的高度评价。

2018年，民进市委主委黄震率领民进市委主委班子完成十二个区委（总支）组织的专题调研，取得一定的成果。在调研过程中，黄震与十二个中共区委、区委统战部进行深入沟通交流，了解情况，重视实效，对市委会今后进一步开展有针对性工作有很强的指导意义，也为今后继续转变工作作风、深入基层、开展进一步调研工作打下扎实的基础。

2017年12月15日，民进上海市委副主委郭坤宇参加民进复旦大学委员会年终学习会

2019年4月18日，民进中央副主席、上海市政协副主席、民进上海市委主委黄震一行赴万源城协和双语学校走访调研民进闵行区委协和教育支部，民进上海市委专职副主委胡卫陪同调研

二、召开组织工作会议

民进市委召开的组织工作会议是落实民进中央总体工作部署，夯实参政党履行职能的组织基础，增强组织凝聚力和社会影响力，推进组织建设的重要举措。

1993年3月11日，召开各区（县）正、副主委会议暨组织工作会议，就上海民进如何遵照会章精神搞好组织发展工作方面进行广泛讨论。6月3日，召开各区（县）委负责组织工作的正、副主委和组织委员参加的组织工作会议，通报民进市委近阶段组织发展情况及下阶段工作计划。1994年1月11日，召开总支、支部组织工作会议，就1993年组织发展、组织建设有关事宜及1994年组织工作作通报。1月17日，召开各区（县）委正副主委、组织委员出席的组织工作会议，就1993年各区（县）所属支部换届改选工作作总结，并汇报1993年组织发展、组织建设工作，通报民进市委1994年组织工作方面的打算。1997年11月，分别召开地区系统和直属系统组织工作会议，就近年来组织发展工作的经验、做法和存在的问题作交流。1998年7月，分别召开直属系统组工会议和各区（县）委组工会议，就加强基层组织建设进行部署。

2004年11月，民进中央副主席、上海市副市长、民进上海市委主委严隽琪出席民进市委先进基层组织和会务积极分子表彰会。民进上海市委专职副主委王慧敏、秘书长陈强努等领导参加

2009年6月26日，召开组织建设工作交流会，静安区委介绍调整支部设置，加强基层建设的具体做法。11月11日，召开上海民进组织工作会议，贯彻民进中央组织工作会议精神，明确上海民进组织发展思路。

2012年9月，召开发展会员工作座谈会，以“扩大规模”为主题，并作《民进市委关于进一步做好发展会员工作的实施意见》情况说明。2013年7月，召开发展会员工作座谈会，以“发展优秀青年会员、文化出版和小幼教会员、高层次会员”为主题，部分区委、基层委、直属支部作发展会员工作交流。2014年6月，召开发展会员工作专题座谈会，以“优结构与扩规模同步发展”为主题，部分区委、基层组织作发展会员工作交流。2014年9月19日，召开组织工作会议，通报民进市委2014年组织建设工作阶段进展情况，印发《上海民进组织建设创新实践案例》。2015年6月，召开发展会员工作专题座谈会，以“适应形势、聚焦重点”为主题，部分区（县）委、基层组织作发展会员工作专题交流。2016年8月，召开发展会员工作总结座谈会，以“总结工作、推广经验”为主题，介绍市委会2012年至2016年发展会员工作总结，部分区委、基层组织交流发展会员工作经验。2017年6月，召开发展会员专题座谈会，以“聚焦重点，持续发展”为主题，介绍市委会2012年至2017年发展会员工作情况，区级组织、基层组织交流发展会员工作的成功经验。2018年7月，召开会员发展工作会议，介绍民进市委2018年组织发展工作、民进市委组织建设五年规划、民进市委组织发展工作先进评选办法，积极探索新形势下会员发展工作。

三、区（县）和直属组织专职干部会议制度化

民进市委每年都要召开多次区（县）委机关专职干部会议和直属组织联络秘书会议，学习传达上级会议有关精神，通报民进市委各部室工作，交流各单位工作经验，部署下一阶段工作。2005年完善专职干部季度会议制度，并规范填报“民进区（县）委员会每月工作汇总表”。从2006年起在区（县）委机关专职干部和直属组织联络秘书中开展“达标创优”活动。

2011年2月，民进市委建立“专职干部、联络秘书季度例会”工作机制，各基层支部主委展示本支部工作成果，并通过学习、交流，相互借鉴和分享成功基层支部组织生活经验，提升基层支部整体工作水平。

2015年8月25日至27日，民进上海市委第一批新任基层支部主委任职培训班在市社会主义学院举行。民进中央副主席、上海市人大常委会副主任、民进上海市委主委蔡达峰出席并作《开拓进取，不辱使命，当好主委》专题辅导报告，民进上海市委专职副主委许政涛参加

2018年7月9日，民进上海市委在上海民主党派大厦2楼第五会议室召开2018年基层组织所在单位党委统战部长恳谈会。民进上海市委专职副主委黄山明、秘书长何少华等领导参加

2018年起“专职干部、联络秘书季度例会”由市委会与区级组织联合举办，进一步提高专职干部、联络秘书队伍的工作水平，加强凝聚力，促进区级组织与基层委员会之间的互动交流。

第三章　制度建设

第一节　领导班子相关制度

1997年民进上海市第十二届委员会产生后，在原有基础上逐步健全和完善各种会议制度，包括代表大会、委员会全体会议、常委会议、主委会议以及议事规则，健全民主集中制。制度根据“集体领导、民主集中、个别酝酿、会议决定”的民主程序，实行集体领导与分工负责相结合，重大问题由主委会议或常委会议、全委会议讨论决定，发扬民主，不搞“一言堂”，真正体现领导班子的集体意见。此外民进市委还制定各专门委员会工作条例。

自1997年换届后，民进市委决定把自身学习作为每月一次的主委会议的第一议程。2002年换届后，除继续把学习列为主委会议第一议程外，还成立市委学习指导组，坚持每季度进行一次学习，成员扩大到各区县委和直属基层委员会（总支）的主委，以带动基层组织的学习。

2001年12月，民进市委根据民进中央制定的组织学习制度，制定《民进市委各级组织学习制度》。2002年10月民进市委根据民进中央下发的《民进中央关于加强民主集中制，改进领导作风的决定》，制定《民进市委关于贯彻〈民进中央关于加强民主集中制，改进领导作风的决定〉的意见》，规定领导班子民主生活会制度和述职制度。同年年底，还建立专职领导干部年终述职报告及评议制度，建立主委、副主委、秘书长向市委常委会届中述职的制度。2007年制定《议事决策规则与程序》《民进市委主委专项经费管理办法》等制度。

民进市委编印的各类制度汇编

2012年，民进市委修订民进市委正副主委及秘书长职责及工作程序规定。为进一步落实民主集中制，建立和制定主委办公会议制度，完善领导班子的决策程序。建立会议纪要通报机制，确定每次主委办公会议、主委会议和常委会议、市委全会举行后，及时编发《会议纪要》，分送中共上海市委统战部领导和市委会、常委会、监督委员会等成员，通报领导班子按制度规定作决策的内容和程序，主动接受监督。

2013年，民进市委学习中共中央“八项规定”精神，注重转变工作作风，制定《关于进一步改进工作作风、密切联系基层的实施意见》，着力加强领导班子作风建设。做好主委基层调研，加强服务与指导，根据调研中的情况和问题，以“任务交办单”的形式，督促相关职能部门深入研究处理。起草修订《市委会监督委员会工作条例》，将领导班子坚持集体领导、按照议事规则进行重大事项与重大问题决策，以及市委会机关建设作为监督重点，努力增强会内监督的针对性、实效性。

2017年，为加强和规范市委委员履职工作，民进市委会根据《中国民主促进会章程》规定，结合自身实际，制定《民进市委委员履职工作规则（试行）》，从履职内容、方式、管理等方面，进一步明确了市委委员的权利和义务。探索建立履职规范，不断强化委员身份，彰显示范引领作用，展现新一届市委委员的良好形象。同年，民进市委将有关制度汇编成册，汇编中包含多项领导班子相关制度，如：《民进市委主任委员、副主任委员、秘书长、副秘书长职责及工作程序规定》《民进市委领导班子出席"党外人士座谈会"等政治协商会议办法》《民进市委关于进一步规范领导干部参加基层（会员）会议、活动管理办法》《民进市委加强联系区级组织、基层委员会的若干规定》等。

第二节　各级会议制度

民进组织恢复活动后，民进市委就对市委会全体会议、常委会会议、市委办公会议、区县直属单位负责人会议、市委专题会议、机关工作会议等各级会议制定相应会议规程和职权。1992年民进市委把这些会议制度作为汇编《民进市委会规章制度和机关人员岗位责任制》中的重要部分。2008年6月，在制定完善会议制度的基础上，对所有规章制度进行汇编。《民进上海市代表大会规程》对大会的机构组成及职能、大会的议程、大会代表的组成、大会的筹备工作等作出规定。《民进市委会会议规程》对民进市委全体会议，常委会会议、主委会议，区县委员会、直属委员会、直属支部负责人会议，专题工作会议，专门委员会正、副主任联席会议及各专门委员会全体会议，欢迎新会员会议，区县委员会专职干部和直属委员会秘书会议等作出规定。并就各种会议制定管理办法，从会议的组织策划、会议的会前准备、会议的岗位安排、会议结束后的工作等几个方面作出规定，做到开展有计划、组织有规范、审批有制度、归档有时限。

2012年，民进市委根据党派工作需要，组织完成修订市委会会议规程、专委会工作通则和各专委会细则、联谊会章程等规章制度。

2014年，民进市委为进一步完善常委会会议制度，规范会务，改进会风，增强实效，制定《民进市委常委会会议细则》，对会议时间安排、议题提出、会议审议、会议表决、会议请假等作出详细规定。

第三节 机关工作制度

民进市委机关恢复工作后，逐步建立规章制度。1992年民进市委把这些规章制度汇编成《民进市委会规章制度和机关人员岗位责任制》，规章制度包括“关于执行市委会规章制度的说明”，进一步明确机关各岗位人员职责。

为加强市委机关建设，保证各项工作顺利进行，根据机关运作“纵向有序，横向协调”的要求，建立切实可行的规章制度，2007年民进市委开始部分规章制度的修订工作，并于2008年6月把所有规章制度汇编成《中国民主促进会上海市委员会规章制度汇编》。民进市委机关的建章立制主要包含三个方面的内容：以民主集中制为核心、精简务实为原则的各种会议制度；以岗位责任制为核心、规范高效为原则的各种工作制度；以公务员条例要求为核心、提高干部素质为原则的人事管理制度，并强化考评，健全干部述职制度。相应规章制度有：《民进市委会印章管理办法》《民进市委网站管理规程》《民进市委会机关会议制度》《民进市委会档案工作规定》《民进市委会部门立卷归档办法》《民进市委会机关机要文件管理规定》《民进市委会机关公文处理办法》《民进市委会机关保密工作制度》《民进市委会机关财务管理规定》《民进市委会机关国有资产管理办法》《民进市委会机关物品采购管理规定》《民进市委会机关考勤规定》《民进市委会机关年度考核办法》《民进市委会机关文印管理规定》《民进市委会机关机动车使用管理办法》《民进市委会机关安全卫生管理规定》。

2012年，民进市委对机关科级干部的晋升、机关干部年终考核评议及干部轮岗挂职直属委员会联络秘书等制度进行修订完善，进一步规范干部管理工作。

2014年，民进市委严格执行经费管理制度，制定《基层组织活动经费发放和使用的管理办法》《参政议政调研课题经费使用管理办法》《各区县、直属委员会社会服务品牌项目支持资金的管理办法》等，同时根据工作实际修订和汇编了机关工作制度，并开展制度学习和培训，增强制度的执行力。

2016年，民进市委建立机关干部业务档案立卷制度，规范机关干部考核管理。

第四章 机关建设

第一节 机关建设事项

1997年，民进市委提出“以加强学习为先导，规范管理为抓手，健全规章为保证，团结高效为目标”的机关工作思路，健全机关学习制度，逐步形成务实高效、团结和谐的机关氛围。同时根据中共市委组织部关于上海市各民主党派、工商联机关实施参照国家公务员制度管理工作有关意见，在机构改革“小三定”的基础上，完成参照公务员制度管理工作，健全机关学习制度。为争取档案工作升级达标，民进市委为档案室配备电脑、档案软件、打印机等设备，建立档案工作网络，修改、补充和制订档案管理制度。2001年5月通过档案工作市二级评审。同时建立机关局域网，为机关实现信息化打下基础，并就“如何做合格机关干部”开展两天的学习和研讨。2003年5月中旬，结合年度机关建设计划的实施，在普通话及汉语拼音、公文写作、计算机及网络应用软件能力等方面加强对机关干部的培训。2004年5月25日民进市委机关举行机关青年读书会成立大会。读书会通过学习交流、邀请专家学者作专题报告并互动、前往外地民进机关读书会相互学习交流等形式开展活动，同时开展不同主题的学习交流会。2005年，民进市委机关干部在学习中就建设和谐机关的构想开展讨论与思考。7月15日，召开落实职位说明书工作研讨会，就机关职位说明书的内容、实施等提出建议和意见。

2006年1月6日，召开工作研讨会，重点加强机关的文化建设。2007年11月开展“机关建设大讨论”，明确机关建设目标和任务。为建设好学习型机关，2008年在原有学习制度上，进一步明确每周四上午为机关学习时间，由宣传部负责，与工会、民进机关支部共同制订学习计划，安排学习内容。民进市委坚持行政、机关工会、民进机关支部“三位一体”模式，协调三方面工作关系，安排机关干部进行岗位轮换。为培养机关中层干部力量设立部长助理岗位。2012年，通过

1999年6月，民进全国机关建设工作会议在上海举行。全国人大常委会副委员长、民进中央主席许嘉璐，民进中央副主席楚庄、邓伟志、张怀西，上海市政协副主席、民进上海市委主委刘恒椽，民进中央秘书长陈益群，中共上海市委统战部副部长陶人观等领导出席会议

安排机关科级干部担任民进市委各专委会、联谊会秘书长工作，建立各专委会、联谊会秘书长月度例会制度、考核管理制度，增强对机关青年干部的培训锻炼力度。2013年，选派4名青年干部到街道办事处、民进市委直属组织挂职锻炼，帮助机关青年干部提高工作能力。创新开展艺术节、体育节等文化活动，丰富机关文化生活，增强机关干部团结合作和奋发进取的精神。2014年，推动干部队伍建设，5名机关干部参加了街道、基层委员会的挂职锻炼。加快推进信息化建设，启用网上报送社情民意信息、宣传稿件、捐款等功能，提升服务基层的能力。制定机关局域网管理平台升级方案，从工作流程、工作制度、会议管理、文件传阅、档案管理等7个子系统着手优化流程，提高规范标准。从密切联系基层和会员、转变文风会风、严格各类接待标准等方面自查改进作风的情况，并通过自查进一步明确要求，增强遵守制度规定的自觉性。

2015年，市委会推荐7名干部参加“党政机关正处级干部轮训班”和“统战系统中青年干部培训班”等活动；选派、借调2名干部到市委统战部和浦东新区区委统战部挂职，吸纳4名区委、基层委员会专职干部等到市委机关挂职，选任1名副调研员。加强信息化建设， 推进会员信息数据库和代表人士信息数据库的建设与应用，完善视频会议系统，启用内网工作流程、会务管理等多项功能，提高管理

2005年12月，民进中央副主席、上海市副市长、民进上海市委主委严隽琪与机关干部在纪念民进成立六十周年大会上朗诵民进上海市委副主委赵丽宏创作的诗篇。民进上海市委副主委刘奕民、黄震、吴毅、陈振楼，秘书长陈强努等领导一同参加朗诵

能力和工作效率。2017年，为适应社会发展新形势和党派工作新要求，进一步完善市委会规章制度，市委会分层分级系统修订《民进市委制度汇编》《民进市委机关制度汇编》《民进市委参政议政工作指南》《民进市委社会服务工作指南》等系列规章制度。市委会专题召开机关建设专题调研座谈会、机关部室负责人会议，围绕“机关建设和部门建设相互促进”等主题进行系列讨论；组织机关干部开展“我与民进共成长”主题征文活动和“我为机关建设建一言”活动，积极推进学习型、研究型、服务型机关建设。2018年，民进市委加强机关干部队伍建设，给能干事、想干事的干部创造机会，竞争性选拔任用4名副调研员，根据人岗适配原则轮岗交流8名青年干部，新招录5名公务员，激发干部队伍生机活力。

民进上海市委机关工会 民进上海市委机关工会是民进上海市委机关组织体系的重要组成部分。2016年7月选举产生第六届工会委员会，现有会员40人。机关工会通过组织业务培训、文体活动、学习考察、献爱心活动等，丰富机关文化建设内涵，提高干部综合素养。机关工会关心职工健康，开展各项慰问、服务工作。机关工会认真组织会员参加各类文体赛事活动，荣获市统战系统广播操比赛一等奖等诸多荣誉。

民进市委机关支部 民进市委机关支部目前有会员46人。自成立以来，支部在民进市委的直接领导下，积极组织机关会员开展各项履职工作，多次荣获民进上海市委颁发的“反映社情民意信息工作先进单位”称号。支部根据自身特点，不断完善工作制度，丰富活动内容，与其他民进基层组织合作共建，组织离退休会员和在职会员们定期开展各类结对交流活动。在民进市委先进基层支部创先争优活动中，被评为2013—2015年度、2016—2018年度先进基层支部。

民进上海市委机关青年读书会 机关青年读书会自成立以来，按照民进市委机关的统一部署，坚持理论学习，积极开展各类活动。近年来，机关青年读书会开展“构建现代公共文化服务体系”课题调研，结合民进成立旧址功能拓展工作，开展主题读书活动，邀请中青年作家会员与读书会会员开展主题座谈交流；召开各类座谈会，组织会员参加由干部培训中心和市委统战部举办的各类讲座和报告会，积极参加民进市委机关艺术节、体育节等活动。

2014年1月27日，民进市委直属机关支部召开2013年工作总结会暨机关离退休老同志迎春座谈会。民进上海市委专职副主委许政涛、秘书长黄山明出席并讲话。民进市委老领导蒋家祥、王慧敏、陈强努参加会议

2017年6月15日，民进上海市委机关干部赴宝山区政协机关学习调研。民进上海市委专职副主委黄山明，秘书长何少华参加调研

2018年5月17日，民进上海市委专职副主委胡卫、黄山明，秘书长何少华与机关干部和部分会员赴张江高科技园区进行调研。民进上海市委专职副主委胡卫、黄山明，秘书长何少华参加调研

第二节 机关建设成效

1997年民进市委机关被评为统战系统目标考核优秀单位。民进市委机关工会被评为2000年度市级机关先进职工之家。2001年民进市委档案工作被评为市二级先进单位。2004年民进市委机关被评为“2001—2003年上海统一战线为三个文明建设服务先进集体”。2005年，上海民进机关信息化建设工作被评为民进全国省级组织先进。2013年，机关国有资产管理考核被评为市级机关优秀单位。2014年，市委会被民进中央表彰为省级组织电子信息化工作先进单位。2017年，在民进全国机关建设工作会议上，市委会作专题汇报，上海民进有3家组织、5名会员获全国先进表彰。

第四篇
履行职能

1949年6月，民进上海市地方组织成立后，就参加上海地方政权的建设，参加中共上海市委召开的各种政治协商活动，参加各级人大和政协的活动，参与政府重大方针和地方重要领导人选的协商，参与政府事务的管理，参与大政方针政策的贯彻执行和民主监督，发挥参政议政、民主监督，参加中国共产党领导的政治协商的作用。

民进市委为发挥民主党派的整体功能，经常组织会员学习，增强参政意识，提高参政议政水平，并不定期地邀请会员中的各级人大代表、政协委员、各专门委员会成员和在第一线从事各项工作的会员进行座谈。就上海市的重大问题，开展调查研究，深入了解情况，广泛征求意见，在调查研究基础上写成议案、提案或专题报告，提请市人大、市政协或有关行政部门研究处理。

第一章　参加人大和政协会议

第一节　参加人民代表大会

当选历届全国人大和上海市人大代表的上海民进会员，依照《中华人民共和国宪法》和有关法律规定，通过参加人大会议，参与审议《政府工作报告》，讨论政府领导人选并选举；行使立法和监督权，并通过议案、发言，反映所联系的党派成员和社会各界人士的意见和建议、社会热点问题以及来自多方面的社情民意，同时参与人大组织的视察活动，督促各项决议的实施。

20世纪80年代以来，民进会员中的市人大代表在教育领域，于1988年提出议案《切实贯彻“义务教育法”，清除教育危机，提高教育质量，制止人员素质的“滑坡”》，共有60位市人大代表参与签名，引起政府部门的重视。当年，上海市教育经费由原计划增长5.7%提高到增长8%。此外，提出《彻底改革小学升初中考试制度》《关于制定〈上海市学前教育条例〉的建议》《关于修订〈上海市实施《中华人民共和国义务教育法》办法〉的议案》《关于加强对上海市中小学学生职业规划教育工作监督的议案》《关于加快制定〈上海市学前教育条例〉的议案》《关于提请市人大对学龄前儿童权益保护开展专项监督的议案》等，在学前教育、义务教育、职业教育等各领域为上海教育发展与改革建言献策。

在文化出版领域，提出《关于加速建设福州路“文化街”》等议案。2016年联名提出《建议市人大监督促进上海文化创意产业发展的议案》，引起政府部门重视。当年5月，上海市政府发布《上海市文化创意产业发展三年行动计划（2016—2018）》，制定多项举措推动文创产业发展。

在医疗卫生领域，提出《关于食品行业从业者对食品安全法的立法建议的议案》《建议创建上海针灸学院以利培训高级人才，顺利发展中国针灸事业，保持国际领先地位》等建议。2017年联名提出《关于建议制定〈上海市幼儿园、中小学教室室内空气质量管理条例〉的议案》，44名代表在议案附页上签字，是当年人大会议上附议人数最多的议案。

2013年1月18日，民进上海市委召开参加市两会新闻发布会。民进上海市委专职副主委许政涛，秘书长黄山明参加

2018年市两会期间，上海民进会员中的人大代表和政协委员合照

在社会领域，2002年联名提出议案《上海旅游业的健康、快速发展急呼〈上海市旅游管理条例〉尽快出台》得到有关部门重视。2003年12月31日市十二届人大常委会第九次会议审议通过《上海市旅游条例》，并于2004年3月1日起施行。2005年，联名提出书面意见《关于加快本市旅馆业立法的若干建议》，希望本市能在全国率先出台一部关于旅馆业综合管理的法规并提出了具体建议。唐登杰副市长专门作出批示，要求市旅游委在市政府出台《上海市旅馆业发展规划纲要》的基础上，进一步加强立法调研工作，完善本市旅馆业依法管理。

市人大代表议案

年份	案　　由
1982年	关于加速建设福州路“文化街”
1983年	建议创建上海针灸学院以利培训高级人才，顺利发展中国针灸事业，保持国际领先地位
1988年	切实贯彻“义务教育法”，清除教育危机，提高教育质量，制止人员素质的“滑坡”
1990年	彻底改革小学升初中考试制度
1994年	加强农业投入，抓好蔬菜的生产与销售
1995年	对外环线环绿带建设呼吁紧急立法

1996年	尽快制定《上海市法制宣传教育条例》，加大法制宣传力度
1999年	上海应制定眼镜行业的法规
2000年	关于制定废旧电池收集处理暂行办法的议案
2001年	关于加快制订《上海市旅游管理条例》的建议
	上海在新一轮旧区改造中，要把消除中心城区的危棚简屋列为量化目标
2002年	关于制定《上海市学前教育条例》的建议
	上海旅游业的健康快速发展急呼《上海市旅游管理条例》尽快出台
	关于尽快制定《上海市学前教育条例》的建议
	关于修订《上海市实施〈中华人民共和国义务教育法〉办法》的议案
2007年	本市应加快推进“服务型经济转型”的政策制定的建议
2008年	加快上海国际金融中心建设的若干建议
	郊区经济发展应放在本市更加突出的位置
	规划建设大型邮轮靠泊区，全面加快发展上海邮轮经济步伐
	关于市人大督促解决在居民集聚区建设虹杨超大型变电站引发的民生问题的建议
2009年—2015年	资料已失
2016年	关于加强地面公交效能完善监督的议案（袁园主提）
	关于建议市人大持续跟踪监督推进本市“十三五”旧区改造工作的议案（常生龙附议）
	建议市人大监督促进上海文化创意产业发展的议案（常生龙附议）
	关于修订完善《上海市住宅物业管理规定》的议案（于颖彦附议）
	关于尽快制定“上海土地资源保护条例”的议案（于颖彦附议）
	关于加快建设S3公路、G228国道，同步优化升级浦东铁路为自贸区专列，以加快推动临港建设成为国际智能制造中心的议案（金哲民附议）
	关于食品行业从业者对食品安全法的立法建议的议案（洪涛附议）
	关于提请市人大常委会督促政府将大场机场搬迁列入十三五规划的专项规划和2040年城市总体规划的议案（蒋碧艳附议）
	关于加强人大监督，加快推进旧区改造的议案（周梅附议）
	关于上海市停车难问题及建议的解决方案（张展附议）
	关于修改《上海市住宅物业管理规定》的议案（瞿志军附议）
	关于制定《上海市房屋使用安全管理条例》的议案（蒋碧艳附议）
	关于抓紧制定《上海市寄递安全条例》的议案

2017年	关于建议制定《上海市幼儿园、中小学教室室内空气质量管理条例》的议案（常生龙附议）
	关于提请市人大常委会制定城市生活垃圾分类减量机制的相关条例，为城市垃圾清运和循环利用提供法律约束和监督保障的议案（蒋碧艳附议）
	关于修订《上海市历史文化风貌区和优秀历史建筑保护条例》的议案（李颖附议）
	关于制定《上海市民荣誉制度条例》的议案（于颖彦附议）
	关于修订《上海市饮用水水源保护条例》和调整黄浦江上游饮用水水源保护区范围划分的议案（洪涛附议）
	关于建议尽快为我市家庭服务业立法，促进家庭服务业健康发展的议案（周梅附议）
	关于加快修订《上海市住宅物业管理规定》的议案（李颖附议）
	关于抓紧制定《上海市出口跨境电商发展条例》的议案（瞿志军附议）
2018年	关于建议市人大常委会开展调研完善法规、增强行使重大事项决定权效能的议案（杨军附议）
	关于加快推进“上海生活垃圾分类管理”立法的议案（常生龙附议）
	关于加快制定《上海市展览业条例》的议案（常生龙附议）
	关于推进上海市生活垃圾分类立法工作的议案（冯志刚附议）
	关于提请市人大开展全市废固处理处置工作专项监督的议案（樊汉彬附议）
	关于加快制定《上海市学前教育条例》的议案（诸春梅附议）
	关于提请市人大对学龄前儿童权益保护开展专项监督的议案（黄山明附议）
	关于提请市人大对社会安全防范工作开展专项监督的议案（瞿志军附议）
	关于制定《上海市促进公共安全数据应用条例》的议案（瞿志军附议）
	关于加强对上海市中小学学生职业规划教育工作监督的议案（瞿志军附议）
	关于抓紧制定《上海邮政快递末段综合服务场所设置法规》缩距投递“最后一公里”的议案（瞿志军附议）
	关于市人大常委会开展城市公共安全专项监督的议案（杨燕附议）

第二节 参加政治协商会议

担任全国和市政协委员的民进会员，通过参加政协全会，列席同级人民代表大会，参与审议政府工作报告，讨论关于国家大政方针和国家经济计划的制定，参与各项视察活动，以提交提案、政协常委会发言，就上海的经济社会发展、城市建设管理、精神文明建设等提出建议，同时反映所联系的党派成员和社会人士的民声，履行参与政治协商、民主监督的职责。1989年，《中共中央关于坚持和完善中国共产党领导的多党合作和政治协商制度的意见》确定在政协会议上，民主党派可以本党派名义发言，提出提案。自1991年起，每年的市政协全会上，民进市委都进行大会发言和提交书面发言，并提交提案。到2018年，共提交大会发言和书面发言132份、提案330份，其中44份被市政协评为优秀提案，有的被市政协列入重点督办提案。

1991年《建议加强领导，理顺管理体制，促进职业技术教育的进一步发展》的提案得到市教卫办的重视并积极办理，被评为市政协1991年优秀提案。

1992年《关于深化上海出版改革的几点建议》的提案，上海新闻出版局在局长办公会议上专题进行讨论，并予以书面答复。《关于改革上海高校招生办法的建议案》被评为市政协优秀提案。

通过1996年《建议将民进成立大会会址作为革命遗址加以保护》、1998年《关于将民进成立大会会址作为爱国主义教育基地的建议》和1999年《关于将民进成立大会会址作为上海市爱国主义教育基地的再建议》3件提案的连续呼吁，在中共市委和统战部的支持和帮助下，民进成立旧址在1999年6月举行揭牌仪式。

1998年《关于提高早期退休的老年人生活质量的建议》的提案在《联合时报》发表并同时刊登在《决策参考》上，收到许多读者来信，得到有关领导和部门的高度重视，相关建议被采纳。

1998年《关于出版发行工作改革的建议》、1999年《关于出版管理体制改革的建议》、2000年《关于加快上海图书发行体制改革的几点建议》、2001年《关于加快培养上海出版业人才的几点建议》等提案，对做大做强上海出版业，提高出版物质量，扩大沪版图书发行量提出建议。

1999年在市政协九届二次会议上“建立中国旅游资源信息网，发展上海旅游业”的大会发言以及2000年《关于提高上海旅游市场化水平的建议》、2001年《关于加快制订〈上海市旅游条例〉的建议》和2002年《上海旅游业的健康、快速发展急呼〈上海市旅游条例〉尽快出台》等提案，提出既有前瞻性又有可操作性的建议，促成《上海市旅游条例》通过市人大常委会立法。

2001年民进市委、民革市委、民盟市委的联名提案《进一步推进本市语言文字规范化工作的几点建议》，提案引起市领导和语言文字主管部门的重视，周慕尧副市长作出批示：“请市语委按黄菊同志批示精神高度重视积极研究认真办理，情况盼告。”市政府将语言文字工作法制建设列入2001年立法调研项目。

2002年在市政协九届五次会议上“积极推进终身教育，把上海建成学习型城市”的大会发言被评为市政协优秀大会发言。

2004年《关于解决本市流浪乞讨人员问题的建议》提案，得到中共市委副书记刘云耕的批示。在中共市委政法委员会召集市公安局、市民政局、市建委等有关部门作集中提案答复中表示：下一步各有关部门将根据提案的精神，进一步解放思想，开拓创新，及时总结工作经验，逐步完善各项工作机制，探索出一条与上海经济发展和社会进步相适应的对流浪乞讨人员救助管理的新途径。《要以科学的发展观推进上海城郊一体化建设》提案得到市委、市政府主要领导批示。《关于加快建设出版博物馆的建议》提案被中共市委宣传部采纳，责成市新闻出版局成立出版博物馆（筹）。

2005年《关于上海率先启动图书希望工程的意见和建议》提案得到中共市委宣传部高度重视。针对提案中众多不乏利用价值的图书可能化为纸浆的问题，明确表示：将经审核确认为不良资产的库存图书中仍有使用价值的，由宣传部国资办统一汇总提供清单，在民进市委的参与和协助下提供给希望工程办公室挑选，选定后作为捐赠处理。《新民晚报》为此作系列报道，激起市民捐书热潮。2007年中共市委宣传部又对图书捐赠进展作出答复。

2006年《关于大力扶持本市民办非企业单位发展的建议》提案得到市社会服务局、市社会团体管理局领导的重视并专程到民进市委机关进行沟通。《建议》被评为市政协优秀提案。

2008年《关于促进网络出版发展的若干建议》提案，对如何更好地促进网络出版的发展提出相关建议和对策，引起政府部门的高度重视。市新闻出版局在答复中，明确表示将采纳提案的有关建议，并采取相应的对策和措施。

2009年《关于上海科技创新中的高端专业人才开发与引进的建议》提案在全面客观分析上海高端专业人才开发和引进工作的现状并指出存在问题的基础上，提出合理化建议，应实行政策聚焦突破，加大国内外高端专业人才尤其是国际高端专业人才的引进力度，同时把握人才国际化趋势，加快国内高端专业人才的开发与培养。建议得到有关政府部门的重视和采纳。《建议》被评为市政协优秀提案。

2010年《关于引导上海青少年参加非物质文化遗产保护工程的建议》提案提出，要引导上海青少年参加“非遗”保护工程，首先要把“非遗”保护教育列入学校教育体系。上海市教育行政部门对此高度重视，表示在课程建设方面，将进一步下移管理重心，鼓励基层学校整合本土文化教育资源，开设非物质文化遗产方面的校本课程，并建立政策支持制度，形成相关激励机制，促进课程改革的深化，推动区县和学校创造出更多的具有民族特色的素质教育成果。

2010年11月25日，民进中央副主席、上海市人大常委会副主任、民进上海市委主委蔡达峰带领上海市政协委员中的民进会员赴长宁区就“发挥社会力量，激发社会活力，推进社会建设管理的体制创新与机制优化”进行调研并座谈。民进上海市委副主委陈强努、李名慈参加

2011年《关于“十二五”期间上海推进图书精品力作出版的对策和建议》提案在充分调查研究的基础上，反映上海出版业的现状，建议上海作为出版重镇，打造原有出版品牌、推进精品力作出版、组建一支优秀的出版人才队伍。中共市委宣传部、市新闻出版（版权）局在协商办理时表示，将对部分重大出版选题的资助金额进行调整，筹划加大扶持力度，尤其是单品种的扶持力度。同时，将加大以奖代补的扶持力度，对那些有远见卓识、有实力、肯投入的出版机构的重点项目，出版后进行重点嘉奖，并建立更加合理的考核机制。《对策和建议》被评为市政协优秀提案。

2012年《关于增强上海国有大中型企业创新动力的建议》提案分析上海国有企业创新动力不足的主要原因，对刺激创新提出对策建议。市国资委在协商办理时表示，将根据提案建议，从完善董事会任期评价机制、完善创新人才激励机制、完善产学研合作机制、配合支持筹建上海产业技术研究院、优化企业创新环境等方面扎实推进，切实增强企业的创新动力。《建议》被评为市政协优秀提案。

2013年《关于推进上海医教结合的若干建议》提案，市教委、市卫生和计生委在协商办理时表示，以提案形式关注本市医教结合工作的民主党派仅民进一家，而这项工作是两个政府部门乃至市政府领导相当重视的工作。两部门近年来多次分别或联合发文推进这项工作，并制定三年行动计划。青少年学生健康关系祖国未来，也是公共卫生关注的热点和难点问题，上海民进提案中的建议对进一步完善本市医教结合工作，促进青少年学生健康成长有着积极作用。

2014年《关于本市民非养老机构建设的若干建议》提案，市民政局在协商办理时表示，将根据提案建议，围绕政府在宏观层面发挥更大作用、养老机构规划与配建、增强行业协会专业力量、建立权威仲裁机构、加强护理人员储备、建立护理员等级认证体系、建立健全为老服务志愿者体系等方面，不断健全本市养老服务工作。《建议》被评为市政协优秀提案。

2015年《关于促进并规范电子商务发展的若干建议》提案，分析电商与店商在价格上的不公平竞争、电商交易形式隐秘、第三方商户缺少监管、快递公司资源良莠不齐、买卖双方信息不对称等方面的问题根源。市商务委高度重视，在全委建立专项工作机制，并多次联系市经济信息化委、市工商局、市质检局、市地税局、市邮政管理局等部门，开展引导线上线下融合发展、推进电子商务税收立法、加快制定行业标准规范、加强市场主体综合监管、推动市场诚信体系建设等一系列有针对性的举措落实提案建议。该提案被评为市政协优秀提案。

2016年《关于上海创建具有全球影响力科创中心的建议》提案聚焦上海加快实现创新驱动、转型发展的需求，受到市发改委的高度重视。市发改委主任沈晓初亲自督办，并赴民进市委通报提案办理情况，根据民进市委建议，就张江国家科学中心建设、进一步做实人才政策、科研经费管理制度改革、完善国企创新考核体系、简政放权、完善中心企业科技金融和财政支持政策、知识产权保护和应用等方面进一步推进工作。

2017年《关于创新社会治理，加强基层建设的建议》提案由主委课题转化，提出上海作为我国的经济发达地区，群众的政治参与、利益表达和民主监督的意愿相对较强，对上海创新社会治理是一个很大的机遇同时也是挑战，如何打通政府与群众之间沟通的环节，寻找全社会意愿和要求的最大公约数，是社会治理取得成功的关键。上海市社会工作党委巡视员袁建国在协商办理时表示，民进市委的提案为推动从政府管控向引导社会力量共同治理的转变，形成社会治理的合力具有积极的现实意义，上海市社会工作党委将积极推动相关责任部门认真采纳民进市委建议并进行落实。《建议》被评为市政协优秀提案。

2018年3月11日，民进中央副主席、上海市政协副主席、民进上海市委主委黄震利用参加全国两会休息时间，深入北京市望京地区，就加强城市精细化管理进行调研

2018年《关于加强本市交通网格化管理的建议》提案，上海市交通委副主任于福林在协商办理时表示，上海的交通管理水平在全国都处于前列，但日益复杂的路面状况与共享单车等新型设施对上海的地面交通管理提出更高的要求，城市交通网格化管理是一个非常好的措施，依托网格化管理构成的行政处理闭合流程，可以有效提升城市交通管理水平，形成科学的管理、预警、考评机制，强化后台作用，提高工作效率。该提案被评为市政协优秀提案。

1991年至2018年市政协大会发言

年度	大会发言题目	备　注
1991年	切实改变学校作风，提高教育质量	大会口头发言
	关于发展浦东新区教育事业的若干建议	大会口头发言
	重视流散在社会上的青少年的教育问题	大会书面发言
	关于改革现行公费医疗制度的建议	大会书面发言
	怎样使学术基金发挥更大的作用	大会书面发言
	对创作人员应给予照顾政策	大会书面发言
	文化经费在使用上对严肃艺术要给予优惠	大会书面发言
	高校教师队伍断裂层分析	大会书面发言
	有关职业教育问题	大会书面发言
	关于给予教育单位使用市政设施政策倾斜的建议	大会书面发言
	扩大外贸出口创汇的几点建议	大会书面发言
1992年	服从和服务于经济建设这个中心——人才建设仍然是当务之急	大会口头发言
	发展社区教育，提高市民素质，加快我市现代文明城市建设的进程	大会书面发言
	上海需要更多的绿	大会书面发言
1993年	要充分发挥民主党派为经济建设服务的优势	大会口头发言
	近期上海国有资产管理体系模式构想	大会书面发言
	让全社会都来关心弱智儿童教育	大会书面发言
	解决思想，深化改革，为创建上海高等教育试验区而努力	大会书面发言
	对深化上海教育体制改革进程中几个问题的思考	大会书面发言
	关于进一步深化上海文化体制改革的几点意见	大会书面发言
	关于深化上海出版改革的几点思考	大会书面发言
	加强基础性研究和应用研究，稳定研究队伍	大会书面发言
	“大世界”应归还市文化局领导管理	大会书面发言

1994年	关于学习、宣传、执行《教师法》的几点建议	大会口头发言
	关于上海市红十字会工作的现状及我们的建议	大会书面发言
	关于深化高校管理体制改革的几点意见	大会书面发言
1995年	关于加快上海农村教育整体发展的几点建议	大会口头发言
	关于率先建立社会主义市场经济运行机制的建议	大会书面发言
1996年	上海社区文化和社会服务建设的思路与对策	大会口头发言
	关于加强廉政建设的几点意见	大会书面发言
	上海应有一流的基础教育 ——对上海基础教育“九五”计划的若干建议	大会书面发言
1997年	上海就业结构的发展变化与人才培养的对象	大会口头发言
	民主党派如何在社会主义精神文明建设中发挥自己的作用	大会口头发言
	制定局级领导干部学法考核制度	大会书面发言
1998年	关于上海社区精神文明建设的思路与建议	大会口头发言
	深化基础教育改革，推进素质教育实施	大会书面发言
	关于加快上海城市绿化建设的几点建议	大会书面发言
	本市民办高中的现状及建议	大会书面发言
	对上海市“再就业工程”的几点建议	大会书面发言
	关于建设上海旅游市场的几点对策	大会书面发言
	用成套改造的模式进行旧区改造	大会书面发言
1999年	迎接知识经济时代，健全构筑上海人才高地的机制	大会口头发言
	建立中国旅游资源信息网，发展上海旅游业	大会口头发言
	上海再就业工程要走向社会主义大市场	大会书面发言
	推进上海城乡协调发展，加快都市型农业建设步伐	大会书面发言
	加强社区卫生服务，提高人民生活水平	大会书面发言
	上海可持续发展与环境保护	大会书面发言
2000年	发展消费信贷，扩大消费需求	大会口头发言
	上海学前教育改革发展的思路与建议	大会书面发言
	建设上海旅游服务交易市场，培育上海旅游批发集团	大会书面发言
	中医药科技成果转化的几点建议	大会书面发言
	产学研结合促进科技成果产业化	大会书面发言
2001年	上海市沿江沿海地区生态环境恶化趋势及对策	大会口头发言
	关于促进行业协会规范运作和有序发展的建议	大会书面发言
	关于加快制定《上海市旅游管理条例》的建议	大会书面发言
	在实施中小学素质教育中发挥德育、教师、社区作用的思考	大会书面发言
	“十五”期间上海城市生态建设战略重点与举措	大会书面发言

2002年	积极推进终身教育，把上海建成学习型城市	大会口头发言
	上海旅游企业实施“走出去”战略的思考与对策	大会书面发言
	关于制定《上海市劳动争议处理条例》的若干建议	大会书面发言
	为上海建设成最佳居住环境城市努力	大会书面发言
	关于完善《上海市职工基本医疗保险办法》的建议	大会书面发言
2003年	加强规划管理，促进上海市小城镇生态环境建设	大会口头发言
	关于改进出版社现行税收政策的建议	大会书面发言
	关于加快提高上海郊区基础教育水平的若干建议	大会书面发言
	关于促进上海黄浦江观光旅游产业发展的对策与建议	大会书面发言
2004年	关于推进本市义务教育均衡化发展的几点建议	大会口头发言
	关于进一步改善本市创业和就业环境的若干建议	大会书面发言
	深化管理体制改革推进公益性文化事业	大会书面发言
	关于进一步完善残疾儿童社会保障机制的建议	大会书面发言
2005年	关于推进本市民办教育发展的若干建议	大会口头发言
	关于在医疗机构尽快设立临床医学工程师的建议	大会书面发言
	关于上海率先启动“图书希望工程”的意见和建议	大会书面发言
	关于修改《上海市城镇廉租住房试行办法》的建议	大会书面发言
2006年	关于加强上海职业教育，提高劳动者素质的建议	大会口头发言
	关于上海积极拓展境外印刷业务的若干建议	大会书面发言
	关于大力扶持本市民办非企业单位发展的建议	大会书面发言
	在完善医疗卫生服务体系中必须重视心理健康的建议	大会书面发言
2007年	关于上海郊区文化资源优化配置的若干建议	大会口头发言
	关于推进本市无偿献血事业的建议	大会书面发言
	关注青少年心理问题，促进青少年健康成长	大会书面发言
	关于民营资本进入上海出版产业若干许可领域的建议	大会书面发言
2008年	公平对待民办教育，政府责任不可推卸	大会口头发言
	加强学校体育工作，切实改善上海青少年体质健康状况	大会书面发言
	关于上海社区文化建设投入分析及社会化发展的若干建议	大会书面发言
2009年	关于上海社区建设可持续发展的思考与建议	大会口头发言
	关于加强本市节能工作的若干建议	大会书面发言
	关于上海科技创新中的高端专业人才开发与引进的建议	大会书面发言
	关于本市出版业体制与机制创新改革的若干建议	大会书面发言

2010年	加快探索居民自治新思路，推进业主委员会健康发展	大会口头发言
	上海实施市民旅游教育对策	大会书面发言
	关于在上海弘扬妈祖文化的建议	大会书面发言
	建议在构建上海国际航运中心时探索实施“地主港”管理模式	大会书面发言
2011年	促进社区公共服务和社会组织协调发展的思考与建议	大会口头发言
	关于提升上海基础教育国际化水平的建议	大会书面发言
	关于“十二五”期间上海推进图书精品力作出版的对策、建议	大会书面发言
	关于深入推进本市“公交优先”战略的若干建议	大会书面发言
2012年	关于优化本市基础教育师资队伍的建议	大会口头发言
	关于推动本市传统出版业转型发展的若干建议	大会书面发言
	关于上海轨道交通法制化建设的建议	大会书面发言
	关于进一步关注进城务工人员随迁子女教育的若干建议	大会书面发言
2013年	关于完善国有企业科技创新激励机制的若干建议	大会口头发言
	关于本市构筑阅读文化共同体的建议	大会书面发言
	关于推进上海医教结合的若干建议	大会书面发言
	关于终身教育视野下学校教育发展与创新的建议	大会书面发言
2014年	对上海新建大型居住区建设和管理的建议	大会口头发言
	关于本市民非养老机构建设的若干建议	大会书面发言
	关于本市婚姻家庭领域心理咨询及相关援助的若干建议	大会书面发言
	关于引领全媒体时代少儿阅读的建议	大会书面发言
2015年	在教育综合改革中关注中小学教师的切身利益	大会口头发言
	关于增强中小学社会主义核心价值观教育实效性的建议	大会书面发言
	长江流域饮用水水源地安全面临的突出问题及保障对策	大会书面发言
	关于加强上海市电力行业节能减排工作的建议	大会书面发言
2016年	关于本市社会组织协商制度建设的建议	大会口头发言
	关于创新社会供给能率、促进上海经济新增长的建议	大会书面发言
	关于提升上海航空服务能级助推“一带一路”国家倡议的建议	大会书面发言
	关于打造主流价值话语新载体的建议	大会书面发言
	关于本市机构养老领域“医养结合”情况的建议	大会书面发言
	关于创新环保机制，推进上海可持续发展的建议	大会书面发言
	关于进一步加强上海建筑垃圾资源化利用的建议	大会书面发言
2017年	推进科创中心与社会组织共同发展	大会口头发言
	深化分配制度改革，推进共享发展与社会和谐	大会书面发言
	关于发展社区养老扶持政策的相关建议	大会书面发言
	关于推进上海市技术转移转化体系建设的相关建议	大会书面发言
	助力上海科创中心建设，进一步完善现代职业教育体系	大会书面发言

2018年	加强网络餐饮监管，确保舌尖上的安全	大会口头发言
	关于加强食用农产品安全全程监管的若干建议	大会书面发言
	义务教育阶段精准“减负”的建议	大会书面发言
	国际视野下的城市工业遗存的更新与转型策略 ——以上海吴淞地区工业遗存为例	大会书面发言
	关于加强医疗广告监管的建议	大会书面发言
	在建设全球卓越城市背景下， 提升上海公共文化配置效能的对策建议	大会书面发言
	构建“上海自贸区知识产权贸易平台”， 助推上海“科创中心”建设	大会书面发言

1991年至2018年市政协大会提案数量一览

年度	提案数量	年度	提案数量	年度	提案数量
1991	4	2001	16	2011	10
1992	7	2002	16	2012	10
1993	15	2003	13	2013	10
1994	12	2004	11	2014	10
1995	10	2005	11	2015	10
1996	11	2006	13	2016	8
1997	14	2007	12	2017	8
1998	19	2008	13	2018	8
1999	26	2009	9		
2000	16	2010	8		

1991年至2018年被评为市政协优秀提案一览

年 度	提案题目
1991	建议加强领导，理顺管理体制，促进职业技术教育的进一步发展
1992	关于改革上海高校招生办法的建议
1993	关于深化上海普教体制改革的几点建议
	建议设立上海国有资产管理机构
1994	关于学习、宣传、执行《教师法》的几点建议
	关于依靠科技力量参与市场竞争，搞活企业的几点建议
1995	关于上海率先建立社会主义市场经济运行机制的几点建议
	关于加强语言文字管理，尽快制定相应法规
1996	关于进一步加强社区服务建设的几点建议案
	关于宣传、落实《教育法》的情况分析与建议

年份	建议
1997	关于搞好国有企业的几点意见
	关于建立和完善上海股票市场管理体系的几点建议
2000	关于进一步引导好上海地区宗教与社会主义相适应的几点建议
	尽快建立中小学生人身伤害事故处置赔偿基金会
2001	关于促进行业协会规范运作和有序发展的建议
	关于推进造血干细胞（骨髓）捐献工作的几点建议
2002	关于提高本市初中教育整体水平，以抑制“择校竞争”的若干建议
2004	关于推进本市义务教育均衡化发展的几点建议
	要以科学的发展观推进上海城郊一体化建设
2005	关于上海率先启动图书馆希望工程的意见和建议
	关于加强培养优秀复合型技能人才（灰领）的建议
	关于推进上海社区资源共享的研究与建议
2006	关于大力扶持本市民办非企业单位发展的建议
	加强职业教育，提高劳动者素质
	适应未来几年上海市人口变化的教育对策
2007	关于加强本市名中医传承和培养的建议
	关于加强对上海艺术品市场监管的建议
	关于上海郊区文化资源优化配置的若干建议
	关于进一步关注青少年心理问题，促进青少年健康成长的建议
2008	加强学校体育工作，切实改善上海青少年体质健康状况
	关于上海社区文化建设投入分析及社会化发展的若干建议
2009	关于上海社区建设可持续发展的思考与建议
	关于加强本市节能工作的若干建议
2010	关于推进民营图书工作室健康发展的若干建议
	关于对淀山湖水资源污染进行生态治理和恢复的建议
2011	关于“十二五”期间上海推进图书精品力作出版的对策、建议
2012	关于增强国有大中型企业创新动力的建议
2013	关于完善国有企业科技创新激励机制的若干建议
2014	关于本市民非养老机构建设的若干建议
2015	关于促进并规范电子商务发展的若干建议
2016	关于进一步完善中心城区社区居家养老服务的建议
2017	关于创新社会治理，加强基层建设的建议
	关于完善食品安全举报奖励机制的建议
2018	关于加快上海智能网联汽车全产业链发展的建议

第二章 履行党派职能

第一节 参政议政

参政议政是民主党派三大基本职能之一。参政议政是对政治、经济、文化、社会生活和生态环境等方面的重要问题以及人民群众普遍关心的问题，开展调查研究，反映社情民意，进行协商讨论。通过调研报告、提案、建议案或其他形式，向中国共产党和国家机关提出意见和建议。民进市委长期以来，立足界别特色，围绕建设教育强国、文化强国、加快建设创新型国家等重大课题，广泛深入调研，积极建言献策，为实施科教兴国战略、人才强国战略、创新驱动发展战略等作出积极贡献。

一、专题调研

从1993年起，民进市委在市政协、中共市委统战部的牵头组织下，组织开展专题调研。这些课题的内容涉及上海的教育卫生、科技创新、文化旅游、出版印刷、企业改革、经济金融、城市建设、长三角一体化发展等领域。这些调研报告受到市有关部门重视，大部分转化为市政协提案，部分被市政府研究室和有关部门摘登，部分被有关杂志、刊物等媒体选用。

1995年，民进市委《上海社区文化和社区服务建设的思路和对策》专题调研报告是在以南市、长宁两区为重点开展调研后完成的。民进市委分别邀请有关街道、区文化局、区文化馆、街道文化站以及各有关方面人士召开座谈会，走访南市区文化馆、长宁区文化馆、南市区小东门街道、董家渡街道、长宁区华阳街道、黄浦区广场街道、浦东新区潍坊街道、杨浦区延吉街道等。专题调研报告转化形成民进市委在市政协八届四次大会上的发言和3份提案，其中《关于进一步加强社区服务的几点建议》被评为优秀提案。

1996年，民进市委《上海就业结构的发展变化与人才培养及就业问题研究》专题调研报告分析上海要实现建成“一个龙头，三个中心”的特大型中心城市这一战略目标，存在就业结构变化以及人才结构与之不相适应的状况，并就如何适应上海经济社会发展、重点培养具备上海“三个中心”特色的高级人才以及大批适应上海现代化建设的合格就业者，提出人才培养的对策建议。该文摘登于上海市人民政府1997年第四期《决策参考》。

1997年，民进市委《关于上海社区精神文明建设的思路与对策》专题调研报告就上海的社区教育和社区文化建设作调研，总结取得的成绩，分析存在的问题，并提出思路与对策。调研报告转化形成《关于上海社区教育的几点建议》《多种格局发展社区文化，全方位提高市民素质》两个提案，提交上海市政协九届一次会议，得到市教育委员会和精神文明办公室的采纳。

1998年，民进市委就“上海旅游业的发展应向信息化、产业化方向发展”开展调研，形成《中国旅游资源信息网产业化可行性研究报告》。调研报告论证在上海建立中国旅游资源信息网的重要意义及可能性，分析上海的有利条件，提出要充分发挥上海海陆空交通畅通、信息网络发达、服务硬件过硬的优势，立足上海，服务全国，面向世界，使上海的旅游业发生质的飞跃。同时，提出《中国旅游资源信息网》的整体定位及实施要素、信息库的构架及信息收集方法，还进行市场预测。调研报告转化形成《建立中国旅游资源信息网，发展上海旅游业》的市政协九届二次大会发言和提案《关于上海建立中国旅游资源信息网的建议》。调研报告和形成的提案在全市各新闻媒体上广泛报道，并经市领导批转市信息化办公室及市旅委处办，国家建设部与林业部总局表示接受并积极支持成果转化工作。

2000年，民进市委通过专题调研认为“为培育上海新的经济增长点，要求通过加快旅游业的发展，带动相关行业的繁荣和发展。上海都市型旅游经济的发展顺理成章地对上层建筑提出立法要求”，所形成的专题调研报告《关于加快制订〈上海市旅游管理条例〉的思考与建议》指出：综观上海旅游经济、政策基础和法律基础，《上海市旅游管理条例》的制定已具备客观充分条件。还对制定《上海市旅游管理条例》的基本原则、基本内容构架作了探索性描述，并就加快制定

《条例》提出建议。

2001年，民进市委《积极推进终身教育，把上海建成学习型城市》专题调研报告提出：终身教育已成为21世纪教育发展的重要趋势，教育终身化将成为新世纪特征。专题调研报告认为上海要创建学习型城市，发展社区教育是一个重要载体和主要抓手。同时与世界各国终身教育发展比较，分析上海建立和完善终身教育体系的基础和优势，面临的问题和现状，为上海的现代化建设可持续发展提出诸多建议。专题调研报告转化所形成的市政协大会发言被市政协评为优秀大会发言。

2002年，民进市委“上海市郊小城镇生态环境建设与可持续发展”课题组针对近年来以苏州河为重点的城市水环境综合整治力度不断加大，困扰上海城区多年的河流水体黑臭现象已基本得到遏制。但与此同时郊区水域又出现河网水体整体黑臭等现象，逐步形成以小城镇为中心、连片成带、“农村包围城市”的水环境污染。课题组根据上海市“十五”规划将加快郊区城镇化步伐，首先重点发展“一城九镇”的规划，提出“以人为本”，重视小城镇生态建设的多项思路和对策。

2005年，市教委委托民进市委牵头承接“和谐上海的教育”决策咨询总课题，由八个民主党派市委根据自身优势自主选择，各自承担一个子课题进行立项调研，各党派根据情况写出调研报告，由民进市委汇总成“和谐上海的教育”总课题，将研究成果和总报告提交上海市教委。民进市委承担课题总协调的工作，对子课题选题等相关事宜进行沟通、协商。课题研究集中各党派的集体智慧，通过展开深入细致的实证调查和认真缜密的理论思考，围绕教育发展与和谐上海的关系进行研究，提供实践操作的路径。

2005年，新闻出版局党委会议决定将“积极开拓境外印刷业务，促进上海印刷产业持续健康发展”的课题委托民进市委立项调研。通过课题调研了解到，未来五年，发展壮大印刷业应成为上海文化产业发展的重要目标之一，而其中的缺口需由印刷产业承担，因此必须通过印刷业的业务拓展和产值增长来弥补缺口。调研报告对挖掘上海印刷业潜在市场和境外的印刷业务发展空间提出有效途径和方法，供政府有关职能部门作为制定有关文化产业政策的决策参考。

2006年，民进市委承接的上海市决策咨询委员会课题“上海郊区文化资源配置研究”为民进市委主委课题。课题组对上海7个区（县）10余个点进行深入

2007年8月，民进中央副主席、上海市人大常委会副主任、民进上海市委主委蔡达峰，副主委赵丽宏、陈强努就“当代城市公共文化事业的发展”课题率课题组成员赴上海图书馆调研

调研，召开近10次不同层次的座谈会，发放近2000份调查问卷并回收。通过对郊区城市化程度不同的5个区县的12个乡镇文化资源配置的现状调查，审视上海郊区文化事业发展，尤其是文化资源配置方面的特征、成因与不足，进而提出对策建议。在中共市委统战部举行的重大调研课题中期成果评审会上获与会专家的好评并得到市决咨委的认可，其成果将提供给上海市领导和有关部门，作为决策参考。课题组根据评审会的意见，继续对上海郊区未来发展趋势和存在问题作深入研究，对郊区城乡接合部的休闲文化（如农家乐）、餐饮娱乐等大型服务设施对市区和郊区人群的融合作用等作进一步的深入调研。

2008年，民进市委承接市决策咨询委员会“上海社区‘三个中心’建设后评估调研”课题。课题组分别前往浦东新区花木街道、金桥镇和松江区车墩镇调研社区“三个中心”建设情况，为政府在社区“三个中心”建设决策上提供有价值的、可操作性的意见和建议。

2011年，民进市委承接中共市委统战部的专项调研课题“上海轨道交通安全对策研究”。随着轨道交通的便捷化、安全化，区域城际轨道交通的安全可靠性具有公路、民航无法比拟的诸多优越性，轨道交通正在发挥主导性的城市交通功

2009年8月，民进中央副主席、上海市人大常委会副主任、民进上海市委主委蔡达峰到民进静安区委调研

能。课题组针对轨道交通安全涉及人、物、信息及管理等诸多方面的因素，通过现场察看、座谈会、个别访谈、问卷调查等途径，总结上海轨道建设、运营管理的成功经验，提出完善意见和相应机制体制方面的改进对策。

2012年，民进市委承接市决策咨询委员会课题“发挥基层社会组织在维护社会稳定中的作用研究”，由民进市委主委蔡达峰亲自执笔的《关于社会稳定与社会组织关系的认识》作为该课题的附件，被市决咨委作为此次党派承接市决咨委课题成果的唯一专报，报送市委主要领导。承接的市科委课题“上海促进科技创新的激励机制和收入分配政策研究”，获民进中央主席严隽琪长达120字的批示。

2013年，民进市委承接市决策咨询委员会课题“上海新建大型居住区管理的现状分析与政策建议”。课题组赴市房管局、闵行区和浦东新区进行调研。建议市政府针对上海居民在保障性住房中遇到的生活实际困难，提升建设目的研究，加强责任与目标管理，让居民切实感受到生活改善的效果，把保障性住房建设引向可持续发展的轨道。

2014年，民进市委承接市决策咨询委员会课题“关于发挥民主党派基层组织在和谐社区建设中的作用研究”。课题组赴黄浦、杨浦、静安、长宁等区调研课题提出，面对上海新一轮社区建设的社会发展需求，要进一步发挥党派成员，尤其是退休党派成员的智力资源优势，服务社区建设与居民自治，将有助于这一社会建设的进程。首先要解决的是民主党派基层组织和退休成员参与社区建设与自治管理的活动机制问题。

2015年，民进市委承接市决策咨询委员会课题“关于本市社会组织协商制度建设的建议”。课题报告提出，上海应尽快在中共市委领导下，聚焦“社会组织协商制度建设”这个全局性战略性任务，从制度上确立社会组织在协商中的主体地位。建议：全面掌握相关法律法规依据；科学界定社会组织协商的基本形态；提升领导干部的认识；开展社会组织协商活动；引导和促进社会组织参与协商。

2016年，民进市委承接市决策咨询委员会课题“在科创中心建设中发挥社会组织作用”。建议建设“科创中心”要促进科技组织发展，形成一定规模和结构的科技组织系统，构建符合科技发展需要的生产关系；建设“科创中心”要发挥社会组织在“研发”“保障”方面的作用；建设“科创中心”要深化事业单位改

2017年7月18日，民进上海市委主委黄震率民进上海市委专项监督组赴青浦区就《上海市食品安全条例》贯彻落实情况进行专项监督。民进上海市委专职副主委胡卫、黄山明参加

2017年12月，民进上海市委副主委潘向黎带队调研德清文化创意园

革，大力促进事业单位自治，平等对待事业单位与社会组织。

2017年，民进市委承接市决策咨询委员会课题“关于完善上海市民办中小学招生政策的对策建议”。其间，课题组赴市教委、各民办中小学调研。课题报告提出，随着民办教育的蓬勃发展，民办中小学招生问题也逐渐成为社会关注的焦点话题。建议实时警示报名人数；政府制定框架引导学校制订面谈方案；加强对网络环境的净化，提升行业内专业客观声音；共同营造健康、透明、有序的中小学招生环境。

2018年民进市委承接市决咨委课题“关于完善上海文创产业人才养成机制的建议”。其间，课题组赴静安区、上海交通大学文创学院等调研。课题报告建议，从普教、高教、终身教育领域，全面优化教育模式，提升文创人才素质能力；通过城市更新改造项目、社区微更新项目等，强化文创社会属性，为文创人才培养丰富途径渠道；发挥上海文创产业推进领导小组核心作用，支持各界成立文创人才协会，完善扶持政策，为文创人才创造良好职业前景；推进文创领域“放管服”，营造健康版权生态，激发文创人才主动性。

2018年4月4日，全国人大常委会原副委员长、民进中央原主席严隽琪一行赴上海大学上海公共艺术协同创新中心考察并参加调研座谈会，民进中央副主席、上海市政协副主席、民进上海市委主委黄震等领导陪同调研

2018年10月12日，民进中央副主席、上海市政协副主席、民进上海市委主委黄震等领导一行赴虹口区开展专题调研

1993年至2018年专题调研课题

年份	课题名称
1993	本市实施《教师法》的情况调查及几点建议
1994	浦东新区九十年代教育发展战略及规划研究
1995	上海社区文化和社区服务建设的思路与对策
1996	上海就业结构的发展变化与人才培养及就业问题研究
1997	关于上海社区精神文明建设的思路与对策
1998	中国旅游资源信息网产业化可行性研究报告
1999	跨世纪上海学前教育的探索与研究
2000	关于加快制定《上海市旅游管理条例》的思考与建议
2001	积极推进终身教育，把上海建设成学习型城市
	上海旅游企业实施“走出去”战略的思考与对策
2002	加强规划管理，促进上海市小城镇生态环境建设
	上海黄浦江观光旅游产业发展研究
	上海市郊区基础教育工作
	上海市郊小城镇生态环境建设与可持续发展
2003	上海旅馆业现状与发展对策研究
	关于完善初中优秀毕业生免试直升重点高中的建议
	关于推进上海社区资源共享的研究与建议
	高等职业教育在高教未来发展中地位和作用
	大学生综合素质教育中拓展训练的应用研究
2004	关于上海社区文化、科技、教育、体育等社会事业资源共享问题的研究
	关于本市社会力量办学问题的调研
	适应未来几年上海人口变化的教育对策研究报告
	加强职业教育提高劳动者素质
	积极开拓境外印刷业务的建议，促进上海印刷产业持续发展
	关于构建高等职业教育产学合作机制问题的研究报告
2005	和谐上海的教育
	适应未来几年上海人口变化的教育对策研究报告
2006	影响青少年健康成长的社会环境研究
	上海郊区文化资源配置与开发研究
	民营资本进入上海出版产业若干许可领域存在的问题和促进措施
	关于推进上海城市建筑创新的研究和建议

2007	推进学习型城市建设中社会教育的问题与对策研究
	上海社区文化建设投入分析及社会化发展的若干建议
	上海构建服务型经济研究及政策建议
	加强学校体育工作，改善上海青少年体质健康状况
	关于促进长江三角洲地区科技创新合作的建议
	关于长三角出版业互动发展的若干建议
	长江流域沿江重化工业布局存在的问题及其对策
2008	中小学教师专业发展标准研究报告
	以科学发展观为指导，深化出版体制改革
	上海社区“三个中心”建设后评估调研
	上海郊区旅游发展调研
	关于促进长江三角洲地区合作的研究报告
	“十一五”期间上海科技创新高端专业人才开发与引进政策研究
2009	上海外来流动人口子女教育问题研究
	上海实施市民旅游教育研究
	加强区域协作妥善解决民工子女就学问题
	京沪两地民营文化工作室的发展与运作的启示
	加强大学生就业培训的建议
	关于社会建设与管理创新的思考与建议
	淀山湖水环境污染探析及防治对策
	促进教育公平的目标及指标研究
2010	上海市基础教育国际化的理论与实践研究报告
	关于上海鼓励文化产品和服务出口的情况报告
	上海教育信息化现状与未来发展趋势研究
	三峡水库支流滞留区水华暴发机理及其调控对策
	全球发展面临的三重性压力及其对我国转型发展的战略建议
	重构社区公共服务培育现代社会组织
	国企高管薪酬问题及对策研究
	“关于增强上海国有大中型企业创新动力的对策研究”第二阶段报告
	本市区域性社会组织发展机制研究
2011	加快提升上海中等职业教育培育能级
	关于增强上海国有大中型企业创新动力的对策研究
	上海轨道交通安全对策研究
	关于培育发展本市公益性社会组织的对策研究
	职业教育政策研究
	关于“十二五”期间上海如何推进图书精品力作出版的对策和建议

2012	中国非物质文化遗产保护与可持续性发展的政策研究
	本市基础教育集团化办学模式研究
	发挥基层社会组织在维护社会稳定中的作用研究
	关于拓展上海书展辐射功能、整体提升市民阅读环境的几点思考
	上海促进科技创新的激励机制和收入分配政策研究
	上海市出租车管理的问题与对策研究
	提高中职人才培养质量服务上海经济社会发展
2013	上海新建大型居住区管理的现状分析与政策建议
	本市郊区学前看护点情况调查与建议
	上海科技创新体系建设中企业人力资本激励制度研究
	提升上海创意产业集聚效能，打造创意文化高地的政策研究
	上海民办教育政府扶持体系构建的探索与对策：基于国际比较的视角
	对外来务工人员随迁子女教育的公共服务供给研究
	整合资源，打造上海儿童读物出版高地
2014	关于发挥民主党派基层组织在和谐社区建设中的作用研究
	核心价值观视野下的学校德育：延续性和实效性研究
	关于终身教育视野下学校教育发展与创新的建议
	关于本市互联网金融的发展
	上海建设有全球影响力的科技创新中心：现实难点与对策研究突破口
	上海沿海滩涂生态功能修复与开发利用建议
	新媒体背景下加强新闻职业道德建设的现状和对策
	促进本市小微金融发展的扶持政策研究
2015	关于本市社会组织协商制度的建设的建议
	城市博物馆在现代公共文化服务体系中的功能定位及作用发挥
	公共图书馆在城市文化服务体系构建中的作用和发展方向
	市民终身学习需求监测研究——基于监测体系建构的视角
	企业家在科创中心建设中的作用及其动力机制的研究
	对“十三五”期间出版业提出几点建议
	关于加快上海市“技术转移信息平台”建设的研究
2016	在科创中心建设中发挥社会组织作用
	加大科创中心转化力度，促进科技创新中心建设
	优化人才结构，促进科创中心建设
	企业家在科创中心建设中的作用及其动力研究
	市民终身学习评估监测的实施机制研究
	科创中心建设与上海汽车产业全产业链智能协作平台建设调查研究
	对上海出版业当前短板的若干建议

2017	关于完善上海市民办中小学招生政策的对策建议
	在建设卓越的全球城市背景下提升上海公共文化配置效能的对策建议
	外资研发融入上海科技创新面临的体制机制障碍及其突破研究
	关于改善上海市食品安全的对策和建议
	市民终身学习需求评估与监测的实施机制研究
	知识沟、全民阅读和公共图书馆建设
	推动上海普惠性幼儿园发展相关制度研究
2018	上海文创人才培养机制研究
	民主党派的民主监督问题研究
	关于推进长三角文创乡村一体化建设，服务乡村振兴战略的建议
	科技金融支持上海科创中心与上海国际金融中心联动发展的对策研究
	中国教育走出去战略研究——以上海市为例
	民营图书公司与传统出版单位合作模式探索

二、建言献策和反映社情民意信息

（一）积极建言献策

民进上海市委在开展专题调研的基础上，发挥不同界别会员和专委会的优势，结合不同时期社会和经济发展任务，举办不同主题的议政沙龙（议政日）、论坛、研讨会等建言活动，拓展建言献策渠道，关注上海社会和经济发展及社会民生，为社会进步和可持续发展贡献智慧和力量。

1986年第四季度，民进市委对中共市委草拟的《关于上海教育发展战略课题研究的初步设想》提出建设性意见。还对《中华人民共和国教师法》草案，组织二十余次专题座谈会，提出修改意见。与此同时，民进市委经过调查研究，分析讨论，写出《关于在本市中学试行把会考成绩计入高考总分办法的几点意见》《关于上海市普及义务教育条例实施细则座谈会的情况汇报》《应该端正中小学办学思想》等意见建议，供教育部门参考。

1989年夏季，上海市市区初中毕业生将有占20%（约12万名）学生不能升学。为及时解决他们的出路问题，民进市委会于1989年4月17日向中共市委、市人大常委会、市人民政府递交了《关于初中毕业生出路的建议》。建议书受到中共市委重视，并于5月2日函复民进市委，认为所提问题和解决办法都很好，已转请市教卫办和有关部门认真研究提出意见。

1992年10月，民进市委联合民革、民盟、农工党、九三学社市委，对深化上海普教体制改革进行研讨。1993年7月，提出《对深化上海普教体制改革的几点意见》建议书。

2005年，民进市委通过召开学习《反国家分裂法》座谈会和“两岸关系”座谈会，发动与台、港、澳政界、商界、学术界知名人士有亲属关系的会员献计献策，开拓工作渠道，并向民进中央、中共市委统战部报送“关于《反国家分裂法》出台后对台工作的建议”。

2010年，民进市委参与上海市“十二五”规划大讨论，发动各级组织围绕上海服务型经济发展、社会建设和社会管理、节能减排和环境保护、文化出版业发展等四个方面建言献策，并分别举办专题讨论、“议政沙龙”活动。在此基础上，“民进市委对本市制定十二五规划的建议汇总稿”经市委统战部领导批示后报送中共市委领导。

2013年，受民进中央和北京师范大学合作建立的中国教育政策研究院委托，民进市委就“上海新生代农村转移劳动力在职业教育和社会融合”进行调研。这次调研涉及市人保局、市教委、市农委、团市委、市妇联等多个部门，共完成十万余字的调研材料的撰写。民进市委协助民进中央在沪召开“中国加入世贸组织十一年调研座谈会”，本市八位著名专家学者参与研讨。

2014年，民进市委承办“关于当前宏观形势分析与我国改革重点难点问题研讨会”和“关于依法治国参政议政务虚会”。民进中央主席严隽琪率课题组赴上海调研金山现代农业和青浦污水治理，向民进中央举办的“2014·长江保护与发展论坛”递交4万余字的调研报告，对国家重大问题进行建言。

2017年，为适应社会发展的新形势和党派参政议政工作的新要求，民进市委编撰修订《民进上海市委参政议政工作指南》，全面总结回顾民进市委五年来参政议政制度建设成果，明确工作规范，保障工作效率。制定《民进上海市委参政议政工作纲要》《民进上海市委参政议政工作规划》《民进上海市委参政议政经费使用管理办法》等规章制度，进一步提升工作的科学化、规范化、程序化水平。

2018年7月，落实民进中央副主席刘新成一行来沪调研“基层协商推动基层社会治理”课题，并赴静安区石门二路街道实地观摩调研。11月，以“民主党派基层组织参与基层协商能力建设”为主题，在沪召开民进华东六省一市第20次工作研讨会，共同探索民进基层协商履职新机制。

（二）报送社情民意信息

反映社情民意信息是民进市委整体工作的重要组成部分，是履行参政议政、民主监督等各项职能的重要方面。民进市委向民进中央、市政协和中共市委统战部报送的信息主要有：民进市委领导对于重大政治事件表明的政治立场；民进会员中的政协委员向市政协报送的信息；会员关于经济建设和社会发展的建议等。

从2000年至2018年，民进市委报送民进中央、市政协和中共市委统战部社情民意信息共7679篇。其中一些社情民意信息得到中央领导和市领导的批示，一些社情民意信息被全国政协、中央统战部或有关部门采用。

2000年至2018年报送社情民意信息情况表（单位：件）

年 度	报送数量	年 度	报送数量	年 度	报送数量	年 度	报送数量
2000	40	2005	121	2010	490	2015	665
2001	56	2006	470	2011	363	2016	664
2002	38	2007	540	2012	369	2017	654
2003	68	2008	697	2013	526	2018	649
2004	83	2009	539	2014	647		

1999年，民进市委向中共市委统战部反映的《一民主党派人士反映〈围棋人生〉一书中有明显违背对台宣传政策之处》，被评为1999年度统战好信息。

2000年6月23日，民进会员艾小白提出“关于尽快建立我国纳米技术研究中心”的建议。建议指出，纳米技术是明天最能产生突破性进展的领域，21世纪人类面临的人口、粮食、能源、资源、环境五大危机可望由纳米科技的发展而得到解决或缓解，组建国家纳米科学和纳米工程中心是顺应潮流、参与国际竞争的需要。建议得到朱镕基总理批示，并予以落实。

2000年，市政协委员张应湘建议“取消转播中央电视台三、五、六、八台的加密收费”（市政协《社情民意》2000年第80期）。

2002年，市政协委员尹达新建议“人民广场应使用无拼缝的国旗”（市政协《社情民意》2002年第3期），2002年，市政协委员张彤建议“在长阳路眉州路口增设红绿灯”（市政协《社情民意》2002年第18期）。信息所反映的问题很快得到解决，并被评为第九届市政协优秀社情民意。

2008年，《加强学校体育工作，增强学生体质》《私企协会半强制收费》等得到中共市委书记、市长和分管副市长等领导批示，“旧区改造”信息获市政协主席批示并转相关部门落实。

2009年，《为迎世博急待规范申城外语招牌及告示》等得到中共市委、市政府领导批示。

2010年，《关于水利建设的建议》得到回良玉副总理批示、《关于规范机动车年检收费建议》获中共市委书记批示。

2011年，《关于完善地铁安检、保障地铁运行安全的建议》《尽快出台相关政策、鼓励上海张江高新区企业申请“新三板”挂牌》《关于加快推进上海国际贸易中心建设的建议》得到市领导批示。

2012年，《关于加强医疗技术下基层的建议》《部分退休教师对收入调整的反映》《关于上海建立教育培训质量监控培训体系的建议》《民众生活信念教育亟待加强》《建议本市清理纠正民办教育歧视性政策》《关于本市加强“体教结合”的建议》得到市领导批示。

2013年，《关于江浙沪三省市合作治理黄浦江上游水源地污染的建议》得到中共市委书记批示，《蔡达峰谈协商民主制度建设》《蔡达峰谈怎样坚持参政为民》《建议切实推进商品包装减量化》《关于推进上海医教结合的若干建议》得到市领导批示。

2014年，《对本市发展创意文化产业的几点建议》《对维护教师心理健康的几点建议》《龙吴路大火对本市群租乱象敲响警钟》《对解决小区停车难的几点建议》得到市领导批示。

2015年，《建议进一步落实〈上海市养犬管理条例〉》得到中共市委书记批示，《建议标明行走方向区域线以确保大客流通行安全》《对预防人群踩踏事件的几点建议》《建议推进区域教育一体化以应对“高考新政”》《建议莫将危险货物堆场整体搬迁至芦潮港》得到市领导批示。

2016年，《关于上海建立“亚太邮轮自贸区”的建议》得到全国人大常委会副委员长、民进中央主席严隽琪批示，《关于做好医养结合与老年照护的几点建议》《关于进一步加强上海建筑垃圾资源化利用的建议》《建议加快建设社区卫生服务中心儿科诊室》《建议本市完善船舶废弃物处置与监管》《建议依法整顿沪南公路4S店占绿毁绿销售机动车行为》《建议明确诉讼案件中翻译机构翻译责任》《建议改进本市高中学业考试（合格考）》得到市领导批示。

2017年，《建议以二十四节气“入遗”为契机，深化我国中小学传统文化教育》得到国务院副总理刘延东批示，《对落实本市外语听说测试标准化考场测试验收的建议》《建议破除落后思想观念深化教育综合改革》《建议公务员招录体检取消检查慢性淋巴细胞性甲状腺炎》《建议明晰并细化“教师教育权”》《历史剧重要人物应最大程度上尊重史实》得到市领导批示。

2018年，《应创新合作机制推动长三角更高质量一体化发展》得到中共市委书记批示，《学生培训机构普遍开设在高层商办楼应注重消防安全》《建议“学生视力指数”尽快纳入中小学绿色指标综合评价》《建议本市增加道路临时停车点》《建议将上海新虹桥国际医学园区打造成长三角健康产业创新集聚平台》《上海应建设成为全球著名体育城市》《建议本市加强民办托幼园所定价指导》《建议中小学定制适合学生健康生长的课桌椅》《打造上海技术转移中心，实施人才政策应扬长避短》《建议结合各地区农村实际采用就近养老模式》《本市应建立0–3岁婴幼儿社会化托育机制》《建议以自贸区推动上海开放型经济新体制建设》《高考新政背景下高中班主任应转向专业化》《关于限制可转债大股东无风险套利的建议》《应改进中小学教师网上研训》《建议上海举办国际进口博览会的同时增加三个小工程》《建议将肺动脉高压病用药纳入医保名录》《“互联网+”时代对促进青少年夏令营市场规范化的建议》《建议提升三十年多不变的“教龄津贴”》《建议完善长三角大气污染防治协作机制》《建议本市安装公交导盲系统》得到市领导批示。

上海民进会员撰写的社情民意信息被省部级及以上领导批示

（三）建立信息工作机制

遵照民进中央领导指示精神与民进中央总体工作部署和要求，结合上海民进工作实际，民进市委2001年7月召开信息工作会议，下发《关于加强信息工作的几点意见》。同时为使会员能更快、更方便地反映社情民意信息，民进市委开通社情民意热线。

2002年3月，民进市委召开民进信息工作研讨会，交流各区县委信息工作情况，逐步形成信息工作激励机制。

2004年2月，制定《民进市委会关于进一步加强信息工作的意见》，创刊《民进市委信息工作通讯》，成立信息工作组，聘请特邀信息研究员，旨在推动基层信息工作，并推进信息工作的规范化和制度化。

2018年，在已有信息骨干力量的基础上，建立“民进上海市委社情民意信息特聘专家、特约撰稿人、特约研究员”队伍，优化《民进上海市委关于参政议政成果奖励办法》，将社情民意优秀成果纳入奖励范畴。

2018年10月，民进市委召开信息片区成立大会并下发《民进上海市委社情民意信息片区管理办法》建立基层组织到市委会的信息汇集机制、反馈机制，不断强化信息成果的多向转化。同时，创新建立社情民意信息片区交流机制，根据地域区划将各级组织划分为东、南、西、北四大信息片区，召开信息片区成立大会，设立片长与秘书长，每季度召开信息片区工作交流会，进一步增强各基层组织间信息交流，提升开展信息工作能力。

2018年10月30日，民进上海市委社情民意信息片区成立大会在上海民主党派大厦六楼会议中心召开。民进上海市委专职副主委胡卫，秘书长何少华参加

第二节 民主监督

民主监督是民主党派三大基本职能之一。民主监督是对国家宪法、法律和法规的实施，重大方针政策、重大改革举措、重要决策部署的贯彻执行情况，涉及人民群众切身利益的实际问题解决落实情况，国家机关及其工作人员的工作等，通过提出意见、批评、建议的方式进行的协商式监督。民进市委不断探索民主监督新渠道新实践，重点体现在央地联动合作和受中共市委委托开展的专项民主监督。

一、参与民进中央专项民主监督

民进中央深入学习贯彻习近平新时代中国特色社会主义思想和中共十九大精神，以及关于扶贫工作的重要讲话精神和重要论述，全面落实《中共中央 国务院关于打赢脱贫攻坚战三年行动的指导意见》，始终把脱贫攻坚民主监督作为推进中国共产党领导的多党合作事业的重要政治任务全面推进落实。

2018年，民进市委贯彻落实中共十九大“坚决打赢脱贫攻坚战”战略任务，积极响应民进中央脱贫攻坚专项民主监督工作号召。民进市委领导多次带队赴湖南省祁东、衡阳、怀化、通道等地，围绕“教育精准扶贫”等问题开展脱贫攻坚民主监督调研，并在督查过程中积极发挥作用，提出意见建议。调研期间，专项民主监督组与当地党委、政府负责同志进行了深入交流，并分别赴祁东县过水坪镇逢源村、老福小学和福炎中学、明远峰村易地搬迁安置点、马杜桥乡石门山村和马杜桥村、马杜桥乡中学，通道县等地开展调研，详细了解精准脱贫与教育扶贫相关情况，并走访了多户脱贫户和贫困户。

同时，民进市委利用上海职教优势，依托市教委的力量，多次召开座谈会、协调会，精心选择上海两所顶尖的职业学校：杨浦职校和大众工业学校，与衡山县职业中等专业学校开展对口合作，重点帮助对口学校专业课程、师资队伍、目标规划等关键领域的提升，积极探索“产教融合、校企结合、工学交替、知行合一”和线上线下对口精准帮扶新模式，并全程跟踪落实对口帮扶工作落地生根。

2018年8月22日至24日，由民进中央副主席、民进中央脱贫攻坚民主监督工作领导小组副组长、上海市政协副主席、民进上海市委主委黄震带队，民进中央脱贫攻坚专项民主监督组赴湖南省衡阳市祁东县开展脱贫攻坚专项民主监督。民进上海市委专职副主委胡卫参加

二、受中共市委委托，开展专项民主监督

1989年12月《中共中央关于坚持和完善中国共产党领导的多党合作和政治协商制度的意见》公布后，上海民进会员多人被聘任市级特约监察员、检察员、审计员和教育督导员（以下简称“四员”）等，直接参与对监察、检察、审计、教育工作的监督。担任特约“四员”的民进成员，参加各聘任单位在全市开展的各类活动，有定期的工作情况通报，听取有关重要事项情况介绍和评议，出席党风廉政建设报告会议，进行有关事件的调研，参与有关专题的研讨，参与行风评议，参与有关疑难复杂案件的庭审旁听和审议，参与有关方案、法规制定和实施的监督，参与有关专项调查，参与群众来访接待咨询服务等。在参加各项检查监督活动的同时，反映情况，提出意见，为纠正行业不正之风，加强廉政建设发挥积极作用。2003年10月，民进市委召开市级各类特邀监督员会议并通过《民进市委会关于加强与民进成员中市级各类监督员联系制度》，以加强与中共市委统战

部、市人大、市政协等派出单位、聘任单位和监督员本职工作单位的联系，更好地为各级各类监督员的工作创造条件提供服务。

自2016年起，受中共上海市委委托，民进市委对口长宁区、青浦区和相关市委办局，由民进市委主委带队会内专家，分别就相关主题开展专项民主监督。每年民进市委制定专项民主监督工作方案，成立专项民主监督小组，召开行前培训会，邀请相关领域专家进行针对性培训，为专项民主监督工作夯实基础。在监督方式上，采取了听取汇报、现场走访、查阅台账、基层会员暗访、座谈等方式，深入基层了解情况，确保专项民主监督工作实效。

2016年，民进市委针对“五违四必”环境综合整治开展专项民主监督，对市、区、街镇重点区域整治目标清单及完成情况，环境综合整治长效管理机制及落实情况，各级、各部门协同开展工作情况及存在问题等进行了全面了解，并进行了多层次、多区域的实地考察。随后召开多次专项监督调研讨论会，征求调研人员意见，形成调研报告。

2017年，民进市委针对《上海市食品安全条例》贯彻落实情况开展专项监督， 在对每一个区的专项民主监督中，设立三个小组，分别从不同角度进行督查并总结，并组织专家召开两次专题座谈会，在此基础上，最终形成“1+1”专项监督报告，即一份总报告和一份专题报告，分别是《互联网+食品安全监管》和《从田间到餐桌，一条亟须规范的道路》。监督报告分别反馈长宁区、青浦区政府，并形成信息专报和调研报告分别报送民进中央、中共市委统战部。

2018年，民进市委对长宁区、青浦区、市建交工作党委，开展上海建设具有全球影响力的科技创新中心有关人才政策贯彻落实情况的专项民主监督。在专项民主监督过程中，民进市委充分发挥界别特色与会员力量，将调研发现的问题与会员长期关注和从事的研究有机结合，提出将上海建设技术转移之都作为民主监督工作的一项重点建议。通过召开系列议政沙龙听取会内外专家意见，经过多番研讨论证，黄震主委在中共市委召开的专项民主监督专题协商座谈会上提出了打造上海“技术转移之都”的建议，得到中共市委书记李强的高度重视和积极回应。最终，这一建议作为中共市委“立足当前，着眼长远，着力抓好经济社会发展的关键问题”，被采纳写入中共市委十一届六次全会常委会工作报告，有望对推动科技与金融相融合、提升上海城市能级和核心竞争力产生积极影响。同时，民进市委以打造上海“技术转移之都”为主题，在次年年初市政协大会上作题为

2018年6月7日，受中共上海市委委托，民进上海市委开展对青浦区科技创新中心有关人才政策贯彻落实情况专项民主监督工作。民进中央副主席、上海市政协副主席、民进上海市委主委黄震，民进上海市委专职副主委胡卫、黄山明等领导参加专项民主监督

2018年6月21日，受中共上海市委委托，民进上海市委开展对长宁区科技创新中心有关人才政策贯彻落实情况专项民主监督工作。民进中央副主席、上海市政协副主席、民进上海市委主委黄震，民进上海市委专职副主委胡卫、秘书长何少华等领导参加

《发挥上海优势，打造“技术转移之都”》的大会开场口头发言，再次获得中共市委书记李强高度关注和会议现场热烈反响，有关工作持续推进。受中共市委统战部委托，民进市委还负责起草了2018年各民主党派专项民主监督工作发现问题及对策汇总报告，得到中共市委统战部领导的高度评价和充分肯定。

第三节 参加中国共产党领导的政治协商

参加中国共产党领导的政治协商是民主党派三大基本职能之一。政治协商是对国家大政方针和地方的重要举措以及经济建设、政治建设、文化建设、社会建设、生态文明建设中的重要问题，在决策之前和决策实施之中进行协商。民进市委认真参与协商，围绕上海经济、社会发展的大政方针，为上海的改革开放和社会主义现代化建设，为中共市委和市府决策的科学化、民主化建言献策，发挥参政党应有的作用。

从20世纪80年代起，民进市委与市教育局、市新闻出版局、市卫生局等建立对口联系制度，对重大方针政策问题进行对口协商。《中共中央关于坚持和完善中国共产党领导的多党合作和政治协商制度的意见》颁发后，从1990年起，市政府市长办公会议经常邀请各民主党派的市委领导列席会议。民进市委领导在参加上述会议时都认真准备，发表对市府重大方针政策的看法，并提出建议。

一、出席党外人士座谈会（专题协商座谈会）

党外人士座谈会（专题协商座谈会）是由中共市委组织召开，与各民主党派就国家大政方针、地方重大问题在决策前或决策执行中的重要事务及统一战线中的重大问题等进行政治协商的经常性重要活动。

座谈会内容包括：传达中共中央有关全会会议精神；传达中共上海市各次代表大会及有关全会的会议精神；传达有关重要会议精神，如全国统战工作会议精神、全国民主党派工作会议和市对台工作会议精神等；征求对市党代会和市委重要文件以及市政府工作报告的意见；听取中共市委负责人关于上海制订国民经济和社会发展中长期规划的介绍并征求相关意见；征求对上海有关改革开放发展的意见，如对上海率先建立社会主义市场经济运行机制的意见、对进一步加大浦东开发开放力度的意见、上海市政府机构改革的意见、对进一步推进上海精神文明改革的意见、对上海社会建设创新的意见、对深化文化体制改革的意见、对平安上海建设的意见、对建设具有全球影响力的科技创新中心的意见、对深化自贸区改革的意见、对进一步优化上海营商环境的意见等；征求对党风廉政建设的意见，征求对加强和改进党政监督机制的意见，听取专项民主监督工作的意见，听取推进政府职能转变的意见；通报重要情况并听取意见等。民进市委主要领导人积极参与讨论，并就上海经济建设、社会发展和反腐倡廉等重大问题发表意见，提出建议。

民进市委根据年度中共市委专题协商和调研协商内容列入年度参政议政重点研究课题，及时向各区委（总支）、基层委员会和各专委会、联谊会及智库签约单位发布。承接重点课题的各级组织、智库签约单位，思想高度重视，做到责任到人，深入调查研究；坚持集智聚力、集体讨论，确保了课题质量。邀请会内外专家开展议政沙龙活动，以头脑风暴的形式，聚焦问题、共同探讨、深度研究，确保意见建议具有战略性、前瞻性和可操作性，梳理形成民进市委领导在会上的

新论
11
减少群众负担 树立群众观念
推进社会建设离不开法制保障

2009年11月，民进中央副主席、上海市人大常委会副主任、民进上海市委主委蔡达峰撰写的“减少群众负担，树立群众观念”一文，在《解放日报》全文刊登

发言稿。

2009年11月，民进中央副主席、上海市人大常委会副主任、民进上海市委主委蔡达峰在“党外人士座谈会”上代表民进市委的发言“减少群众负担，树立群众观念”，得到了中共市委主要领导的高度评价，批示给全市局级以上领导学习，并在《解放日报》全文刊登。

2017年12月，民进中央副主席、上海市政协副主席、民进上海市委主委黄震在专题协商会上提出打造长三角科创湾区——中国硅谷，推动长三角一体化和协同创新发展的建议。2018年6月，黄震在中共上海市委组织召开的专题协商座谈会上作“创新合作机制推动长三角更高质量一体化发展”发言，提出建立“青嘉吴”长三角一体化示范区的建议。当年11月，习近平总书记在首届中国国际进口博览会上宣布，将支持长江三角洲区域一体化发展并上升为国家战略。民进市委的建言对党和政府的重大决策部署发挥了积极作用。

二、出席民主协商会

民主协商会是中共市委与各民主党派就人大、政府、政协的领导人选进行民主协商的一种形式。在历届市人大、政府、政协换届改选或有重要人事变动前，由中共市委召开会议，邀请各民主党派就市人大、市政府、市政协领导班子成员和市高级人民法院院长、市人民检察院检察长候选人建议人选或相关人事变动共同协商确定，再提请人大、政协会议选举或任命。民进市委主要领导人参加人事协商座谈会，听取人事安排情况介绍，认真参与协商并发表意见。

第三章　举办民进论坛

第一节　举办上海民进教育论坛

民进作为以教育、文化、出版为主要界别特色的参政党，始终以关注教育、推进教育改革为责任和使命。

2003年，时值上海市开展“世博会与上海新一轮发展”大讨论，教育界也在热烈讨论“两个如何”，即教育如何为上海新一轮发展提供强大的人力资源基础。在此背景下，民进市委教育委员会会同上海市教科院民办教育研究所，提出举办一次教育论坛的设想，在大讨论中发出民进对教育改革的声音，得到了时任民进中央副主席、上海市副市长、民进上海市委主委严隽琪的大力支持。由此，上海民进教育论坛（前期为研讨会）揭开了序幕。

2003年6月21日，由民进市委与上海市教科院民办教育研究所联合举办“世博会与上海教育新一轮发展——义务教育制度创新研讨会”。民进中央副主席、上海市副市长、民进上海市委主委严隽琪出席并讲话。论坛就教育如何为上海新一轮发展提供强大的人力资源基础、教育如何在上海新一轮发展中实现自身的进一步发展、义务教育阶段政府职能的认识与法律保障、公立转制学校的现状与政策走向、全面实施《民办教育促进法》等有关专题畅所欲言，建言献策。

2004年2月14日，由民进市委主办、上海市教委基础教育处和上海教育科学院民办教育研究所协办“义务教育均衡发展研讨会”。民进中央副主席、上海市副市长、民进上海市委主委严隽琪出席会议并讲话。研讨会紧紧围绕义务教育均衡发展的主题，集思广益、群策群力，提出新看法新思路。

2005年10月16日，由民进市委主办，上海教育电视台、上海市教委基础教育

2004年8月，民进中央在上海举行“中国高等教育改革与发展研讨会”。全国人大常委会副委员长、民进中央主席许嘉璐，民进中央副主席、上海市副市长、民进上海市委主委严隽琪，民进中央副主席王佐书等领导出席并讲话

处和上海教育科学院民办教育研究所协办“上海民进教育论坛”。民进中央副主席、上海市副市长、民进上海市委主委严隽琪出席并作重要讲话。论坛围绕“切实减轻学生过重课业负担，营造有利于青少年健康成长的社会环境”的主题，从理论、政策尤其是操作层面提出一些思路和解决问题的方案。

2006年6月24日，以“推进上海教育现代化，培养创新型人才”为主题举办“上海民进教育论坛”。民进中央副主席、上海市副市长、民进上海市委主委严隽琪出席会议并讲话。与会专家学者紧紧围绕主题，从不同的视角对本市推进教育现代化的进程与培养创新型人才、本市区域推进教育现代化的实践与思考、本市创新型人才的培养与教育现代化管理以及努力营造良好的社会环境与推进教育现代化等方面进行了深入的研讨。

2007年10月7日，由民进市委主办，民进闸北区委、闸北区教育局、上海市教科院民办教育研究所协办的“上海民进教育论坛”，以“师资队伍建设与上海教育现代化”为主题。民进中央常务副主席严隽琪、上海市教委主任沈晓明等出席并讲话，民进上海市委主委蔡达峰致辞。论坛就国际化视野下的师资专业发展、中小学教师专业发展与培养的思考和探索、师资队伍建设的制度创新与保障等方面提出真知灼见。

2008年11月1日，由民进市委、中国民办教育协会主办，上海市教科院民办教育研究所、上海市民办中小学协会、上海市民办高等教育协会承办的“上海民进教育论坛暨中国民办教育研究院揭牌仪式”，以“民办教育目标、定位和制度创新”为主题。全国人大常委会副委员长、民进中央主席严隽琪，联合国教科文组织协会世界联合会主席、中国民办教育协会会长陶西平出席并讲话，民进中央副主席、中国民办教育协会常务副会长王佐书主持论坛并介绍中国民办教育研究院成立有关情况，民进中央副主席、上海市人大常委会副主任、民进上海市委主委蔡达峰致开幕辞，严隽琪与陶西平共同为中国民办教育研究院揭牌。

2009年12月20日，由民进市委主办，上海市教育科学研究院民办教育研究所承办的“上海民进教育论坛”，以“开拓职业教育的新视野”为主题。全国人大常委会副委员长、民进中央主席严隽琪出席论坛并发表重要讲话。民进中央副主席、上海市人大常委会副主任、民进上海市委主委蔡达峰致开幕辞，市教委主任薛明扬、中共市委统战部副部长吴捷应邀出席并讲话。论坛议题涵盖学习型社会的构建、大学生就业、农民工和农民的教育、职业教育在产业结构调整中的作用等方面的内容。

2010年11月13日，由民进市委主办，上海市教科院民办教育研究所、中国民办教育研究院承办的“上海民进教育论坛”，以“教育国际化：吸引力、影响力和竞争力”为主题。全国人大常委会副委员长、民进中央主席严隽琪出席会议并作重要讲话。民进中央副主席、上海市人大常委会副主任、民进上海市委主委蔡达峰出席并致辞。论坛就借鉴国际先进的教育理念和经验，促进我国教育和改革的发展积极提出建设性建议。

2011年11月5日，由民进市委主办，民进浦东新区区委、市教科院民办教育研究所承办的“上海民进教育论坛”，以“同在蓝天下：关注外来进城务工人员随迁子女教育”为主题。全国人大常委会副委员长、民进中央主席严隽琪，中共市委常委、中共浦东新区委员会书记徐麟出席会议并讲话。民进中央副主席、上海市人大常委会副主任、民进上海市委主委蔡达峰致辞。市政协副主席、中共浦东新区委员会副书记、浦东新区区长姜樑等领导出席会议。论坛探讨如何保障农民工子女的教育权益，以满足就业市场平等开放的要求，并就实现《国家中长期教育改革和发展规划纲要》中提出的“形成惠及全民的公平教育”目标建言献策。

2013年1月4日，由民进市委主办，杨浦区教育局、民进杨浦区委、市教育科学研究院民办教育研究所共同承办的“上海民进教育论坛”，以“基础教育与高等教育联动发展——为了学生创新素养的培育”为主题。全国人大常委会副委员长、民进中央主席严隽琪出席并讲话。民进中央副主席、上海市人大常委会副主任、民进上海市委主委蔡达峰出席并致辞。副市长沈晓明出席并讲话。论坛讨论如何促进基础教育与高等教育联动发展，培养出能适应改革发展的创新型人才。

2014年11月15日，由民进市委、民进中央教育委员会、中国教育政策研究院联合主办的“上海民进教育论坛”，以“社会主义核心价值观与学校教育”为主题。民进中央副主席、上海市人大常委会副主任、民进上海市委主委蔡达峰出席并讲话。全国人大常委、民进北京市委主委、中国教育政策研究院执行副院长庞丽娟出席并致辞。论坛围绕社会主义核心价值观和中国传统文化、社会主义核心价值观和学校教育、社会主义核心价值观与师资队伍建设、社会主义核心价值观教育与制度建设等议题，展开了深入的研讨。

2016年6月18日，由民进市委、民进中央教育委员会联合主办，民进市委教育委员会、中国民办教育协会民办教育研究院、上海教育杂志社共同承办的“上海民进教育论坛”，以“聚焦教育综合改革，关注学生创新能力培养”为主题。民进中央副主席、北京市人大常委会副主任、中华职教社副理事长刘新成，民进中

民进上海市委从2003年起每年举办一次“民进教育论坛”。图为2019年1月3日，民进上海市委、民进中央教育委员会联合主办上海民进教育论坛，此次论坛的主题为“立德树人 成就未来——学习贯彻习近平总书记在全国教育大会上的重要讲话精神”，全国人大常委会副委员长、民进中央主席蔡达峰等领导出席论坛并讲话

央副主席、上海市人大常委会副主任、民进上海市委主委蔡达峰，中共市委统战部副部长虞丽娟，中共上海市教育卫生工作委员会副书记、市教委副主任高德毅出席并讲话、致辞。论坛涉及新高考背景下的高中教育与创新人才培养、政府职能转变与创新人才培养、全球化时代的高等教育创新、教育与城市创新发展以及教育体制改革与创新人才培养等议题。

2019年1月3日，由民进市委、民进中央教育委员会联合主办，民进市委高等教育委员会、基础教育委员会，上海教育报刊总社共同承办，民进普陀区委协办的上海民进教育论坛，以“立德树人 成就未来——学习贯彻习近平总书记在全国教育大会上的重要讲话精神”为主题。全国人大常委会副委员长、民进中央主席蔡达峰出席论坛并讲话。全国政协副秘书长、民进中央副主席朱永新，民进中央副主席、上海市政协副主席、民进上海市委主委黄震，中共上海市委统战部副部长蔡忠出席论坛并致词。论坛以学习贯彻习近平总书记在全国教育大会上的重要讲话精神为主旨，探讨教育改革、以文化人等议题。论坛大咖荟萃，在沪上乃至全国教育界引起巨大反响，东方网教育频道、澎湃新闻进行全程直播，媒体关注人数突破百万。

第二节 举办上海民进出版论坛

出版界民进组织坚持和完善中国共产党领导的多党合作和政治协商制度，并结合上海民进工作的实际，带领各级组织和广大会员深化对中国特色社会主义的认识，深化对中国特色社会主义事业总体布局的认识，切实加强自身建设，努力提高履职水平。近年来，在数字媒体等新兴技术产业浪潮下，出版业不断面临新的挑战。在此背景下，自2014年起，民进市委结合上海书展，每年举办出版论坛（前期研讨会），在出版界转型、融合、发展过程中发出民进好声音。

2014年8月13日，由民进中央出版和传媒委员会、民进上海市委主办，民进上海市委文化出版传媒委员会承办的民进“上海出版研讨会”，以“出版业态转型期的开拓与坚守”为主题。民进中央副主席、上海市人大常委会副主任、民进上海市委主委蔡达峰，中国出版协会常务副理事长邬书林出席并讲话。研讨会上，与会专家学者就出版转型因素、数字出版的中外差距、大数据时代的出版业挑战等方面畅所欲言，提出许多真知灼见。

2015年8月21日，由民进中央出版和传媒委员会、民进上海市委主办，民进上海市委文化出版传媒委员会承办的民进“上海出版研讨会”，以“推动传统出版和新兴出版融合发展”为主题。民进中央副主席、市人大常委会副主任、民进市委主委蔡达峰出席并讲话。会议围绕出版业在市场经济、信息技术发展中的变化，传统媒体和新兴媒体的融合等议题深入探讨。

2016年8月26日，由民进中央出版和传媒委员会、民进上海市委主办，民进上海市委文化出版传媒委员会承办的“上海民进出版论坛”，以“加快融合创新，推动传统出版转型升级”为主题。民进中央副主席、上海市人大常委会副主任、民进上海市委主委蔡达峰出席并讲话。市新闻出版局副局长蔡纪万，民进中央出版和传媒委员会副主任王晨出席并讲话。论坛围绕出版业如何在新形势、新变革中，寻求最佳的发展方向、选择最适合的发展路径，积极建言献策。

2016年8月26日，由民进上海市委会、民进中央出版和传媒委员会主办的第三届“上海民进出版论坛”在上海市政协会议厅举行，论坛主题为“加快融合创新，推动传统出版转型升级”。民进中央副主席、上海市人大常委会副主任、民进上海市委主委蔡达峰出席并讲话

2017年8月18日，由民进中央出版和传媒委员会主办，民进上海市委、民进上海市委文化出版传媒委员会承办的“上海民进出版论坛”以“新媒体时代出版业的机遇与挑战”为主题。民进上海市委主委黄震，上海市新闻出版局副局长彭卫国，民进中央出版和传媒委员会副主任、开明出版社社长、开明文教音像出版社社长陈滨滨出席并讲话。论坛就出版业如何主动适应新趋势、把握新机遇、迎接新挑战等议题展开深入研讨。

2018年8月17日，由民进中央出版和传媒委员会、民进上海市委、上海市新闻出版局主办，民进上海市委文化出版传媒委员会承办的第五届“上海民进出版论坛”以“融合共享，促进一体化发展”为主题，民进中央副主席、上海市政协副主席、民进上海市委主委黄震，中共上海市委统战部副部长王珏出席并致辞。论坛围绕出版与互联网技术的结合，加快转型升级、融合发展等议题建言献策。

第三节　举办上海民进文化论坛

“四个全面”战略布局是当前我国各项工作的总的指导方针，现代公共文化服务体系建设是“四个全面”战略布局的重要组成部分。民进以推进文化发展为己任，广大会员在文化建设中贡献突出。2015年，民进中央专门就“构建现代公共文化服务体系，保障人民群众基本文化权益”作为中共中央委托统战部组织的年度党派中央重点考察调研课题，在全国范围内开展大调研。

在此背景下，民进市委于2015年5月29日举办首届“上海民进文化论坛”，论坛的主题是“构建上海公共文化服务体系”。民进中央副主席、市人大常委会副主任、民进市委主委蔡达峰，中共市委统战部副部长严军出席并讲话。这一论坛，一方面是搭建发挥上海民进文化界别优势的履职平台，为上海构建现代公共文化服务体系建言献策，另一方面也与民进中央的大调研对接，提供上海的创新探索的实践经验。与会成员就上海构建现代公共文化服务体系的成效、问题和对策，上海基本公共文化实施标准，加大文化科技融合创新力度，提升公共图书馆服务效能，发挥城市博物馆作用，探索社会力量参与公共文化服务，加强公共文化供给，优化区域公共文化服务评价机制等作了主旨和专题发言。

2015年5月29日，民进上海市委举办以“构建上海公共文化服务体系”为主题的文化论坛。民进中央副主席、上海市人大常委会副主任、民进上海市委主委蔡达峰，中共上海市委统战部副部长严军出席并讲话，民进上海市委专职副主委许政涛、副主委余岚、秘书长黄山明等领导参加

第四节　举办民进长三角一体化论坛

2018年6月，长三角地区主要领导座谈会在上海召开。会议深入学习贯彻习近平总书记对长三角一体化发展的重要批示精神，以“聚焦高质量，聚力一体化”为主题，对长三角更高质量一体化发展进行再谋划、再深化，取得了丰硕而务实的成果。进入新时代，长三角一体化不断被赋予新内涵，必须寻求新突破、开创新境界、贡献新作为。

民进以党为师，把知识分子的家国情怀，把对民进的精神和组织上的归属，转化到“参政为民”的实践之中。为此，2018年初民进市委倡议举办民进长江一体化论坛，交流提供可复制可推广经验，提议得到江苏、浙江、安徽民进组织的积极响应，福建、江西、山东、广东民进加盟。2018年7月16日至18日，民进长三角一体化论坛（第一届）暨沪苏浙皖民进参政议政工作联席会议在沪举行。民进中央副主席朱永新，民进中央副主席、上海市政协副主席、民进上海市委主委黄震出席并讲话，中共上海市委统战部副部长王珏应邀出席并致辞。民进中央参政议政部部长陈鸣，上海经济学会会长、上海全球城市研究院院长周振华，上海、江苏、浙江、安徽、江西、山东民进组织主要领导出席论坛。与会专家就增强长三角的经济创新和竞争，加强协同协调，更好地引领长三角经济带的发展，更好地服务国家的发展大局，沪苏浙皖如何科学定位、各扬所长等一系列的问题，从不同的领域，不同的层面，不同的角度，建言献策，共同发出民进参政为民的“好声音”。会上，还举行了《民进长三角一体化论坛》四方签约仪式，协定论坛由民进上海市委、民进江苏省委、浙江省委、安徽省委每年轮流主办。

2018年7月16日至18日，民进长三角一体化论坛（第一届）暨沪苏浙皖民进参政议政工作联席会议在上海举办，此次论坛的主题为“推动公共服务更高质量一体化发展”。民进中央副主席朱永新，民进中央副主席、上海市政协副主席、民进上海市委主委黄震，民进中央参政议政部部长陈鸣，中共上海市委统战部副部长王珏，民进上海市委专职副主委胡卫、黄山明，副主委张伟滨，秘书长何少华等领导出席。胡卫主持论坛

2018年7月16日至18日，民进长三角一体化论坛（第一届）暨沪苏浙皖民进参政议政工作联席会议在上海召开。民进中央副主席、上海市政协副主席、民进上海市委主委黄震出席并讲话

2018年7月16日至18日，民进长三角一体化论坛（第一届）暨沪苏浙皖民进参政议政工作联席会议在上海召开。沪苏浙皖等民进省级组织负责人出席会议并讲话

第四章　创新参政议政体制机制

第一节　开展“议政日”活动（议政沙龙活动）

民进市委履职的重点之一，在于从不同角度聚焦中共市委、市政府重大决策内容，提出建议，提供参考。专题协商会发言是民进参政议政的综合展示，对于其中内容必须以问题为导向，以是否有利于上海发展的最高需求、是否有利于上海人民福祉来进行判断。必须早做准备，做到有案例、有调研，以事实来说话。必须揭示问题的原因，有分析、有深度、有针对性、独到见解。做到结合国家战

2016年3月29日，民进中央“中等职业教育”座谈会在上海民主党派大厦二楼会议室召开。全国人大常委会副委员长、民进中央主席严隽琪出席并讲话，民进中央副主席、上海市人大常委会副主任、民进上海市委主委蔡达峰出席并主持座谈会。民进上海市委专职副主委许政涛，秘书长黄山明参加

略、上海实际、党派界别特色，为执政党助力、为国家尽责、为人民服务。

为此，民进市委从1993年9月举办第一次“议政日”活动，创设议政活动新形式。1998年起每季度举行一次，2004年更名为“议政会议”，2008年改为“议政沙龙”。年初，民进市委根据中共市委专题党外人士协商座谈会制定年度计划，每次议政活动选择社会热点、难点问题确定一个主题，由各专门委员会、联谊会根据议题选派成员参加，并邀请参与相关内容课题调研、反映相关内容社情民意信息的会员参加，围绕主题进行议论和探讨，深度了解相关社情民意有关情况，提出有建设性、针对性和可操作性的意见和建议，形成建言材料，供民进市委主委在党外人士座谈会上发言作参考。

第二节　举办专家学者履职研修班

根据民进市委《工作纲要》的要求，深入贯彻民进中央“有思有行、集智聚力、顺势而为、开拓创新”的工作方针，改进工作方式，充分发挥广大会员特别是专门委员会作为工作机构的作用。民进市委把加强履职培训、提高履职能力，作为重点工作安排部署。

为此，2013年起民进市委坚持每年举行“上海民进专家学者参政议政履职研修班”，每期3天，组织会内以专门委员会成员为主的各界中青年专家参与培训研修，民进市委主委领导参会并作重要讲话，邀请民进中央、中共市委党校、上海社科院有关教授为学员讲课，举办撰写社情民意信息、课题报告专题辅导，进行分组讨论和大组交流。旨在通过学习研讨交流，引导和帮助广大中青年会员进一步加深对民主党派履职的认识，强化政治意识，提升政治把握能力；强化大局意识，提升把握全局能力；强化责任意识，提升敢于担当能力；强化履职意识，提升参政议政能力。认真履行好参政议政、民主监督、参加中国共产党领导的政治协商这三大基本职能。切实把“民主党派履职是什么、干什么、怎么干”这一课题想明白，找准专业研究与履职实践的结合点，厘清思路，增强履职的责任感与使命感，真正做到“不忘初心勇担当，履职尽责有作为”。

2016年3月23日至25日，民进上海市委在上海市社会主义学院举办“2016年中青年专家履职研修班”。民进中央副主席、上海市人大常委会副主任、民进上海市委主委蔡达峰出席并讲话，民进上海市委专职副主委许政涛等领导参加

第三节 召开参政议政工作会议

为交流经验、树立典型、表彰先进、扩大参政议政工作的参与面，把凝聚共识、提质增效、高质量建言与加强自身建设贯穿于参政议政工作全过程，激励上海民进各级组织和广大会员提升工作水平，形成一批有价值的课题调研成果，切实在履职尽责上体现新思路、新能力、新作为，20世纪90年代以来，民进市委组织召开各类形式的参政议政工作会议。

1997年12月16日，民进市委举行会议，交流各区（县）委的参政议政工作。1998年3月25日，民进市委在参政议政工作研讨会上提出年度参政议政工作的基本思路和打算。从2004年起，民进市委形成参政议政工作例会制度。从2006年开始，逐步确立在每年第一季度召开参政议政年度工作会议，民进市委主委出席，以发布年度参政议政工作报告、先进表彰、“我身边的先进”宣讲、智库单位签约、宣布课题中标情况等为主要内容，总结和交流参政议政的成果和经验，部署新的一年工作。民进各区委（总支）、基层委员会、直属支部主委班子成员，民进各区委专职干部、基层委员会联络秘书，民进市委各专委会、联谊会主任、会长班子成员及各专委会、联谊会秘书长，参政议政骨干、专家学者履职研修班学员参加会议。

第四节　建立参政议政课题招投标机制

民进市委参政议政调研课题主要包括承接的民进中央、中共市委、市政府、市政协及其相关研究的课题。

2013年起，为更好发挥广大会员参政议政热情，体现上下联动、区块合作组织优势，提高上海民进整体参政议政履职能力水平，民进市委建立参政议政课题招投标机制。每年年初，由民进市委向各区级组织、基层委员会和各专门委员会、联谊会发放课题招标指南。各区级组织、基层委员会和各专门委员会、联谊会可按招标课题的内容要求，组织会内外专家成立课题组，在规定的时间内进行课题投标。民进市委对各区级组织、基层委员会和各专门委员会、联谊会的课题投标进行遴选。由民进市委参政议政部组织会内外专家对调研课题的各份投标书内容进行评审，提出评价意见，由市委主委办公会议参考专家意见，提出中标建议名单提交市委主委会议审议，经批准后正式立项。

民进市委参政议政部负责对立项课题进行管理、指导。课题承担单位负责按课题投标书设定的调研内容要求，组织课题组按计划进行课题调研，并在确保质量的前提下，按时完成课题任务，报送民进市委。成果报送后，民进市委组织相关专家组成课题评审小组，对课题的观点论断、资料案例、对策建议等做出评价，并对能否被采用为民进市委参政议政材料提出意见。民进市委主委办公会议参考课题评审组意见，提出建议采纳范围，提交主委会议审议同意后采纳。近年来，民进市委中标课题数量与调研报告质量逐年提高，成果由各级组织共享，其中50%以上为民进市委所采用。

2011年4月29日，民进上海市委承接的市教委教育决策咨询课题“职业教育政策研究”举行开题会。民进上海市委专职副主委陈强努，副主委胡卫、许政涛参加

第五节 组建参政议政专题智库

长期以来，民主党派积极参政议政，有效地发挥决策咨询与智力咨询的作用。但随着改革开放，大批高素质人才进入政府的决策层，民主党派人才荟萃、智力密集的优势不再明显。吸纳会外的力量与智慧，提高建言献策的水平成为当前参政议政工作的重点。

2015年1月，中办、国办印发《关于加强中国特色新型智库建设的意见》。提出要从推动科学决策民主决策、增强国家软实力的战略高度，明确中国特色新型智库科研工作的特点，努力实现智库转型发展，为协调推进“四个全面”战略布局提供理论支撑、精神动力、智力支持。打造民主党派智库，就是充分利用民主党派内外各种智力资源，以服务于党和政府决策为宗旨，以政策研究咨询为主攻方向，以改革创新为动力，开展前瞻性、针对性、现实性政策研究，提出专业化、建设性、切实管用的政策建议，进一步发挥智库咨政建言、理论创新、社会服务等重要功能。

结合民进中央参政议政加强“集智聚力”的要求，民进市委自2015年起，陆续与华东师范大学历史系建立“现代公共文化服务体系研究”专题智库、与上海师范大学教育学院建立“教育综合改革研究”专题智库、与华东政法大学相关院系建立“依法治国，依法治市研究”专题智库、与上海社会科学院世界经济研究所建立“全球影响力科技创新中心研究”专题智库、与上海民办教育研究所建立教育专题智库、与上海大学建立文化专题智库、与上海交通大学中国城市治理研究院建立城市治理专题智库、与上海华夏经济发展研究院建立经济专题智库，在此基础上于2017年11月建立民进上海市委智库专家队伍，并制定《民进市委智库建设与管理办法》，规范专题智库机制，提升智库交流合作研究成果转化为参政议政建言献策成果的转化率。围绕参政议政重点领域，结合工作实际，更广泛地与会内外相关学术单位和机构开展合作交流。

2015年1月7日，民进中央——上海社科院合作中心参政议政务虚会在上海民主党派大厦六楼多功能厅举行。全国人大常委会副委员长、民进中央主席严隽琪，副主席朱永新出席。民进上海市委专职副主委许政涛参加

第六节　参与苏浙沪参政议政工作联席会议

为加强民进参政议政能力建设，增进区域间民进组织参政议政工作的交流、研讨与合作，民进江苏省委、民进浙江省委、民进市委每年联合召开民进苏浙沪参政议政工作会议。

2005年至2018年，上海先后五次承办民进苏浙沪参政议政工作联席会议。2005年4月21日至23召开的工作联席会议，民进中央副主席、上海市副市长、民进上海市委主委严隽琪到会祝贺。会议就苏、浙、沪民进参政议政工作的合作建立工作联席会议制度、信息资源共享机制、人才库资源共享机制、重大课题联合调研机制达成共识。2008年4月17日至18日召开的工作联席会议，决定苏浙沪民进组织就“长三角地区联动发展”进行合作调研。调研涉及的领域有立法、环保、科技创新、出版和教育等方面，完成调研课题的总报告报送民进中央和政府相关部

2018年9月20日，“2018东滩论坛——生态文化与生态岛建设”专题研讨会在世纪公园会展厅举行。民进上海市委专职副主委胡卫，市政府参事室参事、民进上海市委原副主委、市作协副主席赵丽宏作为嘉宾出席会议

门。2012年6月27日至29日召开的工作联席会议，民进中央副主席、上海市人大副主任、民进上海市委主委蔡达峰会见出席会议的代表，并对苏浙沪民进参政议政工作的合作寄予厚望。2015年4月召开的工作联席会议确定三地民进组织联合调研课题为“构建现代公共文化服务体系的研究”，课题成果报民进中央。2018年7月，召开 “民进长三角一体化论坛（第一届）暨沪苏浙皖民进参政议政工作联席会议”，签约建立《民进长三角一体化联盟》，与会80多位专家聚焦推动长三角公共服务更高质量一体化发展开展研讨交流，四地民进组织就发挥民进力量，更好推动长三角一体化高质量发展开展工作研讨。

第七节　编印《议政建言内参》

为进一步拓宽民进参政议政工作参与广度、深度，民进市委于 2017年6月起发行《议政建言内参》（原名《民进市委参政议政工作简报》）。首期以“厘清政府职能，推动反腐倡廉建设”为主题，摘登黄震在“本市党风廉政建设和反腐败工作”专题协商座谈会上的主题发言，以及部分会员关于党风廉政建设和反腐败工作的相关建议。之后相继围绕参政党履职能力建设、重视数学教育、新媒体时代出版业的机遇与挑战、发挥界别优势助推教育发展、食品安全保障体系建设等主题，登载当前参政议政热点问题、重要内容、主要成果。2017年11月30日第7期起，正式更名为《议政建言内参》。更名后内参采编面更广，摘登来源包括两会提案、座谈论坛、调研课题、智库视点与社情民意，涉及主题包含长三角一体化建设、营商环境优化、非物质文化遗产保护、海派文化传承、自贸区改革、民主党派基层组织参与基层协商能力建设、教育改革等，发放范围包括民进市委主委班子成员，民进各区委（总支）、基层委员会，民进市委各专门委员会正副主任、联谊会正副会长，民进会员中的在沪全国人大代表、政协委员，民进会员中的市、区人大代表、政协委员，特聘专家及民进市委机关各部室，成为提高上海民进会员履职能力的重要体现。

第五篇

社会服务

中共十一届三中全会以后，民进市委积极响应中共党和政府号召，进一步履行参政党功能，强化会员献身社会主义事业的积极性和自觉性。广大会员在本职工作和服务社会、文明共建和支援西部开发、扶贫帮困和赈灾救灾、海外联谊和促进祖国统一以及上海世博会等领域取得突出成绩，为社会主义三个文明建设作出重要贡献。

第一章　支援西部开发与扶贫帮困

民进市委积极致力于支边扶贫，对贵州、云南、甘肃、新疆等省份和自治区贫困地区开展对口帮扶工作，所发起或协调参与的帮扶项目涵盖教育文化、医疗卫生、公共环境与社会经济等各方面，并通过组织与会员的共同努力，逐步实现支边扶贫工作的常态化、规范化与制度化，形成两大智力支边品牌，即“西部教师培训”和“开明书屋”项目。同时，充分发动、依托民进会员的个人资源，以协调项目的形式，引导、支持会员把帮扶资源投入行动。2008年7月，民进市委发起成立“人文关怀阳光基金”作为帮扶资金的募集平台；2014年起，又以市委所属各级组织为活动主体、“人文关怀阳光基金”为平台，发起“微公益”项目，重点为品牌项目提供资金支持。

第一节　智力支边

一、贵州省金沙县

2006年6月30日至7月4日，由民进中央社会服务部在贵阳举行支边工作座谈会暨教学设备捐赠仪式上，民进市委牵头上海市徐汇区长桥中学向贵州省3所中学捐赠12000册图书，并与贵州金沙县西洛中学结成姊妹学校。

民进上海市委从2005年起，每年举办数次西部教师培训班，图为2005年11月，民进中央副主席、上海市副市长、民进上海市委主委严隽琪出席第一期西部教师培训班的结业典礼，民进上海市委专职副主委王慧敏、秘书长陈强努参加

"西部教师培训"累计培训金沙县教师390余人。同时，自2007年起，民进市委组织上海民进讲师团6次赴金沙县开展支教讲学活动，31名具有中高级教师职称以上的民进会员作为志愿者参与支教活动，有效促进当地教学质量的提升。

2009年是民进市委支边扶贫工作的一个重要节点。是年9月，民进中央为进一步对口支援金沙县发起"同心·彩虹行动"（以下简称"行动"）。

作为民进市委社会服务重点工作项目，"开明书屋"始于创立于2012年的"鸿雁传书"项目，该项目在一年不到时间内通过华东师范大学出版社与上海教育出版社向金沙县捐赠图书近1.3万册。伴随着"同心·彩虹行动"在金沙县的深入展开，民进市委在此基础上创立"开明书屋"图书公益捐赠项目，并与金沙县教育局签订三年帮扶协议。"开明书屋"在金沙县的实施由分管教育的副县长主抓，教育局负责图书的接管、统计、分类、分配和监管，监督学校做好书屋建设，对图书进行清理、登记、编码、上架，确保图书的正常使用。

2013年至2016年，"开明书屋"依托上海市慈善基金会"人文关怀阳光基金”开展工作。上海世纪出版集团旗下25家出版社、华东师范大学出版社教辅分社及部分企业和个人参与到项目的发动、组织、筛选、统计、仓储和物流等各环节。通过总共28个批次的捐赠，“开明书屋”为金沙县约165所乡村中小学及幼儿园的师生提供课内外读物共计26万余册，书架116个，累计码洋（图书定价）达624.17万元。同时，民进市委连续三年，每年在沪举办一次“开明书屋”慈善年会，把在金沙县开展的“开明风·好书伴我成长”读书活动的决赛搬到现场，让参赛的金沙县学生切实感受到来自上海的关爱。

2017年以来，“开明书屋”项目围绕“精准扶贫”工作要求，更加注重特色化与精品化，合理配置各类资源。截至2018年年底，完成书籍捐赠近3.6万册，累计码洋近180万元。

2018年3月，民进市委组织会内外专家与出版界人士，由专职副主委胡卫带队赴贵州省毕节试验区金沙县开展一系列对口帮扶活动并签订“开明书屋”项目三年帮扶协议。通过会内外协调，发动上海世纪出版集团旗下17家出版社、上海世纪出版集团委员会的编辑们以及复兴高级中学参与捐赠活动。截至11月，共募得图书2万余册，码洋总计55.79万元。重点致力于“上海馆”项目的建设和布局，募集图书的60%分配到了“上海馆”，25%分配到金沙县其他中小学图书馆（室），15%的图书用于对口帮扶安龙县笃山镇，捐赠学前教育图书3000余册。

二、贵州省黔西南州

“西部教师培训”项目从创始之初就与黔西南结缘，其中第一、二期培训班专门面向普安县罗汉乡的乡村教师。十三年来，项目从初创到制度化，充分调动会内外教育资源，涵盖各科课程教学观摩、教育教学专题讲座、公开课试讲与点评、校园管理文化考察等活动。通过组织西部教师进校园、进教室、进课堂，既拓展他们的视野，也锻炼他们的能力。

2014年至2016年，民进市委以三年协议形式确定对口帮扶黔西南州册亨县，自此该项目也跃升为民进市委的重点项目，得到民进中央的高度重视。2005年至今，该项目总共培训黔西南地区中小学教师、校长360余人。此外，自2007年起，民进市委组织上海民进讲师团14次赴贵州开展支教讲学活动，7次赴黔西南。

2017年8月，民进市委与安龙县政府签订对口教育帮扶三年协议。根据协议内

2008年8月，民进上海市委组织讲师团赴黔助学支教。图为讲师团成员在为普安县罗汉中学学生讲课

容，每年为安龙县培训校长和骨干教师共80名，培训期为期10天；每年组织上海民进讲师团赴安龙县讲学1次。

“开明书屋”早在立项前的2011年1月，民进市委协调上海市作家协会，捐赠每本价值300元的《辞海》200本捐赠给晴隆县11所学校、兴义市1所学校、安龙县1所学校、普安县1所学校以及黔西南州委，共计价值6万元。

2017年，为全面贯彻落实中共十九大精神，深入贯彻落实中央扶贫开发工作会议和习近平总书记关于扶贫开发工作系列重要讲话精神，更加注重精准扶贫，民进中央决定在安龙县开展“书香彩虹——安龙行动”图书捐赠活动。民进上海市委积极响应，协调上海世纪出版集团捐赠学前教育及小学低年级适读图书3190册，码洋6.8万元。

2018年，举办民进市委第28期西部教师培训班，培训来自贵州省安龙县、册亨县、金沙县的50名骨干教师。组织上海民进讲师团，赴贵州安龙县对当地中小学教师开展教学培训，分学科举行11场专题培训，约3000余人次参训。

三、其他地区

1983年暑假期间，民进市委组织由上海市第四、第六师范等校教师组成的4支支边队伍，分赴云南省德宏、大理、丽江、玉溪地区进行智力支边，主要教学内容有教材分析、教法介绍、专题讲座、基础知识培训、上公开实践课、学员试讲互评等。1984年8月4日至17日，应云南丽江地区的邀请，民进市委组成“赴丽江地区支边交流代表团”，为丽江地区培训中小学教师，有1162人参加。1998年9月19日至26日，民进市委联合东方航空公司组成“民进·东航赴滇支边团”赴云南省昆明市禄劝彝族苗族自治县进行教育支边活动。共举行小学语文、数学，初中语文、数学、英语及教育行政管理、教育改革信息动态的讲座、报告和示范课12场。还与昆明市中小学教研员进行研讨，并为昆明市部分中小学教师举行7场讲座和教学示范课，向禄劝县中小学赠送3000多册图书以及打字机、电视机。共有1900多人次参加有关活动。

2002年7月8日至25日，民进市委根据共青团中央、教育部、民进中央、全国少工委关于开展“城乡少年手拉手助学活动”的要求，和民进教科文进修学院联合举办暑期“希望学校教育管理干部培训班”。来自贵州、四川、云南、甘肃、陕西、宁夏、广西、内蒙古、重庆九个省、直辖市、自治区30名学员参加培训。民进市委获知“上海希望工程西部万名教师培训行动”的消息后，主动与上海市希望工程办公室联系，争取部分培训名额由民进市委作安排。在上海民进企业家联谊会资助下，从2006年到2008年，有3批74位来自西部的小学教师参加培训。

2009年至2010年，民进市委和上海中华职教社联合主办8期“贵州铜仁市骨干教师培训班”。培训班重点学习教育中长期发展规划、公办学校行政管理、学校文化与校本课程、提高学校的效能、校长的管理艺术、领导的培育力等课程，组织培训班学员实地参观考察部分中小学、中职学校和大学，使学员们进一步了解上海的办学理念，为学员们结合当地实际，提高办学质量提供帮助。来自贵州省铜仁市的中小学校长、少数民族教师参加培训。

2010年民进市委和上海中华职教社连续主办3期贵州铜仁地区“东西部教育均衡化发展”研修班。培训班要求学员通过自身多思、多想、多看、多问、多学，尽最大努力把专家理论带回贵州带回铜仁，用先进的思路教育学生，让学生得到更好的发展，使铜仁教育实现跨越式发展。来自贵州铜仁地区有关市（县）100多位学员参加。

2012年，在民进市委协调下，上海民进企业家联谊会出资16万元，为贵州省黔西南州安龙县毛草坪小学捐建图书馆和计算机房。民进市委为该校图书馆捐赠近千册图书，民进中央和民进市委还为该校计算机房捐赠18台电脑。

2012年4月15日至19日，民进市委组织讲师团、医疗队赴贵州省大方县开展支教助学和医疗帮扶活动。医疗队结合当地多发、常见病预防和治疗分别进行骨科、心内科、肛肠科相关疾病知识讲座。其间，医疗队共安排教学查房7次，手术示教20例，义诊约180人次，知识讲座培训5次，参加培训约500人次。

2012年10月30日，民进市委组织民进上海外国语大学支部向民进贵州省黔东南州委、民进贵州省黔西南州委捐赠高等教育英语听力教材1260册，配套磁带1280套，用于支持补充当地英语专业大专生专升本考试教材需要。

2013年至2018年，连续参与民进闵行区委、民进协和双语学校万源城校区支部和上海万源房地产开发有限公司在沪举办的“万源星火”乡村教师公益培训。

2018年8月24日，由民进中央副主席、民进中央脱贫攻坚民主监督工作小组副组长、上海市政协副主席、民进上海市委主委黄震带队，民进上海市委组织上海市杨浦职业技术学校、上海市大众工业学校赴湖南省衡阳市衡山县与衡山县职业中等专业学校开展校际合作签约仪式。

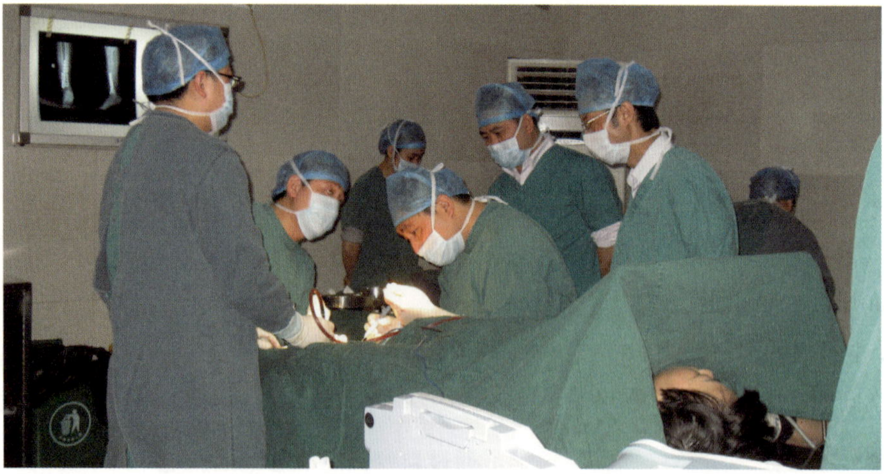

2012年4月，民进上海交大医学院委员会主委、上海民进医疗团成员张伟滨在金沙县人民医院做手术示教

2018年8月24日，由民进中央副主席、民进中央脱贫攻坚民主监督工作小组副组长、上海市政协副主席、民进上海市委主委黄震带队，民进上海市委组织上海市杨浦职业技术学校、上海市大众工业学校赴湖南省衡阳市衡山县与衡山县职业中等专业学校开展校际合作签约仪式。民进中央参政议政部部长陈鸣、民进上海市委专职副主委胡卫、秘书长何少华参加

第二节　物资帮扶

一、贵州省金沙县

2007年，民进市委向金沙县捐赠总价值5万元的《社会主义荣辱观百图解》4000册。协调上海民进企业家联谊会成员向金沙县西洛乡农里学校捐赠现金2万元，协调上海市长桥中学专程赴贵州金沙县与金沙县西洛乡西洛中学结对，长桥中学向西洛中学捐赠图书4000册，服装1400余套，文具、教具1000余件，总价值8万余元。

2009年，在会中央于贵州省金沙县举办的“彩虹行动”启动仪式上，民进市委与金沙县西洛乡签订三年帮扶协议，在仪式上现场捐赠金沙县价值5万元医疗检测仪器1台，民进市委还于年底再度组织会内教育、企业界人士至当地推进具体帮扶工作。

2010年，民进市委领导以及讲师团成员走访金沙县西洛乡20位家庭贫困学生，向他们赠送学习用品和生活用品，同行的上海民进企业家捐赠现金16500元；通过“启华助学金”为毕节地区金沙县西洛乡148名孤儿和贫困学生提供生活补助12万元；针对贵州省毕节地区金沙县医疗条件差等实际困难，社会服务部协调会员捐赠金沙县价值5万元的“快速诊断CRP”医疗检测仪器1台，牵线美中慈善基金会捐赠金沙县人民医院的价值450万的CT设备，有效改善当地的医疗条件。在赴贵州省毕节地区金沙县西洛乡考察过程中，不少企业家联谊会成员目睹当地山区学校教学环境的窘迫、学生上学的艰苦，回到上海后通过民进市委社会服务部向联谊会全体理事发出倡议，捐资帮助西洛乡重建洋海小学。联谊会理事敖勇军通过上海市慈善基金会人文关怀阳光基金向洋海小学捐赠50万元，联谊会捐资5万元建设洋海小学多媒体教室，联谊会12位同志分别向洋海小学及西洛乡学校捐款1万元用于建设校园配套设施和教学设备。协调和落实上海市长桥中学与贵州毕节地区金沙县西洛乡中学结为对口帮扶学校。帮扶期间，结对学校积极开展教学交流、教学互动、捐款捐物，结下深厚友谊；联系落实上海市希望办主办的“全国千名希望小学师生看世博”活动部分名额，邀请贵州省金沙县西洛乡的10位优秀教师与10位贫困学生来到上海参观世博。

2011年，民进市委捐赠230本《辞海》给贵州金沙县25所学校及教学点。上海民进讲师团赴贵州省金沙县开展教育帮扶期间，走访7户贫困学生家庭，捐赠现金近2万元。

2012年，协调上海民进企业家联谊会部分会员捐资17万元为金沙县西洛乡各学校购买多媒体教学和音响设备；10月，民进上海市委通过上海市慈善基金会“人文关怀阳光基金”向贵州省毕节市金沙县西洛乡捐赠价值14万元的多媒体设备，深受师生欢迎，有力地改善了当地的教学环境；同时组织上海民进医卫界知名医生会员志愿者，组成医疗团，赴金沙县开展医疗帮扶活动。医疗团专家进行教学查房、手术示教、义诊等工作，通过传、帮、带，有效地提升当地医院医务人员的诊疗水平，近700名医患人员获益。

2013年，与金沙县政府和教育局等相关部门联系，确定通过“人文关怀阳光基金”向金沙县捐赠50万元，定向用于援建官田乡青山村幼儿园，解决当地170多

2018年3月17日至19日，民进上海市委组织民进上海市委教育医卫、出版专家赴贵州省金沙县开展脱贫攻坚帮扶考察。民进上海市委专职副主委胡卫等领导参加考察

名幼儿入园难的问题。

2014年，协调华师大二附中与黔西南州册亨县秧坝民族小学结对帮扶，组织捐赠价值1万多元的学习用品和课桌椅；协调社会爱心企业向金沙县菁门乡菁门小学捐赠价值5000元的御寒衣物。

2016年，协调上海市新中初级中学与西洛街道初级中学签订为期三年的对口帮扶协议，促进两校校长、全体师生的全方位、多平台交流互动，取长补短、相互促进、共同发展。

二、贵州黔西南州

2001年12月15日，在民进中央社会服务部、民进贵州省委的支持和协调下，民进上海自强进修学院等单位共捐资26万元建设的“民进上海自强希望小学”和“希望之星活动室”在贵州普安县罗汉乡落成。民进中央名誉主席雷洁琼为学校题名。民进中央常务副主席张怀西，民进上海市委主委刘恒椽等有关领导及当地群众参加学校落成典礼。

2006年5月19日至25日，民进市委助学支教考察团在贵州省黔西南州普安县进行助学支教活动。与民进贵州省委和普安县政协共同举行助学支教座谈会，以深入开展“同在一片蓝天下，助学帮困手拉手”活动，同时向罗汉中学捐赠4000册图书。上海民进自强进修学院向上海民进自强希望小学捐赠5台学生用电脑，捐赠该校30名贫困学生每年的书杂费。上海民进企业家联谊会向罗汉中学捐赠传真机1台，并与上海民进自强希望小学签订捐赠人民币25000元以用于修造该校围墙的备忘录。和罗汉中学签订共同举办职业技能培训班的协议。上海民进少儿出版社支部向上海民进自强希望小学、罗汉小学、罗汉中学等8所学校捐赠图书。上海红十字造血干细胞捐赠者俱乐部助学者代表向上海民进自强希望小学11位教师发放2006年度教师节奖励金。他们还与上海民进自强希望小学签订继续捐赠45名贫困学生学杂费的备忘录。上海市民办进华中学向罗汉中学80名学生继续捐赠书杂

2001年12月，民进上海自强进修学院捐建的民进自强希望小学在贵州省普安县罗汉乡落成

费，向罗汉小学52位学生捐赠书杂费。

2007年8月14日至16日，上海民进讲师团赴贵州省黔西南州兴义市开展助学支教活动。由上海民进企业家联谊会支持、上海市民办进华中学和上海教科院民办教育研究所5名优秀教师组成的讲师团向全州200余名教师，围绕初中语数外教学、现代师生关系和教师心理健康等主题进行为期3天的讲学，并与参加学习的教师开展交流与互动。两名随团上海红十字造血干细胞（骨髓）捐赠志愿者俱乐部成员还奔赴黔西南州普安县罗汉乡，探望21名与俱乐部成员结对的贫困学生。助学支教期间，民进市委还与黔西南州政府、民进黔西南州委会举行沪黔助学助教协议签约仪式，上海市民办进华中学、上海民进自强进修学院代表分别与普安县罗汉中学、普安县上海民进自强希望小学签订为期三年的助学助教协议，并资助助学款3.3万元；上海红十字造血干细胞（骨髓）捐赠志愿者俱乐部代表向罗汉小学捐赠5000元；上海民进会员向州教育局捐赠6万元，用于资助百名家庭困难的少数民族高中女生继续完成学业。

2008年8月21日至26日，由上海民进优秀教师以及部分民进企业家联谊会成员组成的上海民进讲师团，到贵州省黔西南州普安县开展助学支教活动。民进市委“人文关怀阳光基金”举行赴黔助学支教现场会，上海市民办进华中学、上海市民进自强进修学院、上海民进企业家联谊会代表分别向罗汉中学、罗汉小学、民进上海自强希望小学23名优秀师生代表发放助学助教金12000元，向三校全体教师赠送由进华中学提供的希望杯600只。向罗汉中学捐赠4台教学用电脑、6台录音机及书籍和学习用品。

2009年，民进自强进修学院、民办进华中学、企业家联谊会成员等出资3.5万元，资助贵州省黔西南州普安县、黔东南州雷山县贫困生共160名，得悉贵州普安县罗汉小学校长病情危机但无力负担手术费用的消息后，企业家联谊会成员第一时间送去16700元，以解燃眉之急。

2010年4月至5月间，民进各区县委及直属委员会、支部发动会员向玉树灾区及西南旱区捐资救灾，其中5万元拨付至安龙县，用于中小学饮水工程建设。民进上海市委在多次讲师团走访贫困学生家庭的过程中了解到，因为家庭贫困而不得不放弃上学机会在家务农或外出打工的情况屡见不鲜。之后，民进市委积极协调，发动会内外资源设立专项基金资助这些品学兼优却无奈贫困的学生。同年，协调民进企业家会员王启华设立“启华助学金”，其中8万元用于上海民进长期帮扶的普安县罗汉乡特困生补贴及考上高中的优秀学生奖学金。

2012年，协调上海民进企业家联谊会会员、台湾荣盛兴水资源科技管理有限公司副总经理俞利峰出资16万元，向安龙县毛草坪小学捐建图书室和计算机室，同时向该学校捐赠8台电脑和近千册图书，为当地小学师生的学习和生活带来了便利。为配合民进黔西南州委“春阳同心行动”，在民进上海市委的协调下，企业家骆奕女士决定在“人文关怀阳光基金”下设立“天扬助学金”。由上海重阳投资有限公司连续三年、每年20万元向“人文关怀阳光基金”进行捐赠、定向资助，专项资助黔西南州已考上高中但家庭贫困的少数民族女生，为其提供高中三年的学杂费。2012年至2015年，上海重阳投资有限公司累计捐赠善款79万元，资助3批贫困女高中生共计197人。根据初步统计，80%以上的受助学生高考分数达到大专以上分数线，不少学生成绩达到本科以上分数线。

2014年，协调华师大二附中与册亨县秧坝民族小学结对帮扶，组织捐赠价值

2018年7月21日至7月27日，由民进上海市委组织教育、建筑方面的专家和相关企业家一行共12人赴贵州省黔西南州兴义市、安龙县等地开展教育帮扶和精准扶贫项目的调研活动。全国人大常委会副委员长、民进中央主席蔡达峰出席活动，民进上海市委专职副主委胡卫等领导参加

1万多元的学习用品和课桌椅。协调上海民进企业家联谊会理事、民进黄浦区委委员、上海华皓会计事务所主任会计师向册亨县人民医院捐赠价值62万元的X光机，并于2015年5月投入使用。

2015年，协调华师大二附中向册亨县民族小学捐赠80套课桌椅，改善当地学生的就学条件。协调会员企业家向贵州金沙县和册亨县贫困学生捐赠羽绒服1500件，价值人民币60万元。

2017年，通过“人文关怀阳光基金”捐资6万元，其中5万元为安龙县栖凤街道第一小学购买电脑15台，建立多媒体教研活动室，希望能以教学硬件提升带动教学能力的提升。另有1万元来自2位热心的会内企业家捐赠，分别用于为安龙县两所学校的贫困学生提供学习用品。

2018年，协调会员所属企业与民进市委共同向龙山中学、栖凤二小、钱相一小，各捐赠5万元，共计15万元，用于3所学校教师多媒体教学备课室的配置。组织会内著名的建筑学专家，结合安龙县在城镇规划改造方面的实际需求，走进乡村民居，为黔西南建设美丽乡村，就文物保护单位招堤、兴义府试院，以及多处古村落、古民宅的保护、恢复、重建、改造、开发和利用提供咨询和建议，探索开启新的帮扶模式。

三、其他地区

1998年1月，民进市委组织由民进静安区委发起的“为边远地区的‘花朵’充实知识的土壤”捐赠书籍活动。

1998年5月18日，民进中央社会服务部发出《关于实施〈同心工程〉献计出力，多办实事》的通知。7月起民进市委组织力量，开展“同心工程”工作。上海民进自强进修学院为康健、田林、漕河泾、斜土4个街道的下岗职工举办4讲《成功之路》系列讲座，有1000人次听讲座。免费为4个街道下岗职工开办计算机、裁剪和家政等培训班，有343人参加培训，其中就业人数占85%。为下岗特困职工子女求学设立“民进自强帮困助学金”，年金额2万元人民币。11月7日在上师大附中举行向下岗职工帮困家庭发放“献爱心助学业”帮困基金发放活动并再一次举办《成功之路》系列讲座，请通过首期学习培训现已重新上岗的学员介绍他们的“成功经验”，同时再一次免费开设技术技能培训班。

共青团中央、教育部、民进中央及全国少工委于1999年年底联合发出《关于在少先队组织中广泛开展“城乡少年手拉手助学活动”的通知》后，民进市委通过上海市进华中学与贵州省普安县罗汉中学的定点结对，开展“城乡少年手拉手助学活动”。从2002年至2004年，通过建立“进华中学手拉手帮困助学基金”，先后助学捐赠共计各类图书3000余册、书包100只、练习簿1500本、文具用品3500余件以及人民币6000元，使贵州省普安县罗汉中学的40名贫困学生，得以返校继续完成学业。2005年进华中学捐赠人民币10万元、教学办公用品3万元。上海民进自强进修学院，向援建民进上海自强希望小学捐赠电脑、打印机各1台，并代表该院向该校30名特困学生发放“助学帮困金”3000元。向普安县罗汉中学80个“助学帮困对子”发放“助学帮困金”8000元。

2006年6月12日，民进市委把徐汇区长桥中学与龙临中学两校合并后校图书馆剩余的1.6万册图书，分别捐赠给贵州省普安县罗汉中学、德卧中学、石场中学，山西省阳泉市扬家庄乡中学。

2009年7月17日，在民进四川省委机关举办向四川省中医药管理局捐赠中医药类图书共800余册，总计价值人民币5万元。

2010年4月22日至24日，在贵州省铜仁市逸群小学和贵州省铜仁市政府大楼会议室举行捐赠30台电脑和500套校服仪式。

2012年，组织妇女儿童委员会赴市儿科医院慰问白血病和智障儿童，组织文化传媒委员会等委员会向崇明县1所小学捐赠图书1次，近2000人因此受益，取得良好的社会效果。

2014年，关爱外来务工子女，提供文化支持。启动关爱外来务工人员随迁子女的“书送梦想，爱心萌芽”公益活动，募集5700册、码洋达7万元的高品质低幼图书，捐赠给青浦区27个外来务工人员子女看护点，改善看护点图书老化和匮乏的困境。

2015年，协调少儿出版社等出版单位向上海外来务工子女捐赠价值3.1万元的图书1979册。

2017年，协调企业家会员所发起的“宏善教育扶贫”项目资助湖南25名（孤儿、单亲、残疾、特困家庭）学生到上海开放大学浦东东校就读。

四、与市郊小学结对

1998年2月23日，民进市委向民进白玉兰学校全体教师赠送“健美骑士”健身器，及被誉为第三医学的“无针针灸”磁疗器。

2004年10月上旬民进市委专门发出通知，号召所属基层组织开展向崇明县黄东华希望小学“捐献图书献爱心、助学结对手拉手”活动，共收到捐赠图书2500册、文具用品1650件（套）和“助学帮困金”2万元。11月18日，民进市委举行向崇明县黄东华希望小学捐赠图书暨闸北区实验小学与崇明县黄东华希望小学“助学结对”仪式，向黄东华希望小学捐赠了“助学帮困金”和学习用品，两校签订《助学结对协议书》。

2008年4月11日，民进市委在闵行区浦江镇郢都小学举行捐赠图书仪式。向闵行区浦江镇郢都小学和华漕镇红卫小学2所农民工子女学校捐赠价值10万余元的少儿、文学、科普、艺术、社科、历史类等图书。10月14日，就黄东华希望小学与闸北区实验小学如何进一步做好教育互助交流活动等工作进行座谈交流。

2016年，协调少儿出版社向朱家角中学新疆班捐赠维吾尔语和哈萨克语丛书4套。鼓励民进企业家奉献爱心，共计捐款356万元、捐物价值60万元，支持多个社会服务项目。

2004年11月，民进上海市委向崇明黄东华小学捐赠图书并促成闸北实验小学与之结对助学。民进上海市委专职副主委王慧敏、副主委李名慈参加

第二章 市区联动与基层共建

民进市委充分利用自身的人才、智力优势，更好地为社会主义两个文明建设服务。通过与机关单位、区级组织及街道社区协力，共同开展社会服务项目。2015年，创建上海民进志愿者服务总团，成立上海民进讲师团志愿者分团和老年会员法律援助志愿者分团，加强民进成立旧址讲解员志愿者分团和微艺术团建设，为社会服务提供人才保障。

第一节 市区联动

一、开展送戏送医下基层活动

1996年，响应民进中央送戏下乡的号召，连续举行下乡下厂下基层演出。11月18日，民进市委组织本会文艺工作者到江苏太仓市，分别前往香塘集团香塘工艺鞋厂和太仓利泰纺织厂向工人、干部慰问演出。22日到松江县仓桥镇，在松江师范学校礼堂为工人、农民、学生、干部演出。28日演出队再次到太仓，为正在召开职工代表大会的通力建设工程公司慰问演出。

2007年11月24日，民进市委在奉贤区青村镇举办“共谱和谐曲，建设新农村”大型送医送戏下乡活动。来自肿瘤医院、华山医院、曙光医院和中山医院等医院的民进会员中的资深医生为当地群众提供免费、优质的医卫咨询服务。民进会员中的著名表演艺术家和演员还给当地群众带来一场精彩的文艺演出。

2009年5月29日，在浦江镇世博家园，由民进市委主办，中共闵行区委统战部、民进闵行区委、闵行区文广局及浦江镇人民政府共同协办“更美的城市，更好的生活，更深的情谊”——纪念民进市委成立六十周年暨迎世博文艺演出、医卫咨询活动。

2012年11月，民进市委组织由民进会员任团长的东方国乐团和民进市委经济委员会、科技医疗委员会、社会法治委员会和联络委员会，赴宝山区与民进宝山区委合作，开展送医送戏下乡活动。

2017年，与闵行区颛桥镇共同开展“不忘初心，情暖重阳”活动送医送戏下乡。组织来自第一人民医院、龙华医院、岳阳医院、曙光医院、市中医医院、闵行区中心医院的主任医师、医科各领域的专家和医务人员为累计128人次提供医疗咨询。文艺演出团队由来自上海轻音乐团、上海民族乐团、上海越剧院、上海大学上海电影学院等专业乐团的艺术家、演员组成。

2018年，民进市委联合静安区委选派民进华山医院支部医卫专家、邀请世纪出版集团和中福会出版社有关领导以及上海开明画院书画家代表赴贵州省金沙县开展脱贫攻坚对口帮扶活动。实地考察市、区联动对口帮扶项目，走访包括西洛街道的4所学校。书画家们围绕“庆祝毕节试验区建立三十周年”主题进行现场创作，并向金沙县政府捐赠书画作品10余幅。

2018年，民进市委联合民进嘉定区委、嘉定区真新街道与民进复旦大学委员会联合举办的“同心健康行，共筑幸福梦”公益医疗咨询服务进真新专场活动，17名民进医疗专家们共为现场200余位真新市民提供了咨询服务。

2017年，民进上海市委开展“不忘初心，情暖重阳”送医送戏下乡活动

二、开展医疗公益服务

2005年10月13日，民进市委邀请医药卫生委员会的医疗专家、科经法委员会的资深律师，开展“关爱老会员生活，关注老会员健康——民进市委敬老节医卫·法律咨询服务”大型咨询活动，为民进老会员提供医疗、法律咨询服务。来自上海10家三级医院的20余位具有高级职称的专家、教授，为160余名民进老会员开展心内科等12个科目的义务医疗咨询，为20余位老会员提供法律咨询服务。

2006年5月14日，民进市委与中共嘉定区委统战部、民进嘉定区委在嘉定区嘉定镇街道联合举办大型“民主党派名医义诊活动”。民进复旦大学委员会所属华山医院、肿瘤医院、妇产科医院民进会员中的专家参加义诊活动。

2006年起，民进市委每年联合民进杨浦区委组织医卫界会员专家与控江路街道合作开展义务医疗咨询服务，举办健康保健讲座，累计服务2500余人次，受到群众的欢迎。

2009年起，民进市委每年联合民进嘉定区委、复旦大学委员会在嘉定地区各

2004年4月，民进上海市委组织医务专家为群众开展义务医疗咨询活动。民进上海市委副主委吴毅参加

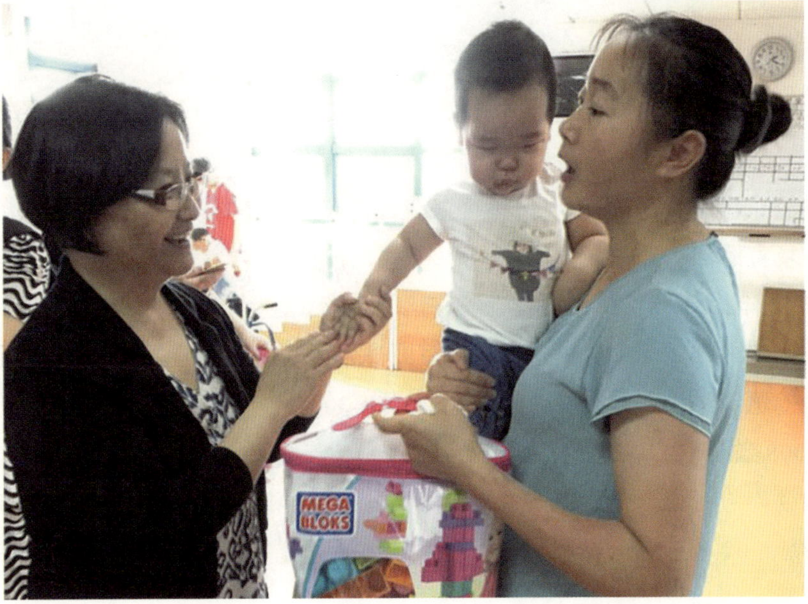

2017年6月1日，民进上海市委副主委张辰一行参加由复旦大学附属儿科医院主办的“关爱成长，快乐康复”活动，与社会各界爱心人士前往病区看望了正在接受康复训练的残疾儿童，给孩子们带去节日的问候与祝福

街道定期举办“同心健康行，共筑幸福梦”公益医疗咨询服务，累计近3000余人次群众受益。

2012年11月，民进市委联手徐汇区卫生局、徐汇区教育局共同举办“医教结合——名医进校园”系列讲座，这是民进市委的社会服务项目，同时也作为民进市委提案《关于推进本市医教结合的若干建议》的调研项目。共3讲，有数百名学生及家长参加讲座。

2017年起，民进市委每年联合民进金山区委与中医大委员会举办“民进健康金山行”，在金山区范围内的街镇开展中医义诊、专家坐诊与下乡送诊等活动。

2018年，民进市委联合民进奉贤区委、医疗卫生委员会、上海交通大学医学院委员会共同举办“感恩教师送关爱服务居民送健康”——民进医疗义诊进奉贤活动，数十名民进会员医疗专家为奉贤一线教师职工及社区居民提供免费的医疗服务。

三、联合基层组织开展咨询活动

2004年3月15日，民进市委科技、经济、法制委员会和上海市消费者权益保护委员会、东方广播电台在上海书城联合举办“诚信、维权”——“3·15”现场大型直播咨询活动，历时3小时，接待消费者89人次，并由东方广播电台都市792节目作现场直播。

2005年3月5日，民进市委在长宁区江苏路街道社区服务中心开展教育、医卫、法律义务咨询活动。民进市委选派民进会员组成专家组，现场回答居民提出的疑难问题，并就解决方法等给予指导，共有300多人次参加咨询。

2008年3月15日，民进市委社会法制委员会与上海书城联合在上海书城淮海店进行主题为“消费与责任”——“3·15”消费者维权现场咨询活动。2009年3月15

2003年，民进上海市委与市消保委、东方广播电台联合举办“3·15”维权法律咨询活动

日，民进市委社会法制委员会与上海书城联合在上海书城福州路店举行“3·15”消费者维权现场咨询活动，大力倡导健康、文明的消费方式和消费行为，大力宣传和谐消费环境中消费者应有的权益和经营者应尽的义务。2010年3月15日，民进市委社会法制委员会与上海书城在上海书城福州路店联合举办“迎世博——3·15消费者权益保护”法律咨询活动。针对群众提出的消费维权问题，从法律法规角度为消费者提出法律建议，指导帮助消费者运用法律手段维护自身的合法权益。

2012年，民进市委在宝山区吴淞社区文化活动中心举行“民进法律服务进社区工作站”启动仪式。来自法律、医卫、经济、文艺等界别的民进会员为社区群众进行咨询和演出活动。

2017年，协调民进上海市委社会法治委员会、民进宝山区委、宝山区吴淞街道联合开展民进上海市委法律咨询服务活动。

2017年至2018年，民进杨浦区委和民进上理工大学委员会利用自身优质教育资源优势与上海市监狱管理局合作共同开展的“同心育心行动”教育服务项目。项目先后选派20多名优秀教师作为志愿者，十余次走进大墙，开展一系列卓有成效的教育服务工作，助推监狱的教育改造工作。

2018年，民进市委联合民进奉贤区委、医疗卫生委员会、上海交通大学医学院委员会共同举办“感恩教师送关爱服务居民送健康”——民进医疗义诊进奉贤活动，30名民进会员医疗专家为奉贤一线教师职工及社区居民提供了免费的医疗服务。

四、“春联万家”活动

2015年起，为贯彻落实民进中央坚持和发展中国特色社会主义学习实践活动的有关精神，支持和引导基层文化建设，发挥民进文化界别优势，履行开明画院社会服务职责，集聚书画界会员力量投身到社会公益活动中，民进中央决定在全国范围内开展“春联万家”活动。民进上海市委分别于2015年在闵行区颛桥镇、2016年在“书画之乡”浦东金桥镇、2017年在金山区枫泾镇、2018年在嘉定区新城路街道、2019年在金山区金山卫镇，连续举办“春联万家”活动，书画家累计捐赠作品2000余幅，受益群众1700余人。

第二节　签约共建

一、与区委开展共建活动

1997年1月27日，民进市委社会服务部、民进徐汇区委与徐汇区田林街道签订共建两个文明建设协议。6月1日联合举办以“普天同庆、喜迎回归”为主题的广场文化活动。6月12日起，举办以提高居委干部整体素质为重点的系列讲座培训共10讲。10月10日，民进市委妇委会与田林街道一起举办“夕阳红，秋菊黄”敬老慰问活动。11月14日联合举行学习十五大专题报告会。1998年5月9日，共同主办“上海国际艺术节田林分场”广场活动。8月26日，上海民进自强进修学院邀请社会学方面的专家学者，组织康健、田林街道居民举办“热爱祖国、不信邪教”大型系列专题活动。8月28日组织曙光医院专家名医为田林、康健街道近800名居民免费开展医疗咨询，举办“讲科学、讲文明”纳凉晚会。1999年12月25日，上海民进自强进修学院和徐汇区田林、康健、漕河泾街道（镇）联合发出争当“自强好少年”倡议书，制定8项评选条件，每年6月和12月各评选一次，予以表彰和奖励。2000年3月26日，上海民进自强进修学院在徐汇区为康健、漕河泾、虹梅3个街道举行“学百句英语，迎亚太经合会”培训班。7月22日为田林、康健、漕河泾、虹梅、凌云5个街道（镇）的500多名中小学生家长免费举行“素质教育进家庭”讲座和课堂教学实践及有关教育咨询等系列活动。2017年7月29日，组织开明画院书画家赴徐汇区天平街道开展的“献礼建军节 喜迎十九大——上海民进书画家进社区活动”， 民进书画家泼墨作画，绘制扇面，为人民解放事业浴血奋战过的革命老兵和武警战士中的新兵送上祝福。

2006年3月4日，民进市委社会服务部与该街道在长宁区江苏路街道社区事务受理服务中心举行“共建和谐社区”签字仪式。

2019年4月，协调民进闵行区委与古美路街道签约共建，并建立“民进上海市委古美路街道社会服务基地”，探索提高自身建设与履职能力，并为会员深入基层了解社情民意搭建平台。

2019年4月18日，民进上海市委举行社会服务基地揭牌仪式。民进中央副主席、上海市政协副主席、民进上海市委主委黄震出席，民进上海市委专职副主委胡卫等领导参加

二、与上海港务局开展共建活动

1997年6月13日，民进市委与上海港务局举行共建社会主义精神文明恳谈会。9月12日组织文艺界民进会员赴上海港务局新华港务公司，举行上海港务局和民进市委共建社会主义精神文明文艺演出。10月10日在上海港务局高阳港务公司举行尊老敬老医卫、法律义务咨询及为离退休职工系列服务。1998年9月23日，民进市委组织会员中的市人大代表、专家学者赴上海港务局张华浜港务公司，对该公司文明行业（窗口）进行行风文明评议。10月24日民进市委和上海港务局及浦东老龄委、潍坊街道、浦东时代广场在浦东时代广场举行1998年敬老日大型文艺会演，专家、教授举办医卫、法律义务咨询，为老志愿者服务等尊老、敬老、为老系列服务。1999年7月27日，民进市委组织会内市人大代表、政协委员、专家学者等赴上海港务局民生港务公司、外高桥保税区港务公司进行行风文明评议。11月17日至26日，民进市委组织会员中的市人大代表、政协委员及专家教授对共建单位上海港务局所属外高桥、龙吴、张华浜、南浦、罗泾、高阳、新华、民生、军

2005年1月，民进上海市委与港务集团签约共建共育精神文明，民进中央副主席、上海市副市长、民进上海市委主委严隽琪出席，民进上海市委专职副主委王慧敏，副主委刘奕民、李名慈、吴毅、陈振楼，秘书长陈强努与上海港务集团党政领导出席

工路、上海港客运服务公司等14个港务公司生产系统和创建文明窗口服务行业进行考评并提出意见和建议。2001年6月21日，民进市委组织来自市一、瑞金、华山、仁济、中山医院民进会员中的专家教授，赴上海港务局为离休干部和老党员进行义务医卫咨询。2005年9月20日，作为庆祝民进成立六十周年会庆系列活动之一，民进市委组织医务专家赴上海国际港务（集团）有限公司为离退休干部开展医疗咨询活动。

第三节　服务世博

民进市委在迎办中国上海世博会期间，要求并引导广大民进会员发挥积极作用。2010年初，发出倡议书，号召全体会员践行“理解、沟通、欢聚、合作”的世博理念，以真情与奉献为世博增光添彩。

民进会员立足本职，通过撰写社情民意信息，为中国上海世博会顺利进行提供许多意见和建议，得到市领导及有关部门肯定。会员张峰建议提前筹划世博演出工作，得到中共市委主要领导批示，要求市委相关部门抓紧落实。会员张广仁撰写《为迎世博亟待规范申城外语招牌及告示》的信息，引起市政府领导的高度重视。广大民进会员积极参加由社会、单位组织的世博志愿者活动。浦东新区是世博会的重点地区之一，民进浦东新区区委组成的“海宝行动队”，每月进行一次“世博环境综合整治与安全保障”巡查工作。

在上海世博会筹办期间，参与世博场馆建设的民进会员全面完成世博场馆的建设、布展任务。2010年1月27日，蔡达峰代表民进市委慰问参与世博场馆建设的民进会员，并鼓励他们以建设精品工程为目标，高质量地完成世博场馆建设任务。

民进市委做好世博会接待工作，2010年初制定《民进市委世博接待工作方案》。整个世博会期间，共接待20多个包括民进中央和民进各省市组织的学习参观团。2010年6月，民进市委承办由民进中央和中国电影家协会主办的“第八届海峡两岸中华传统文化与现代化研讨会”，安排近200名与会嘉宾参观世博会中国展馆，以及台湾地区，香港、澳门特别行政区等场馆。9月7日至10日，民进市委联系落实市希望工程办公室主办的“全国千名希望小学师生看世博”活动部分名额，邀请贵州省金沙县西洛乡的10位优秀教师与10位学生来沪参观。10月中旬，民进市委安排参加江浙沪民进企业家联谊会联席会议的与会嘉宾70多人参观世博会。

2010年1月，民进中央副主席、上海市人大常委会副主任、民进上海市委主委蔡达峰慰问参与世博场馆建设的民进会员，并鼓励他们以建设精品工程为目标，高质量地完成世博场馆建设任务。民进上海市委专职副主委陈强努参加

第三章 慈善公益

慈善公益事业是社会服务工作的重要组成部分。面对全国性的突发灾害，民进作为参政党既积极助力抗震救灾，也积极利用“上海民进企业家联谊会”与“人文关怀阳光”基金这两大平台开展工作。

第一节 赈灾救灾

一、为特大洪灾、震灾募捐救灾

1998年8月10日，民进市委认真学习中共中央关于长江抗洪抢险工作的决定，贯彻落实市委市政府紧急会议部署抗洪救灾会议精神，向各区县委和基层组织下发通知，要求全市各级民进组织动员和组织会员的募捐工作，努力做好本职工作，以实际行动支援灾区抗洪救灾。截至8月31日，各区县和基层组织共向民进市委捐款97504.51元。

2008年5月12日，四川省汶川县发生强烈地震后，上海民进各级组织和广大会员时刻关心地震灾区救援工作、关注赈灾工作的进展，响应中共中央和民进中央的号召，迅速行动起来，以各种方式和途径，为地震灾区人民群众送温暖、献爱心。14日，民进市委致民进四川省委慰问信表示深切问候。组织、动员和鼓励上海民进各级组织和会员积极参与救援捐助活动；紧急启动社情民意信息工作机制，积极为赈灾献计献策。蔡达峰对上海民进各级组织和广大会员参与抗震救灾工作提出具体要求。23日，民进市委向各区县委，直属委员会、支部和全体会员发出致敬信，对上海民进各级组织和会员积极投入到抗震救灾工作表示崇高敬意

1998年，上海民进会员奋战在抗洪救灾第一线

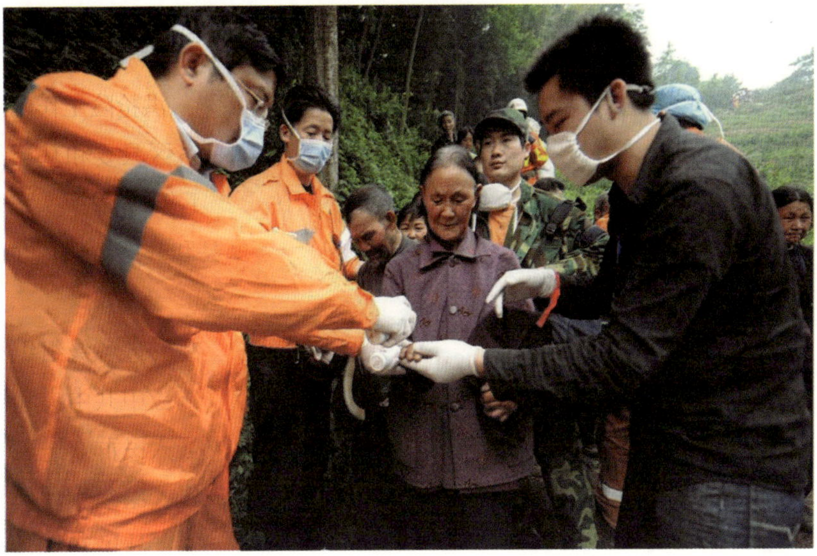

2008年5月12日，四川汶川特大地震发生后，上海医卫界的民进会员积极参加赴四川医疗救援队，在灾区开展医疗救护工作

和衷心感谢。赵丽宏为抗震救灾作诗《我们血脉相连》在上海市社会各界赈灾文艺晚会上朗诵，由他主编的《惊天地泣鬼神——汶川大地震诗钞》由华东师范大学出版社出版。6位医卫界会员参加抗震救灾医疗队工作。据不完全统计，至31日，民进市委向民进中央、市政协和市委统战部报送抗震救灾信息36条。上海民进会员向地震灾区捐款355万余元，上海民进企业家联谊会成员向地震灾区捐款680万余元、捐赠服装价值1000万余元。27日，吴毅代表民进市委看望、慰问赴四川抗震救灾的民进会员及家属。6月25日，民进浦东区委和民进上海市文广集团委员会举办抗震救灾大型捐赠拍卖、义演活动，所得善款共计11.85万元和价值25万元的医药用品，全部捐给四川地震灾区人民。7月17日，陈强努前往长宁区中心医院、宝山区中心医院和第一人民医院宝山分院，慰问上海民进成员中赴四川抗震救灾的医务工作者。

2014年，云南鲁甸发生地震后，民进市委开通“人文关怀阳光基金”网上捐赠通道，向全体会员发起为鲁甸灾区捐款的倡议，组织鲁甸地震捐款。活动募集善款7000元，为灾后专项重建奉献爱心。

二、抗击“非典”

2003年4月28日，民进市委向民进各区（县）委，直属委员会、总支、支部发出通知，向全体会员及其家属致以深切慰问，向所有战斗在“非典”防治第一线的人员尤其是医务界的会员致以崇高的敬礼。同时，要求各级组织减少会议、活动，通过电话和电子邮件传递信息；要求会员积极配合市委、市政府的各项防范措施，严格遵守各项规定；要积极为预防“非典”和战胜“非典”献计献策。

民进医卫界会员响应号召，发挥专业特长，以科学的态度和负责的精神，积极投身到预防、治疗和控制“非典”工作。民进瑞金医院支部向医院党委提交决心书，表示时刻准备着接受挑选，积极参加志愿医疗队，投入抗击“非典”的斗争。民进华山医院支部要求会员出主意想办法，为制定预防和治疗措施、健全和完善防控机制、有效遏止疫情，贡献力量。医卫界会员们不顾自身被感染的危险，放弃节假日休息，走在抗击“非典”第一线。民进各区县还组织抗“非典”募捐活动和慰问医卫界会员活动。其间许多会员建言献策，民进市委报送相关信息29条。

第二节 人文关怀阳光基金

“人文关怀阳光基金”成立以来，持续开展各类教育帮扶活动，随着基金的不断发展壮大，基金的帮扶项目还延伸到其他公益慈善领域，极大发挥基金的社会效应。

近年来，基金形成一大批社会效应良好的慈善公益品牌项目，在为改善和提高西部贫困地区教育硬件和软件水平、资助和奖励西部地区贫困生、改善上海外来务工人员随迁子女受教育环境、帮助社会弱势群体、支援国家灾区重建等方面提供帮助和人文关怀。基金的成立和运作过程公开、透明，有章可循、规范有序，赢得良好的社会信誉，有力地促进了社会和谐。

一、成立人文关怀阳光基金

2008年7月5日，上海市慈善基金会“人文关怀阳光基金”在上海市教科院民办教育研究所报告厅举行成立仪式暨赈灾义演义卖活动。全国人大常委会副委员长、民进中央主席严隽琪，民进中央副主席、上海市人大常委会副主任、民进上海市委主委蔡达峰出席并讲话。严隽琪和上海市慈善基金会理事长陈铁迪为基金成立揭牌。上海市慈善基金会“人文关怀阳光基金”是由市慈善基金会、市作家协会、上海市民办中小学协会和市民进企业家联谊会联合发起设立，隶属于市慈善基金会“共享阳光基金”。

“人文关怀阳光基金”成立后，通过举办慈善义卖、与民进闸北区委合办慈善酒会、联合民进文艺界会员进行慈善义演等方式筹款，得到民进中央、民进市委及政府相关部门高度重视。民进中央主席严隽琪、副主席蔡达峰及上海市政府、市政协领导多次莅临善款募集现场，同时众多沪上知名作家、艺术家、书画家、教育专家、企业家及民进会员和社会各方爱心人士积极参与慈善捐赠和公益活动。基金设立之初，就成立基金管理委员会，建章立制，规范基金的使用和管理。

二、书画捐赠义卖

2013年，依托“人文关怀阳光基金”把艺术家书画艺术交流和社会公益活动结合在一起，组织上海民进开明画院开展“彩绘仙境心灵·墨留锦秀边疆” 笔会交流暨援疆公益活动。活动中创作的40幅作品全部捐赠给上海援建的新疆喀什莎车县图文信息中心，作为中心的布展作品。民进上海市委组织开明画院艺术家捐赠书画作品4幅，支持统战工作的需要。

2014年，组织上海民进开明画院部分书画家参加民进中央和东莞民进开明画院联合举办的开明书画展，促进上海开明画院与各兄弟省市开明画院的交流。组织开明画院部分书画家参加上海市慈善基金会“点亮心愿”爱心义拍活动。

2017年10月，由民进上海市委主办，上海民进开明画院承办，上海民进企业家联谊会，上海市慈善基金会“人文关怀阳光基金”与上海“梦想成真”公益基金会协办的“不忘合作初心，继续携手前进——庆祝中共十九大胜利召开书画作品展揭幕仪式暨慈善捐赠义拍活动”在上海朵云轩艺术中心举行。上海民进企业家联谊会成员踊跃参与竞拍，全部37幅参拍作品最终被逐一拍出，加上个人的慈善

2011年5月，民进上海市委在上海交通大学举行纪念中国共产党建党九十周年、辛亥革命一百周年暨上海民进开明画院成立揭牌仪式。图为全国人大常委会副委员长、民进中央主席严隽琪出席仪式并为上海开明画院揭牌。民进中央副主席、上海市人大常委会副主任、民进上海市委主委蔡达峰出席

2017年7月29日，民进上海市委举办“献礼建军节 喜迎十九大”——上海民进书画家进社区活动。民进上海市委专职副主委胡卫等领导参加

2018年10月21日，由民进上海市委主办，上海民进开明画院承办的“不忘合作初心，继续携手前进——庆祝中共十九大胜利召开书画作品展揭幕仪式暨慈善捐赠义拍活动”在上海朵云轩艺术中心举行，民进中央副主席、上海市政协副主席、民进上海市委主委黄震，民进上海市委专职副主委胡卫、黄山明，副主委郭坤宇，秘书长何少华等领导参加

捐款，总共筹得303.5万元善款，定向投入民进上海市委所开展的各项精准扶贫、智力支边项目。

第三节　上海民进企业家联谊会

1993年初，民进市委根据中央领导同志关于上海要“重振雄风”的指示，对上海经济发展中作出贡献的企业和企业家著书立传，借以向海内外广泛介绍他们的成果、经验和思考，使之成为了解上海改革开放进程的一扇窗口。民进市委同上海文论杂志社、上海机械工业书店，组织知名作家、记者进行采访写作，编写、出版大型报告文学集《重振雄风（四）》，并举行隆重的首发式。该书收录胡万春、费礼文等作家与记者参加写作的26篇报告文学作品，记述26家企业在改革开放的大潮中经历的阵痛和磨难，以及成功和辉煌。

2005年5月28日，民进市委成立“上海民进企业家联谊会”。联谊会建立共同

2017年6月28日，上海民进企业家联谊会与民进上海市委联络委员会联合组织成员赴上海证券交易所考察调研。民进上海市委专职副主委黄山明参加

学习、交流与合作的平台，成员通过这个平台，广交朋友，互通信息，开展社会服务，在自身企业帮助社会困难群体的同时，为民进开展的各项支边扶贫、教师培训等工作提供大力支持。2008年4月9日组成江浙沪企业家“会员之家”，带动三地企业家联谊会共同进步，提高社会服务和参政议政水平。2011年2月25日第二届成立。新一届联谊会制定《上海民进企业家联谊会联系人制度》《上海民进企业家联谊会考核办法》《上海民进企业家联谊会会费缴纳使用办法》等有关制度和办法，修订《上海民进企业家联谊会工作条例》。

一、抗震救灾

2008年四川汶川发生强烈地震后，上海民进企业家联谊会成员通过各种途径向地震灾区捐款680万余元、捐物价值1000万余元。2010年青海玉树地震发生后，多位上海民进企业家联谊会成员在第一时间，主动通过“人文关怀阳光基金”向地震灾区捐款21万元用于灾后重建。联谊会与浙江民进企业家联谊会、江苏民进经济界会员联谊会开展各项交流。

二、其他慈善

2012年，民进市委协调上海民进企业家龚晓平和黄炜通过“人文关怀阳光基金”分别向虹口区慈善基金会捐赠一台干衣机和捐款2万元用于资助患病的退役国家运动员。2015年，积极组织上海民进企业家联谊会参与开展援建学校、捐赠医疗设备、服装等社会服务活动。

第四章 兴办教育事业

上海民进办学起步于1980年。从1980年至1984年初，利用民进自身优势，以文化补习为主，开办文理科单科班和高复班，以满足在职青年补习文化的需求。1985年以后，为适应市场经济的新形势，以专业培训为主，开办业余艺术进修学校，设绘画、书法、京剧、越剧等专业，其他业余学校开办法律、彩电、冰箱和摩托车修理以及财会、英文打字等班级。1987年以后，以外语及职业培训为主，开设托福、英语、日语、德语、涉外会计、文秘、国际贸易，以及推拿、针灸、烹饪、书法、绘画、舞蹈、吉他演奏、围棋等班级。

为了坚持正确的办学方向，民进市委分别于1982年和1984年作出《关于各区（县）委会创办学校的几点意见》《关于区（县）委会举办学校的规定》。1993年9月27日，制定《民进市委关于各级组织举办业余学校（班）的几项规定》。1994年2月28日，制定《民进市委员会关于各级组织举办业余学校（班）的若干意见》，对民进各级组织办学加强管理和规范。《民办教育促进法》颁布后，组织专题讲座和专题报告，并就《民办教育促进法》实施后民办学校的界定审批、办学规范、管理体制和服务社会等问题开展研讨。

第一节 市委办学

一、剑桥少儿英语培训

为了适应国内、国际社会发展需求，使基础教育从“应试教育”转型“素质教育”，民进市委在1998年与中英教育测量学术交流中心签订合作协议，成立民进剑桥少儿英语联合办公室。1999年8月，更名为民进剑桥少儿英语第二管理分中

1998年至2011年年底，民进有关办学单位开展“剑桥少儿英语”教学活动

心，隶属于上海市教育考试院，主要负责每年春秋季剑桥少儿英语全国统一考试考务工作。民进市委以该项目为抓手，把民进社会力量办学单位组织起来，精心推介剑桥少儿英语教育项目，实施培训计划。民进社会力量办学单位作为剑桥少儿英语学习系统的主体培训机构发展到16所学校，民进举办剑桥少儿英语教师上岗证培训班18期，500余人次参加培训；全市参加剑桥少儿英语培训和考试的学生达30000余人次。2012年1月，民进剑桥少儿英语联合办公室结束所有工作。

二、上海市民进进修学院

创立于1980年9月，校名为“徐汇区民进文化补习学校”，由民进徐汇区委主办。为满足知识青年参加高考补习文化需要，开设4个高复班。1986年后，开设各类大专课程，教学规模不断扩大。1996年改名为“上海市民进进修学院”，由民进市委接办。院址为淮海中路1788号，建筑面积1080平方米。学院开设外语、外贸、法律、会计、计算机信息管理、计算机及其应用、计算机网络大专及本科专业的自考辅导班、成人高复班、三校生高复班、剑桥少儿英语、KET等课程。1992年9月该院被民进中央评为全国先进集体，同时又被徐汇区教育局评为先进集体。1996年5月由上海市教委评估为A级优秀学院。《解放日报》《文汇报》《新民晚报》《中国日报》等新闻媒介都对该院作过报道。创办以来，累计举办4283个班，学生在182000人次以上，结业学生达12000人次，历年统考合格率都在65%左右，招生规模每年近万名，约240个班级。2000年上半年又被上海市徐汇区教育局评选为办学先进集体。该院于2003年7月停办。

第二节　区委办学

1982年民进长宁、闸北、黄浦区委创建办学机构，各区委相继利用社会资源共创建19所各类学校。到2012年还余9所在继续办学。

社会力量办学机构（学校）一览

名　称	主办或挂靠单位	法人代表	地　址	备　注
长宁区求知进修学校	长宁区委	李慧琴	华阳路255弄1号	
民进上海创业专修学院	杨浦区委	陈　怡	长阳路965号	
静安区民进业余进修学校	静安区委	周鸿钧	新闸路1370号	2007年停办
黄浦区民进业余学校	黄浦区委	张联冠	广东路615号	
闸北区沪北文化艺术进修学校	闸北区委	刘静芳	七浦路596号	
民办白玉兰学校	虹口区委	马惠生	运光路40号	2010年6月与民办瑞虹高级中学合并
虹口区虹进业余学校	虹口区委	蔡幽风	巴林路60弄8号	2010年11月停办
上海浦东新区民进进修学校	浦东区委	王　扬	高桥镇西街217号	2008年停办
普陀区普进业余学校	普陀区委	刘钊培	北石路610弄28号	2012年停办
闵行区民进业余艺术学校	闵行区委	卫建民	莘庄镇基地附中	

嘉定区民进学友进修学校	嘉定区委	邓国坤	嘉定工业区南苑幼儿园	2009年停办
宝山区求知科技文化进修学校	宝山区委	刘伟国	盘古路566号	2012年停办
徐汇区民进业余进修学校	徐汇区委	薛迪伟	嘉善路177号	2007年7月停办
民办进华中学		陈国强	富平路657弄91号	
蔡福华音乐艺术中心		蔡福华	洛川东路161号	
上海博爱幼教集团		徐莉芳	银都路3151弄176号	
协和教育中心（集团）		王丽强	虹泉路999号	
新世纪信息进修学院	浦东区委	邹国梁	张扬路3080弄4号	2004年底停办
宝山区科艺进修学校	宝山区委	陈裕国	大华路龙珠苑200号	现由区教育局下属机构主办

注：上表统计至2012年。

第六篇
人物

第一章 民进先贤和民进上海市分会第一届理事会理事

马叙伦、王绍鏊等26位民进先贤于1945年在上海发起成立中国民主促进会。民进成立后，民进先贤们拥护中国共产党和平建国总方针，在上海积极投入反内战、反独裁的爱国民主运动，积极响应中共中央“五一口号”，参加新政协的筹备。1949年6月，民进总部根据形势需要，成立了民进上海市分会，谢仁冰、陈巳生、冯少山、梅达君、赵朴初、李平心、曹鸿翥、朱绍文、金芝轩、宓逸群、韩近庸等11人为民进上海市分会第一届理事会理事，他们为民进上海地方组织的发展奠定了坚实的基础。中华人民共和国成立后，民进先贤们为恢复国民经济、发展教育文化事业作出应有的贡献。上海也涌现出赵宪初、段力佩、薛正、赵传家、李楚材等五位由上海市政府命名的名誉校长，以及发起建议设立教师节的方明等早期的杰出会员。

民进薪火相传，继往开来。在与中国共产党长期风雨同舟、肝胆相照的历程中，他们留下了许多可歌可泣的感人事迹和艰苦奋进的不朽诗篇，并形成了坚持接受中国共产党的领导，坚持爱国、民主、团结、求实，坚持立会为公的民进优良传统，为民进的后人们留下了值得传承和弘扬的宝贵精神财富。

第一节　民进先贤

民进主要创始人马叙伦在上海的往事

马叙伦，1885年4月27日出生于浙江余杭（今杭州市），字彝初，更字夷初，号石翁、寒香，晚年号石屋老人。早年参加同盟会，中国民主促进会的主要创始人和领导人，杰出的爱国民主运动战士，我国著名的教育家、语言文字学家、诗人、书法家。解放后马叙伦担任全国政协副主席，新中国第一任教育部长和第一任高教部长。

早年在上海从事新闻工作

马叙伦少年时代，曾就读于故乡养正书塾，天资强敏，文史皆优，是一班的"翘楚"。当时，清朝政府极端腐败，他深感中国内忧外患，灾难深重，产生了强烈的爱国革命思想。马叙伦由于家贫不能继续上学，早年开始走上社会。

1902年夏天，马叙伦来到上海从事新闻工作，曾先后帮助几家报纸编辑写文，为南洋编译局润稿，做过商务印书馆、《东方杂志》《选报》的编辑，当过《新世界学报》主编、《政艺通报》的主笔，还主办过《国粹学报》。在上海期间，马叙伦经常参加蔡元培创立的爱国学社在张园举办的演讲会，激发了他的革命思想。此时，孙中山先生领导的同盟会在日本出版的刊物秘密向国内输送革命思想，各地的革命活动方兴未艾，这一切都给马叙伦以深刻的影响。

马叙伦是中国知识界的知名人士，早在蔡元培任北京大学校长时期，与马寅初有北大“二马”之称。他的周围聚集着很多关心国家大事、爱国的朋友，他们有的充当保卫工作，更多的充当交通员（相当于现在的记者），收集当日上海的报刊，以及其他政治信息，提供给马叙伦撰写政论稿件，发表政治言论。当时，各家报刊都希望有压得住的名人文章，纷纷派员向马叙伦约稿。他们派交通员带去编辑部想要马叙伦评论的政治类新闻，待马叙伦写完评论后即将稿件取回，交编辑部刊发。这些稿件的时效性很强，有的当天告诉马叙伦新闻，第二天取稿。更有甚者，有的当天就要取稿，真可谓“倚马可待”了。

当时《周报》《民主》几乎每期都有马叙伦的政论文章，有时一天要刊登两三篇。马叙伦1945年10月至1947年3月期间在《民主》《周报》《昌言》和《文萃》四大刊物上共发表106篇文章，散佚在其他大量报纸、杂志上的文章难以集齐。这一篇篇抨击美蒋真内战、假和平的战斗檄文充分彰显他杰出的文学才能和敏锐的政治洞察力。

1928年年底，马叙伦任国民政府教育部次长，1929年冬辞职。1930年暑假后，再回北京大学任教。1936年1日，马叙伦联合当时北平高校主张抗日的教授，发起组织北平文化界抗日救国会，被推为主席。一二·九抗日救亡运动爆发后，马叙伦支持北平学生的抗日救亡运动；北平文化界救国会和北平学联共同发起组织华北民众救国联合会，马叙伦当选为主席。

发起成立中国民主促进会

抗日战争爆发后，马叙伦举家迁居上海法租界，在之江大学任教。上海沦陷后，马叙伦更名邹华孙，并蓄须隐居，从事学术巨著《说文解字六书疏证》的撰写。

抗日战争胜利以后，马叙伦同全国人民一样，热望国家从此一改旧观，名副其实地做个五强之一。可是蒋介石同人民的愿望相反，大搞假民主、真独裁，假和平、真内战。马叙伦虽已年过花甲，仍积极与中共地下党联系，经中共派负责同志同他谈话后，他就积极投入爱国民主运动的洪流之中。马叙伦不仅是《周报》的主要撰稿人，而且是《民主》的编委之一。他通过当时出版的进步报刊

《周报》《民主》《文萃》《文汇报》《联合晚报》等撰文数十万字，发表大量文章，抨击蒋介石的独裁统治，揭露国民党反动派扩大内战的罪恶阴谋，大声疾呼地要求和平与民主。这些文章揭露真相，爱憎分明，鞭辟入里，说服力强，对人民群众有极大的激励作用。与此同时，马叙伦在“以笔为枪”的斗争中，通过写文章和频频参加各种集会发表演说，密切同各界人士的联系。一方面，他经常和文化教育新闻界争取和平民主的人士周建人、郑振铎、柯灵、唐弢、徐伯昕、李平心、严景耀、傅雷、蒋天佐、林汉达、许广平等聚会座谈，议论国是。随着爱国民主运动的发展，活动更加广泛，联系范围日益扩大。

另一方面，中共地下党员王绍鏊以及陈巳生、谢仁冰、赵朴初、林汉达、梅达君等一大批上海的工商界人士也定期在原联华银行旧址（现西藏南路26号）集会聚谈，学习研究共产党的主张，分析国内外形势，揭露、批判蒋介石祸国殃民的罪行。根据当时的斗争形势，王绍鏊等一批工商界人士撰写反对国民党“先统一，后民主”的《意见书》，准备在著名爱国民主人士中广泛征集意见签名后上书蒋介石。鉴于马叙伦在全国知识界的声望，他们通过报刊向马叙伦约稿。马叙伦觉得王绍鏊《意见书》的文章写得很好，经谢仁冰（民进创始人之一）介绍，马叙伦与王绍鏊相识，二人一见如故，相谈甚欢，马叙伦欣然同意在《意见书》上签名，还提议双方的朋友一起开个座谈会。

于是就由马叙伦、王绍鏊两人出面邀集各自的爱国民主人士在大同路（现北京西路）的广和居饭馆楼上及原联华银行旧址、八仙桥青年会（现西藏南路123号）等处以“星二聚餐会”形式多次举行联合座谈，研究时局，商讨斗争策略，而且携手在《周报》《民主》《文汇报》等舆论阵地发表文章，阐明共同的政治主张。原先，王绍鏊等联系的本土工商界人士还属于上海地方的代表性人士。由于马叙伦抗战前的全国性声望，再加上马叙伦的不少好友多为全国性著名人士，所以王绍鏊的圈子和马叙伦的圈子相结合，就大大超出地方局限，为后来联合起来共同成立全国性组织奠定了坚实的基础。

团结作战显示了联合的威力，同时他们感到，在国民党严密检查制度下，以个人名义发表文章毕竟受到很多限制，大家都觉得志同道合的同志应该联合起来，有人提出需要成立一个永久性的社会团体（政党），以便有效地进行斗争。此议一提出，立即得到大家的赞同。马叙伦早已感到成立组织的需要，于是积极行动，加强与各界爱国人士联系协商，讨论建立组织事宜，拟定章程和宣言，共同发起成立“中国民主促进会”。

经过一阶段的酝酿准备，一个新的革命团体“中国民主促进会”在上海爱麦虞限路中国科学社（今陕西南路235号黄浦区明复图书馆）宣告成立。1945年12月30日，在这幢小洋楼里召开中国民主促进会成立大会。出席成立大会签到的有马叙伦、王绍鏊、林汉达等26人。马叙伦担任会议主席。大会一致通过了马叙伦的报告，并决定会务由马叙伦负责，王绍鏊、严景耀、陈巳生三人协助。1946年1月2日，民进召开第二次会员大会，选举马叙伦、王绍鏊、陈巳生等11位为第一届理事会理事。马叙伦和王绍鏊、陈巳生、林汉达、许广平（1946年增选）当选为常务理事。会议一致通过《中国民主促进会对于时局的宣言》，这是民进成立后发表的第一个文件，它全面阐述民进对国际国内形势的立场观点，公开提出自己的政治主张。从此，中国民主促进会这个有纲领、有组织、有纪律的革命政治组织诞生并在中国政治舞台上发挥了重要的作用，这与马叙伦的爱国革命思想的影响和精心组织是分不开的。

担任和平请愿代表团团长

随着蒋介石反动面目的更加暴露和上海和平民主运动的高涨。民进同上海四十几个人民团体在中共地下组织的领导下，组成上海人民团体联合会。马叙伦和民进的九位人士都以各人民团体代表的身份当选为联合会的理事，马叙伦并任常务理事。人民团体联合会后发展到68个人民团体，联系各界群众四十余万人。抗日战争胜利后，马叙伦赞成中国共产党的主张，积极从事反内战、反独裁的爱国民主活动。在他的影响下，逐渐形成一支文化教育界争取和平民主的力量。

1946年5月，国民党宣布召开国民大会时，中国民主促进会被排斥在外。同月，中国民主促进会和上海人民团体联合会决定发起组织上海人民反内战运动大会，马叙伦等人被推举负责筹备。6月6日，马叙伦等人发表反内战宣言，呼吁以具体行动来阻止内战；同日，马叙伦还和160多位爱国民主人士致函各党派及美国总统特使马歇尔，再次呼吁停止内战。

6月上旬，上海人民团体联合会决定组织上海人民反对内战大会。6月中旬，上海人民团体联合会、上海学生和平促进会各团体经过协商，推举马叙伦、胡厥文、雷洁琼、张絅伯、包达三、阎宝航、吴耀宗、盛丕华、蒉延芳、陈立复、陈震中11人为代表，组成上海人民团体代表团，又称和平请愿团，赴南京向国民党政府请愿。马叙伦任代表团团长，胡子婴为代表团秘书长，罗叔章为秘书。这11位代表都是各方面知名人士，有些爱国民主人士抗战时期就一直坚持在上海，有些在抗战时期就和中国共产党在重庆有密切交往，他们和上海各界人民有着密切的联系，有较大的号召力。

6月23日清晨，上海各界包括300多个单位的学生、工人、教师、店员，从四面八方向上海火车站北站举行集会，欢送上海人民代表和学生代表赴南京请愿，到广场的群众有10万余人，贴标语、发宣言、高唱革命歌曲，整个广场沸腾起来，欢呼声、歌声、爆竹声连成一片，“要求和平”“反对内战”等口号，此起彼伏。许广平、田汉、叶圣陶、周建人、王绍鏊、吴晗、陶行知、沙千里、林汉达等社会知名人士也到车站送行。上海地下党的主要负责人以及在此之前先期秘密来到上海的中央青委负责人冯文彬等都到了现场。11时，火车徐徐驶出车站。一路上，代表们受到国民党特务的刁难和骚扰。代表们一方面与他们说理，另一方面发动全车旅客和他们斗争。

晚上7时，当代表团列车到达南京下关车站时，二百多名军警和伪装成苏北难民的特务早已在此等候。当马叙伦出来后，国民党特务和暴徒蜂拥而至，对代表团成员大打出手。混乱中，有个特务猛然举起一个二尺多高的铜痰盂朝马叙伦狠狠砸去，阎宝航连忙用手臂拦挡，当场手臂骨折。马叙伦被打得头部重伤，鼻眼受伤，腹部被踢，疼痛剧烈。雷洁琼等人也身受重伤。马叙伦等受伤代表被送到太平路的中央医院分院后，军警即在四周布岗，封锁了医院。

这就是震惊中外的“下关惨案”。马叙伦受伤住院后，中共代表团周恩来、董必武、邓颖超等同志深夜赶到医院慰问。马叙伦十分感动，对周恩来说：“中国的希望只能寄托在你们身上。”毛泽东闻讯后，特与朱德从延安发电表示慰问。电报全文如下：“南京周恩来同志转上海人民团体请愿代表马叙伦、蒉延芳、包达三、盛丕华、吴耀宗、张絅伯、阎宝航、雷洁琼、陈震中、陈立复诸先生公鉴：先生等代表上海人民奔走和平，竟遭法西斯暴徒包围殴打，可见好战分子不惜自绝于人民。中共一贯坚持和平方针，誓与全国人民一致为阻止内战、争取和平奋斗。谨电慰问，并希珍摄！”①

1947年1月，马叙伦出席上海各界人民举行的纪念上海抗战十五周年大会，并

① 《中国民主促进会简史》，开明出版社2017年版，第42-43页。

在会上发表演说。2月9日，上海国民党当局制造南京路334号劝工大楼血案（曾为中华劝工银行所用得名，今南京东路328号上海电子商厦），马叙伦领导中国民主促进会，与上海各人民团体组成惨案后援会，被推举为后援会主席团成员。

为了保护马叙伦和张澜等爱国人士，中共上海地下党组织经过对路线、船只、时间的周密布置，避开特务监视，于1947年年底将马叙伦和其他民主人士送上一艘德国货轮去香港。1948年10月底，马叙伦呼应中共中央召开新政协的号召，同郭沫若等人离开香港，乘船北上奔赴东北解放区。

提议《义勇军进行曲》代国歌

在《毛泽东传（1949—1976）》一书第4页，有一条有关中国民主促进会和马叙伦以及决定国歌的史料，以整页影印了这次座谈会关于国歌讨论记录的一页。这一页记录的顶端 “国歌”二字，是这页记录的议题。以下紧接的第一、第二行就是第一个发言：“马叙伦：我们政府就要成立，而国歌根据目前情况一下子是制作不出来的，是否我们可暂时用义勇军进行曲暂代国歌。”以下是各位参加座谈的同志表示赞同的发言。

马叙伦作为中国民主促进会的代表参加新政协筹备会担任常务委员，并担任“拟定国旗、国歌及国徽方案”的第六小组组长。马叙伦和第六小组副组长沈雁冰曾向筹备会报告，提出“经本组慎重研讨，认为国歌征集之稿，足以应选者尚少，必须再行有计划征集一次，将选取者制曲试演。向群众中广求反应后再行提请决定，非最近时期可以完成”。

1949年9月25日晚，毛泽东、周恩来在中南海丰泽园召开座谈会，听取关于国旗、国徽、国歌、纪年、国都问题的意见。参加者有：郭沫若、沈雁冰、黄炎培、马叙伦、田汉等人。“在这次座谈会上，马叙伦提议用《义勇军进行曲》暂代国歌。许多委员表示赞成，一部分委员提出需要修改歌词……周恩来表示，就用原来的歌词，他说：‘这样才能鼓动情感。修改后，唱起来就不会有那种情感。’最后，毛泽东拍板，歌词不改，与会者一致赞同，在中华人民共和国的国歌未正式制定前，以《义勇军进行曲》为代国歌。毛泽东、周恩来和与会者一起合唱《义勇军进行曲》，座谈会在这首激荡人心的歌曲中结束了。”①

① 《毛泽东传（1949-1976）》，中央文献出版社2003年版，第5页。

中华人民共和国成立后，马叙伦先后任中央人民政府委员、政务院政务委员、文化教育委员会副主任、中国文字改革研究委员会主任、中国科学院学部委员，以及新中国第一任教育部长和第一任高教部长。1949年12月，马叙伦主持全国教育工作会议；1950年6月，主持召开第一次全国高等教育会议。任内忠实执行党的文教方针政策，为发展新中国高等教育、中等教育、初等教育和中等技术教育，培养教育人才，作出自己的贡献。

1950年4月，中国民主促进会召开第一次全国代表大会，马叙伦当选为中央主席。1956年3月，中国民主促进会召开第二次全国代表大会，马叙伦再次当选中央主席，并提出“一切为了社会主义”的口号。1958年11月，中国民主促进会召开第三次全国代表大会，马叙伦又一次当选中央主席。马叙伦是全国人大第一、二届常务委员；全国政协第一、二、三届常务委员，第四届副主席；中国民主同盟第二、三届中央副主席。

1970年5月4日，马叙伦因并发肺炎逝世，享年86岁。

竭心尽智追求真理的民主人士王绍鏊在上海

王绍鏊，字却尘（恪成），他是一位体魄魁梧、气宇轩昂、宽袍大袖、和蔼可亲的长者，当时民进同仁都称呼他为“却老”。

少年怀济世报国之志投革命

王绍鏊，1888年1月9日生于江苏吴江同里镇一个中落的书香儒医家庭。6岁丧父，自小受母亲的人生观影响，“不作圣贤，便成豪杰”，“先天下之忧而忧，后天下之乐而乐”是他的座右铭。1902年，他在镇上就读于由进步知识分子金松岑在家乡创办的新学——同川学堂，曾和柳亚子是同窗，开始接受新思想熏陶。1908年夏，20岁已结婚生女的王绍鏊，偶尔读到日本清水澄写的鼓吹民主立宪的著作，竟毅然卖掉母亲的陪嫁田，又央叔叔举贷，凑足学费，东渡日本，考入早稻田大学读政治经济科，三年后以优异成绩毕业回国。

1911年辛亥革命爆发后，王绍鏊带着满脑子民主立宪的理想回到上海，受当时浓烈的革命气氛感染，积极投身革命事业。当时，章太炎正以民主革命家兼国学大师的盛名组织中华民国联合会。王绍鏊持晚辈礼拜谒，随章太炎先生创办中华民国联合会，章对他很赏识，当即邀他担任联合会的交际科主任。几天后，孙中山在南京就任临时大总统，王绍鏊陪侍章太炎前去拜访。这是他生平第一次见到久已仰慕的孙先生。孙中山谈话时的睿智和风度，让他一见倾心。然而，当他随章太炎去了北京后，才发觉自己太幼稚了。章为袁世凯所迷惑，其他名流如张謇、熊希龄等，也都冷淡孙中山。北京的沉闷让他受不了，他不辞而别回到了苏州，仍寄希望于开国会选议员来改变这种局面。

1912年5月，王绍鏊出任江苏省都督府外交司第一科长兼代司长，投身遏制袁世凯攫取革命果实的活动。1915年12月，袁世凯宣布次年为“洪宪元年”，并即皇帝位，王绍鏊义愤填膺，立即参加反袁斗争，并赶到上海参加护法运动。

1927年1月，王绍鏊来到武汉，耳闻目睹共产党人的许多动人事迹，了解到共产党在北伐中的主心骨作用，并开始接受马列主义观点，为以后成为中国共产党党员，打下了牢固的思想基础。

抗日救亡革命风雨成长成熟

1931年“九一八”事变爆发，此时浦江之滨，正值日军虎视眈眈欲燃战火之际。他和沈钧儒等发起“中华民国国难救济会”，呼吁国军抵抗。接着又到北京，与蓝公武、章伯钧等发起组织“救国协会”，联络各方抗日力量，进行抗日救亡宣传。

1932年“一·二八”淞沪抗战爆发的前一天，十九路军已奉蒋介石的命令撤退，王绍鏊去见他们。高级军官都在俱乐部喝酒，谈起局势长吁短叹。当天傍晚，王绍鏊又去闸北保卫团，不料刚到不久就发生枪战。据报告，首先勇敢应战的只是六名警察、一名保卫团成员，他们当场牺牲。王绍鏊回寓所后，当即把他们的名字记在日记本上，以备日后祭奠他们的英魂。可惜这本记事册在香港撤退时丢失。淞沪抗战爆发后，他携家人撤离闸北，四处为十九路军筹款。上海战火稍歇，日军又在华北挑衅。冯玉祥、方振武在张家口组织抗日同盟军，王绍鏊赶去参加。他在那里结识了吉鸿昌。他和冯、方、吉共商抗敌大计。冯玉祥一口气写了三十余通亲笔密函，嘱王绍鏊代表他到南方各地联络。王手中的信还未投完，已传来抗日同盟军失败的消息，冯玉祥也被迫上了泰山。

王绍鏊陷入人生的低谷，久久彷徨于苦闷之中。他到虹口北四川路横浜桥的内山书店，在那里挑选了几种日文版马列著作，包括列宁的文集和日本河上肇译的《资本论》，埋头啃读。他渐渐领悟到，“除非根本上废除遗产制度，走向社会主义大道”，这样“又必求民主集中”，“不然力不足以胜泱泱大党之任也”。这一觉醒，唤起他寻找中国共产党的愿望。这时他碰巧遇到一个叫黄申芗的人。黄申芗是湖北大冶人，老同盟会员，“二次革命”失败后追随孙中山在日本参加中华革命党，后来也是苦于觅不到救国道路，于大革命失败后投向中国共产党，认识董必武。黄当时已是中央特科成员，意味深长地对王绍鏊说：“你还执迷于当年在日本学的议会梦啊！俄国十月革命兴起，各国工人革命和民族斗争连成一片，中国革命也应由共产党来领导。”多少年后，王绍鏊回忆起黄与他的谈话，仍感慨不已。后来，他们又约在虹口的一家茶室里作了几次推心置腹的深谈。为避人耳目，一些关键性的词语他们都用日语来表达。王绍鏊决心加入中国共产党。黄申芗表示报告组织后再作答复。1933年10月的一天，黄申芗通知他上级已经批准了，并由黄主持他的入党宣誓仪式，今后也由黄同他联系。据王绍鏊自述，从这一天起，在革命风雨洗礼中成长成熟起来的他，新的生命开始了。

1936年6月，王绍鏊在南京浦口遭国民党拘捕。在狱中，他始终严守党的机密，表现出了一个共产党员的坚强意志和崇高品德。

1937年年底，王绍鏊积极投身对敌地下斗争，他发起创办《文汇报》。

1938年，王绍鏊在家乡建立一支在吴江和太湖地区由共产党领导的、活跃于江浙边界和太湖南岸的抗日游击队。

1940年初，受组织指派离开上海抵达香港。1942年5月返回上海，居住在福履理路（今建国西路）合群坊20号，在潘汉年领导下从事情报工作，积极掩护地下党领导同志，广泛搜集各方情报，营救被日伪逮捕的同志出狱。

起草《意见书》遂发起成立民进

抗战胜利后，1945年冬天，地下党领导人张执一约王绍鏊谈话。他向组织汇报了自己对时局的看法，认为要加紧展开民主运动。他的建议得到张执一的肯定。

王绍鏊在家中与好友们共商时局。因对蒋介石早有了解，谈起未来，他明确指出：“蒋一旦还都，肯定还是重演独裁那一套。”和王绍鏊在一起小聚的朋友，大多是沪上名流进步人士，一部分是同住合群坊的邻居如张纪元、梅达君、赵朴初、林汉达等，因彼此住得近，差不多每晚都到19号张纪元家聚谈；另一部分是潘子欣、曹鸿翥、冯少山、谢仁冰等，虽然他们的社会背景不同，有工商界人士，有文教界学者，有的还和帮会人员有交往，但都正直爱国，反对蒋介石和流氓恶势力，王绍鏊与他们常在北京西路广和居聚谈；再一部分便是朱绍文、蔡禹门等沪上名医。王绍鏊家系世代习医，所以和这些老人交厚。他年轻时体弱，故长期练杨式太极拳和剑术，后来为了防身，他拄的手杖里就藏着一柄利剑。王绍鏊当时聚谈的中心话题是：胜利后，是先“民主”还是先“统一”。所谓先“民主”，就是各党各派共商国是；所谓先“统一”，就是国民党一党专政。王绍鏊说，如果是没有民主的“统一”，只能是蒋家独裁。他的意见得到朋友的赞同。

1945年11月，他被推举起草一份关于国家前途的“意见书”，以征求更多人士的意见。王绍鏊针对蒋介石“先统一后民主”的宣传，文章针锋相对地提出“先民主后统一”的主张，得到进步人士的一致拥护和称赞，并建议将文章以“意见书”的形式征求签名后交付报刊发表，老友谢仁冰和马叙伦交厚，将“意见书”拿给马看。马读罢连声问：“谁人起草的？”谢答：“王绍鏊。”马即请谢邀王相见，两人一谈即合。于是，以马叙伦为代表的进步人士，在“意见书”上欣然签名。马叙伦以北大名教授、五四运动支持人而享誉一时。同他常来往的有周建人、郑振铎、许广平、柯灵、李平心、傅雷等。这样，两股力量汇合起来，声势就更大了。他们一连在八仙桥青年会等处举行几次联合座谈。在一次聚谈会上，马叙伦和王绍鏊、陈巳生、许广平、周建人、曹洪翥、梅达君、赵朴初、冯少山等人谈到只靠刊物进行斗争是不够及时的，最好能占领报纸阵地，又考虑到报纸受国民党新闻检查法的严格限制，尤其不宜刊登以个人名义发表的激烈文字。如果能以社会团体的名义发表文章，就容易被报纸接受，影响也大得多。于是，有人提议最好建立一个永久性的团体。经协商研究之后，决定成立一个统一的组织，取名为“中国民主促进会”。王绍鏊将这些情况都向组织作了汇报。张执一指示他协助马叙老把这个组织建立起来。

1945年12月30日，马叙伦和王绍鏊与上海文化、教育、出版、工商、金融等26位进步人士在上海爱麦虞限路的中国科学社（今陕西南路235号黄浦区明复图书馆）聚会，宣告中国民主促进会（简称民进）成立，并发表《中国民主促进会对于时局的宣言》。这篇宣言除文尾所加的口号外，基本上是以王绍鏊的《意见书》为蓝本经讨论修改而成的。民进建立后，王绍鏊当选为常务理事，成为爱国民主运动中的“中坚人物”。抗战胜利后，王绍鏊积极投入爱国民主运动，从事革命力量的联络工作。

民进成员陈巳生、林汉达、徐伯昕、冯少山等人由王绍鏊介绍，先后又参加民建会。民主党派成员的交叉，对当时的形势和工作来说，是非常有利的。这些同志加入民建后，大多被选为领导骨干，这对于两个民主党派和上海爱国民主运动的发展起了推动作用。

呼吁和平组织南京请愿活动

1946年是上海民主运动的高潮。约在4月间，在中共上海地下党领导的推动下，筹备组建“上海人民团体联合会”（简称“人团联”）。各民主党派、上海各方面的人民团体、进步组织都参加该会，后来发展到68个团体。王绍鏊是“人团联”的理事，是实际组织工作的领导人。“人团联”每晚在八仙桥青年会的一个会议室开碰头会，分析形势，部署工作，各民主党派如民促、民联、民盟、民建、农工、九三、民进和各人民团体都派有代表参加，中共代表华岗、陈家康也必到会。当时晚间开会，年长者一般请他们不来为好，但那时如王葆真、王绍鏊、阎宝航、吴耀宗等几位长者还是常来参加会议研究工作。

同年6月，“人团联”为了揭露蒋介石的内战阴谋，争取和平民主，发动组织上海人民代表团准备赴南京请愿。去请愿的正式代表，最后决定由马叙伦、蒉延芳、盛丕华、包达三、张絧伯、阎宝航、雷洁琼、吴耀宗及陈震中和另一位学生代表共10人担当（原来有胡厥文，因临时有事改推蒉延芳），并决定马叙伦为团长。

6月23日上午八时，上海北火车站举行群众欢送大会开始，大会执行主席王绍鏊作了热烈而坚定的简短欢送词，之后请教育家陶行知先生讲话，中共地下党负责人刘晓等亲临现场。大会开得热烈、紧张、团结、有力。大会秩序井然，队伍整齐，国民党特务不敢捣乱。待代表团进站上车后，送行的队伍即开始游行示威，一路由河南路、南京路而西藏路、淮海路到复兴公园解散。王绍鏊和陶行知、周建人、吴晗、林汉达等一起走在队伍前列，毫无倦容。特务在南京制造了殴打请愿代表的下关事件后，王绍鏊又联合各界人士、团体发表声明，抗议国民党当局的暴行。令王绍鏊难忘的是，1946年10月6日，上海人民在静安寺公祭李公朴、闻一多二烈士。王绍鏊作为民进领导人参与此次活动的组织工作。这天，周恩来代表中共代表团前来祭奠。祭毕，他与王绍鏊等人亲切握手。从周恩来亲切的目光中，王绍鏊深深地感受到组织的关怀。

当时迫于形势需要，民主党派、人民团体的活动逐渐采取隐蔽方式进行，如聚餐会、茶话会等形式。王绍鏊参加很多聚会。民建会在大陆商场、红棉酒家等处举行的聚会，王绍鏊大多参加，特别是在赵主教路（今五原路）大通别墅包达三寓所举行的星期二聚餐会，是王绍鏊与包达三的创议。聚餐会定于每星期二中午举行，参加者有陈叔通、马寅初、马叙伦、盛丕华、周建人、许广平等，一起交流情况，分析形势，研究工作。这个聚餐会在马叙伦、王绍鏊离沪后，还坚持举行，前后历时两年之久。

国民党悍然决定1946年年底召开一党把持的“国民大会”，上海民进等11个团体发表了《对一党宪法的联合声明》，坚决反对伪国大。在民建召开的大会上，王绍鏊应邀演讲，他以自己十年参与国会的亲身经历，揭露这次伪国大的欺骗性。

1947年2月9日，国民党当局制造上海劝工大楼血案，中国民主促进会与上海各人民团体组成惨案后援会，王绍鏊等5人被推举为后援会主席团成员。这年10月，国民党当局宣布民盟为“非法团体”，宣称民进是“共党暴乱的工具”，王绍鏊也上了黑名单，中共地下党组织及时通知他转移。于是，12月王绍鏊等在中共地下党的安排下，乘轮船由上海避往香港。在香港，王绍鏊会见李济深、沈钧儒、郭沫若、马寅初、马叙伦、柳亚子等新老朋友，畅谈关于建设新中国的设想。

为新中国建设不息竭心尽智

1948年11月，王绍鏊由潘汉年等安排乘船北上大连，经沈阳抵达北平，出席筹建新中国的第一届全国政协会议。

1949年1月，毛泽东主席发表《关于时局的声明》，提出实现和平的八项条件，王绍鏊和马叙伦、许广平代表民进发表《宣言》，坚决拥护和支持八项条件。

1949年6月15日，新政协会议筹备会在北平成立，王绍鏊代表民进参加新政协的筹备工作，9月21日，王绍鏊作为民进的正式代表之一出席中国人民政治协商会议第一届全体会议，10月1日，王绍鏊参加开国大典。

新中国成立后，王绍鏊先后担任财政部副部长、全国人大代表、全国人大预算委员会副主任、全国政协常委、民进中央副主席、民建中央常委等职，还多次参加最高国务会议，参与国家大政方针的商讨和制定。作为中国民主促进会的创始人之一，他一生孜孜不倦追求真理，为革命奋斗不息，为人民鞠躬尽瘁。为新中国的建设竭心尽智，贡献出了自己的宝贵经验和聪明智慧。

1970年3月31日，王绍鏊在北京与世长辞，终年82岁。

1981年1月，《人民日报》发表一篇由徐伯昕、葛志成署名的纪念文章《奋斗不息的忠诚战士王绍鏊同志》，称王绍鏊为民主战士，同时也是一名老共产党员，首次公开王绍鏊的党员身份。随后，又报道经中共中央批准、由中央财政部党组为王绍鏊举行骨灰盒覆盖党旗仪式的消息。那些熟悉王绍鏊的亲朋好友，带着几分惊讶。因为他们想不到，那样一位斯文儒雅、老夫子般的长者，竟是长期战斗在隐蔽战线的中共特科老战士。

1988年1月，民进中央在北京隆重举行王绍鏊诞辰一百周年纪念活动，人们深切怀念这位在长期革命斗争中不断追求真理，不畏艰险，任劳任怨，埋头苦干，为中国革命事业作出卓越贡献的优秀民进先辈。

杰出的巾帼“民主斗士”雷洁琼在上海

60岁以上的人，不会没听说过雷洁琼这个名字。但是绝大多数人眼中的雷洁琼，是作为民主党派和国家领导人的雷洁琼，是一位慈祥、端庄的老者。

雷洁琼，1905年9月12日出生于广东台山县的一个读书人家。父亲雷子昌曾是前清举人，因受维新改良主义的影响，思想颇为开明，主张妇女受教育和经济独立。雷洁琼在孩提时代，就接受这样的教育；而最坏也是最好的时代背景，则让她少了一些女性的细腻，多了一些侠女的气概，成就了她“民主斗士”的威名。

“科学救国”毅然走出学堂

1919年五四运动爆发时，年仅14岁的雷洁琼，作为广州女子师范学校学生联合会的宣传部长、学运的积极分子，满怀家国情怀，勇敢地走向南国广州街头，游行登台演讲，号召民众团结起来，振臂呐喊救国救民。1924年，19岁的她怀着“科学救国”的满腔热忱，从广东省立女子师范学校毕业后，飘洋过海到大洋彼岸的美国求学，加入到20世纪二三十年代的出国留学潮行列。她开始在加州大学选修化工，经过一段时间的学习，却发现自己不喜欢化学。雷洁琼后来回忆说：“我认为这种实验救不了国，离我的救国目标太远。”远在异国的日子里，她无法忘怀的仍然是自己正遭受苦难的祖国，她的心一时一刻也不能平静下来，中国又贫又弱，社会的弊病太多，研究好社会学，一定可以找到医治社会弊病的良方，使中国富强起来。于是她毅然选择了斯坦福大学，选修了远东问题的课程。1927年，又去南加州大学攻读社会学。社会学是一门与人类现代化进程紧密联系在一起的学科，被国人当成经世致用的学问，于是雷洁琼选择了这门学科。从此，走出象牙塔的雷洁琼，开始放眼整个中国社会。她似乎并不在意这门学科最初要义，倒更喜欢以此作为参与社会改造的一门武器，雷洁琼“民主斗士”的威名则应运而生。

1931年9月，雷洁琼探讨美国华人后裔受东西方文化影响后人格成长特点的硕士毕业论文《美国华侨的第二代》，获取美国南加州大学社会学硕士学位，并获留学生优秀成绩“银瓶奖”。雷洁琼毕业回国后，受聘北平燕京大学社会学系任教。就在此时，“九一八”事变发生，日本帝国主义开始向中国东北大举进攻。

1935年，北平教育界和文化界人士联合组织“华北各界抗日救国会”，参加抗日爱国运动。“出于朴实的爱国义愤”，雷洁琼又勇敢地汇入这场声势浩大的爱国主义运动。她积极募捐，为前方将士做棉衣、手套，送往东北、古北口、上海等抗日前线。在“一二·九”爱国学生运动中，雷洁琼作为燕京大学唯一参加游行的女教师，毅然走出学堂，和学生一起并肩游行。

1937年“七七事变”后，中国进入全面抗日战争时期。正在广州度暑假的雷洁琼，离开燕京大学的教学讲台，到江西参加抗日救亡工作和妇女运动。1938年5月，正是第二次国共合作时期，熊式辉在南昌开办江西省地方政治讲习院，雷洁琼被聘为训导教师兼妇女干部训练班主任。在赴庐山参加妇女谈话会时，雷洁琼听到了邓颖超所作的报告，留下十分深刻的印象，成了她毕生的榜样。

共同发起成立民进组织

1941年1月，国民党反动派继皖南事变后，掀起第二次反共高潮，江西白色恐怖日益严重，许多共产党员和爱国进步人士遭到迫害，雷洁琼在江西的革命言行也引起当局的注意。5月，雷洁琼不得不离开江西辗转来到上海沦陷区，被聘为东吴大学社会学系教授。但是，雷洁琼并未放弃抗日活动，积极参加上海地下的救国活动。

时年，上海文化界的爱国进步人士成立了一个叫“星期二聚餐会”的组织，地点在上海基督教青年会的九楼。在东吴大学任教的许广平、严景耀都是这一组织的核心人物。每周二的晚上，他们自费聚餐，请一人主讲当前的时事和形势，然后大家漫谈，实际上这已成为中共领导的一个外围进步政治组织。共同的理想和追求，使严景耀和雷洁琼走到了一起。在一次聚餐会快结束的时候，雷洁琼当众宣布："我和景耀7月5日结婚，到时候我们请大家的客。"

7月5日这天的婚礼上，赵朴初即席赋诗以示祝贺："参差两两好安排，嘉礼从今美例开。越粤人才夸璧合，前称周许后严雷。"话音刚落，大家就会意而笑，宴席上响起热烈的掌声——这首诗可谓妙手天成，严景耀和鲁迅都是浙江人，而雷洁琼和许广平都是广东同乡，两对夫妇皆属珠联璧合。此景此情，连同简朴而隆重的婚礼一同深深印在雷洁琼的脑海里，成为她一生的甜蜜记忆。雷洁琼长期活跃在中国政界和学术界，但是人们对她的家庭却知之甚少。她的丈夫严景耀出生在浙江余姚，1934年，获得美国芝加哥大学犯罪学博士学位，是中国历史上第一个犯罪学博士。他不仅是著名的社会人类学家、法学家，也是中国民主促进会创始人之一。

抗日战争胜利后，国共两党在战与和的选择中较量着，中国处于历史大转折关头，争取和平、反对内战的呼声高涨。

江渤著的《马叙伦》一书谈到："马叙伦经常和《周报》《民主》的创刊人以及其他主要撰稿人周建人、林汉达、许广平、李平心、严景耀、雷洁琼、傅雷等，在原联华银行旧址（现西藏南路26号）聚会座谈，研究时局，商讨斗争策略。逐渐在马叙伦的周围形成一支文化教育新闻出版界争取和平民主的力量。"

1945年，在青年会的一次聚谈会上，马叙伦和王绍鏊、陈巳生、许广平、周建人、严景耀、雷洁琼等人谈到只靠刊物进行斗争是不够及时的，最好能占领报纸阵地，又考虑到报纸受国民党新闻检查法的严格限制，尤其不宜刊登以个人名义发表的激烈文字。如果能以社会团体的名义发表文章，就容易被报纸接受，影响也大得多。于是，有人提议最好建立一个永久性的团体。此议一提出，立即得到大家的赞同，经过协商研究、酝酿准备，决定成立一个统一的组织，取名为"中国民主促进会"。

1945年12月30日，在上海爱麦虞限路中国科学社（现陕西南路235号黄浦区明复图书馆）举行中国民主促进会第一次会员大会，雷洁琼及其丈夫严景耀与马叙伦、王绍鏊、周建人、陈巳生等共26人参加会议，一个新的革命团体在上海宣告成立。

“下关惨案”巾帼英雄美誉

1946年6月上旬，上海人民团体联合会决定组织上海人民反对内战大会。由中国民主促进会发起，联合上海纺织业等各界47个人民团体参加的上海人民团体联合会，共同组织上海各界人民赴京和平请愿团。各团体经过协商，推举马叙伦、胡厥文、盛丕华、雷洁琼、张絅伯、包达三、阎宝航、吴耀宗、篑延芳、陈震中、陈立复11人为代表，组成上海人民团体代表团，又称和平请愿团，赴南京向国民党政府请愿。马叙伦任代表团团长，11名人员中有5人年逾花甲（马叙伦、蒉延芳、包达三、盛丕华、张絅伯），而雷洁琼当年41岁，是代表中最年轻的。除阎宝航和学生代表陈立复、陈震中是地下党员，其他都是非党人士。

6月23日，上海市五六万人在火车站广场召开群众大会，欢送代表赴南京，向国、共、美三方面（军调三人小组）请愿，反对内战，主张和平。经过长达8个小时的艰难旅程，列车终于到达南京下关车站。代表团刚刚下车，就有3个自称是苏北流亡青年的人挤到代表身边来，要代表说明此行的目的，发表对时局的意见。代表团秘书胡子婴答复道：此行的目的无非要向政府当局和中共呼吁停战，达到全面永久和平。

当代表团到达南京下关车站时，一群自称“难民”的暴徒蜂拥而来，残暴殴打请愿团代表。顿时，桌椅、汽水瓶一齐向代表们飞来。阎宝航和雷洁琼为了保护马叙伦，拼命以身体挡住暴徒，但挡了这面，露出那面，防不胜防，结果还是挨了打。被打得最重的是学生代表陈震中，还有两位记者《新民报》的浦熙修、《大公报》的高集也被殴打。雷洁琼被暴徒揪住头发，胸部被重物击中，疼痛异常。一个暴徒趁乱要抢雷洁琼的戒指，雷拼命抵抗，挣扎中手被挤掉了一小块肉，血流不止。混乱中雷洁琼被推倒在沙发上，她在昏昏沉沉之中听到有人在嚷嚷：“不要把他们打死，差不多了，可以了……”之后这一场凶殴才停止下来。雷洁琼等人当场被打成重伤。这就是震惊中外的“下关惨案”。

关于下关惨案，雷洁琼回忆道：“1946年6月23日在我80余年的人生经历中，是一个难以忘怀、激动人心的日子。”在这次行动中，雷洁琼赢得巾帼英雄的美誉。

当晚，中共代表周恩来、董必武等人到医院慰问受伤代表。周恩来说：“你们的血是不会白流的！”[①]几十年后，当雷洁琼写文章回忆这段经历时，她说："这洪亮坚强的声音，似一股暖流，给予我们这些遭受创痛的人们以极大的安慰和鼓舞！"

第二天，邓颖超又到医院，亲自为雷洁琼脱去血衣，换上带来的一套新衣服。那件染透自己鲜血的衣服，雷洁琼一直收藏在身边，可惜的是在"文革"抄家时没有了下落。对于这次惨案，雷洁琼始终保留着历史的记忆。惨案过后，她就搜集有关媒体的报道，并自己装订成一本剪报汇集，封面上写着"'下关事件'上海人民请愿代表团1946.6.23"。

1949年4月19日，曾经历下关事件的14人，到燕京大学雷洁琼家中聚会。雷洁琼回忆说，他们一方面重叙"六二三"下关事件的往事回忆，另一方面共同庆祝新中国即将成立，并慷慨赋诗，签名留念。

1996年，雷洁琼将这些已珍藏半个世纪的信笺，连同她自己的剪报集子一起，捐赠给了上海图书馆。

肝胆相照见证崭新时代

1948年年底，雷洁琼及其丈夫严景耀受民进中央主席马叙伦的委托，前往西柏坡中共中央所在地访问，与毛泽东彻夜长谈，在"聆听他关于如何把革命进行到底、知识分子问题、对民主党派的要求以及新中国建设的谈话"后，雷洁琼认为自己"得到一次毕生难忘的马克思主义思想教育"。1949年1月1日，傅作义同意和平解放北平的消息传到西柏坡，得知消息的雷洁琼立刻辞别领导，连夜坐卡车返回北平。从此，雷洁琼走上一条与中国共产党风雨同舟、荣辱与共的革命道路。

1949年2月2日，这个古老的都城迎来第一批解放军战士，雷洁琼作为见证者之一，被邀请站到城楼上观看入城仪式。

1949年6月，新政治协商会议筹备会第一次全体会议，作为著名的法学家和社会学家，雷洁琼出席并参与起草《中华人民共和国中央人民政府组织法》。1949年10月1日，她登上天安门城楼，参加开国大典，亲耳聆听毛泽东向全世界宣告——"占人类总数四分之一的中国人从此站立起来了……"[②]雷洁琼后来回忆

① 《中国民主促进会简史》，开明出版社2017年版，第41页。
② 《光明日报》，2011年6月30日第10版。

说，“当时，我站在毛泽东同志的后面，听到那亲切、振奋的声音，感到无限兴奋，欢乐的热泪夺眶而出。”

1952年起，雷洁琼先后任北京政法学院副教务长兼教授、北京大学教授，政务院文教委员会委员，国务院专家局副局长。

1979年，雷洁琼以74岁的高龄任北京市副市长，此时的她，“仕途”才真正开始。随后又任全国妇联副主席、全国政协副主席；在第六届全国人民代表大会第一次会议上，她又当选为全国人大常委会委员、全国人大法律委员会副主任委员；在第七届、八届全国人民代表大会第一次会议上，雷洁琼当选为全国人大常委会副委员长。

2005年9月6日，在雷洁琼年届一百岁之际，中共中央总书记、国家主席胡锦涛来到雷洁琼家中，亲切看望这位老人。

2011年1月9日17时38分，雷洁琼在北京逝世。她用106年的时间，历经清末、民国和中华人民共和国，见证了一个崭新的时代从无到有，从孱弱到壮大。她不仅是时代的见证者，也是时代的历史书写者之一。

笔耕不辍

——记民进中央名誉副主席柯灵

柯灵，原名高隆任，字季琳，1909年2月生于广州，浙江绍兴人。1924年起先后在绍兴的朱储、陶堰、马鞍乡村小学任教。1930年到上海编《时事周报》，后回绍兴编《儿童时报》。1931年进入上海电影界，先后在天一、明星、联华三大电影公司任职，并参加左翼影评小组，开始用笔名柯灵撰写影评。曾主编《明星》半月刊，参加《鲁迅全集》校对工作。1937年后，任《救亡时报》编委，《民族呼声》周刊主编，《文汇报》副刊主编，金星影业公司编剧、编导部副主任，《万象》杂志主编。1945年后，任《文汇报》主笔、副刊主任，《周报》创办人、主编，上海文华影片公司编剧。1945年12月，与马叙伦等在上海发起成立中国民主促进会，任第一届理事会理事。1948年后任香港《文汇报》副总编辑。1949年春从香港经烟台到北京，参加首届全国文代会。1950年返回上海并加入中国共产党。他曾任上海《文汇报》副总编辑、总编辑，华东军政委员会文教委员会委员，文化部上海电影剧本创作所副所长、所长，上海作家协会副主席，上海电影家协会理事，全国文联委员，中国作家协会理事，中国电影家协会理事，国际笔会上海中心会长，上海市广播电影电视局顾问等职。他是民进中央第一、二届理事会理事、第三届中央理事，第四、五、六、七届民进中央常委，第一、二、三届民进中央参议委员会副主席，第十届民进中央名誉副主席；第二、三、四、五届全国政协委员，第六、七届全国政协常委；上海市各界人民代表会议第一、二、三届代表。

民主政治的倡导者

早在1943年冬，柯灵在与胡考等人交谈时，就萌发在抗战胜利后创办一份政治性刊物的想法，并与唐弢、刘哲民酝酿，取名《自由中国》。因此，他从杭州回到上海后，就立即与唐弢、刘哲民一起创办刊物。因为当时的局势已是内战乌云笼罩，“自由中国”的幻想已经破灭，决定将刊物改名为《周报》，并于1945年9月8日正式创刊，这是抗战胜利后上海最早问世的进步刊物。《文汇报》于1945年8月15日复刊，严宝礼请柯灵担任《文汇报》主笔兼副刊主任。经柯灵策划，《文汇报》于9月6日改版，由8开小报改为4开大报。这时，柯灵进入了一生中最紧张的工作时期。上午在《周报》，下午在《文汇报》，他既忙于策划、编辑、设计、组稿、划样、校对，又忙于写稿。

1945年12月30日，柯灵与马叙伦、王绍鏊、林汉达、周建人、雷洁琼、赵朴初等在上海成立中国民主促进会，为争取民主和自由，直接与国民党反动派展开政治斗争。1946年1月2日，民进举行第二次会员大会，选举产生第一届理事会11名理事，柯灵是其中之一。柯灵积极投身于民进的各项爱国民主运动，并为之宣传鼓动。他连续撰写《重庆较场口惨案》《再论较场口惨案》《人民的末日到了》等评论文章，揭露国民党反动派的暴行。1946年7月，柯灵与林汉达、郑振铎、许广平等联合上海文化界知名人士200余人发表《上海文化界反内战宣言》。《周报》由于刊登大量尖锐揭露国民党独裁暴行的文章，成为敌人的眼中钉。1946年8月，出版不满一年的《周报》被当局查禁。

1947年2月，柯灵出席民进第五次会员大会，并当选为民进第二届理事会候补理事。由于理事严景耀即将离沪，大会当即决定由柯灵替补为理事。1948年，迫于形势，柯灵转移至香港。在香港他还积极参加民进港九分会活动。

1949年4月下旬，在潘汉年等的安排下，柯灵与张骏祥、白杨、顾仲彝夫妇，郭沫若的日本夫人安娜、欧阳予倩夫人、马思聪夫人及儿女等，由龚澎、赵沨等护送，从香港乘船到烟台，再转道来到北平。6月15日，柯灵出席全国政协筹备会，参加讨论筹备会组织条例、参加新政协的单位及其代表名额，选举筹备会常委。7月，又参加第一届全国文艺工作者代表大会，并当选为全国文学工作者协会候补委员和全国电影艺术工作者协会委员。1950年，柯灵加入中国共产党，任华东文化教育委员会委员，当选上海市人民代表。1954年，担任第二届全国政协委员，以后一直连任第三、四、五届全国政协委员，第六、七届全国政协常委。1956年，作为中国电影代表团团长出访民主德国、捷克斯洛伐克。

1987年6月，为加快实现领导班子的新老合作和交替，民进全国代表会议在北京举行。一批德高望重的老同志辞去领导职务。民进中央决定设置顾问机构——民进中央参议委员会，柯灵被推选为副主席。他先后担任第一、二、三届民进中央参议委员会副主席。1997年11月，柯灵赴北京出席民进第八次全国代表大会，并当选为民进中央名誉副主席。柯灵热爱中国共产党，拥护中国共产党的领导。在长期担任政协委员、常委和人大代表期间，积极建言献策，发挥参政议政和民主监督作用，为发扬同中国共产党团结合作的优良传统，为巩固与发展爱国统一战线，坚持中国共产党领导的多党合作和政治协商制度，建设中国特色的社会主义事业，付出心血和汗水，作出重要贡献。

“写不完的柯灵”

柯灵是中国当代在文学界、电影界、新闻界都颇具影响的著名作家。他自1924年15岁时发表处女作《斗门提灯会记》起，直至生命的最后时刻，都没有放下手中的笔，整整写了七十六年。他早期先后改编、创作《腐蚀》《为了和平》《不夜城》《秋瑾传》《春满人家》等多部电影剧本。“文化大革命”期间，柯灵受到迫害和冲击。他编剧的影片《不夜城》被打成“反动电影”，他本人被批斗，并被关押三年。粉碎“四人帮”后，他重新拿起笔写作一系列内涵深刻、气势磅礴、文采飞扬的佳作。出版《柯灵七十年文选》《柯灵散文精编》《柯灵诗心美文》《柯灵散文精选》《柯灵散文精藏卷》《柯灵书信集》《天意怜幽草》《香雪海》《长相思》《剧场偶纪》《煮字生涯》《墨磨人》《文苑漫游录》《闹市的海鸥》《柯灵电影剧本选》《柯灵电影剧本选续编》《柯灵电影文存》《柯灵杂文集》《夜店》等著作。先后获全国散文荣誉奖、电影特殊贡献奖和高雅艺术奖。1991年经国务院批准，享受政府特殊津贴。1995年，获第三届上海白玉兰文学艺术杰出贡献奖、亚洲华文作家文艺基金会颁发的敬慰奖、香港文学艺术金龙奖。他还应邀访问阿根廷、日本、新加坡、马来西亚、韩国等地。他为上海烈士陵园纪念碑撰写的碑文气壮山河；为邓小平纪念画册写的前言情深意切。柯灵七十多年来笔耕不辍，著作等身，共著有文学作品52集、电影14部、戏剧3部，以及多种单行本。就在病重住院前，他还在为编撰他的六卷本文集而孜孜不倦、一丝不苟地订正自己的作品。

2000年6月19日，柯灵因病在上海逝世，享年91岁。

傅雷与民进

傅雷，字怒安，号怒庵，是我国著名文学翻译家、文化评论家，早年留学法国，长期从事翻译工作，辛勤笔耕，译著宏实，现出版有《傅雷全集》20卷，其中有翻译罗曼·罗兰长篇巨著《约翰·克利斯多夫》，传记《贝多芬传》《米开朗基罗传》《托尔斯泰传》，巴尔扎克的《高老头》《欧也妮·葛朗台》《幻灭》等，均成为译界的名篇，被誉为“信达雅”的完美楷模。他写给儿子傅聪、傅敏的《傅雷家书》，刊印一百多万册，感动了数百万的国内读者。

早年留学

傅雷，1908年4月7日生于上海市南汇县周浦镇渔潭乡（现浦东新区航头镇）。父亲傅鹏系中学教师，为土豪劣绅诬陷而入狱，出狱后抑郁病故，当时傅雷仅4岁。母亲为教子复仇，竭尽全力请人教傅雷读书。傅雷11岁便在周浦镇小学读高小，旋即到上海市南洋中学附小读四年级，一年后被校方指为“顽劣”而开除，后以同等学历考入上海徐汇公学（天主教教会学校）读初中，因反迷信反宗教，言辞激烈，又被校方开除，后仍以同等学历考入上海大同大学附中。1925年，在大同大学附中参加五卅运动，上街游行讲演，控诉帝国主义暴行。是年开始文艺创作，发表习作短篇小说《梦中》。1926年18岁时，傅雷与同学姚之训等带头参加反学阀运动，被大同校董吴稚晖通缉，其母为安全计，强行送他回乡暂避。同年秋以同等学历考入上海持志大学，1927年末赴法国自费留学，入巴黎大学。1928年试译都德和梅里美的作品。留学期间与刘海粟、刘抗甚笃，1929年发表译作《圣扬乔而夫的传说》，后又译《贝多芬传》等。

1931年秋，傅雷与刘海粟结伴回国，恰逢“九一八”事变。1932年初与朱梅馥结婚，在上海美专任课。曾与庞薰琹、倪贻德为改变现状结成“决澜社”，公开发表《决澜社宣言》。1933年母亲病故，傅雷辞去美专职务，这个时期，他的译作《夏洛外传》《弥盖朗琪罗》出版。1935年应滕固之请去南京，在“中央古物保管委员会”工作，并译《各国文物保管法规汇编》一部。1939年以后，在沦陷的上海闭门不出，专事翻译工作，陆续翻译《米勒》《约翰·克利斯朵夫》《幸福之路》《文明》《亚尔培·萨伐龙》《高老头》等。

民进筹建的积极参与者

在中国民主促进会酝酿筹建过程中，傅雷是个积极参与者，可以说他是民进的发起人之一。在抗日战争胜利前后，傅雷抗日和反蒋的态度是十分明确的。他在上海曾与周煦良合办《新语》半月刊，常在《民主》《周报》上发表反独裁、反内战、争民主的文章。上海杂志界联谊会在八仙桥联华银行二楼会议室开会，傅雷经常和马叙伦、郑振铎、唐弢、柯灵等人在这里碰头，议论时事，商讨出版工作，在这个基础上，逐渐酝酿发起成立中国民主促进会。

1945年12月，傅雷与马叙伦、许广平等发起成立旨在推进民主运动的中国民主促进会，当选为候补理事。1946年与在沪民主人士马叙伦、陈叔通、陈陶遗、张菊生等共同发表反蒋宣言。1949年6月由昆明赴香港，应邀参加第一次全国文代大会，因故未出席，12月由香港辗转经津、京抵沪。

新中国成立后退出民进活动

傅雷是个自由职业者，他的生活经济来源，主要依靠个人的翻译和著述的稿费收入。工作时间对他来说极为宝贵，他要抓紧时间、集中精力来“爬格子”。他曾感叹“艺术家和行政工作是不两立的”。他患有肺结核病，身体劳累，心情失调，这都影响到他的工作进度。

解放前，生活飘忽不定，他曾两次去庐山养病，每次三个月。1948年11月，为避混乱的时局，他又去昆明住了八个月。1949年7月，又转去香港。当内地大部分地区已经解放，他于当年11月从香港搭乘轮船经仁川到天津，12月才回到上海。在颠簸的遭遇中与民进拉开距离，并且根据《中国民主促进会章程》中“民主实现之日，即行解散”一条，宣布退出民进。1950年4月，民进在北京召开第一次全国代表大会时，傅雷没有参加。1956年，民进在筹备召开第二次全国代表大会时，又提出要争取傅雷再次加入民进。傅雷仍以工作、时间、体力等诸多矛盾为由，婉拒参加民进的活动。当他收到马老的亲笔信后，感到这件事很紧急，于是在8月17日当天，分别给马叙伦、徐伯昕、周煦良各写了一封信，诚恳表达自己婉辞的意思。傅雷成为极少数没有归属单位、没有固定工资收入的“自由职业者”。后来，他在上海以无党派人士身份被推举为上海市政协委员。

“文革”期间，傅雷遭到迫害。1966年9月3日，傅雷与夫人朱梅馥因不堪人格和尊严备受凌辱愤而弃世。1979年4月，宣布恢复其政治名誉。

现代文学研究的传灯者——唐弢

唐弢，原名端毅，笔名晦庵、风子等。1913年3月3日出生在浙江省镇海县的农民家庭，1929年投考上海邮局，录取为邮政工人。1935年在中共地下组织领导下参加革命工作，在工人中组织“读书会”宣传进步思想，1945年参与发起中国民主促进会。1956年加入中国共产党。

推动民主进步的文化事业

唐弢于30年代初开始业余创作，投身进步文学活动。1933年起在《申报》副刊《自由谈》发表散文和杂文，因其风格近似鲁迅而被统治当局当作鲁迅杂散文加以围剿，他也因此而结识鲁迅，并成为鲁迅的私淑弟子和追随者。抗日战争爆发后，唐弢留在“孤岛”上海，冒着生命危险坚持抗日救亡斗争。1945年，他与友人合作创办的《周报》，是当时反内战、反饥饿运动中最早的民主刊物，屡遭反动当局迫害。后又主编《文汇报》副刊《笔会》，直至1947年5月《文汇报》被迫停刊为止。唐弢在这一时期的文学活动中为推动民主进步的文化事业和迎接人民革命的全国性胜利，发挥了积极作用。新中国成立后，他历任复旦大学、上海戏剧专科学校教授，华东军政委员会文化部文物处副处长、上海市文化局副局长、《文艺月报》副主编等职。1959年任中国科学院文学研究所研究员。1978年兼任中国社会科学院研究生院教授、硕士生导师和博士生导师。

唐弢是中国现代文学史上重要的杂文和散文作家。他的杂文既继承和发扬鲁迅杂文的战斗传统，又富于艺术的独创性，有浓郁的诗意，对中国现代杂文文体的丰富和发展作出创造性的贡献。他的散文诗和散文以凝炼、自然而富于变化的形式表达他对生活的理解和感受，是中国现代散文史上有着特殊魅力的一章。其中有些篇什长期以来作为中学课本的规定课文。

中国现代文学研究的开拓者

唐弢是鲁迅研究学科的奠基人之一和海内外公认的权威学者。他参加编辑工作的《鲁迅全集》于1938年出版。1941年12月8日，日本军战领上海租界，“孤岛”陆沉。在十分艰难的条件下，他开始《鲁迅全集》的补遗工作，一人独自辑录、考订鲁迅佚文，在鲁迅逝世十周年时，编成并出版15万字的《鲁迅全集补遗》，1951年又完成35万字的《鲁迅全集补遗续编》（后均收入新版《鲁迅全集》中）。这些补遗文章的搜集考订十分艰巨繁难，他为保存和传播这份宝贵的文化财富作出不可磨灭的贡献。几十年来，他的《鲁迅杂文的艺术特征》（1956年）、《鲁迅的美学思想》（1964年）、《论鲁迅小说的现实主义》（1981年）等一系列论著在鲁迅研究史上享有很高的声誉，对鲁迅和中国现代文学的研究产生重要作用。

作为中国现代文学研究的开拓者之一，唐弢有多方面的突出建树。他一生节衣缩食，搜集购置各种典籍，尤其注意收藏五四以来的新文学书籍和报刊，是著名的藏书家。他自称“平生不羡黄金屋，灯下窗前常自足。购得清河一卷书，古人与我话衷曲”（《述怀》）。从40年代中期起，他陆续写下“书话”二百来篇，融史料的缜密考证和史家的真知灼见于一体。这项工作和鲁迅佚文的收集整理一道，为中国现代文学的史料工作奠定了基石。他还是一位现代文学史家，除个人论著外，自60年代起主编三卷本《中国现代文学史》，迄今仍是高等学校通用教材，并获得国家教委优秀教材奖。以此为基础另行编写的《中国现代文学史简编》已译成日、法等外文出版。唐弢在新时期发表的许多现代文学研究论文，以丰富的史料、精辟的分析和史家的分寸感，论述中国现代文学史中的许多重要理论和文学现象，为中国现代文学史的进一步修正、丰富和完整提供基础。作为“论从史出”论的坚持者和具有丰厚艺术素养的学者，他一贯主张把历史主义的原则和独特的艺术评价结合起来，在具体写作上，总是详尽占有资料，具体地分析问题，讲究表达的艺术性，不拘旧说，多有创新，并以开放的心态面对历史提出的新课题。

一生献给了中国人民的进步文化事业

唐弢以极大的热情，培养、扶植青年文学工作者。他的《文章修养》（1939年），《创作漫谈》（1962年）和近十余年来多次参加文学创作评奖所作的讲话，对如何提高作家的思想艺术修养，提出许多精辟的见解和中肯的建议，在文学青年中享有很高的声誉。在现代文学专业硕士和博士研究生的导师工作中，他倾注大量的精力，呕心沥血，鼓励他们的学习和探索，直到病重时还念念不忘博士生的指导工作，关心他们的进步和成长。

唐弢只上完初中二年级就辍学就业，是现代中国自学成才又造诣很深的少数典范之一。他学识渊博，治学严谨，他的研究涉及古今中外许多方面，一生著述宏富。从1936年开始，总计出版有杂文集《推背集》《海天集》《短长书》《学习与战斗》《繁弦集》等14卷，短评、史料集《可爱的时代》《上海新语》《书话》等6卷，《落帆集》《生命册上》《晦庵书话》《晦庵序跋》等散文6本，论文集《海山论集》《创作漫谈》《鲁迅的美学思想》《鲁迅论集》《西方影响与民族风格》等10卷，辑录《鲁迅全集补遗》等2卷，儿童文学读物《鲁迅先生的故事》等2卷，可谓著作等身。

唐弢的一生经历近代中国社会发展的不同历史时期。面对历史变迁和曲折，他总是满怀信心地面向未来，矢志不移地追求真理，探索中国社会前进的道路。他把自己的一生献给中国人民的进步文化事业。也正是这种不断探索的精神，使他经受社会生活的磨炼而成熟起来；也正是这种不断探索的精神，使他坚定地接受马克思主义和其他进步的、有益的人类文化遗产。他热爱中国共产党、热爱社会主义、热爱人民，关心国家与民族的命运。他热烈拥护党的十一届三中全会以来的路线、方针和政策。他勇于探索，坚持原则，实事求是，顾全大局；他胸怀宽广，谦虚谨慎，严于律己，宽以待人；他治学严谨，厚积薄发，鞠躬尽瘁，死而后已，为社会主义中国的文学工作和学术工作作出重要贡献。

1992年1月4日，唐弢在北京逝世，终年78岁。

第二节 民进上海市分会第一届理事会理事传略

陈巳生传略

陈巳生，1892年出生于浙江海宁，是一位爱国民族工商业者，坚定的民主战士，1945年12月中国民主促进会成立时，陈巳生是参与发起的民进先贤之一，是民进第一届理事会中五个常务理事之一，也是民进上海市分会第一届理事、常务理事。

宁当学徒，不愿为洋人敛财

陈巳生祖辈开过染坊，父亲陈汝康为光绪二十四年进士，曾任刑部候补主事、翰林院翰林。因陈汝康常年旅京， 幼年陈巳生的教育便由他的伯父陈汝桢照应，陈汝桢虽是本县一位教书先生，但子侄的学业则设家塾授之。陈巳生的启蒙老师是他们家的姻亲、日后成为国学大师的王国维。

20世纪初，陈巳生进入本乡的公立学校，小学没有毕业，因家境清寒，被迫弃学。1908年，16岁的陈巳生来到上海，在他表叔开设的同兴洋货号当学徒。据赵朴初先生1953年8月6日在陈巳生公祭大会中所述：“当学徒的时候，他上基督教青年会夜校读英文。他读英文的动机原为了他职业上的需要，但渐渐地增加了社会知识，认识到洋货行业不过是贩卖洋货，替外国人发财，是不对的。虽然那时他已经满师，可以拿高薪待遇，但他决心放弃这个行业，经父执张元济先生的介绍，重新到商务印书馆印刷工厂当学徒，学铜版印铸工作。在工厂两年，他参加并组织各种工人业余活动。其间，他受了青年会的影响，正式受洗，成为基督教徒。”“上海基督教青年会争取陈巳生到青年会去工作，八年中由练习干事升到主任干事。接着就由基督教全国协会派他到郑州创办青年会，在那里任总干事七年。以后他就到欧美各国留学和游历。”赵朴初先生所说的“上海八年、郑州七年”，其间陈巳生是在上海和郑州两地基督教青年会同时任职的。陈巳生遗孀徐剑英生前曾留下一份材料：“1915年至1927年，陈巳生受聘到上海基督教青年会，1922年至1929年，他被派到郑州基督教青年会任总干事。”可以看出，1922年至1927年他是身兼两职。因会务活动，陈巳生与驻豫的著名“基督将军”冯玉祥相识相交。1927年，经青年会全国委员会总干事余日章推荐，到欧美游历和留学。1930年获美国俄亥俄大学文凭。回国后，陈巳生担任基督教青年会全国委员会助理总干事。1934年经族亲介绍到上海平安轮船公司任副经理，进入工商界。

救助难民，掩护地下党活动

陈巳生的血脉里既有读书“基因”，又有经商的遗传。进入工商界，他便以一贯的勤恳、认真的态度对待事业。平安轮船公司创办于宣统二年（1910年），起初叫平安轮船局，后改名为平安轮船公司。先后购置平安、新宝华、平阳、宝华、康泰、平文等轮船，行驶长江、沿海航线。陈巳生任职时，正值业务兴旺时期。1937年淞沪抗战爆发，行驶于长江、沿海航线的平阳、新宝华、宝华三轮相继被日军掳扣、沉失。陈巳生因不肯向敌伪登记，毅然脱离，并同赵朴初等爱国人士，积极组织救援上海租界大批难民。陈巳生的夫人徐剑英到红十字会为难民服务，胞妹陈祖芬到赵朴初先生的净业教养院工作，为难童服务。后来，陈巳生与赵朴初成为了志同道合、患难与共的同志和战友。

1940年末，陈巳生应胡咏琪之邀，到宁绍人寿保险公司任副总经理。在宁绍人寿保险公司任职的谢寿天是中共地下党员，与陈巳生相处甚笃，经常一起参加社会活动。他们还同郑振铎、许广平、王任叔、雷洁琼、赵朴初等进步爱国人士聚餐。同时，陈巳生还参加工商界人士盛丕华、蒉延芳等组织的“星五聚餐会”，以聚餐为掩护，谈论国事。1940年，他参加宪政促进会。

1944年，为了扩大社会活动范围，更好地发展统一战线工作，掩护地下党员活动，使他们在企业界开展统战工作有一个合法的身份，陈巳生以大安产物保险公司名义投资关勒铭金笔厂。陈巳生兼任总经理。他不仅把该厂的分红全部用于党的活动经费，而且凭借自己的社会地位，推荐中共江苏省委书记刘晓（化名刘镜清，当时上海地下党组织归江苏省委领导）到关勒铭厂任常务董事，安排省委组织部长王尧山任该厂职员，为他俩取得社会职业的掩护。关勒铭金笔厂从此成为掩护地下党江苏省委的一个重要的据点。

陈巳生与刘晓的患难之交应该追溯到抗战初期。在宁绍人寿保险公司，陈巳生是总经理胡咏骐的莫逆之交，而刘晓是胡咏骐请来的该公司经理员（即经纪人），他们于是成了往来密切的好朋友，在公开场合他们是上下级。《联合时报》曾刊登过一篇回忆刘晓的文章："刘晓于1937年5月受中央派遣来上海工作，先后担任中共江苏省委书记、中共中央华中局城工部部长、中共中央上海分局书记、中共中央上海局书记，主持上海局全面工作。在任中共中央上海局书记的时候，公开身份是关勒铭金笔厂副总经理。西装革履，拎根手杖，一副老板派头。"

反对内战，资助反内战大会

1946年6月，国民党政府阴谋发动内战。上海各界人民团体纷纷抗议，决定推派代表赴南京请愿，呼吁和平。代表团11位成员中有两名学生代表，其中之一是陈巳生儿子陈震中，陈巳生爱国抗日激情和进步思想，对自己的亲属产生了很大的影响。6月23日，上海数万群众、各界知名人士集会游行。当时游行队伍的开道车就是陈巳生派遣安通运输公司的汽车。安通运输公司开办于1945年，中共地下党出资大部分，陈巳生出资小部分，任总经理。安通运输公司除若干小拖轮、小铁驳外，还有十几辆汽车。集会游行的当天沿路散发的印刷品传单，也是由陈巳生投资的另一家公司中国文化投资公司印刷的。当晚，上海人民和平请愿团到达南京下关车站时，遭到国民党特务包围殴打达5个小时，马叙伦等4名代表受重伤，制造了震惊中外的下关事件。周恩来闻讯后即与董必武、邓颖超到医院慰问，并向国民党当局提出抗议。

资助抗美援朝，倡议捐献飞机大炮

抗美援朝运动已经载入史册，但有一个细节直至改革开放后才披露，即捐献飞机大炮是谁提出来的？1983年6月，陈沂在《文汇报》上撰文，追忆廖承志在抗美援朝中带领慰问团的往事："1951年3月，廖公和我们在一起，同志愿军司令部和政治部的同志谈了好些问题，突出感到我们还没有打破美军的空中优势，我军还需要飞机、大炮。廖公和我们大家一起商量，特别是一起去的工商界的同志商量。我们回国后，是否可以开展一个捐献飞机大炮的运动，有我们慰问团的一位工商界同志，在彭总（德怀）为我们举行的宴会上提出。"文章提到的工商界人士，即是陈巳生。当时，他担任华东抗美援朝总分会第二副主席，还任中国人民第一届赴朝慰问团华东暨上海慰问分团团长。他在朝鲜耳闻目睹中朝战士在战场上英勇杀敌的情景，异常激动。在前沿阵地，即席以上海工商界代表资格，向上海和全国各界人士发出捐献飞机大炮的倡议。由他首先提出的这个倡议，得到全国人民的响应和支持，后来成为中国人民抗美援朝总会发布"六一号召"的一项重要内容。

陈巳生还担任过华东军政委员会委员兼人民监察委员会副主任，第一届全国政协委员，上海市各界人民代表会议协商委员会第一届常委和第二、三届委员。1953年8月3日，陈巳生因患肠癌离世，终年60岁。

冯少山传略

冯少山，又名冯培喜，1884年出生在广东香山，系华侨子弟，幼年随父母侨居美洲，日本神户华侨学校肄业，上海中西书院毕业。中国民主促进会的发起人之一，是近代中国著名的爱国实业家。他积极参加历次反帝爱国斗争，在敌伪统治时期保持民族气节。他的一生都在为反对帝国主义、殖民主义，争取祖国独立富强而作着艰苦卓绝的斗争。

热忱的爱国主义者

在民族危机深重的近代中国，作为实业家的冯少山，在担任上海宇丰造烛厂总经理、上海开林油漆股份有限公司董事长、东方联合营业公司董事长期间，积极引进西方先进技术，努力办好民族工业。

冯少山一生极力资助、兴办教育，培养人才。清宣统年间，冯少山主持创办上海县沪西士商体操会。民国期间，又先后出任中华全国体育协会常务董事、上海童子军会理事长、上海广东公学义学董事长、上海大夏大学校董、上海美术专门学校校董、上海民本中学校董。

冯少山是热忱的爱国主义者，在从事广泛的经济活动的同时，为谋求国家的独立富强，他参加多方面的政治活动。

1911年，冯少山参加辛亥革命并担任上海地区的财务工作。1919年五四运动爆发后，冯少山参加上海“六三罢市”及“打倒曹、陆、章三国贼运动”。1920年起，冯少山担任上海总商会会董。1922年2月上海总商会组织修正税则委员会，公推顾子槃为委员长，冯少山为副委员长。该委员会进行市场物价调查，为政府与各国修订关税税则提供依据。其后，冯少山又发起废督、裁兵、理财制宪三大运动，孙中山先生同意此举，提出化兵为工的口号并策划实施。1925年五卅惨案后，冯少山义无反顾地担任五卅惨案常务委员兼出发宣传团团长。

1927年，上海总商会召开临时会员紧急大会，宣读国民党上海政治分会训令，推举冯少山等35人组成上海总商会临时委员会。6月26日，上海各界团体举行对日经济绝交大会，并组织上海民众对日经济绝交大同盟，公推上海总商会临时常务执行委员冯少山等人为执行委员。作为上海对日外交市民大会干事长，他主持抵制日货运动，打出“经济绝交”的旗帜，希望以此举促使日本政府归还旅顺、大连租借地。当时上海《总商会月报》指出：“既云经济绝交，则不仅禁止购用日货而已，实含有与日人断绝一切社交之意味。既云断绝一切社交，则凡日人在华所营之事业，吾人皆应与彼脱离关系。如不受日本公司雇聘，不登广告于日本新闻，不载货于日本商船，不向日本公司保险，不向日本银行存款，不收受日本纸币，不往日本医院治病均是也。”

1928年4月，冯少山当选上海市总商会执行委员会主席、中华全国商会联合会主席，并出任国际商会中国委员会首届主席。8月，上海总商会召开各业联席会议，公推虞洽卿、冯少山、王晓籁、叶惠钧四人会同其他各业代表组成商业请愿团，并于当月前往南京请愿，向国民政府提出十项改善经济环境的请求。

同年，冯少山因反对蒋介石黑暗政治遭通缉，避居海外。1931年9月，虞洽卿等五人联名提请国民党政府取消对冯少山的通缉令，冯少山回国。

1932年，“一·二八”事变后，吴铁城、顾维钧对日妥协，拟签订淞沪协定，愤怒的冯少山率领群众攻入顾维钧住宅。1940年10月，伪上海特别市市长傅筱庵被杀后，汪精卫、陈公博欲让冯少山代之，冯少山坚决拒绝，为免遭不测，遂离沪。

抗日战争时期，冯少山历任上海反日会主席、全国救国会理事、上海救国会理事、上海职业青年团团长等职，积极组织参加抗日募款救国运动，并率队到香港、马尼拉、宿务、新加坡、吉隆坡、曼谷等地募捐，成绩斐然，深得各地侨胞的热烈欢迎和赞助，募集到的捐款完全用于抗日战争。1944年，冯少山与王绍鏊、谢仁冰、曹鸿翥等组织反蒋团体“二酉社”，开展抗日运动。

牢记使命，恒者行远

1945年12月30日，冯少山与马叙伦、王绍鏊、林汉达、周建人、雷洁琼等在上海发起成立以“发扬民主精神，推进中国民主政治之实践”为宗旨的政党——中国民主促进会，任第一届理事会理事。同年，冯少山在上海参加地下工作，成为中共特别党员。1946年11月30日，孙儆、冯少山等在报纸上刊登文章呼吁停止内争。文章大意可分三点：一是要求苏美两友邦尽速撤退中国驻军并停止一切足以助长中国内乱的行动；二是立即停止内战，各方面军归还原防，一切争议应举行全国性的政治协商会议解决，并组织调查团赴征战地点查明真相；三是用普选方法，重新选举国民大会代表，制定宪法，组织民主统一的政府。1949年，冯少山在王绍鏊、陈巳生的介绍下参加民主建国会。同年，经中共上海市委决定特别党员一律停止关系，冯少山不再有党员身份。

新中国成立后，冯少山以上海各人民团体界别代表出席中国人民政治协商会议第一届全体会议。1949年任全国政协赴东北参观团副团长，1951年任中央人民政府北方老根据地访问山东皖北苏北分团副团长，1952年参加抗美援朝第二届赴朝慰问团。1953年年底，时任上海市民政局副局长的冯少山介绍刚刑满出狱的黄檀甫到“政协”和“民革”学习。经过“学习”和“思想改造”，1956年，黄檀甫把南京中山陵的设计图纸、设计文件和南京中山陵奠基典礼上展出的中山陵木模型等一批国宝级的珍贵图纸资料、文物等，无偿地捐献给政府。

冯少山历任全国政协第一届候补代表和第二、三、四届委员，上海市各界人民代表会议第一、二、三届代表，上海市人民代表大会第一、二届代表；上海市粮食局副局长，上海市第二商业局副局长，上海市民政局副局长；民进第一届理事会理事、第三届中央理事会理事，第四、五届中央委员，民进上海市分会理事、常务理事，民进上海市委常委；民建第一、二届中央委员；上海市工商联第二、三、四届执行委员等职。

冯少山热爱中国共产党，拥护党的领导，在长期担任民进中央委员期间，积极建言献策，发扬同中国共产党团结合作的民进优良传统，为巩固与发展爱国统一战线，为坚持中国共产党领导的多党合作和政治协商制度，为中国社会主义事业付出心血和汗水，作出积极的贡献。

1967年7月17日，冯少山病逝于上海，享年84岁。

梅达君传略

梅达君1908年生于安徽宣城，曾用名梅光庚。1930年毕业于东吴大学，后任苏州女子职业中学教员，安徽省政府秘书，贵州省政府秘书，贵州省贵定县县长。1934年辞职，与人合译政治经济学著作。1938年9月任上海慈愿难民收容所副主任。1939年10月加入中国共产党，组织“上海工商职员贷金处”。1941年任安徽朗溪县县长。1945年担任党的地下企业“东方联合贸易公司”副总经理。1946年2月，与王绍鏊、张纪元、林汉达等人创办培养民主运动干部的民本中学，任校董会董事。3月被增选为民进第一届理事会理事。上海解放前夕，组织参加上海人民保安队。1949年出席中国人民政治协商会议第一届全体会议，并参加开国大典。上海解放后，历任上海市军管会交际处处长，市人民政府交际处处长，市人民政府办公厅副主任，市政协副秘书长，中共华东局统战部第四处处长。1953年调任中华人民共和国驻苏联大使馆政务参赞。1955年因潘汉年冤案牵连回国接受审查。1956年后任上海市民族事务委员会副主任。1962年起任上海财经学院副院长。1972年调至华东纺织工学院（现东华大学），1978年任学院顾问。

追随党的脚步

梅达君青年时期就积极追求进步和光明。在东吴大学读书时就与中国共产党有所接触，对党有较多了解，并向同学赵朴初介绍党救国救民的思想。他与赵朴初、陈明、方行等合办大众出版社，秘密出版革命书籍，如《民族统一战线教程》（丰凯著）、《游击战争》（朱德著）以及马克思主义作品《论政党》等。其中《毛泽东论文集》是目前发现的最早的毛泽东著作。1937年“八一三”上海淞沪抗战爆发后，他参加由赵朴初领导的“慈善团体联合救灾会救济战区难民委员会”，后参与难民指导委员会，成为难教工作的核心。1938年在上海慈愿难民收容所开展难民救济和教育工作的同时，积极从事抗日救亡宣传活动，为革命工作培养输送一批人才，并与旧法租界工董局华人联谊会、中华职教社、工部局华员总会、上海儿童保育会、新文字运动推广委员会、生活教育社等团体保持一定联系，团结一切可以团结的力量，作了大量的统战工作。

梅达君加入中国共产党后长期从事党的地下工作。1939年，他奉党的指示从事国统区的上层统战工作，团结广大金融界爱国人士，组织“上海工商职员贷金处”，为许多中共地下党员解决经济困难。1941年任安徽郎溪县县长，其间曾深入虎穴，与土匪斡旋，使新四军安全北上抗日。皖南事变前夕，施计保护全县共产党员免于被捕。1945年，在中共上海局书记刘晓负责的地下党企业“东方联合贸易公司”任副总经理时，以此为掩护开展地下工作。抗战胜利后，他团结组织爱国民主人士开展反对国民党、反内战、反独裁的民主运动。

参与发起成立民进

梅达君是中国民主促进会的创始人之一。1945年12月30日，他同马叙伦、王绍鏊、周建人、许广平、赵朴初、雷洁琼、柯灵、冯少山、谢仁冰等在上海成立以“发扬民主精神，推进中国民主政治之实践”为宗旨的政党——中国民主促进会，任第一届理事会理事。1946年2月28日，上海各界23个团体的代表在上海中国科学社举行上海各界民主团体代表会议，决定成立联合机构筹备委员会，推举马叙伦、沙千里、梅达君等13人为筹委会委员。3月5日，筹委会在上海红棉酒家召开的第一次会议决定，由王绍鏊、赵朴初、梅达君起草联合机构章程。以后，民进领导人马叙伦、梅达君、徐伯昕等以筹备委员会身份，投身联合会的筹建活动。5月5日，以民进牵头联合上海52个人民团体成立“上海人民团体联合会”，实现各界爱国民主力量的大联合。梅达君在成立大会上代表筹备委员会报告筹备经过，并当选为联合会理事兼秘书长。6月23日，上海人民团体联合会组织十万多人参加的反内战大会，在上海火车站广场为以马叙伦为以首的和平请愿代表团举行欢送大会上，梅达君担任现场指挥，激昂慷慨，不畏艰险。1947年，为保存革命力量，他以创办“东方联合贸易公司香港分公司”为掩护，赴香港为马叙伦、王绍鏊、许广平等转移作准备。1949年6月19日，民进上海市分会成立，他当选为第一届理事会理事。1949年，作为民进代表光荣出席中国人民政治协商会议第一届全体会议，并参加开国大典。此后，历任民进上海市分会第二、三、届理事会常务理事，民进第三届中央理事会理事，第四、五、六、七届中央委员，第二、三届中央参议委员会副主席；上海市第一、二届人大代表，为民进的创建与发展，巩固与发展爱国统一战线作出贡献。

一位“微笑首长”

梅达君是出了名的“微笑首长”。他幽默爽朗，走到哪笑到哪，一生善以待人。上海解放后，他担任上海市人民政府交际处处长，办公厅副主任等工作期间，接待八方来客既热情又具亲和力，还曾多次陪同陈毅市长访问包括宋庆龄、荣毅仁在内的许多民主人士。

梅达君始终热爱中国共产党，坚决拥护中国共产党的领导，对共产主义事业始终抱有坚定的信念。他以周恩来为榜样，勉励自己“活到老，学到老”，在晚年仍然坚持学习，写下了许多读书笔记和心得体会。虽然行动不便，他仍积极参加民进的各项会议。作为民进中央参议委员会上海小组的召集人，他坚持每季度组织开展活动，活动内容安排得精彩充实，使得活动出席率特别高。他以饱满的政治热情和高度的政治责任感，为健全民进参政议政机制，发挥参政党作用献计献策，尽心尽力，鞠躬尽瘁。

梅达君1984年12月离休，1993年12月13日因病在上海逝世，享年85岁。

李平心传略

李平心，1907年出生，原名李循钺，是我国当代著名的社会科学工作者，历史学家。“平心”的名字是邹韬奋先生为他起的笔名，1931年年底到1932年初李平心用“赵一萍”的笔名为邹韬奋办的《生活周刊》写了篇文章，经过数次修改才发表，邹韬奋见他有耐心、不怕修改、平心静气，因此给他起了“平心”这个笔名。

对中共一片忠心，对国家一片赤诚

李平心早年在南昌市千家后巷私塾、模范小学和心远中学求学。1925年8月考入上海大学社会学系。在先进思想熏陶下，李平心开始以马克思主义的立场、观点、方法观察和分析社会问题，并用于社会学的研究。

1927年1月，李平心根据中共安排，肄业离校，赴浙江第六师范学校任社会学和哲学教员，与曹亮编辑出版《世界月刊》，宣传马克思主义。同年2月，加入中国共产党。“四一二”反革命政变后，李平心遭到当局通缉，由临海转道上海，在中共上海沪东区委从事宣传工作。

1928年2月，李平心加入蒋光赤、钱杏邨等领导的太阳社。在《太阳月刊》上发表小说《巴里亚的胜利》，教育无产者认识到只有靠自己的力量才能够主宰自己的命运；在《布尔什维克》杂志上发表《中国土地问题与土地革命》，对中国农业经济和土地关系的特点及农村的阶级矛盾进行深刻的分析。

1928年5月，因叛徒出卖，李平心在上海被捕入狱。10月经保释回南昌。在故乡，他翻译有《政治思想史大纲》一书。1929年6月返回上海，从事党的地下工作。7月，他与光华书局订约翻译《资本论》第一卷。后因光华书局毁约未能出版。1930年6月，他根据《资本论》的理论，参引马列经典著作，编写出版《现代社会学理论大纲》一书，对社会学的性质、对象、范围等问题作了阐述。

1930年，李平心在上海经恽代英推荐，在中共中央领导的全国苏维埃代表大会准备委员会担任秘书工作。其间，他在周恩来、瞿秋白、邓中夏、林育南等的亲切关怀和教导下，参加全国苏维埃代表大会《土地改革法》《教育改革法》《苏维埃选举法》等文件的起草工作。后因全国苏维埃代表大会准备委员会遭到破坏，李平心等与中共组织失去了联系。但他凭着对国家和民族的热情与坚强毅力，长期坚持在马克思主义理论指导下从事学术研究和各项社会进步事业。

用笔尖战斗，宣传抗日救亡

1931年秋，李平心参与发起现实周刊社，负责《现实周刊》的编辑校订工作，撰文宣传抗日救亡，抨击蒋介石的不抵抗政策。1932年以后，主要为《生活周刊》《新生周刊》《大众生活》等刊物撰稿，相继发表六七十篇文章，内容涉及政治、经济、历史、哲学、文学和青年修养等方面，在当时颇有影响。

1933年，正当中国文化界围绕着中国社会性质诸问题激烈论争的时候，李平心的《中国近代史》正式出版。该书从鸦片战争讲起，一直叙述到1933年日本侵占热河察哈尔为止，创造性地提出以1840年鸦片战争为中国近代史的开端，阐明半殖民地半封建的社会性质，总结近百年来人民革命斗争的经验教训。可以说，这是我国较早的用马克思主义观点系统地研究中国近代史的著作。它问世以后连续再版，曾被翻印作为八路军、新四军的历史教材。

李平心致力于传播和推广无产阶级大众文化。1934年起，他编辑出版《现代语辞典》和《读书与出版》刊物。1935年11月，生活书店刊行李平心编辑的《全国总书目》，收录1921年至1935年间出版的书籍约两万种。该书在一定程度上反映当时的政治、经济、文化状况，填补我国缺乏较完整的全国总书目这一空白。

1936年，李平心参加孙冶方、薛暮桥、钱俊瑞等主办的中国农村经济研究会的工作，并为会刊《中国农村》撰文，探讨乡村救亡运动的方针和路线。同时，他又连续为《世界知识》杂志主办的《国际问题基础知识讲座》撰稿，并编写出版一部介绍和指导读者学习社会科学的通俗读物《社会科学研究法》。该书和他当时另外编写的《自修大学》，都因宣传马克思主义和爱国民主思想，被国民党列入查禁之列。

"七七"事变后，抗日战争全面爆发。李平心的学术活动与中华民族的生死存亡紧密联系在一起，他先后编写出版《抗敌战略论》《民族统一战线论》《战时的青年运动及青年工作》等著作，在理论上就如何开展抗日民族运动进行探讨和阐发。他编写出版的《各国革命史讲话》，对于启发和教育中国人民、推动抗日民族解放运动起到一定的宣传鼓动作用。

1938年，上海沦为"孤岛"。上海中共地下组织根据党中央关于就地组办"抗大"培训干部的指示，以中华职业补习学校的名义出面，举办《现代知识讲座》，聘请陈望道、周谷城、李平心等进步教授、学者担任教师。李平心主要负责哲学部分。该校为轰轰烈烈的抗日民族运动培养和输送了大批优秀干部。

1939年至1942年，国民党反动政府置民族危亡于不顾，对陕甘宁边区实行武装封锁，并发动皖南事变，激起全国人民的愤怒。在这期间，李平心为《民族公论》《学习半月刊》《上海周报》《求知文丛》等刊物撰稿，揭露和谴责国民党反动派摧残民主、破坏抗战的罪状。为"有助于大众对于祖国进步的认识"，他挥笔疾书，又相继编写出版《中国现代史初编》和《论新中国》，根据新民主主义理论，比较全面、系统地论证新中国成长的道路，并着重论述了民族统一战线的新形势，证明抗日的重心是中国共产党领导下的解放区。

1941年，李平心出版鲁迅逝世后第一部系统研究鲁迅思想的专著。1956年，许广平曾推荐这本书，认为这是了解鲁迅、研究鲁迅的第一本著作。

1941年年底太平洋战争爆发，上海沦陷。不久，李平心被捕入狱，遭受酷刑，留下了头晕宿疾。经地下党和朋友们的营救，他被保释出狱。后住上海法藏寺，大量阅读和整理经史资料，并完成《中国通史》初稿百余万字，后散失。

反对内战，在争取民主的道路上前进

抗战胜利后，蒋介石顽固地推行卖国、独裁和内战的反动方针，上海人民掀起爱国民主运动。马叙伦、周建人、许广平、赵朴初、李平心等进步人士，于1945年12月30日在上海成立中国民主促进会。1947年2月，他被选为民进第二届理事会理事。李平心经常在《民主》《时代》《文汇报》《联合晚报》等进步报刊上撰文，或通过群众团体集会演说，严厉抨击蒋介石的法西斯统治和内战阴谋，主张实现和平、民主和统一。

1946年，国民党反动派公开破坏和谈，悍然向解放区大举进攻。一些人仍然对美蒋反动派存有幻想，企图以“第三种人”自居。为此，李平心在《文汇报》上发表《论“第三方面”与民主运动》，剖析批评中间路线的幼稚和糊涂，呼吁广大人民为争取一个光明、民主、自由的新中国而奋斗。

1949年2月，为筹备新政治协商会议，民进领导人从各地进入北平，并在北平组建民进总部。4月2日，民进总部理事会决定筹建民进上海市分会，派徐伯昕为民进总部驻沪代表负责联络，由谢仁冰、李平心、赵朴初、冯宾符、宓逸群负责筹备。1949年6月19日，民进上海市分会宣告成立，李平心任分会第一、第二届理事。

为追求真理勇敢直言

上海解放后，李平心写下《上海解放的意义》《把胜利的欢喜化为建国的力量》等文章，满腔热忱地歌颂新中国。在担任《文汇报》编辑时，他配合全国解放的新形势、新任务，在报上发表大量的政论文章。

1952年8月，李平心受华东师范大学之聘，任历史系教授，从事教学和科研工作。他整理积年考史资料，对中国古代史、甲骨、金文进行研究，在许多问题上提出自己独特的见解。

1954年12月起，李平心任全国政协第二届、第三届委员；1956年8月起，任民进第四、第五届中央委员，民进上海市第四届委员会常务委员，并担任上海史学会副会长等职务。他继续为《人民日报》《文汇报》《解放日报》撰写政论文章，歌颂社会主义制度的优越性，促进各民族的团结。

1958年前后，国民经济建设在“左”的思想干扰下，出现了违背客观经济规律的冒进现象。为了总结经验教训，把我国国民经济建设纳入正轨，1959年6月至1961年8月，李平心先后在《学术月刊》《文汇报》等刊物上发表了十余篇理论文章，阐述了生产关系不能超越生产力发展规律来推动生产力前进等观点。然而，这一理论探讨遭到批判。面对误解，李平心坦然地说：“学术讨论是严肃的、细致的思想劳动。唯有崇尚事实，坚持真理，诚意助人，虚怀纳善，才有益于学问，有利于争鸣。”

“文革”开始后，李平心因公开反对“四人帮”一伙的极左思潮，惨遭迫害，于1966年6月15日去世，终年59岁。

1978年6月，中共华东师范大学委员会在《关于李平心同志问题的复查报告》中，肯定了李平心的学术成就，并决定举行李平心骨灰安放仪式，为他恢复名誉。

曹鸿翥传略

曹鸿翥，1901年出生于福建长乐，原名曹佩荃，曾用名曹仙荪。曹鸿翥是中国民主促进会第一届理事会理事、第三届中央理事，第四、五届中央委员，上海市第一至五届人大代表，政协上海市第一至第四届委员会常委，他是民进上海市分会第一届理事会理事、专职常务理事，民进上海市委副主任委员兼秘书长。

曹鸿翥出身晚清名门，祖父曹定基曾供职于英国驻福州领事馆，父亲曹士元是清末举人，曾担任晚清福建惠安县最后一任县知事及民国惠安县第一任县长，厦门会审公堂堂长。

投身民主爱国运动

曹鸿翥少年时在家乡琴江小学、福州汉英中学等校读书。1919年就读于福建协和大学，后肄业。1926年起历任鼓浪屿会审公堂书记官、厦门镇守使署秘书、汀杭镇守使署秘书。后进入政界军界担任重要职务，逐渐形成以民为本的强烈民主意识和爱国主义情怀。先后任国民革命军第十七军参议，五省联军第二方面军总司令部秘书长，兼五省联军副司令部及前敌总司令部秘书长，国民革命军第五军团总指挥部秘书长等职。1928年，他投身商界，回福建创立民生实业公司并任总经理；1930年担任河北省国民拒毒会主席。在认清蒋介石政府独裁统治的真面目之后，他毅然参加王绍鏊所组织的反蒋团体“中华协社”，并于1935年自行组织反蒋社团“力社”，在天津等地发展成员，后因为国民党内部也有个叫“力社”的组织而取消。

“幸福公寓”——民主人士之家

他将自己亲属在法租界的洋房取名“幸福公寓”，包括画家俞寄帆、电影导演卜万苍、合唱指挥家李宗彪等都入住过“幸福公寓”。当时由于幸福公寓里住着好几位爱国人士，王绍鏊联系的一些抗日救亡人士也已经在“幸福之家”进行活动。当时卜万苍的名气很响，是在抗日战争期间坚持拍摄进步电影的大导演，指导过轰动全国的《木兰从军》《万世流芳》《渔家女》等影片。曹鸿翥就凭借卜万苍的名气，在卜万苍举办大型生日晚会时，把各界知名人士都请来，借机推荐卜万苍导演的影片《木兰从军》，让人们把关注焦点放在卜万苍身上，认为“幸福公寓”就是卜的居所，大导演家里人来人往自然是很正常的，这样民主人士进进出出反而不会引起注意。果不其然，这样“幸福公寓”反而成了最安全的地方，庇护了大批爱国人士。解放战争期间，“七君子”之一李公朴、电影《永不消逝的电波》中李侠的原型秦鸿钧等都得到过“幸福公寓”的庇护。1941年，日军占领租界，上海完全沦陷，抗日救亡形势日益严峻，但曹鸿翥仍然坚持每周两次集会，抗日救国。为了不引人注目，他以鉴赏古玩字画为名，向当局申请成立“二酉社”，继续把“幸福公寓”作为主要的活动场所。抗日战争期间，曹鸿翥先后被日本宪兵队逮捕四次，但每次都能化险为夷，并继续为抗日贡献自己的力量。

抗日战争期间，曹鸿翥积极投身抗日民主运动，并以经商名义筹集资金，向中南银行以抵押贷款筹集资金，1945年成立联丰花纱布公司并任董事长，为新四军筹措急需的布3000多匹，食盐1000多担和大量物资。他还通过社会关系获得情报，多次设法通知被列入黑名单的中共地下党员撤离上海。

与民进的不解之缘

抗战胜利后，国民党政府实行内战、独裁的反动政策。“二酉社”的成员在王绍鏊的指引下，积极投身爱国民主运动。蒋介石面对风起云涌的民主运动提出先统一后民主的反动主张，王绍鏊针对性地提出应该先民主而后统一并写成文章拿到“二酉社”请大家讨论，大家一致同意王绍鏊的观点。建议把文章改写成意见书，拿出去征求更多爱国人士的意见。“二酉社”的成员谢仁冰把意见书带给马叙伦，马老看过后极为欣赏，请谢约王绍鏊见面。从而促成此后马叙伦所联系的文化教育出版界的民主人士与王绍鏊所联系的工商界爱国人士的联合，最后达成成立“中国民主促进会”的共识。1945年12月，中国民主促进会成立，曹鸿翥也是发起的民进先贤之一。

1946年5月，上海的民主力量进行大联合，决定在6月召开上海人民反内战大会，欢送以马叙伦为团长的上海人民和平请愿团赴南京请愿呼吁和平，并举行反内战大游行。曹鸿翥积极策划筹备这次大规模活动，并和王绍鏊一起担任6月23日大游行的总领队，在上海各界引起极大的震动。

为民本中学筹集经费

在民进成立初期，由于抗日战争胜利不久，大量学校被毁，许多青年面临入学困难，而民进也因为会员不断增加需要更大活动场所，故民进领导层决定由民进筹办成立民本中学。这样，既可解决为民主运动培养人才问题，又能解决民进的活动场所问题。1946年2月，民本中学成立，由王绍鏊担任校长，曹鸿翥担任校董事会董事长。早期民本中学的办学经费由民进会员中的工商界人士捐资筹集，但到1948年，上海的民族工商业在国民党反动政府苛捐杂税的挤压下已经奄奄一息，民进的工商界成员自顾不暇，无力继续出资助学，民本中学的学费收入连教职员工的工资也维持不了。在这种艰难的情况下，虽然曹鸿翥自己办的企业也捉襟见肘，但作为上海工商界的头面人物，他为了民进的事业放下架子，亲自出马，倒卖银元进行筹款，勉力支撑学校的日常运作。1949年，曹鸿翥任九如贸易公司总经理、联昌贸易行总经理，继续为新中国贡献才智，为民进事业奋斗终身。

曹鸿翥一生历经晚清、民国、中华人民共和国，在政、军、工商界都有显赫的成就，可谓经历丰富而曲折。他学识卓著，以天下为己任，为中国民主意识的启蒙发出有力的呐喊；他品格高尚，从不以一己私利作为考虑问题的出发点，不惧牺牲，为抗日战争胜利作出贡献；他影响巨大，践行民本理念，为中国民主促进会的成立与发展，为中国民主政治的发展奉献毕生的精力。

曹鸿翥于1972年3月1日病逝。

朱绍文传略

朱绍文，原名朱朝仁，1915年1月26日出生于江苏省江都县的一个医生家庭。他自幼受到良好的教育，加上自身的勤奋，学业优秀，多次跳级升学并考入上海高中。15岁到上海考高中时，在书摊看到一本名为《独秀文章》的书，上有陈独秀与穆藕初的论战文章，特别是陈独秀的文章吸引了他，当即买回细细品读，并郑重保存。这本书引导他走上研究新兴社会科学的道路。

立志“师夷长技以制夷”

1934年9月，抱着“师夷长技以制夷”的复杂心情，满怀科学报国的美好愿望，读完高中的朱绍文东渡日本求学。先是考进东京第一高等学校预科就读，结业后考入东京帝国大学经济学部。在东京帝国大学期间，朱绍文受到著名经济学家大河内一男博士与西洋经济史权威大冢久雄博士的指导。1941年末，毕业后转入该校研究院攻读博士学位，开始对亚当·斯密、弗·李斯特、卡尔·马克思经济理论的学习和研究。他的学术论文《李斯特生产理论的研究》博得众多学者、导师的好评。

抗日战争期间，远在日本留学的朱绍文，在学校里自发组织同学开展抗日救国活动，进行合法斗争。在留学生同学会上他提出大家要“沉默、苦干和团结”。因在留学生中宣传抗战，他受到日本当局的嫉恨。1944年5月22日清晨，朱绍文在家中被东京宪兵队拘捕，并抄家搜走所有书籍。在东京九段东京宪兵队总部，朱绍文受尽酷刑的折磨，两次被关进地牢，甚至遭到枪毙的威胁。在东大校长的干预及社会舆论压力下，朱绍文在年底被宣布无罪释放。次年春，朱绍文经朝鲜辗转返回阔别十二载的祖国。

民进缘

回国后，朱绍文先后担任上海沪江大学、复旦大学、上海法学院、光华大学等校的经济学教授、教务长等职，讲授经济思想史和西洋经济史。1945年12月30日，中国民主促进会在上海举行成立大会，朱绍文是民进最早的44名会员之一。1946年1月2日，民进在上海召开第二次会员大会，朱绍文参加会议。1946年3月17日，民进召开第四次会员大会，增补朱绍文为民进第一届理事会候补理事。同年，朱绍文加入中国民主建国会。1947年2月，朱绍文被选为民进第二届理事会理事。1949年6月19日，民进上海市分会成立，朱绍文被选举为民进上海市分会第一届理事会理事。他积极投入民主运动，在上海《经济周报》发表了一系列介绍早期古典经济学的文章，借以宣传马克思的劳动价值论，并和进步经济学家、社会人士一道推进民主运动和“反美扶日”运动，迎接新中国的诞生。

毕生研究经济学

1950年，朱绍文被中国人民银行行长南汉宸调到北京，在中国人民银行总行金融研究所任专门委员，同时兼任辅仁大学经济系教授，并任民建中央委员。此间，他翻译卡兹洛夫的《苏联货币论》，与他人合著《人民币若干理论问题》一书，在《新建设》上发表《马克思货币价值单位的基础理论》等文章，受到章乃器、沈志远等经济学家的赞扬。1957年被错划为“右派”，终止经济学研究，劳动改造长达二十二年之久，于1979年平反。

1979年，朱绍文调入中国社会科学院经济研究所，任研究员、研究生院教授、博士生导师。1984年起兼任日本东京大学经济学部客座研究员、客座教授。1984年冬，朱绍文应时任日本首相中曾根的盛情邀约，赴首相官邸作客，为中日在社会科学领域的合作搭起了一座桥梁。1989年起任英国格拉斯哥大学社会科学院客座研究员。此外，他还历任民建中央常务委员，第七届全国政协委员及外事委员会委员，北京市政协第六、七届委员、常委，全国《资本论》研究会顾问、中华外国经济学说研究会名誉会长等。

朱绍文对经济思想史、马克思主义经典著作和现代西方经济学等都有深入研究，造诣颇深。他认为，亚当斯密的《国富论》和李斯特的《政治经济学的国民体系》是代表不同时代、不同国情的国家从封建社会走向近代社会的经济理论，既是反对封建主义、解放生产力的理论武器，也是赶超先进国家的经济学基础。同时，须以马克思的经典著作作为基础，避免走资本主义老路而招致人民苦难。

朱绍文为中日学术交流做了大量工作。1989年春，日本东洋哲学研究所授予他“东洋哲学学术奖”，赞扬他“为发展世界和平献身于哲学思想的学术研究，对人类未来和文化的兴隆作出很大的贡献”。1992年，朱绍文创办日本市场经济研究中心，出版《日本市场经济》季刊；组织翻译《微观规制经济学》《股份公司发展史论》等一批日本经济学经典著作。

朱绍文一生致力于探寻“富民强国”的答案，即使在被错划为“右派”的二十余年间，也未放弃努力。《战后国际通货危机与世界经济危机》和《历史方法的国民经济学大纲》的翻译、《日本军国主义“九一八”后对中国东北的经济掠夺》的写作等，就是在这个时期完成的。2010年，朱绍文还以95岁的高龄，发表《亚当斯密〈道德情感论〉与所谓的“斯密问题”》。可以说，他为探寻实现祖国“富民强国”问题的答案而工作到生命最后一刻。

2011年11月3日，朱绍文因病在北京逝世，享年96岁。

金芝轩传略

金芝轩，1897年生于浙江镇海，原名金体达，又名子显。其父金棻士是参加辛亥革命的老同盟会员，因反对袁世凯险遭杀害，后改名金幸庵，息隐在镇海城内办勤工学校，以教书终其一生。

从为国家做了一点事开始

金芝轩幼年就读于镇海，13岁考入宁波育德金工学校，后转入宁波工业专门学校，1915年在该校毕业，由他母亲唐家一位在外洋船上做事的亲戚带到美国。18岁的金芝轩在旧金山友宁钢铁公司船厂做工，在紧张的劳动中，仍然孜孜不倦地刻苦学习，为他的技术知识和英语水平打下良好的基础。他非常喜爱摆弄机械装置，在劳动之余发明了照相机快门停止装置，使照相机的快门在一次拍摄后必须把胶卷卷过才能再次拍摄，这个发明专利被美国著名照相企业柯达公司购买。在美国劳动两年之后，于1917年回国。先是在汉口扬子机器厂任助理工程师，后在上海慎昌洋行任装机工程师，开始他作为机械工程师的一生。一个偶然的机会，金芝轩在香港结识新通公司在香港采购机器的人，给新通公司出了一些好主意。新通公司是南通张謇等实业家创办的，因金芝轩不但熟悉机械技术，而且在经营采购方面很精明，于是24岁的金芝轩被新通公司破格聘任为机器部主任，任职八年。

民族企业家刘鸿生通过金芝轩的岳父认识了他，对他的才能颇为欣赏，以重金聘请金芝轩为开滦售品处的工程师（后称工程部主任）。主要为购买开滦煤的厂商提供技术咨询和锅炉工程的技术服务，并为刘鸿生所办企业作工程技术指导。尽管年方而立就已经在经济上有了丰厚的收入，但是事业心很强的金芝轩仍然勤奋工作，依靠自己的收入和亲友投资，创办了经营机器业务的四达公司和四达工业厂。

金芝轩关心国家大事，深感国家孱弱国力不强是办不成大事的。他对日本的侵略非常愤慨，总想为国出一点力。1932年“一·二八”淞沪抗战爆发，他眼看十九路军将士浴血奋战，极为激动，便以四达公司库存材料加工赶制了两万顶钢盔捐赠给十九路军。他说："我总算为国家做了一点事。"但是，上海停战，十九路军撤走，屈辱的淞沪协定签订，他失望了。

与中共建立联系

1937年10月，金芝轩被中国红十字会总会会长刘鸿生任命为总会交通股主任，并通过地下党员与中国共产党建立联系。不久，上海煤业救护队与交通股合并，在煤业救护队负责的中共党员叶进明、忻元锡和陈昌吉，作为他的下属和他建立友谊，对他做了许多工作。

1938年4月，金芝轩、田萼芳两位主任去浙江、江西视察交通股和煤业救护队，在叶进明、忻元锡的安排下，特地请金芝轩、田萼芳到当时新四军军部所在地皖南岩寺。在岩寺，项英同志亲切接见了他们，还召开了欢迎大会，并被新四军军部分别聘任为军部卫生、交通顾问。金芝轩亲眼看到在抗日前线历经三年艰苦游击战争的老红军，又受到共产党和红军传奇式领导人的亲切接见和热烈欢迎，使他很受感动，自认已是新四军的一员，要为新四军尽力。

同年，在上海地下党"职委"负责人陆志仁等领导下成立了益友社，这是党领导下上海职工运动中以店员为主体的群众性进步团体。为了在上海这个极为复杂的斗争环境中开展活动，扩大影响。益友社通过赵朴初等人请金芝轩担任益友社的理事。金芝轩和赵朴初等一起，在上层人士中做了大量工作，两人也建立了良好的友谊。1940年，敌伪《新申报》刊登益友社是抗日团体，指明金芝轩等人是益友社的负责人后，金芝轩沉着应对，不仅没有退缩，而且仍然经常在他家用不定期聚餐会的形式举行常务理事会会议，讨论益友社的工作。抗日战争期间，金芝轩先后担任益友社理事、监事和名誉理事。

1945年，金芝轩接到新四军七师供给部长叶进明邀请，到七师去看看。金芝轩非常高兴地匆匆就道，第二次来到新四军部队访问，这更加深他对中国共产党和新四军的情谊。

开展爱国民主运动

1945年年底，中国民主促进会在上海举行会员大会，正式宣告成立。金芝轩经赵朴初、陈巳生介绍，加入中国民主促进会，成为了民进的积极分子。

抗日战争胜利后，金芝轩被聘任为行政院接管的真如机械厂代总经理，因看不惯国民党接收官员的胡作非为，与当局闹翻，愤而去职。后因刘鸿生的关系，到联合国善后救济总署当工程师和顾问。金芝轩在上海一面积极参加中国民主促进会反对内战要求民主的活动，同时积极协助中国共产党的地下活动。1946年，金芝轩与叶进明合作开办晋丰煤号。之后又协助忻元锡开办秘密商行——大华公司所属的吉泰商行，金芝轩任商行理事，为新四军购买军用物资出了不少力。金芝轩的四达工业厂里就有中共地下党员，他与地下党员马小弟有联系。

1947年10月，吉泰商行遭国民党破坏，金芝轩的安全受到严重威胁。加之1946年他在工程师学会上发表过不同意国民党“和平运动”的言论，早已引起国民党当局的注意。因此，他毅然离开上海去香港，在那里又想方设法办起四达公司香港分公司。他在香港立脚未稳，上海四达工业厂的马小弟等二十多人，在严重的白色恐怖下，也来到香港。金芝轩竭力为他们安排生活和工作。其后，金芝轩在香港船业公司任总工程师和经理，仍然与先后到港的民主人士一起，积极进行活动，保持着和中共的联系。

1949年初北平解放后，金芝轩接到中共中央电召，匆匆结束了在香港的业务，辞去拿高薪的职业，把三个正在上学的女儿留在香港，就和许多民主人士一起，于4月间来到北平。5月上海解放，他被分配到上海工作，在上海军管会任接管资源委员会的汪道涵、孙冶方的助手，并在重工业处当顾问和工程师。1950年1月，金芝轩被任命为华东工业部经理处处长，在上海工业企业的整顿恢复工作中，发挥既懂技术又懂经营的才能。

1949年6月，中国民主促进会上海分会成立，金芝轩当选为分会理事。1950年4月，在中国民主促进会第一次全国代表大会上，金芝轩当选为中央理事会理事。

1952年12月，金芝轩调任第一机械工业部技术司副司长，从此在北京定居。1953年10月，他参加第三届赴朝慰问团。1954年12月，他当选为中国人民政治协商会议第二届全国委员会委员。1956年中国民主促进会召开第二次全国代表大会，他被选为中央委员、中央常务委员。

1957年，金芝轩被错划为“右派分子”。1962年10月26日，金芝轩因患肝癌逝世，终年65岁。

1979年，作出“金芝轩同志不应划为右派分子，应予改正”的决定，“撤销原定金芝轩同志为右派分子的决定，恢复金芝轩同志的政治名誉”。

宓逸群传略

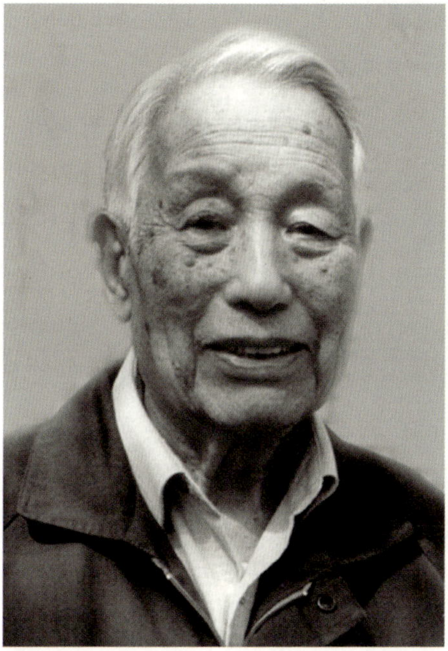

宓逸群，1915年生于浙江慈溪。1936年1月至1940年6月就读于杭州之江大学、云南西南联合大学和上海之江大学。1940年8月至1949年11月先后在上海交通银行、上海广成纺织公司、上海公共交通公司、上海新民茶叶公司筹备处任行员、处长、专员和经理等职务。1949年12月至1986年1月，任上海华东工业部营业处副组长，上海华东工业部经理处副组长，上海第一工业部华东销售分局计划科副科长、科长，上海重工业局业务处计划科科长、教育处副处长，上海市机电工业局供销处副处长，上海市机械工业局供销处副处长，上海机器厂副厂长和上海水泵厂副厂长等职。1986年2月离休，1989年9月赴加拿大定居，2005年7月回国。

民进会史资料的看护人

青年时期的宓逸群，热爱祖国，关心国家命运，积极参与社会政治活动。1945年12月30日，他参加中国民主促进会成立大会，是大会上签到的26人之一，并执笔起草民进第一份章程。历任民进第一届理事会候补理事、秘书，第三届中央理事会理事，民进中央第二、三届参议委员会委员，民进第四、七届中央委员会委员。参与民进上海市分会的筹建，任民进上海市第一届至第十届委员会理事、委员、常委。他积极筹建民进地方组织，曾任民进闵行区筹备组召集人、民进闵行区委临时支部负责人、民进闵行区支部主任委员，为民进的工作特别是上海民进组织的发展作出贡献。

宓逸群在民进成立初期曾担任民进中央的秘书工作，中央的有关文件都由他收集、整理、保管。在白色恐怖笼罩的年代，他冒着生命危险将有关资料保存到新中国成立以后，并安全地交给上级组织。他上交的资料中包括珍藏多年的1945年12月30日民进成立大会时与会者的签到名单。这成为民进极其珍贵的历史资料，也是八个民主党派中唯一保存至今的一份成立大会签到笺。现在这些极其珍贵的资料完好地保存在民进中央。

民进成立旧址的见证人

宓逸群离休后在加拿大探亲、侨居期间，仍然心系祖国，关心民进组织的建设。更令人崇敬的是，在他晚年回国期间，为中国民主促进会成立旧址的发现和确认作出无可替代的贡献。2005年，民进上海市委在筹备民进成立六十周年纪念活动时，特别想在民进成立旧址的确认和建设等方面有所进展。但此时当年出席民进成立大会的26位前辈中只有雷洁琼与旅居加拿大的宓逸群两位老人健在。民进举行成立大会是在现在的卢湾区图书馆大楼还是在边上的小楼，一直无法考证。当时恰逢宓逸群回沪探亲，民进中央副主席、民进上海市委主委严隽琪会见并宴请他。宴请结束送宓逸群回家时，有关陪同人员向他提议到卢湾区图书馆重游故地，顺便回忆一下成立大会的会址，宓逸群欣然答应。据史料记载，成立旧址应为中国科学社小楼。他一见到小楼就回忆起当年的情景，十分肯定地说民进成立大会是在1945年12月30日，一个星期天上午在这幢小楼的一楼举行的。经查证，1945年12月30日果然是星期天，宓逸群说得完全正确。1999年民进成立旧址挂牌时，曾请柯灵辨认会议室旧址，柯老也认为不是在图书馆大楼开会的，而是在一座小洋房内开的。故宓逸群与柯灵的说法相符，与卢湾区图书馆的史料也相符。据宓逸群回忆，他在民进成立那天一大早就来布置会场，做好会议的准备工作，马叙伦首先来到会场，第一个签了名，他也随后签了名。成立旧址的确认，为广大会员和人民群众接受爱国主义、民进会史教育、纪念和瞻仰民进先辈提供了重要的基地。

宓逸群具有深厚的文化底蕴和谦虚谨慎的高尚品格。他参与马叙伦先生书法集编印工作。选编工作不仅量大而且时间紧迫，宓逸群以极其负责的态度投入工作，在大量稿件中进行审阅挑选，常夜以继日，连续作战，不时与其他人以及马叙伦先生的后人会商取舍，并由他执笔撰写后记。

2006年10月23日，宓逸群在上海逝世，享年91岁。

韩近庸传略

韩近庸，原名沈玉山，江苏无锡人。青年时期曾在广东黄埔军校肄业。

一次传奇的经历

1926年参加中国共产党并调上海工作，任中央机关的交通员。交通员工作的联络点，设在派克路一烟纸店内，店主沈玉山易名为韩近庸。他的任务是在烟纸店内用某种信号同其他交通员联系，共同传递中央通知。1927年“四一二”事变，蒋介石实行清党，大肆捕获和屠杀共产党员，上海组织遭受到较大破坏。一次，韩近庸去某一同志家敲门，被坐等在内的租界巡捕抓获，押进英租界巡捕房内，当时韩去找的人已被捕，从他那里搜出一份名单，名单上多数人已被捕，尚缺沈玉山其人。那时捕房与国民党合作抓共产党员，人抓到后立即送国民党验收。蒋介石当时采用“宁可错杀一千，不可漏掉一人”的残酷手段，只要解送到国民党机关的共产党员，他们并不仔细询问，查清名单后立即集体枪杀。

捕房疑韩是沈玉山，韩说我自姓韩，姓沈的不是我，但捕房人员并不理睬他。监狱中的一位看守嘱他赶紧设法联系。韩便请他打电话到派克路邻居家，请某邻居来证明保释。

这位邻居也是一店主，平时同韩的交情尚好，第二天居然来了，向捕房说明他确姓韩，不姓沈，而且有烟纸店营业执照为证，并表示自题作保。捕房索取了一点外快，就释放了韩近庸。自此以后，韩就不再用沈玉山的名字，尽管他的直系亲属都姓沈，他自姓韩。

有人转告诉他，他因被捕过，不宜再做交通工作，暂时难以同他联系，隐蔽下来等到局面稍有好转时再说。这样，他就失掉了党的联系，但他仍然在积极找党组织。1947年春，由在生活书店工作的方学武，代表党组织对韩近庸说，他要求恢复党组织关系事因目前无法取得证明，此事只能以后再说，并鼓励他继续为进步文化出版事业努力。

再干一番事业

“四一二”事变后，韩近庸虽然失去与党组织的联系，但他仍心怀革命，想办个书店宣传进步文化，于是就千方百计集资，在上海曹家渡开设五三书店。取名“五三书店”的目的是纪念济南五三惨案，带有浓厚的爱国主义色彩。五三书店经售的书刊，都经过严格挑选，国民党政府办的刊物和相关图书决不经销。正是这一办店方针，使他和《生活》周刊日益接近，进而他承包沪西地区《生活》周刊的特约经销批发任务，附近的书店、报摊可以直接从他那里接洽购销。后来《生活》停刊，他又承担杜重远主编的《新生》周刊的特约经销任务。1937年“八一三”淞沪抗战爆发，战火烧到曹家渡地区，韩近庸不得不把五三书店关闭，把两个儿子送到苏北解放区参军。

抗战胜利后，韩近庸急于想做一番事业，于是就到复业不久的上海生活书店工作。1946年，生活书店和他还与许觉民合办华夏书店，由他担任经理。

1948年，国民党统治区的白色恐怖不断加剧。为了许广平先生的安全，中共安排民进会员吴企尧护送许广平先生离沪赴港。在这过程中，韩近庸承担交通员的重任。领导从香港发来的信到上海后，就派一直与吴企尧单独联系的韩近庸找吴企尧，说领导上决定要吴护送许广平先生去香港，并要吴作具体安排，保证许先生的安全。当护送方案经有关领导批准后，仍由韩近庸通知吴企尧，并于某日到淮海坊64号许家吃晚饭后即启程。同时被邀的有周建人、谢仁冰、赵朴初、陈巳生、周煦良、李平心等民进领导。1949年6月，民进上海市分会成立，韩近庸任民进上海市分会第一届理事会理事。

韩近庸在主持华夏书店工作期间，积极支持革命出版物的出版和销售。韩近庸在华夏书店时是对外负责人，不论是国民党政府警察或者是特务前来查问，直接出面应付的都是他。任何危难时刻他都挺身而出，毫无惧色。每次接到生活书店胡绳的通知，送来革命读物书稿由华夏书店出版的时候，他都兴奋异常。当出版《窃国大盗袁世凯》时，他知道这骂的是蒋介石，书印好后，他一夜读完，竟辗转反侧，不能成眠。第二天起床，立即到印刷厂，要求在封面上用红色套印上“独裁者的末路，法西斯的丧钟！”这两句话。

上海解放后，华夏书店在上海复业。1952年，华夏书店的业务归并到上海中国图书发行公司，书店的其他人员，分别到上海中国图书发行公司和新华书店去工作。韩近庸则调到北京，在中国图书发行公司总管理处工作。后中图公司又并入新华书店，他就在新华书店北京发行所工作。

“文化大革命”中，韩近庸因在解放前开过书店而被认为是“资本家”并受到冲击，含冤而逝。“文化大革命”后，平反昭雪，恢复名誉。

第三节　上海民进先贤

云卷松涛映丹心

——记中共上海市第六、七次代表大会特邀代表、民进上海市委原副主委陈云涛

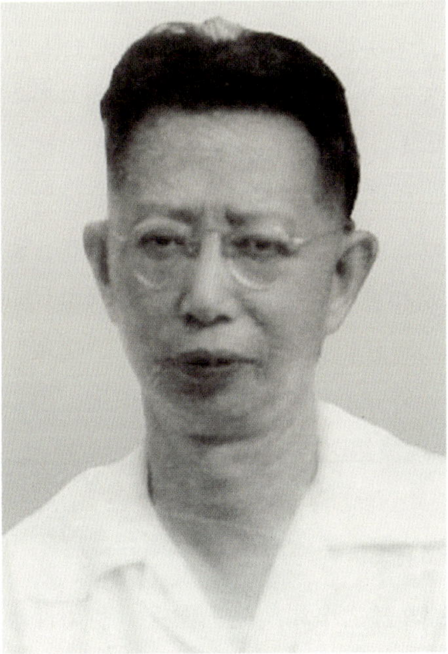

陈云涛，1902年生于湖南长沙教师家庭。1923年在湖南省立第一师范学校由郭亮介绍参加中国共产主义青年团。1924年，他到该学校附属小学任教。1925年7月由郭亮、夏曦介绍加入中国共产党。此后，陈云涛历任长沙私立幼幼小学校长、湖南省工团联合会教育部秘书、中共湖北省汉阳县党部秘书、中共中央直属特支部书记、中共上海沪东区委委员、中共江苏省委通讯机关联络员等职。1927年，到上海开展革命活动，从事教育工作，先后担任群治大学附属中学主任，上海市立务本女中、怀久女中、道光女中、务光女中教导主任和国文教师。1949年上海解放后，他长期在教育战线工作，先后担任上海市接管私立中学调研小组副组长，上海敬业中学校长，上海市教育局中教处市教科科长、初教处副处长、师范教育处处长，上海第一师范学院党委书记兼副院长，上海师范学院党委书记兼上海半工半读师范学院党委书记、院长等职。粉碎“四人帮”后，陈云涛先后担任市教育局顾问、市高等教育局顾问。他是中共上海市第六、七次代表大会特邀代表，民进第五、六、七届中央委员，民进第一、二、三届中央参议委员会常务委员，民

进上海市第五、六、七、八、九届委员会副主任委员，第十、十一、十二届名誉副主任委员，第二、三、四、五、六、七届上海市政协委员，第二、三、四届常委。

一位忠诚的共产主义战士

1920年9月陈云涛在湖南省立第一师范学校二部读书时，受到毛泽东等进步思想的熏陶，参加当时较有影响的学生社团新民学会，具体负责推销《向导》《新青年》《觉悟》《湘江评论》以及《共产党宣言》等进步报刊。他在学生时代接受爱国思想的灌输，五四运动后投身抗日宣传和罢课游行活动，在对反动军阀张敬尧的斗争中，被推举为请愿代表。加入中国共产党以后，他以教师职业为掩护，从事革命工作，引起国民党军警的注意，多次被捕入狱。他机智巧妙地与敌人周旋和斗争，虽遭诱讯逼供，但始终未动摇革命意志，没有暴露自己的身份，表现出一个共产党员的坚定气节。1933年出狱后，因当时上海处在白色恐怖之中，他多次设法寻找党组织未能如愿。尽管与组织失去联系，他仍坚定共产主义的理想信念，利用教书的机会，开展革命活动，在学生中传播共产主义思想，进行抗日救亡教育，引导学生阅读革命文艺作品和进步理论书籍，组织学生参加示威游行和请愿活动，并想方设法掩护有志青年奔赴根据地参加新四军。“文革”期间，陈云涛遭受迫害，但对共产主义事业始终充满必胜信念，坚持原则，刚正不阿，矢志不渝，体现了其光明磊落的气概和坦荡豁达的襟怀。

一位杰出的教育家

上海解放后，陈云涛将工作重心转移到教育工作和统战工作上，利用课堂对学生宣传爱国主义思想，介绍进步作家与作品，并经常向学生宣讲国际反法西斯战争的形势，帮助他们分析时事，介绍解放区情况，鼓励学生在艰难的道路上奋勇前进。他参加以进步教师为核心，以团结广大中学教师为目的而成立的“上海中学教育研究社”，组织广大教师参加爱国斗争。1946年，这个组织又发展为“上海市中等教育研究会”，陈云涛担任该会理事。研究会团结教师，开展争取民主、反对内战、改善教师待遇的斗争。上海解放后，他担任上海市接管中学调研组副组长，与翁曙冠作为上海市军管会代表接管市立敬业中学。他宣传党的方针政策，团结教职员工，得到敬业中学教职员工的信任和支持，担任该校解放后的首任校长。他深入群众，关心师生生活，作风平易近人，受到师生的普遍好评。粉碎“四人帮”后，他虽年事已高，但衷心拥护党的十一届三中全会以来的路线、方针、政策，对改革开放和建设中国特色社会主义事业寄予极大的关心，积极为教育改革和发展献计献策，著有《新教育法大纲》等。陈云涛在教育工作岗位上以自己的人格力量团结和影响教师及知识分子，他还多次应邀为青年干部作革命理想、前途和共产主义思想教育的报告，受到人们的敬重，为党的教育事业作出贡献。

一生为统战工作倾注心血

陈云涛长期在上海市政协和民主党派组织中担任领导职务，身体力行地执行党的统一战线政策，为积极参政议政和开展各项工作，发挥了重要作用。1954年，民进上海市分会决定创办会刊，定名《民进沪讯》，并成立编委会，担任副主编的陈云涛，积极宣传中央的方针政策和会议精神，交流基层工作经验，促使党派参政议政和会务工作深入开展。

陈云涛在近七十年的漫长岁月里，与中国共产党风雨同舟，亲密合作，为中国人民解放事业和社会主义建设事业，为造福社会、振兴中华，作出了重要的贡献。

1990年3月4日，陈云涛因病逝世，享年88岁。

新中国设立“教师节”的建议者——方明

方明，1917年出生于江苏无锡，原名方培玉、方友竹。1934年在上海参加陶行知主办的中国普及教育助成会。1935年在上海参加中国共产党的外围组织中国青年同盟。1936年在上海参加国难教育社。1937年加入中国共产党。1938年任中共上海教师运动委员会宣传委员。1937年至1940年，任江海小学训育主任，主编《好孩子》儿童读物，组织筹建上海小学教师同仁进修会，任理事、学术部副部长。1940年至1942年，先后在上海中华女职、大经中小学、青山小学任教。1942年至1944年，在上海光华大学（诚正文学院）肄业。1942年至1945年在上海公济义小执教。1945年至1948年，任中共上海教师运动委员会委员、副书记。1948年至上海解放前，任上海教育协会党组书记。1949年5月任中共上海教委书记。1950年任上海教育工会主席、全国教育工会副主席。1950年至1966年任世界工会联合会下属教育工会国际（FISE）副主席。1964年当选为第三届全国人大代表。1964年至1966年，任中非友协常务理事、中日友协常务理事、中国儿童保护委员会理事。1966年至1969年，任北京大学西俄语系工作组组长。1969年至1977年被下放“五七干校”劳动。1977年恢复在全国总工会工作。1978年起，任第六、七、八届全国政协委员。1979年至1987年，任全国教育工会副主席、主席。1987年至1999年，任全国教育工会顾问。

参与《中华人民共和国教师法》的制定

20世纪80年代，一度出现教师外流、弃教改行，教师队伍不稳定的现象。1984年，全国教育工会、中国民主促进会和全国政协教育组对此开展联合调研，一致认为，须制定《中华人民共和国教师法》，用法律保障教师的政治地位、社会地位、经济利益和合法权益，从而在根本上稳定教师队伍。

1986年初，民进中央常委、全国教育工会主席方明收到广东石人嶂钨矿中学教师朱源星寄来的《教师法》设想稿，这是真正来自群众的第一个《教师法》文稿。在此基础上，全国教育工会草拟《教师法》初稿，并将草案和有关资料分送给民进中央、陶行知研究会、北京市教育科学研究所等负责同志。1986年2月，全国教育工会、民进中央和中国陶行知研究会、北京师范大学教育科学研究所、北京市教育科学研究所共同组成《中华人民共和国教师法》联合起草小组，方明任组长。

在1986年3月召开的全国政协六届四次会议上，民进组方明、段力佩、葛志成等21位全国政协委员联名提出"尽早制定《教师法》案"（编号第425号）。1986年4月起，全国教育工会和民进中央在全国各地组织近万人对《中华人民共和国教师法》草案（一稿）进行讨论，经陆续修改、反复征求教师和有关专家学者意见，形成《中华人民共和国教师法（草案讨论稿）》，报国家教委和人大教科文卫委员会以及有关立法部门。

为使《教师法》尽快出台，1988年3月全国政协七届一次大会上，方明和时任民进中央副主席、全国政协常委葛志成联名作"制定《教师法》提高教师地位和待遇"的发言。发言指出："必须正视当前出现的'教师危机'，加强制定《教师法》的紧迫感。教师危机，实际是教育危机。"强调教师法制定的紧迫性。

经过不懈努力，1993年10月31日，第八届全国人民代表大会常务委员会第四次会议通过并公布《中华人民共和国教师法》，并于1994年1月1日起施行。

参与建议设立教师节

方明1949年参加中国民主促进会，历任第三届民进中央参议委员会副主席，第四届民进中央委员，第五、六、七、八届民进中央常委，第十、十一届民进中央顾问。他与民进其他全国政协委员联名提交一系列旨在提高教师社会地位和待遇的提案，为参政议政工作作出贡献。1980年，他和民进的周建人、叶圣陶、赵朴初、吴贻芳、柯灵、葛志成、雷洁琼，联合其他民主党派和社会知名人士共155位政协委员，提交《采取有效措施积极推行普及教育以利四化建设》提案，推动《中华人民共和国义务教育法》于1986年颁布施行。1981年，他作为主要发起人和撰稿人，与民进的叶圣陶、雷洁琼、徐伯昕、吴贻芳、葛志成、叶至善、张明养、柯灵、霍懋征等17位政协委员联名提交《建议确定全国教师节日期及活动内容》提案。1983年，他和民进18位政协委员再次联名提出《为提高教师的社会地位，造成尊师重教的社会风尚，建议设立教师节》提案。功夫不负有心人，1985年9月10日，全国教师终于迎来属于自己的第一个教师节。1986年，他和民进20位政协委员联名提出《尽早制定"教师法"》提案，全国教育工会和民进中央组织近万人参加讨论，四易其稿，起草该法。1993年，《中华人民共和国教师法》颁布施行。1990年，他和民进及其他界别共131位政协委员联合提交《建议从体制改革入手，对"农科教"制订统筹协调的具体政策案》，提出将"科技兴农"口号改为"科教兴农"。1992年，国家作出"科教兴国"重大决策，并将其确定为长期发展战略。

毕生精力奉献教育事业

方明早年追随教育先驱陶行知，积极投身民众的教育普及事业，之后担任中国陶行知研究会常务副会长兼秘书长、会长，编辑出版《陶行知全集》，并在全国各地建立陶行知研究组织和开展相关活动。1992年他亲赴山西吕梁地区，重点考察前元庄实验学校教改经验。1995年他领导陶行知研究会联合全国人大、全国政协、民进中央等8个单位在北京召开前元庄实验学校教改经验汇报会。他和葛志成、黄大能、丁石孙四人作《办好一所学校可以富一个村庄》的发言，提出农村教育发展新见解，引起党中央和国务院高度重视。1999年10月，胡锦涛亲临前元庄实验学校视察，对教改成绩予以充分肯定。2003年9月，国务院召开新中国成立以来首次全国农村教育工作会议，方明在大会上提出加强农科教统筹协调，推广前元庄"小村庄，大教育"的教改经验，并演变成为我国农村发展教育的指导思想。他以"爱满天下"的胸怀呼吁社会更多关爱弱势群体，实现教育公平和受教育机会均等。他不但长期关注贫困地区农村儿童和农民工子女，而且对工读教育也非常重视，早在1934年，他就创办流浪儿童工学团，关心流浪儿的生活、学习和劳动，帮助他们纠正不良行为，部分流浪儿还在他的谆谆教诲下走上革命道路。

方明把毕生精力奉献给革命事业和教育事业。他最欣赏陶行知的格言“捧着一颗心来，不带半根草去”和“千教万教，教人求真；千学万学，学做真人”，这也正是他光辉一生的真实写照。

2008年3月2日，方明因病在北京逝世，享年91岁。

羡君有至乐，天下育英才

——记上海市育才中学名誉校长段力佩

夕阳如金，撒照在宁静的校园。一座端庄、肃穆的老者铜像，静静地伫立在茵茵的绿草地上。铜像的右侧镌刻着赵朴初的题词“君有至乐，天下育英才”。他就是著名教育家段力佩先生。段力佩，育才中学，这两个名字经过五十多年共同的风雨历程，已经融为一体，成为当代中国教育改革实践的最具社会影响力、最富有卓越成绩的品牌之一。

人生始航　摸寻出路

段力佩，1906年12月生于传统的教育之家。幼年的段力佩并不是一个听话的孩子，他性格倔强，和其他孩子相比，段力佩往往显得更出格，并经常与父亲段忻吾的意志相违背。他在父亲创办的启明小学读书，经常因不听话惹得父亲生气。1919年，段力佩考入南京东南大学附中，离开家庭的管束后，这个特立独行的少年有了更大的发展空间，因自己的另类不羁，不愿被管束的性格，并不受学校老师的喜爱，先后辗转于江苏省立第五中学和江苏省立第一师范学校。

1927年，随着国民党顾祖彤部进驻金坛，其父一手创办的启明小学遭受灭顶之灾，学校校舍被霸占作为县党部。段力佩心中充满愤慨和无奈。

1937年抗战爆发，很快“八一三”淞沪抗战爆发，交通中断，他被困在家乡金坛。段力佩看见家乡民不聊生的场景，心中充满悲愤。他开始办起私塾，招收失学学生，一边传授文化知识，一边宣传抗战。1938年来到上海，段力佩结识了中共地下党江闻道，两人一见如故，江闻道感到段力佩是个正直、有强烈爱国心的人，就有意介绍他入党。1941年10月，段力佩加入中国共产党。

抗争黑暗　传播火种

1940年，段力佩经赵朴初介绍，进入净业孤儿教养院工作，收养流浪儿童。孤儿院设在赫德路（今常熟路）一座破败的庙里，四面漏风，段力佩非常同情这些经受战乱而流落街头的孩子，毅然搬进孤儿院，与孩子们同吃同住，半夜为孩子盖被，为患疥疮的孩子擦药……一段时间下来，孩子们把他看作自己的朋友，甚至是父亲。后来，这些被教育成人的流浪儿童，有不少人冲破黑暗进入抗日敌后根据地，成为革命战士和建设人才。

1941年，段力佩应沈体兰校长的邀请，进入麦伦中学任训育部主任兼语文教师，并暗中保护进步学生。之后不久，经党组织委派，转到创办不久的储能中学任训育部主任兼语文、历史两科教师。储能中学1943年起就在中共上海市委的直接领导下，一些中共地下党和进步人士都在这里工作，当时民进先贤冯宾符和周建人也在这里工作。 1946年，经民主推选，段力佩升任校长。在他的精心管理下，储能中学办得红红火火。他聚集了一批进步人士，使之成为上海教育界抗日与民主革命运动的重要堡垒、反饥饿反内战洪流的策源地之一。在他的影响和熏陶下，学生纷纷走上街头，汇入反饥饿反内战的洪流中。

反动当局把储能中学视为眼中钉，对这个进步学校的段校长更是恨之入骨。临近上海解放前夕，他们终于按捺不住，准备对段力佩下毒手。得知这一消息后，地下党组织迅速通知段力佩，要他马上离开储能中学，转移到解放区去。由于交通阻断，段力佩只能转移到前身为净业孤儿教养院的大场少年村隐藏下来，一边开展课堂教学和工厂劳动相结合的教学方式，一边准备迎接上海的解放。

以教为先　艰难拓荒

解放后，段力佩回到市教育局负责接管工作。1950年，他被委派到育才中学担任校长。从那时候起，他这后半辈子的事业、理想、生命紧紧地和这所中学联系在一起。

段力佩刚来育才中学时，就用坚决的行动向上级领导和全校师生表达与育才同呼吸、共命运的决心——谢绝了上级分配的公寓房，举家蜷缩在学校楼梯下一间仅十平方米的由盥洗室改造的“家”里。秋去冬来，年复一年，他一次次婉拒区政府动员他搬家的安排，在这个冬寒夏炙的“螺蛳壳”里一住就是近二十年。这位1958年到1963年期间担任静安区副区长、政协副主席的教育家，把最坦荡的胸襟、最宝贵的心血、最深刻的思索都献给了育才，献给了中国的教育事业。

在校长办公室一般是找不到段力佩的。为了多下基层，多接触一线教师，他把办公桌搬出校长室，搬到各个教研组，和老师一起听课，一起评课，一起活动，掌握教学工作的第一手情况，及时针对问题加以解决。

段力佩不仅是个实干家，还是一个善学者和善思者。他说：“要能做个称职的校长，就要对中学的各门学科都足够熟悉。这就要下苦功去多看书，否则就没有发言权。”他的思索建立在博览群书的基础上。对于国内外的一些先进的教育观念和理论他都孜孜不倦地学习，并加入自己的深切思考和体会。段力佩更是个果敢的改革家，他永远不会停顿。他善于发现矛盾，解决矛盾，然后又去寻找新的矛盾。20世纪50年代初期，我国教育界刚摆脱了封建主义、殖民主义的教育，却带来了全盘苏化的弊端。教育界大张旗鼓地推行凯洛夫教育法，段力佩接受这些新鲜事物，在育才也开始推行起来。但实行了一段时间之后，他认为这并不完全适应我国的中学教育实情。他想摸索出一套适合我们国家自己实情的教育方法。但他的探索却在50年代后期以及“文革”期间的各种政治运动中变得风雨飘摇，困难重重。

八字教学　教改旗帜

1977年4月，已是古稀之年的段力佩再次回到了育才。然而他惨淡经营了近三十年的学校因政治运动，已被糟蹋得一片狼藉。他摸着霜白的两鬓，唏嘘感慨之余，反而振奋起一股雄心。在他有生之年，他还要让育才重新站起来！

随着高校招生的改革，教学秩序恢复正常，可段力佩也敏锐地察觉到随之而来的另一些问题。他发现，课间一些学生仍匐在桌上做功课，放学后，教师又把学生关在教室里加班加点。他认为教改势在必行！育才的学生应该成为学习的主体，而不是客体。育才的课堂应该成为学生的学堂，而不是教师的讲堂。

最终出来的教改的方案惊世骇俗。在课时安排方面，废除了每节课45分钟

“一刀切”的上课制，代之以60分钟与30分钟转换上课制，让学生有张有弛、劳逸结合，既有节奏，又有规律。在教材改革方面，对中学语文教材改革进行大胆的尝试。让教材不拘泥于名篇、名作家的文章，应考虑教材内容的趣味性、感染性和应用性。在教学方法上，鼓励师生大胆改革“教师讲学生听”的传统教学模式，采用“读读、议议、练练、讲讲”的方式进行“茶馆式”教学，让学生成为教育的主体，使课堂发出生命活力。段力佩还在育才废除期中、期末考试，代之为学生总结和教师面谈。1982年9月25日至10月10日，全国政协教育组、全国教育工会、民进中央组成联合调查组，深入育才中学总结推广学校的教学经验，由调查组写成的总结报告全文发表在当年12月29日的《光明日报》，头版还特别载文赞誉育才是全国中小学“教育改革的一面旗帜”。

试验获得累累硕果。数百名学生成为全国和市、区三好学生。段力佩尝试的结果不但没影响升学率，反而提高了升学率，特别是发展了学生的智力，培养了他们的能力。1982年育才参加高考的学生百分之百地考进大学，上海市高考文科第一名、理科第二名都是育才的学生。1983年只有两人未被高校录取，1984年高考又是全部录取。进入大学的育才学生，受到各大学教师的普遍赞扬，认为这些学生自学能力强，善于发挥创造性思维，育才学生的身体素质也明显提高，身高、体重、胸围、肺活量等健康指标，均比全市和全国的中学生要高。在事实面前，人们不得不佩服段力佩的远见卓识。

段力佩及育才的教改经验在上海乃至全国引起了极大反响，国内各种教育专著、研究文章，高频率地引用“八字教学法”（即“读读、议议、练练、讲讲”）实验的经验和成果，很多教育学、教学论教材将它列为基本的教学方法。1982年末，一本十多万字的《段力佩教育文集》终于面世，著名文学家、教育家叶圣陶欣然提笔作序。该文集不久即被争购一空，后又出版了修订版。段力佩等人还应邀到乌鲁木齐、吐鲁番、呼和浩特、包头、伊春、佳木斯、昆明等在内的全国五十多个城市宣传教育思想与交流教育经验，有力地推动全国的教育改革。同时，他还同美国纽约州教育部长助理、哥伦比亚大学教授、坦桑尼亚国民议会议长以及日本、德国、印度等许多友好国家的热心教育的人士进行交流。

振襟畅怀　乐育英才

在众多成绩和荣誉纷至沓来之时，段力佩以他一贯的高瞻远瞩和宽广胸襟，又把精力和工作重心放到了培养中青年教师上来。“治校必先治师，名校当有名师。”到20世纪90年代，育才已拥有相当数量的特级教师、学科带头人和高级教师，形成充满生气的教改局面，受到社会的广泛关注。虽然年事已高，但段力佩教育改革的脚步却始终没有停止，他又把改革的步伐跨到小学。在市、区教育局领导的支持下，他将静安区中心小学当作教改试验点。

1994年离休后，已是87岁高龄的段力佩仍然每周定期到学校去，勉励师生推进素质教育。段力佩把自己的生命和教育事业融合在一起，依然随时准备好，为中国的教育改革做一颗铺路的石子。赵朴初先生在段力佩九秩寿辰时，特地赋诗志庆：“九十称不老，振襟畅好怀。羡君有至乐，天下育英才。”

1953年，段力佩加入中国民主促进会，先后担任民进上海市委第三届理事会副主任理事，上海市政协委员、常委，第六届全国政协委员，民进中央理事会理事，民进中央委员、副秘书长等职务，其间他在完成民进市委工作的同时，结合自己的教育实践，积极参政议政，提出许多富有建设性的建议。

2003年3月8日，段力佩因病情恶化，医治无效而逝世，享年97岁。

七弦弹动松风起，山月澄清透碧纱

——记女子教育家、上海市第三女中名誉校长薛正

上海市第三女中的前身是中西女中和圣玛利亚女中，蜚声中外，培养了大批女子人才。著名的宋氏三姐妹宋蔼龄、宋庆龄、宋美龄都曾在此就读。

薛正1936年任中西女中校长，1952年中西、圣玛利亚女校合并后任副校长，1960年任校长，1984年10月上海市人民政府任命薛正上海市第三女子中学终身名誉校长。她是我国少有的女子教育家。

1924年薛正在校刊《风藻》上登了一首诗：

闲坐书斋漫品茶，琴声隐隐出淮家。

七弦弹动松风起，山月澄清透碧纱。

这后两句可以说是薛正一生的写照。“七弦弹动松风起”，是薛正事业的写照，她以自己毕生的精力，以对中国女子教育的挚爱，办出了一所一流的女子名校，培养了大批女子人才，推动中国女子教育和女校教育的发展。“山月澄清透碧纱”则是薛正人格的写照，她单一、忠诚，对事业、对党都一心一意，无悔追求，“一片冰心在玉壶”。

怀揣爱国理想，实践教育理念

1918年，薛正来到上海圣玛利亚女中求学，在这所教会学校里，接受的都是殖民主义教育。五四运动期间，薛正受到很好的爱国主义教育，萌生了教育救国

的思想。高中阶段，她毅然选读教育专科，在写给父亲的信中说：“一个人的能力再大总是有限的，毕其一生对国家的贡献也是微乎其微的，而通过教育就可以培养出千千万万有能力的人，他们加起来对国家的贡献就巨大了。”

后来，在燕京大学薛正也读了教育专业。毕业前夕，她同时收到燕大女部助理主任和上海中西女中教导主任的聘书。经过反复思考，薛正选择了中西女中，从此便与教育结下不解之缘。

薛正非常重视爱国主义教育，把国家利益放在办学的首要位置。薛正任职中西女中教务长期间，学校使用的是外国人编写的教材，其中有很多侮辱国人和中国社会的言论，她的爱国心被深深地唤醒了。在担任中西女中校长期间，她大力提倡国文教育优先的思想，努力提高学生中文水平，学习中国传统文化，开展各种爱国活动。如，在音乐课教唱《义勇军进行曲》《长城谣》等抗战歌曲，举办爱国主义的演讲比赛，还亲自导演了一部中国现代剧《一片爱国心》。

薛正倡导亦中亦西的教育，中西进步文化对女生的成长起了重要作用。当时学校经常指导学生演英语短剧，如莎士比亚戏剧的片段或欧美文学名著改编的片段。薛正非常支持学生的演出，同时认为女中学生不仅要了解西方文化，更重要的应通晓中国文化，于是学校演出了曹禺的《雷雨》、郭沫若的《孔雀胆》《棠棣之花》《屈原》等名剧。薛正非常重视图书馆在传播中西进步文化中的作用，采购了很多30年代新文化运动的书、翻译的外国名著等，成了不少追求进步的学生的一个启蒙宝库。

此外，薛正非常重视音乐对女生的艺术熏陶；强调教师要用人格力量，给学生树立榜样等教育理念，这至今看来都很有借鉴价值。

贡献毕生心血，办好一流女校

1949年新中国成立，为投身新中国的教育事业，1950年薛正放弃还有几个月就能获得的博士学位和优越的工作，几经周折，辗转万里，从美国回到祖国。

1960年薛正被任命为市三女中校长，她更加注意培养提高学生的素质，并建立一支精通业务、教风严谨、热爱学生的师资队伍，在外语教学方面保持固有的特色。

她常到大食堂和学生一起进餐，了解学生的伙食状况，要学生注意营养。她漫步在走廊里、草坪上，带头拾废纸、拔杂草，她要求学生做的事，自己先做。新生入校不久，她往往就能叫得出名字。她为人正直，敢于直言不讳。学校里那片曾被日军破坏过的草坪，解放后被整修得更加平整美观，一直是学生憩息和举办各种活动的好地方。有段时间，学校要养猪种菜，有人主张把大草坪挖掉种菜，薛正坚决不同意。有人说薛正不关心人，只关心草地。这话被薛正知道了，她说，我正是从关心学生出发，才不让毁掉这块草坪，没有大草坪，灰沙多了，就影响学生的生活学习环境。

1972年薛正重返教育岗位，已是71岁的老人，她以加倍的努力投入工作。“文革”期间，市三女中改名为上海市第三中学，兼收男生。薛正撰文呼吁女生教育的重要性，为恢复女中的建制进行积极宣传和理论准备。1981年市政府决定学校仍改为上海市第三女子中学，并确定为部分寄宿制的上海市重点学校。此后，薛正和其他校领导更加致力于探索女子教育规律，提供优异的成才环境，培养优秀的女子人才。为恢复市三女中的外语教学优势，薛正又着重抓外语教学，一直坚持听课，参加外语教研活动，和老师一起研究，还曾从香港请来老师教外语。她的努力取得优异成果，市三女中的外语教学一直居于全市乃至全国的前列。

年老不忘履职，心系民进发展

薛正1951年参加中国民主促进会，被选为民进上海市委委员、民进中央委员和中央参议委员会委员。1954年起，她当选为上海市第一至八届人大代表。薛正以对党和祖国发展事业的一片赤诚之心，投入很多精力。比如参加市七届人大四次会议时，薛正已81岁，但她一下子就提了七条议案。其中有呼吁社会、家长加强对幼儿培养教育的，有要求减少幼儿园主任的事务工作，使之集中精力提高幼儿教育质量的，还有请有关部门研制适宜中小学生晚上学习和做作业用的台灯。当时有人感到奇怪，薛正一直从事中学教育工作，可是她所提的议案却大多是关于幼儿、小学生成长教育方面的。这是为什么呢？薛正意味深长地说：“幼儿、小学和中学教育是互相衔接的，幼教和小教是很重要的基础教育，要保证中学的教育质量，必须研究和重视幼儿教育和小学教育才行啊！”这些问题是薛正一直在考虑的，她同教育界的一些老同志进行过认真的研究，然后写出了这些议案。

薛正积极关心民进的发展，并为党派的发展感到由衷地喜悦。民进长宁区委原副主委陈子成对此深有感触，在1980年元旦后的一天下午，薛正把陈子成叫到办公室，想介绍他加入民进组织，同时向他讲述了民进的会史，告诉他马叙伦、叶圣陶、郑振铎、赵朴初、赵宪初等人都是民进成员。陈子成很快便表示同意加入，在提交申请表时，发现校长办公室内另有一位老者，得知老者是他非常钦佩的市西中学校长赵传家，而且也是民进会员。薛正和赵传家都愿意作为陈子成的入会介绍人，让陈子成感到非常温暖和激动，连连回答："我愿意加入民进组织。"

一片赤诚之心，追随中共足迹

薛正在任中西女中校长期间，在中共的影响下，积极投身社会活动。抗战期间，她支持学生和各界人士一起抵制日货，提倡国货，罢课，募捐，声援各地学生的抗日救亡运动。抗战胜利后，学生又参与反饥饿、反迫害、争民主、争自由的斗争，不少学生参加女青年会学生部、少女部、学生礼拜堂的团契活动。中西学生运动的开展，与薛正欢迎党组织在中西活动是密切相关的。有一份中共地下党创办的进步刊物《中学时代》，在中西女中的发行量相当大，主编吕型伟对此记忆犹新。刊物还在学校发展了一批通讯员、发行员、实际是党的外围组织。1949年4月底，中西女中成立中共党小组，薛正积极支持党小组工作，在党组织的影响下，中西学生不断成长，很多人成为共产党员。

党的十一届三中全会后，薛正积极要求加入中国共产党。1985年，85岁高龄的薛正终于加入中国共产党，实现了夙愿。她在入党报告中，对自己的思想发展作了详细的阐述："解放后的1950年，我再次回到祖国，看到我国在中国共产党领导之下正在一日千里地前进，而改变之速度是惊人的。昔日上海的娼妓赌棍一扫而光。鲜明的对比使我大为震惊。之后我参加知识分子思想改造，学习了社会发展史，面对新中国的现实，自感要从头学起，从头做起，赶上伟大的时代。"

玉质冰姿香重，堪作幽人供

1995年5月21日下午，薛正因病在北京逝世。《文汇报》《解放日报》等都作了相应的报道。薛正致力于中国女子教育六十余年，把毕生的心血献给了我国教育事业，在教育界享有很高的声誉。她生前立下遗嘱，不发讣告，不开追悼会，不向遗体告别，不留骨灰。

薛正一生为人低调，留下的资料不多。倒是她写的一些诗，反映了她的情感世界，展示了她的多个侧面。回顾薛正的往事，其中有一首写梅花的诗很好地映照了她的一生：

寒天白雪茅檐冻，窗外梅花娇纵，玉质冰姿香重，堪作当人供。

疏枝轻折瑶怀动，早春消息谁送，空对东风寻梦，听笛声三弄。

清风拂桃李

——记著名教育家、上海市市西中学名誉校长赵传家

赵传家创办了市西中学，是市西中学第一任校长，1984年10月上海市人民政府任命赵传家为市西中学名誉校长。赵传家1953年加入中国民主促进会，先后担任过长宁区民进组织的领导和民进上海市委常委、顾问，上海市静安区第一、五、六届人民代表，长宁区第二届人民代表。1979年出席中国民主促进会第四次全国代表大会，被推荐为上海市第二、第四届人民代表，同时担任过上海市政协委员。

办学收容难童和流亡子弟就读

赵传家出生于浙江省嵊县的以农为生的平常家庭。1923年赵传家从上海沪江大学毕业，受五四运动影响，于1936年赴美留学，于1938年年底回国。此时，国家正处于战乱时期，许多老百姓流离失所。这一切使赵传家忧心忡忡，决心尽己之力为国效劳。不久上海沦陷，他发现有许多难童流落街头，于是就和原沪江大学校长刘湛恩于1940年在上海创办一所难童收容所，把那些无家可归的街头流浪儿收容进来。他们不仅想方设法解决难童的吃穿问题，更重要的是为难童创造条件，利用一切机会和可能教难童学习文化、学习手艺，以便这些因战争而失去父母、失去家园的流浪儿童将来能够自立自强。

抗战时期，由于华东地区的基督教中学纷纷关闭，许多教师甚至校长到上海来避难。日军的血腥屠杀和野蛮掠夺，中国人民为生存而进行的前赴后继、英

勇顽强的战斗，这些血与火的考验都使赵传家受到强烈的震撼，更坚定了他创办优秀教育、为国培养大批人才的思想和信念。1941年，他协助来沪避难的嘉兴秀州中学校长顾惠人，联合华东基督教中学，在上海江西路一所银行的大楼里办起“华东联合中学”，专门招收流亡子弟就读，给他们提供新的求学机会。联合中学由杭州蕙兰中学、南京金陵大学附中、苏州辅仁中学等十几所华东地区学校参加组成，赵传家应聘出任学校董事会主席，并聘请陈伯吹等名流学者到学校担任教职。日军占领上海后，华东联合中学迁往内地继续办学，在抗战期间从未中断。这所学校的组办，使在沦陷区的十几所教会中学得以生存，教师得以工作生活，众多学子的求学之梦在战火中亦得以延续，“弦诵得以不辍”，更为国家培养了众多的有用之才。

创办市西中学

抗战胜利以后，国民党政府接管上海，市教育局任命赵传家为西侨公学校长。1945年10月，赵传家把集中在乌鲁木齐南路一所教堂内的四所西侨中学一同迁到愚园路原西区西童中学校址。1946年，以上五所中学合并在一起，挂牌成立上海市西中学，赵传家被任命为校长。

市西中学初创时期极为艰难。由于多年战乱，原本设施完善的学校已经是破烂不堪，教学设备几乎散失一空，操场上长满了野草，而且布满了简易防空洞，教室中不见黑板的踪影，连个灯泡都没有，所留的外籍师生也是零零散散。当局交给他的实际上是一副烂摊子，因为接收大员谁也不愿接手，这才交给了非国民党籍的赵传家。可赵传家并不气馁，上任伊始即为恢复正常的教学面貌和秩序而奔走。着手组织人力，修缮校舍，解决师资问题，从各处包括自己家中收集教学桌椅、设备。短短数月间，开学准备工作就绪，及至开学，学校已有教职员40多人，学生400多人。

赵传家下定决心，要把市西中学办成一所培养中国人才并且让更多平民子弟读得起的一流学校。因此，尽管学校已经改为市立学校而收费不高，但他还是从不多的办公经费中拿出钱来设立奖学金，补助那些成绩优秀的清贫子弟。经过不懈努力，到1948年，仅仅两年时间，市西中学已经成为一所粗具规模、在社会上颇有影响的学校了。

赵传家创办市西中学后的第一件事，就是向全校师生提出“好学力行”的办学方针，将其作为教学宗旨和校训准则。1948年，他请辛亥革命元老于右任先生亲笔题写了“好学力行”四个大字，并请人制作成匾额，亲手把它安放在教学大楼的入口处，让每个老师和学生在走进教室前都能看到和重温这四个大字的座右铭。而这个座右铭，实际上是赵传家希望市西中学培养的学生品格的最低要求，也是他一生中严格遵守的行为写照。

情系市西四十七载

1946年赵传家受命出任市西中学首任校长以后，就和市西中学息息相关达四十七年之久。可以说，他的后半生都贡献给了市西中学，而他的一生实际上都贡献给了祖国的教育事业。

1949年上海解放前夕，赵传家按照共产党地下组织写给他的信中的指示，带领全校师生坚守岗位，护产护校。当时国民党部队某部把市西中学的一部分当成营房，教学大楼的底楼成了存放炸药的仓库，连操场上也堆满了炸药和炮弹壳。即使在这样险恶的环境下，赵传家组织师生照常上课。他自己每天清晨第一个到校，晚上最后一个离开，把保护师生、保护学校、保护校产当成自己的职责。就这样，当上海解放的时候，他把包括600多名师生在内的完整的学校交到解放军的手中。

1950年3月，赵传家被上海市市长陈毅重新任命为市西中学校长，是解放前担任公立学校校长职务的人员中唯一被新政府留任的一位。这时，赵传家虽然已经年过半百，但他致力创办一流教育的热情和决心不减当年，而且更加意气风发，每天依旧早出晚归，全身心地投入学校的领导工作，深得组织的信任和关怀。

1955年和1956年是赵传家事业发展非常顺利的时期，得到的荣誉也最多。这两年市西中学的高中毕业生全部考入大学，而且其中不少学生考入清华、北大、北京航空航天大学、浙江大学、上海交通大学、复旦大学、第一医科学院等国内一流大学，同时市西还有一批优秀学生被选拔送到苏联留学深造。市西中学教育质量高的名声，不仅在上海市家喻户晓，在部分外省市也是称赞有加。赵传家因治校有方，1956年被评为上海市一级优秀校长。

赵传家的教育思想

“德育、智育、体育”全面发展的教育观，是赵传家六十多年从教、四十多年办学生涯一贯坚持的思想，并在教育实践中努力贯彻“培养学生全面发展”的教育理念。早在市西创办之初，他就从课程设置等方面保证学生向全面发展的方向发展。作为一校之长，他并不仅仅以学生的学科成绩高为满足，而是采取有效措施鼓励学生全面发展。

赵传家大力提倡推广课外活动，而且采取多种形式开展课外活动。他认为，参加课外活动，学生不仅可以开发学习潜力、发展智能，还能够培养学生能力、发展学生个性。赵传家的促进学生全面发展的教育思想成为市西中学的传统，学校历任领导都秉承这一教育思想，多年来培养出不少全面发展的人才。尤其是改革开放以来，随着办学条件的逐年改善，市西中学课外活动的内容和形式都得到相应的充实和发展。

赵传家在办学治校过程中，始终倡导“好学力行”，并将其定为市西的校训。他认为，好学力行，就是知和行一致，知能结合，身体力行和手脑并用。“好学”就是要有好学不倦的精神，“力行”就是要有诲人不倦的态度。在赵传家的言传身教下，四十多年来，好学力行已经在市西中学形成风气，形成特色，形成传统，也形成一种精神，成了市西的校风。赵传家不仅是“好学力行”校风的倡导者，也是“好学力行”作风的实践者。他几乎每天都是第一个到校，到学校各处仔仔细细地查看，一个楼层一个楼层地检查学生的学习场所和教师的办公场所。有时教师因故无法到校上课，他就会亲自代课。无论在什么情况下他都能坚持学习。担任名誉校长以后，他依旧经常到校指导工作，尽管年事已高，但头脑仍然敏捷，思路依然清晰。他数十年辛勤教书，诲人不倦，以身作则践行着“好学力行”的优良校风。

在长达数十年的教育生涯中“爱”的教育思想是赵传家贯串始终的一条主线。他把爱的教育视为其教育思想的生命，通过爱的教育，潜移默化地影响着市西中学的每一届学生。他不仅要求教师在教育和教学工作中严格遵守和贯彻“爱的教育”这一原则，自己更是率先遵循和实施这条原则。他的“爱师如爱己，爱生如爱子，爱校如爱家”的思想和言行，在市西中学师生的脑海中留下深刻的印象。而这样的事例亦不胜枚举。

1993年10月29日，上海市市西中学名誉校长、民进上海市委顾问赵传家在上海因病去世，享年96岁。在长达半个多世纪的从教生涯中，赵传家把自己的毕生精力奉献给了祖国的教育事业，为国家、为社会培养和造就了一批又一批的栋梁之材。他在有生之年，不管处于何时，也不管处于何种境地，都始终以极大的热忱关注着教育事业的发展，关注着教育事业的进步。作为一个老教育家，他的严谨的作风和优秀的品格，他的执著追求和不懈奋斗的精神，都赢得世人的尊重和称道。数十年如一日的辛勤耕耘，他获得的是桃李芬芳，誉满天下。

捧着心来唯有爱

——记上海市位育中学名誉校长李楚材

立志从教

李楚材，1905年生于庆安一户略有几亩薄田的中农人家。因为头一胎就是个儿子，父亲望子成龙，让镇上的读书人为儿子起名“楚材”。李楚材在常熟鹿苑乡第三初等小学就读。由于家庭贫寒，拿不出第二年的学费，班主任得知后代他交清了学费，从此，年复一年，一直帮扶着李楚材成长，直到毕业。李楚材到晚年还念念不忘老师的这段助学情，经常向子女讲述。

李楚材16岁高等小学毕业，考进常熟县立师范学校，开始了他从事教育事业的第一步。两年师范毕业后，经人介绍来到上海的爱国女子中学小学部当教师。这所学校是我国教育家蔡元培创办的，曾掩护秋瑾、陶成章、徐锡麟等辛亥革命志士开展革命斗争，是一所具有光荣革命传统的学校，李楚材在这里度过初为人师的第一年。

师从行知

1926年冬到1927年春，人民教育家陶行知怀着改革乡村教育的强烈愿望，放弃大学教授的优裕生活，谢绝武昌高等师范（武汉大学的前身）和吉林大学校长的盛情邀请，到南京郊外劳山东侧的晓庄创办试验乡村师范学校，亲自培养训练乡村师资，开展乡村教育运动。

消息传开，有志于乡村教育的有为青年纷纷慕名前来报考，李楚材就是其中的一个。他任教的上海爱国女中的校长季通非常认同陶行知的做法，并于1927年2月18日，专门致函陶行知，推荐李楚材和季时贤两人前去报考。陶行知收到信很高兴，复函表示欢迎。李楚材不负季校长的厚望，顺利通过入学考试，成为晓庄师范陶行知最早十三名学生之一，也成为我国改革乡村教育的先行者。

1928年8月，李楚材经过一年半的学习熏陶，完成乡村师范教育。关于在晓庄的学习生活，李楚材在《破晓》一书中作了生动具体的描述。陶行知在为该书所写的序言中称"《破晓》是楚材在晓庄摸黑之自述"，也"是楚材和他的伙伴在晓庄所过生活之写真"。《破晓》一书一共收有三十多篇文章，写成于1928年12月前，1932年9月由上海儿童书局出版发行，1933年4月重版。该书是李楚材的第一本著作，也是人们研究李楚材、研究晓庄师范的重要资料。

实践湘湖

1928年8月，李楚材从晓庄试验乡村师范毕业后，先是与戴伯韬一起，被国立中央大学民众教育学院聘为民众文学和民众运动的指导员。不久，因要创办浙江省立乡村师范学校（亦即位于萧山的浙江省立湘湖师范学校），当时的第三大学区蒋梦麟校长和刘大白秘书长商请陶行知设计建立湘湖乡村师范，并请求推荐晓庄师范的毕业生来主持校务。李楚材等人被陶行知介绍到湘湖师范分别担任校长、主任和指导员。通过讨论，办学人员也明确了湘湖师范不能全盘晓庄化，而是必须从实际出发，有所创造。但是，湘湖师范还是努力发扬了晓庄的优点，李楚材等人经历了师生共同创校，共同建校，从无到有，从不完备到完备。由于师生同工、同学、同餐、同住，感情融洽，互相砥砺，因此民主气氛很浓。

在湘湖师范的教育工作中，李楚材等人认真贯彻教学做合一的原则，还经常采取集体自学和自由讨论相结合的方法，使学生不仅文化素养较高，而且有较强的实际教学能力，因此大大推动浙江地区的乡村教育。后来，李楚材还先后在宝山县立师范、上海爱国女子中学、中华职业教育社农学团、江苏省立黄渡师范、江苏省立无锡师范大中中学等校担任教务主任，十几年如一日孜孜不倦地坚持乡村教育。

创建位育

1943年春天，李楚材从大后方重庆返回上海。6月12日位育小学留沪校董蒉延芳、杨志雄、王志莘、姚惠泉、徐济华、刘星耀等人约请李楚材在香港路银行公会叙谈，决定成立位育中学。校董众口一词地说：“楚材兄办学的声望很好，唯有您来领衔了。”遂一致通过聘请李楚材担任校长，而且赋予全权，筹备建校。

位育中学开办时，可以说是一片空白，而且在沦陷区办学问题复杂，困难甚多。经过深思熟虑，李楚材石破天惊地推出五条指导性纲领，竟然要在如此恶劣的环境下开展学制改革实验。如不公开招生，主要招收位育小学的毕业生；实验五年一贯制，不分高初中；中学阶段缩短一年等都是前无师承，外无借鉴，一切都要靠李楚材自己摸索。

位育中学开办后，李楚材在教学方法上重视启发学生独立思考和独立工作能力，注重预习、提问、练习、实验，要求教师在课前适当指定预习的段落或自学的问题，并写实验报告。李楚材不仅重视教学工作，还十分重视优良学风的形成。他摸索出规律，逐年发展，逐年完善，因此三年后位育中学的教育质量已经享誉沪上。

民进情缘

李楚材与民进组织的关系是源远流长的。早在20世纪20年代，他就熟悉民进创始人马叙伦、周建人的大名，知道他们都是中国有成就有创见的学者，也是斗士。李楚材对马叙伦在解放前坚定不移地与国民党反动政府进行斗争深为钦佩。他说：“马老是民进领导人，在各种集会上，常常仗义执言，反对独裁，争取民主；反对内战，争取和平。”特别是1946年，马叙伦率领上海人民团体代表团赴南京向国民党政府请愿和平，在下关被殴打受伤一事，李楚材印象很深，对马叙伦的民主爱国精神非常佩服。1947年，马叙伦的寓所正好在上海襄阳路，与位育中学相距甚近。因此，马叙伦的幼女在位育读书。马叙伦作为学生的家长，曾与李楚材相识并有多次书信往来。

上海解放后，民进上海分会负责人吴若安组织上海中小学校长座谈会。位育中学校长李楚材和中西女中校长薛正、清心女中校长张蓉贞、裨文女中校长王佩贞等都前来参加。通过学习，他们对党的统一战线有了了解，对民进组织的性质、任务、作用也有了认识。1952年李楚材在吴若安介绍下，加入中国民主促进会。

参加民进后，李楚材积极参加各项组织活动，在其推动下，位育中学建立了民进支部，团结了一大批教师。由于他在上海教育界享有盛名，而且对民进工作十分重视，1957年他被选为民进第五届上海市委委员，次年任常委。组织决定推荐他为民进上海市委文教处副主任，不久改任宣传处副主任，与周煦良主任共同负责民进宣传重任，民进上海市委出版的《民进沪讯》大多由他审稿，重要稿件都由他一丝不苟地修改。他热爱组织，尊重领导，深深佩服吴若安主委，极力协助她开展工作。1980年，他被推选为民进上海市委副主委，更是不遗余力地协助主委搞好民进工作。吴若安参加会议和各项活动的重要讲稿、文稿，他总是认真审读，尽力修改，使民进在民主党派工作中有着良好的影响。

每逢节假日，李楚材还经常邀请同为中学校长又是民进中人的薛正、段力佩、赵传家等人到襄阳路的老式公寓房里相聚。每次都是由他的夫人亲手炒几个家乡菜，温些老酒，几个人围坐在方桌旁边吃边谈。他们交流学校教育中出现的现象，议论推进学校管理中的热点问题，商讨如何改进提高的有效方法。他们都带着问题来，并想在讨论中找答案，因此议论非常热烈，常常放下筷子，谈得酒菜凉了热、热了又凉。但他们都从议论中悟到真谛，使得位育中学的五年一贯制学制改革、育才中学的“十六字”教法改革和市三女中的女子教育闻名遐迩。

李楚材自从1958年起任民进上海市委员会第五、六、七、八、九届常委，第八、九届副主任委员，第十、十一、十二届名誉副主委，第六、七届民进中央委员，第二、三届民进中央参议委员会委员。他是上海市第一至四届人大代表，第一届市政协委员，第三至七届市政协常委。几十年来，李楚材以一个民主党派成员，在其一生始终拥护党的领导，与党同心同德，积极参政议政，与党风雨同舟，为坚持和完善中国共产党的多党合作和政治协商制度做了许多工作。

夕阳美好

1984年，李楚材在被调离位育中学二十年后，上海市人民政府任命他为位育中学名誉校长。他笔耕不止，1981年到1998年先后在《行知研究》《浙江陶研通讯》《文史资料选辑》（上海）《金陵陶研》《上海政协报》等报刊上发表许多研究陶行知教育思想的论著。还出版《陶行知和儿童文学》《教会教育——帝国主义侵略中国教育史资料》等著作。除了坚持对陶行知教育思想的研究外，他依然关注当代的教育改革和发展，每当对教育有所感受、有所见闻、有所思考时，无论是鼓励创新，积极建议，还是针砭时弊，防患未然，即在《新民晚报》《文汇报》等各种报纸杂志上撰文赋诗。1993年，上海市中小学幼儿教师奖励基金会将李楚材的98篇文章19万字收集在《教育小品》一书内，由上海教育出版社结集出版，引起上海普教界的高度关注。

1998年4月22日，李楚材走完了他九十三年的人生。陈铁迪、王力平、沙麟、王生洪、陶人观、邓伟志等600多人出席他的追悼会。2005年11月，民进上海市委教育委员会和上海市位育中学联合举办“李楚材先生诞辰一百周年纪念会”。民进上海市委专职副主委王慧敏、上海市教育委员会李骏修、位育中学校长任博生、徐汇区政协原主席朱家泽、陶行知研究会副会长金林祥，及其子女、校友和教师代表出席会议并讲话。

为了纪念李楚材的功绩和办学精神，位育中学已在校园里竖立起李楚材的铜像。李楚材可以心满意足地看着他辛勤创办，精心管理的位育中学，在教育现代化的康庄大道上勇往直前了。

第二章 民进上海市委（分会）现任、历任主任委员（主任理事）

第一节 民进上海市（分会）第一届至第十二届委员会（理事会）主任委员（主任理事）

民进上海地方组织自成立以来，在历届领导班子的带领下，为上海的社会主义建设和统战事业、为上海民进事业的开创和发展作出了重要的贡献。这些领导班子的主任委员或主任理事的民进履历和社会活动、生平思想和专业成就，都是上海民进重要的历史资料和宝贵精神财富，都是民进优良传统的体现。其中谢仁冰、赵朴初是民进的发起人之一，吴若安、赵宪初、刘恒椽是上海民进的优秀典范。几十年来，他们的道德情操和高尚风范，像火炬一样，始终照耀着我们前进的方向，始终鼓舞我们坚持在正道上行，始终鼓舞我们与中国共产党风雨同舟，肝胆相照，亲密合作。

一片冰心在民进

——记民进上海市分会第一届、二届理事会主任理事谢仁冰[①]

谢仁冰，又名冰，江苏武进人，中国杰出外交家章汉夫（谢启泰）的父亲。

早年参与抗日救亡

谢仁冰自幼聪明过人，14岁应童子试中秀才，后又中举人。早年在教会学校震旦公学读书时，即向往民主革命。1910年，他在马相伯领导下反对帝国主义利用天主教压迫学生，率众脱离震旦公学转学北京京师大学堂译学馆攻读英国文学。毕业后，1913年起在北京教育部任科员、佥事、司长等职。在这期间，他曾与鲁迅共事，深受鲁迅影响。之后历任江苏司法厅秘书、关务署主任秘书，清华大学、北京大学、法政专门学校、北京师范学校、中华大学、沪江大学等校讲师及教授。

1905年8月20日，黄兴、章炳麟、宋教仁、汪精卫、蔡元培、秋瑾等众多革命志士以及各省代表和留日学生近百人齐聚日本东京某会所，成立中国革命同盟会，并提出“驱除鞑虏，恢复中华，创建民国，平均地权”的口号，谢仁冰也参加这次大会。

1923年，谢仁冰作为中国代表出席在华盛顿举行的万国教育会议。谢仁冰博学多才，工作经常变动，但他都能胜任。在北京，他还担任过《唯一日报》的主笔、交通部资议等职。

抗日战争期间，上海成了沦陷区，谢仁冰把家属安置在四川，自己留在上

① 民进上海市分会第二届理事会从1950年8月至1953年4月。谢仁冰于1952年1月27日逝世后，由赵朴初任代理主任理事。

海，与中国共产党的地下组织联系，为革命奔走。1931年，“九一八”事变后，谢仁冰参加抗日宣传工作。上海工商界进步民主人士王绍鏊、陈巳生、刘树梅、张纪元等经常在谢家中秘密聚会，商谈抗日救国之道。1944年，谢仁冰与王绍鏊、曹鸿翥、冯少山等组织“二酉社”，团结进步人士，进行抗日反蒋工作。

民进早期两股力量的纽带

抗战胜利后，谢仁冰介绍上海文化界代表马叙伦与王绍鏊相识。就这样，上海的文化教育界、新闻出版界的爱国民主力量和工商界的爱国民主力量紧密地团结在一起，开始协同作战。马叙伦和王绍鏊首次见面是在北京西路广和居的楼上。马叙伦方面有郑振铎、傅雷、唐弢等，王绍鏊方面有谢仁冰、林汉达、张纪元等。以后聚会人员逐渐扩大，许广平、周建人、赵朴初、徐伯昕、柯灵、梅达君、李平心、曹鸿翥、刘哲民、冯少山等先后加入，地点也从广和居移到八仙桥青年会礼堂。他们不仅一起座谈时局，而且开始携手联合战斗。

他们利用《周报》《民主》《文汇报》等阵地，联合发表文章，申明共同的政治主张。在以《民主》编者名义发表的《我们的主张和态度》一文中，他们大声疾呼“和平奋斗救中国”，并提出实现民主政治、制止内战、平抑物价、惩处汉奸等五项政治要求，在社会上产生了很大的影响。1945年11月，美国总统杜鲁门任命陆军总参谋长马歇尔为总统特使到中国，以“调解国共军事冲突”为名帮助国民党部署内战。12月中旬，当马歇尔来上海时， 马叙伦、王绍鏊、谢仁冰以及文化界其他爱国知名人士共61人联合发表《给美国人民的公开信》，呼吁美国人民反对美国政府的对华政策，希望他们“给我们以高尚的同情和援助，让我们制止内战，实现民主政治，克服目前的危急的难关”。这封信在当时社会各界引起强烈反响。

为了便于长期共同战斗，马叙伦、王绍鏊等决定成立一个以促进民主政治的实现为宗旨的政治组织。于是，1945年12月30日，中国民主促进会在上海爱麦虞限路中国科学社（现陕西南路325号黄浦区明复图书馆）宣告成立，谢仁冰任第一届理事会理事。民进在民主革命时期最初的政治纲领和政治主张是结束一党专政，还政于民，立即停止内战，保障人民自由权利等。在这期间，谢仁冰积极参加上海人民团体联合会进行的各种群众运动，如：反对“警管区”运动，保障人权运动等。1946年下关事件后，马叙伦、王绍鏊等被迫离沪，民进上海会务由谢仁冰主持。1947年5月，随着人民解放战争的不断胜利，国民党统治区的经济、政治、教育危机日益严重，开封和南京、上海、北平等国民党统治区60多个大中城市爆发了“反饥饿、反内战、反迫害”的爱国民主运动，学生罢课、工人罢工，群众请愿、上街游行，其声势之浩大，为中国现代史上所罕见。谢仁冰等民进会员和其他爱国志士一起进行不屈不挠的斗争。

参与国家事务

1948年1月，谢仁冰由陈叔通介绍进商务印书馆工作。商务印书馆1897年成立于上海，是中国历史最悠久的现代出版机构，它的创立标志着中国近现代出版业的开始。直至1952年，谢仁冰先后担任商务印书馆协理、编辑、襄理、经理兼代编审部部长、总管理处经理等。上海解放前夕，谢仁冰接受中国共产党的指示，尽力保护商务印书馆的财产，使人民政府有关部门得以完整接管。

1949年5月上海解放后，谢仁冰先后担任华东军政委员会委员，苏南行署委员，上海市第一、二届各界人民代表会议协商委员会常委，上海市人民政府监察委员会委员，民进第三届中央理事会理事，民盟第一届中央候补委员等。

从1949年6月起，谢仁冰先后担任民进上海市分会第一届和第二届理事会主任理事，为民进上海分会早期的建设与发展做了大量的工作。

1952年1月27日，谢仁冰作为上海书业同业公会主任在该公会做“五反”动员报告时，突发脑溢血去世，终年69岁。上海市市长陈毅参加谢仁冰的追悼会。

“国宝”赵朴初

——记民进第九届、十届中央委员会名誉主席、民进上海市分会第三届理事会主任理事赵朴初

赵朴初先生是卓越的佛教界领袖、杰出的书法家，著名的社会活动家与爱国主义者。他一生追求进步、探索真理，孜孜以求，矢志不移，在近七十年的漫长岁月中，与中国共产党风雨同舟，亲密合作，为中国人民解放事业和社会主义建设事业，为造福社会、振兴中华，作出了不可替代的卓越贡献。赵朴初是我国佛教界卓越的领导者。他集佛学理论、文学和书法艺术于一身，造诣颇深，堪称一代宗师。

赵朴初作为佛教领袖的风范，在北京这一当代中国首善之地发挥得淋漓尽致，培育他深厚中国文化底蕴的是徽州文风，而繁华而又开放的上海都市土壤，则造就了他一代政治家的气质。他由上海踏上事业之路，在上海接受佛学熏陶，又长期在上海从事社会活动，参与创立中国民主促进会，以及创立上海市佛教协会。最终，赵朴初的骨灰也撒在了东海之滨的都市上海的吴淞口海面上，其英魂与上海这一东方都市共存相伴。

赵朴初与上海有不解之缘，他在上海的活动以及主要贡献当然表现于佛教界。同时，他的睿智才华和古道热肠，还突出地表现在积极投身抗日救亡运动，热心开展社会慈善事业等方面。

侠肝孤胆奋起抗日救亡

赵朴初，1907年11月5日生于安庆市太湖县望天乡（现并入北中镇改为望天村）。1911年随父母迁回老家太湖县寺前河居住。早年因学习勤奋被保送直接进入苏州东吴大学。早在大革命时期，赵朴初亲眼目睹在封建地主的残酷剥削下广大农民蒙受苦难，在帝国主义的野蛮侵略下中华民族备受欺凌，从而立下救国救民的远大抱负。

1928年后，先后任上海江浙佛教联合会秘书，上海佛教界护国和平会秘书，“佛教净业社”社长。

1937年“七七”事变后，赵朴初作为中国佛教协会主任秘书（相当于秘书长），还担任上海慈善团体联合救灾会常务委员，常到四马路（今福州路）云南路（今云南中路）口的仁济善堂办公。上海“八一三”淞沪战争爆发的第二天，闹市中心大世界门前落下一颗炸弹，一时人心惶惶，千余名难民拥挤到西藏路基督教慕尔堂（今沐恩堂）门前。此时的上海市社会局人员早已逃之夭夭、不见人影。上海佛教界护国和平会秘书赵朴初和吴大琨（曾任全国救国会宣传部总干事）等人，就将难民带到宁波同乡会安置。赵朴初执一面红十字小旗冒着流弹危险走在队伍最前面，从云南路转到西藏路一直朝北，路上流弹不时飞过，胆小的难民哭叫不断，他一路喊：“跟我们走！”吴大琨则走在队伍后面。到了宁波同乡会，不料铁门紧闭空无一人。一名租界巡捕为赵朴初的精神所感动，越墙打开铁门，让难民进入。难民感恩戴德，称赵朴初、吴大琨是菩萨再世。8月15日，上海报童纷纷叫卖：“看报！看报！赵朴初菩萨再世，侠肝孤胆护难民！”

上海沦陷后，赵朴初积极进行抗日救亡宣传活动，除了救济和安置上海难民，并千方百计地组织妇女支前以及动员和掩护300多名青壮年奔赴前线作战。他积极与上海中共地下党组织取得联系，打通了与新四军的关系，克服重重困难，陆续分批把经过培训的千余名中青年难民，送往新四军苏南、苏北等地和皖南新四军总部，参加抗战。烈士张太雷的女儿张西雷，当年正是赵朴初历尽千难万阻送到新四军的妇女中的一员。赵朴初的相助使她能够继承父亲遗志，投身抗日战场继续自己的革命事业。

新四军在日军和伪顽的双重封锁下，缺医少药，医疗工作十分困难，通讯器材也十分缺乏，赵朴初多方筹措通讯器材和医疗器械与药品，源源不断地送往新四军前线，正是在赵朴初这批救命物品的帮助下，不少伤病员的生命得到挽救，伤愈后回到部队，增强了部队的战斗力。同时，通讯器械也使部队的通讯联络工作得以恢复和发展，分散的部队和根据地终于又能紧密地联系起来。赵朴初当时的壮举对于处于敌后的新四军部队来说，真可谓“雪中送炭”！

“八一三”淞沪战役期间，宋希濂三十六师伤亡惨重。圆瑛法师和赵朴初以“上海佛教界护国和平会”名义组织上海僧侣救护队开赴吴淞前线，抢救伤员。赵朴初自己也上前线，帮助抢救伤员。与此同时，赵朴初将他收容的一百多个报名上前线的青壮年难民，送到三十六师。

1937年11月12日，淞沪全部沦陷，在圆瑛、赵朴初等领导下，几十个难民收容所陆续收容了难民五十万人。

1938年，赵朴初先后任上海文化界救亡协会理事，中国佛教协会秘书、主任秘书，上海慈联救济战区难民委员会常委兼收容股主任，上海净业流浪儿童教养院副院长，上海少年村村长。赵朴初和胡愈之、许广平、吴耀宗、陈巳生、雷洁琼、严景耀、吴大琨、萧宗俊等创办了职业界抗日救亡组织——上海益友社，赵朴初担任理事长。益友社也是大家交友的场所，每来新人，赵朴初均一一介绍，他尊敬年岁大的人，即在姓名后，去掉末尾一个字，换成某某老，别人便以此法称他：“这是赵朴老。”大家一听都笑了，因为赵朴初才31岁呀！此后，赵朴初有了新称呼——“赵朴老”。

赵朴初后又参加胡愈之、吴耀宗等人在八仙桥青年会成立的“星二聚餐会”及其核心组织“星六聚餐会”，参加者有教育文化、新闻出版、工商金融、海关、工部局和宗教救济各界人士郑振铎、许广平、王任叔、沈体兰、雷洁琼等，他们利用聚餐的形式，讨论分析时局，宣传抗日主张，团结爱国人士，开展秘密斗争。

参与组建民进迎接解放

抗战胜利后，赵朴初痛恨国民党反动独裁的黑暗统治，积极参加争取民主、反对内战、解救民众的爱国民主运动。

1945年12月30日，赵朴初与马叙伦、王绍鏊、林汉达、周建人、雷洁琼等26

人在上海爱麦虞限路中国科学社（现陕西南路235号黄浦区明复图书馆），成立以“发扬民主精神，推进中国民主政治之实现”为宗旨的政党——中国民主促进会。此后，赵朴初历任民进上海分会副主任理事、主任理事，民进上海市委主委，民进中央委员、常委、副主席，民进中央参议委员会主席，是中国民主促进会德高望重的领导人。

1945年12月1日，云南昆明发生反内战、争民主的爱国运动，遭到国民党反动派的镇压，造成死4人、伤60多人的“一二・一”惨案。上海爱国人士准备为死者举行悼念活动，但当局不准许，赵朴初等人就建议在玉佛寺以佛教徒超度亡灵形式进行悼念。1946年1月13日，上海各界人士万余人，在玉佛寺公祭昆明“一二・一”惨案中的死难烈士。主祭团由宋庆龄、柳亚子、马叙伦、沙千里、郑振铎、许广平、金仲华七人组成。会后，与会人士上街游行示威。此次活动影响很大，赵朴初全程参与其间并做了很多工作。

1946年后，赵朴初任上海安通运输公司、上海华通运输公司常务董事、总经理。6月，随着蒋介石反动面目的更加暴露和上海和平民主运动的高涨。民进同上海四十几个人民团体在中共地下组织的领导下，组成上海人民团体联合会。6月23日，上海10万余名群众、各界知名人士集会，决定推派代表赴南京，向国、共和马歇尔三方面呼吁和平。而集会当天，赵朴初和陈巳生安排安通、华通运输公司的汽车也参与游行活动。

1946年，王若飞因飞机失事牺牲，李公朴、闻一多被暗杀，国民党当局不准悼念，赵朴初则安排相应仪式在玉佛寺公祭。

1947年，根据中共中央的安排，赵朴初设法把许广平等一批爱国人士送往香港。

1949年4月，解放军以破竹之势打过长江。5月2日，上海地下党发动上海各界人士成立 “上海临时联合救济委员会”，赵朴初任总干事。主要对贫民供给饮食，维持治安，收容战区难民，并对国民党扔下的伤兵及散兵游勇予以收容管理。由于赵朴初工作出色，宋庆龄曾亲笔写信给他，予以勉励。在这期间，他经常和上海经济合作总署工作的美国友人谭宁邦打交道，引进国际援助的物资，并将物资分别送到解放区和上海去救济难民。

上海许多知名人士由于对中国共产党的政策缺乏了解，何去何从犹豫不决。赵朴初想方设法向他们宣传党的政策。5月2日，他专程来到圆明讲堂，向圆瑛法师介绍中国共产党的宗教政策，更加坚定了大师的留意。同日，他组织上海佛教徒举行座谈会，迎接上海的解放。在赵朴初的领导下，少年村的同学学会了扭秧歌，唱革命歌曲《解放区的天》，上街贴标语，演话报剧等进行宣传工作，并参加上海市人民纠察队和上海市人民宣传队，帮助军管会在大场机场周围的贫民中进行调查和发放救济粮，维护社会治安。

5月27日，上海解放。赵朴初、陈巳生等上海民进会员，于当天发表《告全市人民书》，庆祝上海解放，号召全体市民做好慰劳人民解放军、救护伤病员、检举潜伏特务、防止反动分子破坏捣乱工作。6月1日，上海民进会员在大世界红棉酒家召开第一次会员联欢大会。据赵朴初晚年回忆说："上海解放，我们的工作由秘密转向公开，天天忙得连饭也顾不上吃，事情总是做不完，重点是接收和救济。"

9月初，赵朴初同吴耀宗、邓裕志、张雪岩、马坚、巨赞、赵紫宸、刘良模（候补）等8人作为爱国宗教界代表，赴京参加中国人民政治协商会议第一届全体会议，参与商讨建国大事。6日，赵朴初与张元济、茅以升、盛丕华、蒉延芳、袁雪芬等上海代表启程，8日抵京，住北京饭店。由于赵朴初从20岁的时候就开始吃素，生活极其简朴，他对夫人说："我参加政协会，只好吃肉边菜了。"在饭店就餐时，当赵朴初在签到簿上写下自己的名字时，工作人员认出了他，并请他进入素席就坐。原来，周总理早就考虑到他，特意为他安排了素席，这让赵朴初非常感动。

9月21日，赵朴初出席在中南海怀仁堂召开的中国人民政治协商会议第一届全体会议开幕式。10月1日下午，赵朴初参加在天安门城楼上举行的开国大典。面对崭新的中华人民共和国，赵朴初曾和了一首毛主席的《浣溪纱》，表达心中的激动之情："铜鼓芦笙响彻天，轻裾长袖舞翩跹，歌声齐唱大团圆。民德如今敦友爱，军威海外又喧阗，五星旗指万夫前。"

"国家宝贝"也懂得辩证法

1951年夏末秋初，赵朴初时任华东民政部、人事部副部长和上海市人民政府政法委员会副主任，并负责华东生产救灾委员会的工作。有一天，邓小平、陈毅向赵朴初问及社会救济方面的情况，他告之上海现有游民60万。在解放军的帮助下，赵朴初觅地建棚安置，给游民衣服、粮食，对他们进行教育，使他们成为自食其力的劳动者。

赵朴初和华东民政部刘宠光部长一起，到山东、安徽进行调查研究分配救灾物资一事。由于灾情最严重的是皖北，因饿、病而死者，光皖北就有千余人，遭洪水死伤者达两千余人。不久，华东军政委员会生产救灾委员会和中央同意了刘宠光、赵朴初提出的分配救灾比例。1951年年底，中央人民政府在国家机关中开展“反贪污、反浪费、反官僚主义”的三反运动。由于赵朴初曾经手巨额捐款和救济物资，他被列为重点核查对象。运动开始后，报刊上不断刊登挖出贪污分子和经济犯罪分子的消息。有人猜，赵朴初一定是只“大老虎”。也有个别当事人不了解政策，胆战心惊，乱讲乱咬，结果既害别人，也害自己。赵朴初以平常心对待这场运动，经过严格审查结论，赵经手的巨额款项和物资，来龙去脉笔笔清楚，无一糊涂账。周恩来知道后十分高兴地称赞道：“赵朴初是国家的宝贝啊！”（《民主人士在黄浦》，黄浦区政协学习和文化资料委员会编）从此，赵朴初有了“国宝”的说法。

据中国作家协会会员朱洪先生在《赵朴初传》中写道：1958年6月30日，中国佛教协会副会长赵朴初陪同毛泽东会胡达法师率领的柬埔寨佛教代表团。毛泽东一边等待客人，一边兴致勃勃地和赵朴初聊天。他们早就认识，但单独聊天还是第一次。毛泽东以开玩笑的口吻问：“佛经里有些语言很奇怪，佛说第一波罗蜜，即非第一波罗蜜，是名第一波罗蜜。佛说赵朴初，即非赵朴初，是名赵朴初。先肯定，再否定，再来一个否定的否定，是不是？”

赵朴初喜欢研究佛法般若，在全部佛经中，《金刚经》是精华。而“佛说”“即非”“是名”是《金刚经》的主题，它解答了“降伏其心”的菩萨心行的关键，历来为中国佛教徒所重视。赵朴初发现其中有很多辩证的哲理和辩证方法，如老子说“道可道，非常道”，就与禅有一致性；他甚至认为黑格尔的辩证法与佛教存在某种关系。这回，毛主席说起辩证的否定，赵朴初并不完全同意毛泽东的话。他认为，自己可不是“非”赵朴初和“名”赵朴初，而是实实在在的赵朴初。所以，他笑着回答说：“不是。是同时肯定又同时否定。”

赵朴初的回答却给毛泽东留下了很深的印象，点头说道：“看来你们佛教还真有些辩证法的味道……”（《民主人士在黄浦》，黄浦区政协学习和文化资料委员会编）正谈在兴头上，因客人到了，两人的谈话因此打断。毛泽东后来曾指着赵朴初对旁人说："这个和尚懂得辩证法。"

赵朴初曾在民进上海市分会第二届理事会代理主任理事，第三届理事会主任理事。曾任上海市政协委员、常委、上海市人大代表。历任第一、二、三、四、五届全国人大代表，第一、二、三届全国政协委员，第四、五届全国政协常委，第六、七、八、九届全国政协副主席。1980年后，赵朴初任中国佛教协会会长，中国佛学院院长，中国藏语系高级佛学院顾问，中国宗教和平委员会主席，中国书法家协会副主席。

2000年5月21日，赵朴初因病在北京逝世，享年93岁。先生灵塔位于杭州北高峰北麓法华寺。

赵朴初一生踏踏实实做人，安安心心做事，对国家、对人民、对自己都可称无愧无憾。而他志高意远，宁静淡泊的人品，更是从他的遗偈中得到充分的体现："生固欣然，死亦无憾，花落花开，水流不断，魂兮无我，谁欤安息，明月清风，不劳寻觅……"

赵朴初生前常说的一句话是："盛世来之不易，我们要倍加珍惜。"他的爱国主义精神，他的孜孜不倦追求真理的精神，他的豁达大度、清正廉洁的高尚品德，永远值得后人学习。

肝胆一片心自安

——记民进上海市第四届至第九届主委、上海市教育局原副局长吴若安

吴若安，原名杏宝，江苏金山（今属上海市）人。父亲早逝，由叔父抚养长大。年轻时仰慕法国女革命家若安（贞德），改名若安，借以自勉。

参与创办南洋女子师范学校

1903年，吴若安进入上海务本女塾小学部求学，由于成绩优良，连续跳级，毕业后进中学部继续学业。1911年毕业后留校任教，开始从事教育工作。半年后，去苏州景海女校进修英语、中文修辞学、历史等学科。由于不满校方对女学生种种限制，愤然离校。翌年返沪，参与创办南洋女子师范学校（后改为南洋女子中学），担任英语、地理教员，兼任同济大学预科班英语教师。其间，她受辛亥革命影响，参加解放妇女的活动，并立志以发展中国女子教育作为终身奋斗目标。1937年任南洋女子中学校长，直至1949年上海解放。任职南洋女中校长期间，吴若安制定学校各项规章制度，严格要求学生，形成良好的校风。吴若安重视修身课，要求学生除学好文化课外，注意家政实习，以培养学生勤俭的品德。

吴若安一贯追求进步，早在青年时代，就仰慕诸多近代中外女革命家，在南洋女子师范学校任职期间立下了“教育救国”之志。抗日战争爆发后，上海沦陷，在日伪统治下，她坚持继续办学，保持民族气节，发扬爱国精神。她拒绝出

席日伪召开的会议和执行日伪的放假规定，并开展为前线抗日战士、为难民募捐活动。她安排教师讲授文天祥的《正气歌》，并重点讲周敦颐的《爱莲说》，赞美莲花出淤泥而不染的高贵品质，以激励学生与敌伪势力作斗争。她引导学生在美术课上画松、竹、梅“岁寒三友”，以陶冶学生坚贞不屈的情操。

积极投入爱国民主活动

抗战胜利后，吴若安接受中共地下组织的教育，参加中共的一些外围组织，积极投入各项爱国民主活动。1946年起，她先后担任上海市中等教育研究会理事、上海市小学教师联合进修会理事、校长互助会主席和上海教联主席。在中共地下组织的领导下，吴若安通过消费合作社对教职工平价供应生活必需品，协助中共组织团结广大教职工，与国民党反动派展开斗争。1948年6月，上海教职员工到市教育局请愿，连续斗争两天后，中共地下组织根据当时形势，决定由吴若安等出面调处，使问题得以解决。吴若安在校内关心和支持进步师生参加“反饥饿、反迫害”的爱国民主运动，拒绝国民党特务查阅师生名单，帮助进步师生外出隐蔽，保护了一部分革命力量。

继续为教育事业作贡献

上海解放后，吴若安响应中共和人民政府的号召，努力完成各项任务。1949年8月，年已花甲的吴若安接受上海市人民政府教育局任命，担任上海民立女子中学校长，继续为教育事业作贡献。她积极整顿学风，强调“治校必须从严，女子要品学兼优，有真才实学，方能与男子一样为社会作出贡献”。她重视师资队伍建设，为提高教育质量创造条件，聘请优秀教师来校执教，辞退个别不称职教师。经励精图治，民立女中终于进入先进学校行列，改公办后，被市教育局定为重点学校。1956年，吴若安调任市教育局副局长，分管学校卫生、体育以及盲、聋、哑学校的教育工作。她不顾年迈，经常深入教育第一线检查指导工作。吴若安在市教育局工作了整整十年，直到“文化大革命”来临，她才离开市教育局副局长的工作岗位。

1951年6月，吴若安加入中国民主促进会，她的介绍人是上海民进组织的领导人谢仁冰和她的外甥女陈国容。吴若安参加民进后，即被推选为民进上海市分会理事；1953年被推选为民进上海市分会副主任理事。1956年，民进上海市分会改称为民进上海市委员会，吴若安被推选为主任委员，是民进上海市委也是上海市八个民主党派中第一位女性主任委员。1958年，吴若安被推选为民进第五届中央常务委员会委员。1979年以后，历任民进中央第六、第七届委员会副主席，民进中央第一届参议委员会副主席，民进上海市第四至第九届委员会主任委员、第十届委员会名誉主任委员。

1980年1月，民进上海市第四次代表大会在上海展览中心召开。这次大会是在民进停止活动达十几年之久，特别是在全国工作重心转移到社会主义现代化建设上来的历史时刻召开的。会上，吴若安代表民进上海市第七届委员会作了题为《在党的领导下继续奋勇前进》的工作报告。

随着形势的迅速发展，统战工作的任务日益繁重，时已年近百岁的吴若安深感体力日衰，力不从心。在1988年5月召开的民进上海市第六次代表大会上，吴若安正式提出辞去民进上海市委主任委员的请求，获大会同意。

吴若安是上海妇女进入上海市市级领导层的第一人。1964年，她任第四届市政协副主席，并先后担任第一至第六届全国人大代表，第三、四、五、七、八届市人大代表，第七、八届市人大常委会副主任，第四、五届市政协副主席，中国红十字会上海分会名誉会长。

1990年6月10日，吴若安因病在上海去世，享年101岁。

2006年10月21日，为纪念吴若安，上海市第十中学（原民立女中）百年盛典之际，举行了吴若安铜像落成揭幕仪式。民进中央主席许嘉璐为吴若安铜像题词，民进中央副主席、上海市副市长、民进上海市委主委严隽琪为吴若安铜像揭幕并讲话。

吴若安历经清朝、民国、中华人民共和国三个时期，从一个普通的知识分子转变为坚定地跟着中国共产党走社会主义道路的知识分子。

吴若安为中国教育事业奋斗了几十年，为新中国的诞生，同反动势力进行过艰苦的斗争；为中国社会主义建设事业，勤奋努力、始终不懈。她常以“吾侪虽益老，报国不后人”自勉，充分表现出她的坚贞不渝的爱国主义精神。

一代宗师　风范长存

——记民进上海市第十届委员会主委、上海市南洋模范中学名誉校长赵宪初[①]

赵宪初是德高望重的老教育家。毕生致力于人民教育事业，在南模这块教育园地辛勤耕耘了整整七十年，为祖国培养了无数人才，桃李满天下，为“科教兴国”作出巨大贡献。赵宪初勇于探索，严谨治学，形成自己独到的教学风格，被誉为“赵三角”，是上海市第一批特级教师，为教育界公认的“一代名师”。

毕生从教

赵宪初出生于著名的江南鱼米之乡——浙江省嘉善县西塘镇。他的家庭是一个教师世家。其父亲是教师，在嘉善教育界是新式教育的前辈，六个子女中四人当教师。1928年，赵宪初毕业于交通大学电机工程学院。在此前一年，交通大学决定撤销附属小学，改为私立南洋模范中小学，原来的校长沈叔达已辞职，由沈同一任校长。沈同一是赵宪初读书时的老师，知道他功课很好，得知赵宪初从交通大学毕业就请他去做教师。赵宪初认为，当教师自己大概还是能胜任的，就答

① 民进上海市第十届委员会从1988年5月至1992年6月。赵宪初于1990年6月辞去主委职务，刘恒椽于1990年6月接任主委。

应了。暑假里他收到沈同一校长的聘书，要他担任初二、初三的数学和英文课，每周共18课时。从此，赵宪初就成了一名中学教师，在南洋模范中学一干就是七十年，南模成为他一生工作的唯一单位。用赵宪初的话来说："我把一生许愿给了南模。"

开始时，他担任初二初三的数学并兼一部分英语，数学用的是外文课本。他上课口齿比较清楚，因此一开始就得到学生的欢迎。沈同一校长对他也相当信任，并于1931年要他担任教务主任。从此以后他就一直担任南模的教务主任，成为南模的重要骨干。1949年上海解放后，赵宪初任副教导主任。1956年起担任副校长，并被评为中学特级教师。1963年被评为上海市超级教师。1978年被评为上海市第一批特级教师。1979年任校长。1984年10月，上海市人民政府任命赵宪初为南洋模范中学名誉校长。这是上海的第一批名誉校长，共8人。1985年起担任南洋模范中学校友会会长。尽管他也担任过徐汇区副区长，市政协副主席，民进上海市委主任委员，不管地位发生多大变化，从来没有离开过南洋模范中学。赵宪初在南模中学这块教育园地上默默地勤勤恳恳地耕耘了七十年，为国家培育了一代又一代的优秀人才，真可谓桃李满天下，不愧为一代名师，育人的模范。

办学有方

赵宪初作为一名既长期从事教育管理又具有丰富教学经验的老教育家，他的办学指导思想是十分明确的。

赵宪初在《我的办学观》一文中阐明他的办学指导思想。他认为："办学的指导思想，或者叫做办学的宗旨和目的，应该是提高全体人民的文化素质，培养各方面、各层次的为社会主义祖国服务的人才。"

20世纪80年代末90年代初，我国提出并开展素质教育，其实，赵宪初早就是素质教育的倡导者和实践者。赵宪初一再明确地指出：教育的目的是提高人民的素质。人民的素质，主要包括三个方面：一是道德素质，二是文化素质，三是体育素质。他还进一步把这一目的区分为做人与成才两个层次。

赵宪初不但大力倡导素质教育，而且身体力行地实施素质教育。赵宪初教的数学能使学生终身不忘，许多已是耄耋之年的老校友，回忆起赵宪初时都提到了这一点，很多人至今尚能吟唱赵宪初创作的一元二次方程求根公式和三角公式歌。南洋模范中学在赵宪初的影响下，积极实施素质教育，开展人格教育，对“勤俭敬信”的校训赋予新的涵义和时代精神。现在南模要求教师既传学问之道，更传做人之道；既授课堂学业，更投立身基业；既解攻书之惑，更解成长之惑。做到人人育人，事事育人，处处育人。南模的素质教育终于结出累累硕果，历届校友中有数十位两院院士，在全国的中学中是名列前茅的。

在推动教育改革方面，赵宪初针对教育中存在的问题，开出自己的“八字”处方，那就是：博学、多能、少背、易考。在治校方面，赵宪初指出：校风由三方面组成，一是领导的作风，二是教师的教风，三是广大学生的学风和生活作风。后来，他把这个观念融入实践，将南洋模范中学的校风总结为“四实”：学业扎实，工作踏实，生活朴实，身体结实。在培养师德方面，赵宪初提出“德为师之本”，“学高为师，身正为范”，他认为：教育工作是培养和造就人才的崇高事业。教师首先要抱有为社会育才、为国家育才、为人类育才的远大志向；其次要有丰富的专业知识和应用技能；还要有以身作则的精神，一言一行，能做学生的表率。在学生培养方面，赵宪初十分重视“双基”（即基础知识和基本技能）为本，提出因材施教，并提倡寓教于乐。

作为一名教师，赵宪初有很深的数学教学造诣，他不断钻研教学艺术，形成自己的教学风格。他教三角是一绝，是“一只鼎”，被誉为“赵三角”。1949届校友回忆说：“赵宪初老师可以说是我阅读英文教科书的启蒙老师。在高中一年级时，赵宪初教我们三角和立体几何，用的是英文教材。一边教数学，一边教英文，而且讲课相当风趣。”他曾经的学生都说，他的课让人记忆犹新。

参加民进

赵宪初不仅是一位德高望重的教育家，也是一位活跃的社会活动家。1955年11月，赵宪初由沈同一介绍参加中国民主促进会，后即被邀代表民进参加徐汇区政治协商会议的筹建工作。

作为一名民主党派人士，赵宪初是中国共产党的诤友、挚友。他一生热爱祖国，热爱党，光明磊落，注重大节。解放前，南模学生中有不少中共地下党员，是上海各中学中地下党员人数最多的学校之一，是有名的“民主堡垒”。而赵宪初当时是南模的教务主任，大致了解哪些学生是地下党员。南模地下党支部能在白色恐怖时期安然无恙，高度体现了赵宪初热爱学生热爱进步事业之心。解放后，赵宪初参加皖北的土改工作队，经历了历次政治运动特别是加入民进后，他牢记民进创始人马叙伦“只有跟共产党走，才是在正道上行”的教导，始终坚持自觉接受中国共产党的领导，风雨同舟，荣辱与共。在学校，他自觉接受学校党支部的领导，坦诚发表自己的意见，和党员干部融洽合作，共同工作，全面贯彻党的教育方针，大胆改革，不断探索，勇于实践，使南模这所百年名校不断“为国储才”，无愧为“江南楷模”。

赵宪初与中国共产党长期合作，风雨同舟。他坚决拥护中共十一届三中全会以来的路线、方针、政策，认真学习邓小平关于新时期爱国统一战线的理论和思想，与党同心同德。作为市政协副主席和民进上海市委主任委员，他积极履行政治协商、民主监督，参政议政的职责，推进我国社会主义民主政治的建设。

赵宪初作为一名长期从事普通教育的老教育家，就教育改革提出许多积极的建议和意见。从办学方向到学校管理，从教材改革到课程设置，从学生减负到素质教育，从教育质量到考试评估，从因材施教到面向全体，从学校风气到师资培训……涉及教育的各个领域，赵宪初都提出自己的肺腑之言。

1998年4月17日，中国共产党的挚友知名教育家、社会活动家、上海市第七届政协副主席、民进上海市委名誉主任委员、上海市南洋模范中学名誉校长赵宪初，因病医治无效，在上海华东医院逝世，享年92岁。

如今，赵宪初的铜像竖立在南模校园的草坪中，花岗岩底座上刻有“一代名师赵宪初（1907—1998）”字样，左侧是赵宪初总结的南模校风“学习扎实、工作踏实、生活朴实、身体结实”，右侧为赵宪初自勉“终日忙忙，不甘碌碌；常年辛辛，不觉苦苦”。

赵宪初的工作、作风、为人可以用一个“实”字来概括：干实事，讲实话，朴实无华，实事求是。他谦虚谨慎，平易近人，待人宽厚，严于律己，生活简朴。他数十年如一日，始终保持这种实实在在的风格和个性。赵宪初所说的“终日忙忙，不甘碌碌；常年辛辛，不觉苦苦”，正是对自己最贴切的真实写照。

恒心不变 初心不改

——记民进上海市第十届、十一届、十二届委员会主委、华东师范大学校务委员会原副主任刘恒椽[1]

刘恒椽，1931年1月4日出生于上海，祖籍浙江上虞。1949年考入上海圣约翰大学，1952年全国院系调整后转入华东师范大学化学系学习。1953年毕业后留校，开始了他的五十多年的教学和研究生涯。

我国有机化学学科研究的带头人之一

刘恒椽在华东师范大学先后任化学系助教、讲师、副教授、教授，1988年任化学系主任，2002年被聘为终身教授。他乐于教书育人，前后共培养了20名研究生，创新并开设的“有机合成设计”“精细有机合成”“特效有机显色剂”三门课程，被列为华东师范大学有机化学专业研究生的必修课。他专业基础理论深厚，注重学科前沿最新进展，其教学内容反映了国内外学科发展的最新成就，教学经验丰富、教学效果显著，得到广大师生一致好评。

他的重要科研成果之一——稀土元素、镁和铋的检测方法，首创结构新颖的不对称——变色酸（双）偶氮磷（胂）酸型和其他型的系列试剂三百余种，顺利解决了困扰很久的性质接近的稀土元素总量、轻稀土元素和重稀土元素的分别检

① 民进上海市第十届委员会从1988年5月至1992年6月。赵宪初于1990年6月辞去主委职务，刘恒椽于1990年6月接任主委。

测问题，使我国在稀土元素分析方面取得新的突破，极大地促进了我国丰富的稀土资源的开发和利用。他在国内外学术刊物上发表论文100余篇，尤其在功能试剂研究方面成绩显著，达到国内外领先水平，为国内外专家所熟知。先后获得国家创造发明奖两项、上海市重大科技成果奖两项、上海市科学大会奖一项、上海市科技进步奖一项、国家教委优秀科技成果奖一项、国家经委和冶金部先进集体奖一项、国家机械工业部及机械科学研究院重大科研成果奖六项、上海市决策咨询研究政策建设成果奖一项。

此外，刘恒椽还先后担任国务院学位委员会、国家科技奖励、上海市科技进步奖、上海市高校高级职称、上海青年启明星计划等十多个评审委员会的专家。1992年起，刘恒椽作为专家享受国务院颁发的政府特殊津贴。其个人简历已载入《中国名人大辞典》《中国当代发明奖大辞典》《科学中国人、中国专家人才库》。

对民进工作尽心尽力尽责

刘恒椽1987年参加中国民主促进会，1988年当选为民进上海市第九届委员会副主任委员，1990年至2002年任民进上海市第十届、十一届、十二届委员会主任委员，2002年6月任第十三届委员会名誉主委。1988年至2002年当选为民进第八届中央委员，第九、十届中央常委。

他的实事求是、勇于创新的精神和一丝不苟、精益求精的工作态度不仅仅体现在教学和研究中，还体现在开展民进工作的过程中。很多他身边的人对他的印象是，他为人正直、待人亲切，是一个认真严谨、廉洁自律的人。

他处理事情有条理、有准备。在担任市政协委员期间，每到小组讨论时，刘恒椽总是第一个发言，每次发言都是精心准备的。每一次双月座谈会前，都做足准备并撰写发言稿。

他非常关心基层工作，经常下基层访问会员，调动基层组织工作积极性。民进宝钢委员会梅山支部是上海民进组织中地理位置最偏远的支部，刘恒椽曾不止一次前去那里参与会员活动，即使年事已高也不忘走访梅山支部，这些都是出于对基层、对会员的关心。他在与会员、机关干部交流的过程中，他们都感到刘恒椽的平易近人，对他们来说，这是一种感动，更是一种鼓励。

他善于学习，善于团结群众。曾任民进市委学习委员会主任的余源培曾说，他非常有凝聚力，没有官架子，只要有空就会来参加学习，而且做好发言，从头到尾，把别人的看法认真记录，这让余源培很感动。每逢中共中央和中共上海市委发出新的文件，他都非常认真地学习，写了大量学习心得和论文。在20世纪末，他连续写了多篇征文，其中5篇分别入选《21世纪中国社会发展战略研究文集》《走向新世纪》《新世纪领导干部文库》《跨世纪精英文集》《新时期全国优秀学术成果文献》等文集。

在主持民进上海市委工作期间，刘恒椽遵循和传承民进老一辈领导人的正确抉择，继承和发展民进的优良传统，把民进的事业当作中华民族振兴伟大事业的一个组成部分。他在国内外报纸杂志上发表文章50余篇，在政协和民进的报刊上刊出会议报告、学习报告、纪念文章、宣讲团报告近40篇，阐述自己的思想，带领广大民进成员坚定不移地走中国特色社会主义政治发展道路，为祖国的统一、为认真履行参政党的职责作出了积极贡献。

以身作则，认真履职

刘恒椽还积极参加社会工作，1988年至2003年任第七、八、九届全国政协委员，1993年至2003年任上海市第八、九届政协副主席，其间，撰写和提交个人提案50余件，与他人合作提交提案40余件，其中《全面清除地方保护主义，以严肃执法维护法律的权威》等5件提案获评全国政协、上海市政协优秀提案；题为《运用高质量提案，履行好委员职责》的提案，总结出写好提案的“三论”“三性”“三个结合”，在九届二次全国政协大会上被列为全国政协首次推荐的大会必读文件材料，对新委员有很好的启迪和示范作用。

刘恒椽于2012年1月21日因病医治无效，在上海复旦大学附属华东医院逝世，享年82岁。刘恒椽一生热爱祖国，光明磊落，爱憎分明，注重大节。他谦虚谨慎，严于律己，廉洁奉公，为我国的教育事业，为坚持与完善中国共产党领导的多党合作和政治协商制度作出了重要贡献。

第二节　民进上海市第十三届至第十六届委员会主任委员

改革开放以来，上海民进始终坚持中国共产党的领导，坚持发扬优良传统，发挥领导核心作用，以政治交接为主线，不断加强自身思想，为上海的建设发展努力奉献，涌现出严隽琪、蔡达峰和黄震等民进中央和新一代上海民进领导人。他们不忘合作初心，始终与国家共命运，与时代同呼吸，在改革发展的时代考验中，团结带领各级民进组织和广大会员，以建设高素质参政党为目标，围绕中心，服务大局，与时俱进，努力进取。在中国特色社会主义事业和新型政党制度的建设中不断提升上海民进的作用。

与祖国同命运

第十一届、十二届全国人大常委会副委员长、
民进第十二届、十三届中央委员会主席、上海市原副市长、
民进上海市第十三届委员会主委严隽琪

在祖国走向现代化的时代大潮中，知识分子的命运始终与国家民族同沉浮。一百多年前民族工商业的兴起造就了苏州古镇木渎的首富——我的曾祖父，他留下了一处著名的苏州园林——严家花园，至今已成为当地的旅游胜地。我的祖父是位开明士绅，在发展民族纺织业中获利，并在家乡留下了乐善好施的名声和一幢领风气之先的西式洋楼，但也在日寇侵入威逼下，为了不当“维持会长”而弃家出逃。祖父高度重视儿子们的教育，迎着西学东渐之风，大力支持我的父亲赴美留学。

父亲严家显在明尼苏达大学获得昆虫学博士学位，成为优秀的昆虫学家和农业教育家。父亲于抗战的艰苦岁月里回到祖国，并于1940年受命创办福建省立农学院，在敌机的轰炸声中，他在穷乡僻壤筚路蓝缕为危难中的祖国培养人才，其学生中不乏日后成为海峡两岸农业复兴的栋梁之士。新旧中国交替之际，父亲怀着对共产党的信任和期待，拒绝了各种赴台劝说，坚决地留在复旦大学的教学岗位上迎接祖国的新生。他为新生的人民政权对知识分子的重视而感动，为新的社

会风貌、新的建设愿景所激励，以空前的热忱投身于新中国的科学教育事业，毫不犹豫地接受邀请，参加到解放军医学科学院的初建之中。抗美援朝的战争打响后，为了对付美国搞细菌战，父亲毅然报名要到朝鲜前线去，希望用自己的专长为保卫祖国作贡献，可惜罹患重病，英年早逝，那时我年仅6岁。虽然这些家族史，都发生在我懂事之前，但在母亲和亲友的追述中，先辈浓浓的家国情怀，特别是父亲教育救国的志向和对新中国的热爱给了我“润物细无声”的深远影响。我的母亲王志芳曾是金陵大学历史系高才生，是一位坚强自立的新女性。父亲去世后，母亲含辛茹苦，坚持让我与姐妹们获得了接受良好教育的机会。国家对经济困难学生减免学费的政策和统战部门的不时来家慰问，犹如雪中送炭般地温暖着母亲和我们姐妹的心，因此以优异的学习成绩和努力工作报答母亲和祖国的“感恩”之情渗透入我的血液，热爱学习、积极工作、报效祖国成为我的人生态度。

光明似箭，自1967年我大学毕业参加工作起，已经过去五十年，这是中国发生惊天动地变化的50年，也是自己命运起伏、社会角色多次变化的五十年。以改革开放为界，之前的“文革”期间我当过煤矿工人和技术员，“文革”结束拨乱反正给了我重返校园深造，乃至公派出国留学的机会，我成为大学教授；国家“高技术发展（863）计划”的实施让我被选为国家首批专家组成员，站在科技前沿，参与负责“计算机集成制造”专题的规划与实施，主持完成了多项重大科技攻关项目；我国的多党合作制度和党的知识分子政策又让我被选入政界，先后担任上海市副市长、民进中央主席和全国人大常委会副委员长。我事业的每步都借助国家的发展与进步，踏在时代为我提供的平台上，沐浴着中国共产党的信任、组织的培养和同志的帮助。尤其担任上海市副市长和民进中央主席，是我经历的两次大的角色转换，是对我的政治觉悟、政策水平和领导能力的全新挑战。虽然这出乎我原先对自己前途的设想，但面对国家的需要、党的信任、组织的安排，我没有逃避、犹豫或退却的权力，一名知识分子的责任感压倒了个人的各种思想斗争，终于选择了勇敢踏上新岗位。任职上海市副市长近六年，处在国家改革开放的前沿，自己能够参与许多重大决策，投身特大城市上海的改革与发展，我觉得自己与国家一起进步，与时代脉搏相呼应，为此而感到非常充实。

我的父母都是民主党派成员，这使我对民主党派有天然的亲近感，从小就对爱国民主人士专业造诣和社会影响力十分敬仰。由于对民进立会宗旨和政治主张的认同、对民进界别特色的认同，我于1998年成为民进会员。加入民进为自己打开了一扇参政议政的报国之门、社情民意的信息之窗、讲政治讲大局的学习之路。由于多党合作事业持续发展的需要，2007年，民进中央主席这个沉甸甸的接力棒交到了我的手中，它意味着政治交接的重大责任和十余万民进会员的信任。担任民进中央主席十年，我日益认识到民进前辈留下的"坚持接受中国共产党的领导，坚持爱国、民主、团结、求实，坚持立会为公"的优良传统弥足珍贵。老一辈民进人爱国爱会爱民的情怀，是对我深刻的教育和巨大的鞭策。

民进的优良传统就是中国近现代知识分子的优良传统，即思考国家民族的命运，由此选择自己的政治立场。民进的创立者是以马叙伦、王少鳌为代表的一批有着强烈民族尊严、爱国热情和民主思想的学者。马老的传奇经历极富代表性地说明了民进的老前辈开创民进传统的历史必然性。在新中国成立前的严酷斗争中，马老对共产党的态度从朋友式的同情发展为全身心的拥护，他找到了实现自己的理想之路，参加到中国共产党领导的争取民族独立、人民解放和国家富强的伟大事业中来，书写了人生最耀眼的篇章——与中国共产党亲密合作、肝胆相照、荣辱与共。我们为民进创始人选择了认同共产党的主张，接受共产党的领导，成为共产党建立新中国的亲密战友而庆幸和自豪。"只有跟着共产党走，才是在正道上行"是民进首位主席马叙伦先生的政治嘱托，这是他留给民进的宝贵精神财富，也是民进的初心，我们须臾不能忘记。今天，民进中央提出"三个认同"。一是道路认同，认同中国特色社会主义的政治发展道路，这是我国走向富强、民主、文明、和谐的正道；二是目标认同，认同共产党提出的全面小康的奋斗目标，这是亿万中国人共同的向往；三是价值观认同，认同民进的优良传统，这是民进人的共同价值取向，是民进能够有所作为、持续健康发展的根本原因。"三个认同"就是民进优良传统在现代的演绎。加入民进是对民进传统的认可，是以自己的贡献去继续、发展这个传统，为组织加力。后来的民进人要不忘历史，不忘民进人为国为民的出发点。我会正在开展的坚持和发展中国特色社会主义学习实践活动，以及"不忘合作初心，继续携手前进"专题教育，其中重要的内容就是引导广大会员进一步深化对我会优良传统的认识，并赋予优良传统以新时代价值。

习近平总书记指出："当今世界，要说哪个政党、哪个国家、哪个民族能够自信的话，那中国共产党、中华人民共和国、中华民族是最有理由自信的。"

中国特色社会主义是中国共产党领导中国人民“独创的”发展模式，是中国人民开辟未来的根本保证。其中就包含中国共产党领导的多党合作和政治协商制度。“所贵圣人之治，不贵其独治，其能与众共治。”一个国家的社会制度，包括政党制度，必然由其文化传统、历史进程、国情和社会发展状况所决定。“共产党领导多党派合作，共产党执政、多党派参政”是历史的延续，也是现实的选择。中国共产党能够为中国这样一个幅员辽阔、人口众多、经济欠发达、区域不均衡、多民族的国家提供强有力的领导核心；多党派的合作则能够扩大知识分子有序的政治参与，畅通和拓宽社会利益表达渠道。这样一种政党制度强调以协商、合作、互相监督、互相促进来代替竞争。我以为这是一个如此庞大、复杂的国家付出了巨大的历史代价，终于能够走出贫穷，实现现代化的最好选择了。多党合作制度是中国共产党和各民主党派共同的选择，也是中国人民政治智慧的一种体现。

中共十八大以来，以习近平同志为核心的中共中央先后颁发《关于加强社会主义协商民主建设的意见》《关于加强政党协商的实施意见》。习近平总书记明确提出“中国特色社会主义参政党”的概念，这是对各民主党派同中国共产党团结合作历程的科学总结，是多党合作理论的重大创新。在推进“五位一体”总体布局和“四个全面”战略布局、实现“两个一百年”奋斗目标的关键时期，中共中央召开了中央统战工作会议，对今后一个时期的统一战线工作进行全面部署，制定颁布了统战史上第一部党内法规《中国共产党统一战线工作条例（试行）》。这些重要举措有力地推动多党合作事业的发展。

自从担任民进中央主席后，我数十次参加中共中央和国务院召开的高层民主协商会，代表民进中央建言献策，还多次致信中共中央、国务院领导同志，就经济和社会发展中的重大问题提出意见建议，每当这些意见在国家政策和战略之中得到采纳时，会感到尽了知识分子的责任，也增强了对多党合作制度的自信。举一例，面对中国崛起与全球化的新局势，民进中央以必须高度重视和部署对域外国家或区域的深入研究为题向执政党建言，建议采取积极措施加强国别研究智库建设，并提出要充分发挥高校的特殊作用，加强在高校建设国际研究中心的意见。该建议在中共中央领导同志的高度重视下，促成教育部随之在全国高校建立了42个“国别与区域研究基地”，每一个基地对应一个研究对象国。此后，基于长期研究和持续调研，我们又接连就推动国际研究的主题，提出《关于加强政府间交换留学人员工作的建议》《建立人才新机制，提升中国在国际组织中的影响力》，以及《关于“一带一路”与高校智库建设的建议》三份建议，也得到中共中央领导同志的高度重视。在履职的过程中，我真切感受到中共中央领导人以诚恳和虚心的态度鼓励支持民主党派参政议政，认真倾听和及时回应我们的建议和批评。这使我们更增添了参政议政的责任感和积极性。

肝胆相照，桴鼓相应。执政党推进“五位一体”总体布局和“四个全面”战略布局，向参政党提出新要求。中共中央委托民主党派对相关省脱贫攻坚工作开展民主监督，是对民主党派履职能力的新挑战。民主党派做诤友讲真话要有责任担当，建关键之言献务实之策要有本领水平，常思不足才能奋力向前。民主党派要不断适应时代要求，听从祖国的召唤，认真研究参政党建设面临的新形势，研究民主党派建设的规律，加强自身能力建设，进一步保持民主党派的进步性和广泛性。“不忘合作初心，继续携手前进”是新的历史阶段民主党派政治交接的主题。我们要进一步加强全会的思想建设和组织建设，广泛团结广大会员和所联系的知识分子，在弘扬民进优良传统中凝聚政治共识，在加强思想交流中深化政治共识，在参与社会实践中巩固政治共识。我们要把党派工作放在国家大局中来思考和谋划，在创新、协调、绿色、开放、共享的新发展理念指导下，为破解改革难题，厚植发展优势献计出力。

我国改革开放已四十年，伟大成就举世瞩目。吾生有幸，处在这个伟大的时代，能目睹中华民族百年屈辱被荡涤洗刷、先辈们强国富民的梦想正在变成现实。我们伟大的祖国，在中国特色社会主义的康庄大道上，必将迎来一个更加光辉灿烂的明天！值得欣慰的是我个人的事业与祖国前进的步伐一致，在亲爱的祖国走向繁荣昌盛的历史进程中，我没有缺席。

在民进组织中成长

全国人大常委会副委员长、民进中央主席、
上海市第十三届、十四届人大常委会副主任、
民进上海市第十四届、十五届委员会主委蔡达峰

民进上海市委每年举办一期中青年会员培训班，主委要作一个报告，我每次就以“在民进组织中成长”为题，其实，这就是我自己的感受。我在上海民进二十二年，从一名青年教师，进入上海民进这个大家庭，被推上了民进市委领导岗位，进而离开上海到民进中央工作。上海民进接受了我、教育了我、培养了我。我的成长变化，得到各方的关心和帮助，得益于统战工作，得益于上海民进的发展。

大概是1994年下半年的某一天，我所在的复旦大学文博系办公室通知我去一次学校统战部，我极为诧异和好奇。我到复旦工作才一年，人生地不熟，与统战部更没有联系，甚至不清楚统战部的职能。到了统战部，鄂基瑞部长和张宏丽副部长热情地跟我介绍道，统战部有一项常规活动，组织各系教师去无锡参观考察，邀请我参加，以便我结识一些老师。到了无锡，我与两位教授住一个客房，一位是民进复旦支部主委、中文系副主任吴立昌老师，一位是支部委员、（复旦）复华公司副总经理戚进勤老师，他们待我如朋友，让我感到轻松亲切。第二天回程路上，他们说要介绍我加入民进，我便愉快地答应了。尽管并不了解民进，但我并无多虑，因为我认同他们，认同统战部，希望多一些机会，可以与这

样的老师相处，向他们学习。1995年2月，我加入中国民主促进会，成为民进复旦大学支部的一员。尽管是当事人，但复旦大学党委统战部领导的美意，我事后才有些了解。他们从新任教师的名册里，物色了一些人，通过组织活动，与党派组织相见，我是其中之一。他们的责任意识和工作方式，给我留下了深刻印象，深为感慨。

统战部这么做，是为了帮助民主党派解决队伍断层问题。十年动乱，党派停止活动。1982年开始恢复了新成员发展工作，因为有中高级知识分子的要求，选择面有限，新成员也不会太年轻，年轻且有高级职称者更是少数。我当时35岁、副教授、文博系副主任，所以有幸成为发展对象，并成为我们支部最年轻的会员。我到民进上海市委和民进中央参加活动时，甚至会为自己的年轻而感到紧张，那里大部分是老会员老同志。大概是1997年，我与民进上海市委原副主委陈穗九先生一同去民进中央开会，报到时有人戏称，这一老一少，就像祖孙俩。他当时近八十高寿，大家尊称他陈穗老。我37岁，不到他年龄的一半。1996年我被复旦大学任命为文博系主任，1997年通过“打擂台”晋升为教授，同年还当选为民进上海市委委员、民进中央委员。这些变化虽然不是直接关联，但相互影响，反映了这个阶段党派发展的实际需要。

复旦是党外知识分子特别集中的单位，校党委特别关注这个群体。1996年我被任命为文博学院文博系主任时，学院的历史系主任、历史地理研究所所长也是党外干部。1999年我被任命为复旦大学教务处处长，这个人选多半是考虑了党外干部培养的需要。2003年我被任命为复旦大学副校长时，复旦校领导班子中已经有郑祖康副校长，他是九三学社上海市委副主委，安排两名非党副校长的做法，实属罕见，可见复旦党委的重视程度。统战工作是全面深入的，基层统战工作很重要，党外干部队伍建设也要从每个单位做起。

中国共产党领导的多党合作和政治协商制度，保证了各民主党派、工商联和无党派人士参政议政的机会，这也是知识分子参政议政的机会。2001年我被增补为民进上海市委副主委，2003年当选全国人大代表，2007年至2017年，当选民进上海市委会主委，与此相应和同步，2008年至2018年，我当选上海市人大常委会副主任、全国政协常委。这里包括全国人大和政协、上海市、复旦大学各方为党外人士提供的机会、作出的安排，是统一战线、多党合作制度的具体事例和生动写照。

统战工作改变了我的生活，使一名教师，成了行政管理干部、党派干部、人大代表和政协委员，使我增加了工作内容和职责，丰富了知识，锻炼了能力，开拓了视野和胸怀，提升了认识水平和精神境界。从专业出发，走向社会和政治领域，这是党派干部人生道路的轨迹和特征，民进前辈自觉选择这样的道路，义无反顾，成为出色的社会活动家或政治家。民进会员大多知道马叙伦是我们的创始人，看到的都是他的政治言论，大多不知道他是书法大家，他似乎也无意在民进活动中论及书法或自己的创作。现在党派提倡“立足本职，双岗立功”，促进职业工作和党派活动有机结合、相得益彰，也是针对党派干部的成长实际。与前辈不同的是，我们参与社会和政治的自觉，大多是需要在加入党派之后、适应党派过程中逐步增强的，这可能是我们组织发展和个人成长的规律，也是组织教育和自我教育的基本任务。

在教育培训方面，统战系统和党派组织都有很强的意识和能力，这也是中国政党建设的重要经验和显著特点。据粗略统计，我加入民进以后，先后参加十次左右的集中培训活动，包括1998年中共上海市委统战部第十四期党派骨干班，2001年民进中央中青年会员短训班，2002年中共上海市委统战部第三期党外中青年干部培训班，2004年中央统战部第五期党外知名人士赴港专题研讨班、第六期香港市场经济与管理研讨班，2006年中共上海市委统战部党外领导干部学习考察，2006年中央组织部、统战部第十期民主党派中青年干部培训班，2007年中央统战部民主党派省级组织新任主委培训班、民进中央省级组织新任主委培训班等，累计约有半年时间，还有不计其数的单场的学习活动等等，它们教给了我基本的、必要的政治知识、观念和思想方法。

在自我教育方面，我也算是自觉努力，不固守既有的学术思维，勤学勤思。在担任民进上海市主委的十年里，执笔撰写了各类文稿200余篇，除了人大代表议案和书面意见、政协委员提案和书面意见以外，绝大部分是党派工作的文稿。在离开主委岗位时，我选出其中191篇，约38万多字，交给市委机关，供他们工作参考。承蒙他们抬举，把它们汇编成册，加了一个“主委履职文集”的名称，看上去像书一样。其中，用于党派内部的共55篇，包括组织建设22篇、履行职能15篇、思想建设11篇、市委工作4篇、社会服务3篇；用于党派以外的共136篇，也就是我履职建言的内容，包括政治建设37篇、经济建设23篇、社会建设76篇。这就是我10年来扩张成的知识结构和关注面，大部分内容是我新接触的，多少也反映了当时参政议政的实际需要。

在党派工作方面，我也算是积极主动，不固守自己的专业活动，勤勉履职。在担任民进上海市主委的10年里，我每年参加职务活动320场次左右，其中党派活动近百场次。主委的责任是全面的，但不是抽象的，内容多、活动多，既要有理论，又要有实践。每一方面的任务，既要贯彻执行、思考谋划，又要主持活动、提出意见，还要自己实践、以身示范。我是赶鸭子上架，只能在学中干、在干中学。

自身建设是党派工作的一大部分，主要是针对内部的，旨在强身健体，包括思想建设、组织建设、制度建设、作风建设等。组织建设中还可以分为组织体系、队伍建设（领导班子、后备干部、代表人士、成员、机关）和成员发展等。我以为，履职能力建设也是自身建设的范畴，包括组织能力、选题能力、调研能力、表达能力等。我在组织、思想和履职能力建设方面的言论比较多，一则是它们确实重要，另则是建设措施比较制度化，任务比较具体，每年开工作会议，每次开会主委都要讲话，逼着我思考一些问题，撰写发言稿。在制度和作风建设方面，我几乎没有专题性议论，只是在各种报告中论及，比如年度工作报告或工作部署、思想或组织工作会议讲话等。我也起草过一些制度、制度修改意见或提议，但这些都要经过议事决策程序，不属于个人文稿。我认为，行为是思想的表现，制度和作风都是规范行为的，应该贯彻思想建设的要求，适应组织建设的需要。关键是加强思想建设，提高严于自律的要求，形成制度和作风建设的需求，否则制度和作风建设会流于形式。同时我认为，制度和作风建设都有自身的规律，制度是他律，具有约束性。作风是自律，具有自发性。它们相互配合，相得益彰。目前来看，党派的制度约束力普遍不强，条文不具体，倡导性内容多，情节性规定少，体系不完整，缺乏纪律和监督等规章。党派对自身优良作风提炼得不精，倡导得不力，现实感不强。这些都是可以加强的地方。

履行职责是党派工作的另一大部分，主要是针对外部的，旨在体现作用，包括参政议政、民主监督、参加中国共产党领导的政治协商三项基本职能。同时我以为，社会服务、反映社情民意工作、对外联系交往工作等也属于这个范畴。代表组织参加履职活动，是主委最重要的任务，包括党外人士座谈会等各种建言活动、党派调研活动等。十年来，凡这种场合的建言，只要得知主题，我就开始起草发言稿，边写边思考边收集意见。市委机关同步开展工作，邀请专家会员召开专题性的议政沙龙或座谈会，邀请有关机构收集材料，给我提供资料和见解，我们合作得很默契。有同事和会员劝我，不必自己写稿。我知道自己的研究和撰写能力有限，需要有锻炼的机会。我也知道自己对建言质量和效果有责任，博采众长，还得汇集成文，自己动手心里比较踏实，高质量的稿件一定是有的，但不必指望，更不能坐等，所以，我一直就这么在做，机关同志可能因此缺少了一些锻炼的机会。

党派履职的内容极为广泛，涉及政治、经济、文化、社会、生态文明各方面各领域。我的建言内容也算是比较丰富的，这是因为履职需要，也因为自己有兴趣。我议论得最多的话题，与自己的专业和本职有关，“文集”里选了21篇谈教育、12篇谈创新驱动、10篇谈文化，都属于这一类。我在大学负责教育教学，在大学里讨论知识创新和创新人才的问题，在文物学、文化遗产研究中思考文化问题等，情况比较熟悉，感受比较强烈，观点比较成熟。这些领域也是民进的界别优势所在。

我议论得最多的话题是“社会”，除去教育、文化、出版，“文集”里有45篇，内容涉及社会建设的一般性问题，民生、社区与居委会、社会组织等专门问题。我以为这是一个重要的建设领域，也是相对缺乏实践的领域，需要持续关注，也应该得到更多的关注，尽管我是外行，但党派可以着力发挥作用。中共上海市委每年委托党派市委做决策咨询项目，提供经费和信息，连续十年支持民进市委开展社会建设专题调研，我主持调研，撰写报告，促进了自己的思考，积累了一些文稿。

关于政治建设方面的议论，“文集”里选了31篇。其中最多的话题是“党风建设”，这主要是因为中共中央全面从严治党，加强党风廉政建设和反腐败工作，开展了群众路线实践教育活动。中共上海市委每年要召开这个专题党外人士座谈会，主委都要建言，其实是民主监督活动中的批评意见。我对协商民主的议论，虽然文章篇数很少，但表达比较完整，思考得比较持续，也在民进中央承接了理论研究课题。

我对经济建设的议论最少，“文集”里选了23篇，而且以“创新驱动”的内容居多。尽管有充分的建言机会，但因为自己不熟悉经济领域，往往讲的是经济活动中观念问题、主体问题、权益问题、管理问题，比如民生需求、人才工作、创新活动、开放意识等。这是我自己的短板，自己不了解，心里没底，就会在表达时无奈地有所选择。

通过努力学习和实践，两者紧密结合，相互促进，我确实得到很大收获。《推进基层民主，促进社会和谐》一文被评为民进中央2009年年度参政议政成果一等奖。《关于深化事业单位改革的建议》被评为民进中央2013年度参政议政成果一等奖。有些建言还得到中共上海市委领导的高度肯定和社会的广泛好评。2009年我就“党风廉政建设”的发言，经中共上海市委主要领导推荐，印发与全市局级干部，2009年11月20日的《解放日报》还全文刊登出来，题目是《减少群众负担，树立群众观念》。一个党外干部的批评和建议，不仅被党内传播，还向社会传播，这是何等的雅量、自信和担当，我深为感动、惊讶和鼓舞，当然也有些担心，尽管无法修改，但还是去看了发表物，生怕字句不当，留下遗憾，这也促进了我的自律，更加注重建言质量。

当然，履职中有些疑虑，还需要深入思考。党派的建言渠道相当充分和畅通，但从党派来说，我觉得还是要在实践中增强建言的恰当性和针对性，把握政党建言的性质，体现党派建言的特点，这恐怕需要从政治范畴上来定位。我主观上比较犹豫的是技术性的、或学术性的、或项目性的建言，尽管它比较实用，甚至容易被采纳和肯定，但最好在专业论证程序中提出，而不是在议政渠道中协商。党派履职是典型的政治活动，民众利益、利益关系、社会秩序、治理体系、价值导向等是题中之义，党派从各自熟悉的领域，共同商议这些问题，有利于形成最大共识，有利于科学民主决策。

中国特色社会主义进入新时代，党和国家取得历史性成就、发生了历史性变革。过去的十年，上海民进参与改革发展，作出自己的贡献，谱写了上海民进历史的新篇章。作为上海民进的一员，躬逢其盛，参与其中，深感荣幸和自豪。在民进的新岗位上，我会牢记使命，更加努力，奋发有为，更好地为国家、为民进履职尽责。

心之所向 素履以往

民进中央副主席、上海市政协副主席、民进上海市委主委黄震

1960年8月，我出生于上海一个知识分子家庭。父亲黄宣佩是一位考古学家，一生钟爱他的考古和文物保护事业，他是上海地区田野考古的奠基人，也是长江下游地区考古学研究的开拓者之一，他发现了上海地区成陆年代的科学依据，发现了上海最早的古人，使上海历史的年代推前至六千多年前，在考古学上获得了“马桥文化”和“崧泽文化”的命名，载入了中国古代历史文化研究的史册。虽然我没有子承父业，从事考古研究，但是父亲对事业的执着，对生活的乐观和对工作的责任与担当，却深深地影响了我的人生。1978年，我从上海浦光中学毕业，考入上海交通大学，1988年获得上海交通大学工学博士学位，毕业后留校任教至今，始终不曾忘记父亲曾对我们说过的，“作为一名知识分子，要有家国情怀，要重道义、勇担当”。

20世纪末，我在上海交通大学动力机械工程系任教，与当时的上海交通大学机械学院院长，后来的民进上海市委主委、民进中央主席严隽琪教授有了工作上的联系。在与她的接触过程中，我不仅感受到她对科学研究锲而不舍、持之以恒的精神，更感受到了一种强烈的社会责任与使命担当。严隽琪教授向我介绍了民进，并鼓励我加入民进。民进拥有值得广大会员为之自豪的历史，并拥有一批值

得每位会员崇敬的前辈，马叙伦、王绍鏊、周建人、叶圣陶、雷洁琼、赵朴初、谢冰心……民进的这些先辈，不畏惧艰难困苦、不计较个人得失、一心为公，为国家和民族的利益无私奉献。我们这一代人同民进老一辈所处的历史阶段、政治经历不同，但为国为民之心从不曾改变。这与我从小的家庭教育、价值理念如此一致，出于对民进立会宗旨的认同，以及榜样力量的感召，我于2000年6月加入民进，成为一名民进会员。

初心不忘，参政为民

自从参加中国民主促进会，我的人生轨迹有了一个新的起点，多了一个报效国家的平台，多了一份作为民主党派成员的责任感和使命感。2001年起我先后担任上海市政协委员、常委、副秘书长、全国政协委员，现在担任民进中央副主席、全国政协常委、上海市政协副主席、民进上海市委主委。自担任政协委员以后，我深知建言献策、参政议政是民主党派价值的重要体现，是民主党派成员、政协委员的一项极为重要的职责。我始终把自己教学、科研和管理工作与政协委员参政议政有机地结合起来，努力发挥专业优势，把自己在能源与环境领域的学术研究成果和在人才培养工作上的体会转变为政协提案，先后提出50多件政协提案，为党和国家的大政方针提供决策参考。

随着经济的快速发展，我国面临着越来越严峻的能源紧缺问题。在节能减排这一重大国策上，针对我国现有的行政节能体系逐渐暴露出与以市场为导向的经济体制不相适应的问题，我经过调研，提出必须在节能机制上进行创新与改革，节能的根本出路是充分依靠市场，最大限度地发挥市场机制的主导作用，同时政府部门要充分运用法律、行政和经济手段，对节能工作进行有效协调和调控，为市场机制有效发挥作用创造出一个良好的社会和法治环境。在2008年和2009年，我先后提交《关于加强节能的市场机制建设的建议》《加强我国节能工作若干建议》《关于在我国实行能源管理注册工程师制度的建议》等提案。这些提案受到政府有关部门的重视。2011年，财政部、国家税务总局共同发布了《关于促进节能服务产业发展增值税、营业税和企业所得税政策问题的通知》，中央财政安排奖励资金，支持推行合同能源管理。我很高兴看到这些年合同能源管理市场呈现井喷式的发展，有力地促进我国节能减排工作。

面对全国许多城市频繁出现灰霾天气和区域性光化学烟雾，我是最早通过提案建议国家关注大气中PM2.5浓度的全国政协委员。早在美国驻北京大使馆公布PM2.5数据之前，21世纪初我就组织博士生对PM2.5进行深入调研，鉴于我国当时的《环境空气质量标准》自2000年以来已有多年未作修订，以致出现“灰霾常常有，空气照样优”的现象，我认为我国当时的空气污染指数（API）计算方法已很难真实反映出大气环境质量状况及其对人体健康和生态等方面的影响，为此撰写了《关于完善我国现行的空气质量标准和评价体系的建议》，建议国家环保部尽快制定适合我国大气环境现状的PM2.5空气质量标准，将PM2.5 和臭氧纳入空气质量评价（API指数）体系，更好地向社会公众反映我国空气质量和灰霾天气。2011年全国政协十一届四次会议上，这个提案最终成为民进中央提案，获得国家环保部采纳。我记得就在第二年全国“两会”召开前一天，2012年3月2日，我国正式发布新修订的《环境空气质量标准》，新国标增加了细颗粒物PM2.5和臭氧8小时浓度限值监测指标。那年两会期间，中央电视台以《黄震提案推动对PM2.5进行监测》为标题进行专题报道。我欣喜地看到2013年初我国第一批城市开始执行空气质量新标准，全国各地的数百个监测站点开始监测、发布PM2.5实时数据。

自2011年以来，我几乎每年都坚持针对雾霾和环保递交提案。2012年，我提出在加强空气质量监测的同时，更重要的是要根治PM2.5污染源，提出《关于防治机动车PM2.5污染 改善大气质量的建议》提案，建议加速提高燃油品质，严格机动车排放法规，加速淘汰“黄标车”，降低在用车尾气排放，发展新能源汽车，推广使用清洁代用燃料。2013年，对于“谁才是雾霾元凶”，社会还缺乏共识，我提交提案，建议国家关注机动车尾气污染，对出厂新车实施更严格的排放标准，并建议尽快实施“国五”汽柴油标准。2014年，我率先提出，要高度关注汽车之外的移动污染源排放，提出挖掘机、推土机等非道路工程机械、船舶等的排放标准滞后，虽然其数量远小于汽车，其污染排放总量与机动车接近，必须引起高度重视。2015年，我建议国家取消柴油标准的双轨制，让硫含量超过“国五”柴油30多倍的普通柴油退出市场，从而补上农机、工程机械等的环保短板。2017年，针对汽车催化转化器超期服役失效后，净化效果急剧恶化的问题，我提出自2000年实施汽油车国Ⅰ排放标准时将催化转化器装上车以来，一直未实施对超过使用寿命失效催化转化器的更换，导致大量高污染机动车满街跑，这是全国城市大范围严重空气污染的重要原因之一。建议国家应建立并实施汽车尾气催化装置的强制更换制度。针对我国的雾霾和环保问题，我发挥专业优势，努力做到“看得远一点、准一点”，在提案内容上，我从法规与标准入手，坚持环境保护法规与标准先行。这些提案内容后来在我国大气环境治理中得到一一实现。

担任政协委员十多年，教育一直是我关心牵挂的议题，我在大学从教已有三十多年，作为上海交通大学副校长，我曾分管本科生教育、研究生教育、留学生教育、继续教育等，人才培养的工作岗位让我去研究和思考教育中的诸多问题，关注教育成了一种惯性。我的提案包括高校招生改革、博士生待遇、在线教育、职业教育、高校管理、教育改革等教育领域内容。

在创新人才培养上，至今我国本土科学家还没有实现诺贝尔奖零的突破，“钱学森之问”成为中国教育之“痛”，针对我国高等学校在原创性科研成果和杰出人才培养上与世界一流大学存在的差距，我深感与世界一流大学相比，我国大学缺乏一种真正的“大学精神”，一种求真的理想主义精神。提出《建立多元化的人才培养体制的建议》《关于改革现行国家财政对高校的拨款机制的建议》《关于改革我国高校薪酬体制的建议》《关于提高博士生待遇问题的提案》《关于进一步改革高校自主招生的建议》《关于树立正确的成才观，大力发展职业教育的建议》等一系列提案，获得国家有关部门的重视。

近年来，随着信息技术的快速发展，特别是从互联网到移动互联网，创造了跨时空的生活、工作和学习方式，使知识获取的方式发生了根本变化。作为一名民进会员，凭着长期从事教育的职业敏感性，我意识到教育的信息化、数字化正如一股洪流以不可逆转之势向我们各级各类教育的各个层面渗透，我在2012年12月民进中央全会的小组会上建议国家高度重视大规模网络在线公开课程的革命性意义和带来的机遇与挑战，在2013年全国政协十二届一次会议上我提出《关于高度重视信息技术发展给教育改革带来的机遇与挑战》的提案。建议国家有关部门加强对慕课引发的全球教育资源配置对我国基础和高等教育影响与挑战的研究，尽快编制我国大规模网络在线教育发展规划与政策，并以此促进教育公平、提高教育质量、推动教育创新。紧接着我在《中国教育报》《文汇报》等撰文提出慕课是一场学习的革命，更是一场教育的革命。我的这些观点很快引起全国高等教育界的高度关注和重视，引发全国的慕课热。在2014年上海市政协十二届二次会议上作了题为《慕课，上海教育的机遇与挑战》的大会发言，同年全国政协十二届二次会议上，我又提出《关于基于慕课促进教育公平、提高教育质量和推动教育创新的建议》的提案。2016年我提出要推进“互联网+”新时代的高等教育变革。我很高兴地看到，教育部已制定慕课发展规划，当今中国慕课数量已居世界第一。

作为上海交通大学副校长，我身体力行大力推进中文慕课建设与中文慕课共享平台建设，我们在2014年创建了“好大学在线”平台（CNMOOC）。经过四年的努力，“好大学在线”上的开课学校达到65所，课程运行700余门次，注册学生人数超过110万，我们还与合作高校一起，不断探索慕课的机制建设，形成优质在线开放课程的跨校共享、学分认定机制，在线学习的活跃度、完成率、学分率显著提高，获得学分的人次已达数十万，走出了一条可供参照和借鉴的慕课推进之路，“好大学在线”平台已成为全国最有影响力的三大慕课平台之一。我们建设了一批优质的在线开放课程，“中医药与中华传统文化”“你好，中文”“数学之旅”等课程广受海内外学生欢迎，已经成为交大的一张靓丽名片。让所有人都能上最好的大学的美好愿望，正在逐步成为现实。在基于慕课的教育改革上，我大力推进线上线下O2O混合式教育，使传统以教师为中心、知识灌输为主的教学模式转变为以学生为中心、以能力提升为核心的个性化教学模式，教师不再是在讲台上居高临下灌输知识，而是传道授业解惑，真正成为学生学习的导师，收到很好的教学效果。上海交通大学的“中医和中华文化”课程混合式教学实践，获得2018年度U21国际大学联盟的教育创新大奖。

这些年，我的提案多次被评为上海市政协优秀提案，多次获民进中央参政议政成果奖。我的体会是，政协提案一定要有深入的调研，最好能与自己的专业结合起来，这样的提案才会有深度和高度，提案是否被采纳并不重要，重要的是能够引起社会的关注，引起政府的重视。我的提案，在数量上，算不上“高产”，但我感到很欣慰，能够把自己的专业研究成果转变为政协提案，为国家和社会发展贡献自己的一份光和热。

不辱使命，尽心履责

2017年4月27日，在民进上海市第十二次代表大会上，我当选为民进上海市委会主任委员，接过上海民进组织的“接力棒”，年底又当选民进中央副主席。作为新一届上海民进的负责人，面对组织和上海市一万余名民进会员的信任和重托，我深感使命光荣、责任重大，始终谨记自己肩负的历史使命与责任担当。从民进上海市委会副主委、上海交通大学副校长到民进上海市委会主委，变化的是岗位，不变的是责任和情怀。

担任主委一年多来，按照习近平总书记多党合作的“四新”要求，我带领民进上海市委着力于凝聚人心汇聚力量，着力于提高履职能力与水平，着力于自身建设，努力开创上海民进事业蓬勃发展的新局面。

我始终将凝聚思想政治共识放在工作的中心位置，带领上海民进扎实开展“加强思想政治教育”主题年活动，带头深入学习贯彻中共十九大精神和习近平新时代中国特色社会主义思想，继承马叙伦先生为我们留下的“只有跟着共产党走，才是在正道上行”的政治遗训，不断弘扬民进优良传统，巩固多党合作的思想基础，内化于心，外化于行。全面贯彻民进十二大部署，学习、遵守、贯彻、维护好新修订的《中国民主促进会章程》，指导和引领自身建设和履行职能。与此同时，切实履行参政党职能，聚焦上海“改革开放再出发”要求，围绕上海推动长三角一体化发展、全球有影响力的科创中心建设、强化创新驱动、突出制度供给、扩大服务功能、创造品质生活、打响“上海四大品牌”、食品安全等重大课题，认真履行参政议政、民主监督、参加中国共产党领导的政治协商的基本职能，发好民进声音，为破解改革难题、厚植发展优势献计出力。不断牢固树立“人才强会”理念，加强自身建设。制定实施组织发展五年规划，努力营造唯才是举、求贤若渴的工作氛围，增强会员发展的针对性、规划性，加强代表人士和中青年后备干部队伍建设。

我始终牢记民进中央原主席严隽琪在2008年视察上海交通大学时的一番话：民进创立时，我们的前辈自觉选择共产党领导，因为看到，只有共产党才有这个力量，才能领导中国人民摆脱那个积贫积弱的局面，能够把一盘散沙凝聚起来，走向光明。这么多年来，中国发生了深刻的变化，今天，我们要把当时前辈的历史选择变成现在年轻人的现实选择，政治交接的意义就在这里。民进老一辈领导人与中国共产党“风雨同舟、肝胆相照”，为我们留下了宝贵的政治财富。我和市委班子全体成员将不断提高政治把握能力、参政议政能力、组织领导能力、合作共事能力和解决自身问题能力，与全市民进会员齐心协力，秉持“为执政党助力、为国家尽责、为人民服务”的宗旨，不忘初心、不辱使命、努力开创上海民进事业蓬勃发展的新局面，为多党合作事业、兴国大业和上海建设发展作出新的更大贡献。

第三章 改革开放四十年双岗建功先进代表

伟大的祖国和时代造就了上海民进，中国新型政党制度的发展，赋予了上海民进强大的活力。改革开放四十年来，民进事业薪火相传，继往开来。在民进上海市委领导下，各级组织紧密配合，围绕中心，服务大局，不断加强思想建设、组织建设、参政议政等能力建设，不断增强民进组织的凝聚力。广大会员本着对民进的热爱，立足本职，发挥自身优势，满怀热情地致力于国家发展、社会进步的伟大事业，取得了优异成绩。改革开放四十年双岗建功先进代表，是积极投身改革开放大业，赢得诸多光荣称号和良好声誉、为民进组织争光添彩的优秀楷模。

越是热爱执政党，越要热心执着议政

民进第八届、九届、十届中央委员会副主席、
上海大学教授邓伟志

我担任过一届民进上海市委副主委，一届民进中央常委，三届民进中央副主席。在民进任职期间，不论是在上海还是北京，我长期所从事的专业，决定我作为民进成员以后，应当把精力用在议政上。我很认同“政协不是权力机关，不是决策机构”这句话。我认为“议政”高于“决策”。先议后决，议字当头。而决策免不了要迁就方方面面，明知有“上策”，有时也不得不屈从于“中策”。决策是求最大公约数，而最大公约数往往低于最高自然数。议政是可以把话说透彻的，不必看他人的眼色。议者是雁过留声，启发人思考，接受历史的检验。当然，“议”中有“参”，“议”有时也会转化、升华为“参”，从这个角度也可以说作为参政党的一员，我在参政上尽了绵薄之力。

深刻认识党、热烈拥抱党是当好参政党的前提

三十年来，我做的各项工作都是从热爱执政党、帮助执政党出发的。我始终认为执政党是伟大的党。

先说感性认识。我从小生长在苏鲁豫皖交界处。在20世纪40年代，我的家乡是国共两党的“拉锯地区”，常常是上个月中央军占领，下个月是解放军进来，有时甚至于是白天被国民党统治，晚上由共产党领导。这样，促使我在童年时代就开始对国共两党作了比较。中央军来了随便骂人，拿百姓的东西；八路军、新四军来了称百姓“老大娘”“老大爷”，帮老百姓挑水、扫地、抱小孩。“老九

不能走”一说，“文革”中是借用古人的“九儒十丐”，讲排在老九的知识分子不能走，可是我们家乡在抗日时期说的是新四军四师由张爱萍任旅长的“九旅不能走”。九旅来了百姓安宁，坏人富人不敢欺负人；九旅走了，日本鬼子来了，邱清泉、孙元良的国民党部队来了，百姓东躲西藏。

新中国成立以后，我对党的感情慢慢提升到了理性认识，对党的性质、历史有了初步的了解。成为参政党成员以后，我觉得要为民进争光必须更多地了解中国共产党各个历史时期的状况及其行为规则。我着重研读了中共一大13位代表、八大97位中央委员每个人的历史，并作了对比，共产党比国民党要美上十倍、百倍，国民党比共产党丑十倍、百倍。我阅读了上百位中共著名人物的传记和不同版本的党史和党史资料，从而促使我更加热爱共产党，更加自觉地接受共产党的领导，深刻认识到共产党执政是人民的选择，是历史的选择，是社会前进的必须。我在文章中把中国共产党领导的多党合作制比作太阳与“九大（8个党派加上无党派）行星”。

为了懂得参政党、执政党，我阅读了中国政党史。中国从“朋而不党”到辛亥革命前后涌现了300个政党，忽然又变为150个。到重庆谈判时中国有12个政党，重庆谈判后有3个跟着国民党，有9个跟着共产党。接着我又学习了8个民主党派多党合作的历史和经验，阅读8个党派元老的传记，深知没有共产党的救护，不知有多少民主党派领袖会死在国民党反动派刀下。

为了学点参政议政的知识，我还学了点政党学、政治学。我想尽办法买了本《世界政党辞典》，由此大开了眼界。接着，我又读了些行为主义政治学的书籍，算是学了政党学的入门教材，初步懂得政治参与的类型、层次、渠道、深度、广度。为了议好政，我密切注意当今社会主义的种种思潮和流派，粗略地进行些比较研究。

理论是武装，理论是胆识。1988年4月我在《解放日报》发表了学习体会《知政、懂政、议政、督政才是参政》。积极投入了议政，并在议政中继续学习议政。

在20世纪90年代我是常碰钉子的议政新生

事情是复杂的。

我是50岁担任上海市政协委员的。子曰："五十而知天命。"那是一般规律。有"一般"就有"例外"。我到五十而仍不知天命，属例外。参政一出手我就碰了钉子。

有次从电视上忽然看到通缉"苦聪族王××"。开会时，我提出："这个人不宜通缉。如果这个人已回到家乡，叫县公安局去抓他，县公安局都不会抓他。因为抓了他，苦聪人就走光了。还有，56个民族里没有苦聪族，不能擅自称苦聪人为族。"我这话，主持人尚能听进去，问我"是不是这个民族很勇敢？野蛮？"副主持满脸的不高兴，对我怒目而视。我觉得副主持似乎不了解民族政策。

我去过苦聪人定居的哀牢山。苦聪人世世代代以游牧为生，处于氏族社会阶段，连刀耕火种阶段都没有进化到。从他们的歌曲中可以了解他们的生活："我们没有吃过一粒米，没有穿过一件衣。天上阴森森，地上湿淋淋……" 他们活跃在大树上。周恩来总理派兵寻找，找了多年找不到。他们现在居住的地方叫"65新寨""66新寨"，是因为他们一直到1965年、1966年才愿意下来定居。原来周围的人称他们"苦冲人"，周总理后来把"冲"改成了"聪"。苦聪人是拉祜族的一个支系，不是一个单独的民族。有关部门怎么可以随便称其为民族呢？"文革"中县公安局下去批斗一位拉祜族的苦聪人。会上，由氏族长即当时的人民公社领导讲话。县公安听不懂苦聪人的语言，但见氏族长疾言厉色，以为批斗成功，便安然入睡。哪知氏族长不是批斗，是在布置逃跑。县公安半夜听见猪叫、狗叫，以为是苦聪人"赶摆"（意思是去集镇买东西），继续睡大觉。县公安想不到早上起来时，全村一个人也没有，全都走了。县政府从此知道，应该如何对待不同民族的不同习惯。"十里不同风，百里不同俗"，不要说不同民族，就是同一民族在不同地区也不一样。入乡随俗是尊重，是涵养。1949年4月解放军渡江，要靠渔民划船。渔民热爱解放军，但忌讳"翻身"二字。尽管解放军纵横千里一直把"翻身"二字挂在嘴边，但因为渔民不想听到"翻身"二字，解放军在当地就不再提这二字了。

前思后量，我可以不计较领导的"怒目"以及他们后来对我的评价，但不能不讲明重视民族特色的重要性。所以，我在《联合时报》发表了《委员应有知"民"度》，写道"人民政协的'民'字里也包含有'民族'的神圣之意"，强调知道民族才能做好统战工作。

多年来，我一直把碰钉子当作历练，是学习议政之必须。

1993年我作为全国政协委员，对全国政协一位副主席大谈耳朵认字，称赞耳朵认字是“社会主义绿叶”的说法有不同意见，因为我在长春、在郑州、在北京、在上海多次看见声称耳朵、舌头能认字的人是如何弄虚作假的，所以在政协会前提交了《建议组织科学家对耳朵认字进行测试》的提案。提案组很有礼貌地打电活给我说：“不拟列入提案。”我很失望。我想提案组有提案组的难处，只好同意不列入提案，但不等于我思想通了。适巧政协要开设“语音信箱电话”，通知从零时起，委员可以用电话向大会会务组反映自己的意见和建议。于是，我盼望零时快些到来。

零时一到，我就抓起电话打到会务组，啰啰嗦嗦地讲了20多分钟，把我所见到的情况述说一遍，指出耳朵认字是伪科学，又讲：那位副主席是受骗上当，如果不让那位副主席了解真相，是害了那位副主席，有损于科学家的威望。想不到，第二天政协记者在报道时，把我电话里所说的材料摘要刊发。后来，伪科学的始作俑者节节退却，先把耳朵认字改为“人体特异功能”，过一阵子又改为“人体科学”。尽管是换汤不换药，但也多少说明他们不敢为“伪科学”张目。医学、解剖学、生命科学不都是人体科学吗？退却未必是因为政协报道的威力，也可能是因为始作俑者自己陆续发现耳朵认字的虚伪性。

从1992年起，“兼顾公平”论作为原则风靡全国。我从盲从到怀疑，再到坚决反对。我查阅了40多个国家的价值观或城市精神的资料，没有一个把公平置于“兼顾”地位的。只有英国曾有几个人鼓噪过“兼顾公平”，因无人理采，未成气候。我坚信“兼顾公平”论是错误的。公平是道德的准绳，而“兼顾公平”则意味着将这条准绳放在了次要位置，这是不合适的。原则问题要作为原则来纠正，我把批评“兼顾公平”视为议政的制高点。信仰给人勇气，我想即使惹点麻烦也要议下去，个人得失再大也是小事。但鉴于风势太大，我只能婉转表达。可是，不管怎么拐弯抹角，报刊都不给登。有的给登，但删去了我的关键之笔。甚至连“弱势群体”四个字也不得见报。无奈我来了个“四个面向”：面向小报、面向基层、面向边疆、面向内刊。不过，就是如此，发表出来的所谓关键之笔也是轻描淡写。

1994年3月15日，我在《团结报》发表了一篇《立法年，立德年》，接着又在1994年6月1日的《团结报》上发表了《提倡“德治”》，立即得到雷洁琼的口头赞扬。用道德治理社会的思想历史悠久，可是“德治”这个概念的出现还是有史以来第一次。六年多以后才有文件使用“以德治国”。不过，文件把法治与德治平行，没有明确法治第一，德治第二，我也不敢苟同。

90年代群体性事件一天天地突出起来，在20世纪末群体性事件每年30万件上下，件数多，人数多，烈度大。我与友人徐觉哉、沈永林等十余人合写了本《变革社会中的政治稳定》，提出变革动力论、稳定条件论、发展目的论。也许是集体创作面子大，出版之后平安无事，令人泰然、舒然，尝到了议政的甜头。

21世纪初叶我为和谐社会写了二十多万字

21世纪初中共中央提出和谐社会，提出科学发展观，提出缩小四个差距。我学习了以后精神为之一振。为什么？因为1996年我就赞同全国政协主席在八届四次大会闭幕会上提出的“和谐、和气”。

全国政协八届四次大会闭幕后，在走出会场的途中，《解放日报》社记者李文祺先生采访我。我根据闭幕词讲“和”的精神，说：“十二亿人，不‘和’行吗？”并建议用“十二亿人，不‘和’行吗？”做标题。第二天《解放日报》就登出了。在由京返沪的飞机上，能看到早报的领导同志陈铁迪、王生洪在机舱里同我打招呼时，夸奖了我同记者的这番谈话。到上海后，我也没有马上去找这张《解放日报》。想不到一两天后有关部门在几十家报纸的吹风会（或称“通气会”）上批评了这篇报道。这促使我马上把报纸找来，横看竖看，没看出有什么毛病。记者所记完全符合我的原意，没有丝毫走样。我左思右想：领导如此批评和谐是错误的，是有害的，是“斗争哲学”的残余。我学习毛主席著作从来是认真的。我清楚地记得毛主席在1975年明确抛弃过“斗争哲学”。我翻箱倒柜，找出我过去学习所做的卡片。毛主席说：“‘共产党的哲学是斗争的哲学’，这是资产阶级讲我们的，以后不要说了。我们是讲斗争的，同时讲团结。老斗争就乱，还是以安定团结为好。讲斗争是对的，还要讲团结和纪律。”

重温了毛主席教导，手中握有了理论，增强了理论勇气。我考虑再三，想想国情，想想千百万人的愿望，我决定写信批评领导。

21世纪初中共中央提出和谐社会后，我雀跃三尺，披星戴月写和谐社会，接连写了几十篇有关和谐社会和科学发展观方面的文章和发言、提案，先后出版了《和谐社会浅说》和《谈谈社会建设》两部书。其中有一篇转载在《新华文摘》上，被一位中央政治局常委看见了。他叮嘱中央、国务院、全国政协三个研究室的部分同志听我讲一次，接着又命我在政协大会上发言。因为我是乡音太重，笨得学不好普通话，所以我从不申请大会口头发言。现在领导有吩咐，赶着鸭子上架，我只好登台献丑。

退下来以后坚持做中国特色社会主义的阐释者

2008年我裸退了。我记起陆游的“位卑未敢忘忧国”，我也未敢忘记陆游的另一句话：“夜半挑灯更细看。”可是我也自知自己思想老化，精力不济，在议政方面只能是坚持“小车不倒只管推”，尽力而为。

由于20世纪末叶把“兼顾公平”论当作原则来推行，导致“不平则鸣”，群体性事件增多，社会矛盾突出。如何把社会矛盾化解在萌芽状态，如何不把局部矛盾酿成全局性矛盾，经过一番研究以后，我就社会矛盾写了篇近万言的文字。时任中共上海市委书记俞正声同志在这方面有不少高见。他就此跟我一个人讲了一个半小时。我得益匪浅。

2013年我写了《展望民主的第三境界》（载《社会发展论坛》第4期）。20世纪80年代初在中央文件里曾提出高度民主，并把“高度民主”作为标题，令人兴奋，后来讲得少了。中共十八大又强调民主。我很快写出民主有三个境界：人治民主→法治民主→社治民主。“社治民主”是我根据党中央“小政府，大社会”的思想提出来的。2018年3月的全国人大十三届一次会议上，国务院撤消、精简、合并了好多部委，表明政府在“减肥”。

2014年我写了《人与社互为本》。在文章第一部分我用了两个标题：一、“社会不以人为本就不成其为社会”；二、“人不以社会为本就不成其为人”。我之所以倡导互本论，还是与我不赞成“兼顾公平”论有关。我目睹不公平现象害死人，想用互本论绕着弯子取代“兼顾公平”论。

2014年我写了《社会主义分配原则的现状和未来》。其目的是看不惯那些为了替“兼顾公平”论擦粉，大讲“第一次分配讲效率，第二次分配讲公平”的歪理。事实清楚地告诉我们：第一次分配也不能不讲公平。文章中我针对救济、扶贫中的不公平，提出一个“第三次分配”。我写道：“把第一次分配、第二次分配以及慈善、救助等第三次分配统统完善起来，一个‘橄榄形’的社会结构一定会在中国出现。”

2016年我写了《论“五大理念”的思想解放力》。背景是中共中央在

“十三五”规划建议中，首次将“创新、协调、绿色、开放、共享”并称为五大发展理念。可是当时阐述五方面之间的辩证关系的文章不多。我想作为参政党的一员应当为五大发展理念出力。从我的研究重点、知识积累考虑，几年来我写了十几篇为弱势群体呐喊的文章，因此曾被人戏称为“贫困社会学家”。这样，我在五大发展理念中突出强调共享。中国的经济总量世界第二，中国的基尼系数却徘徊在第60位上下。我曾经粗略地计算过，仅用近年“老虎”“苍蝇”所贪腐的数额，就足以让贫困人口早日脱贫，不必等到2020年。

2017年我写了《多学科视野下的“人类命运共同体”》。我在青年时代，见过苏联最高苏维埃主席团主席伏罗希洛夫，见过印度尼西亚总统苏加诺，以及埃塞俄比亚皇帝塞拉西等国家元首，对他们都很崇敬。随着时间的流逝，见闻不断增多。我与140个国家的普通百姓握过手，合过影，聊过天。我曾著文讲，好多国家的百姓比他们国家的总统高明。从2007年起，尤其是在2013以后，中国领导人讲了近百次“人类命运共同体”。我认为这个观点值得许多其他国家关注。在联合国把中国提出的“人类命运共同体”两次写进决议后，我怀着无比喜悦的心情写了《多学科视野下的“人类命运共同体”》，力图顶住“逆全球化”的思潮。

2017年底我因发表《论社会平衡》而获奖。中共十九大提出：“中国特色社会主义进入新时代，我国社会主要矛盾已经转化为人民日益增长的美好生活需要和不平衡不充分的发展之间的矛盾。”找到主要矛盾就是抓住了牛鼻子，次要矛盾迎刃而解。对“不均衡”三个字我深有感触。在中共十九大召开之前的2017年8月，执政党征求参政党对中共十九大的建议时，我已向民进中央，并通过民进中央向中共中央反映解决“不均衡”的问题。因此在中共十九大闭幕后，我日夜兼程写了《论社会平衡》，发表在《探索与争鸣》第12期，获得奖励。

2018年我八十足岁。我的愿望是：一息尚存，笔耕不辍，议政不止。2018年是改革开放四十年，很多人写了学习邓小平南方谈话的文章。对此，我有点看法。二十多年来，各地对南方谈话的宣传力度是不一样的，有的城市火红，有的城市冷清。这里大有值得思考的余地。如果让我议政，我将呼吁领导带头宣传邓小平南方谈话。我自己也打算写一篇《我与特区》，议一议特区这个政。

越是热爱执政党，越要在原则问题上，敢议政、真议政，真诚而不敷衍，尖锐而不极端，努力增进共识。

追求哲学真谛的智者

——记民进上海市委原学习委员会主任、复旦大学哲学系原副主任余源培

余源培，复旦大学哲学学院教授、博士生导师，享受国务院颁发的政府特殊津贴。“文革”后我国第一批马克思主义哲学发展史、经济哲学、中国化马克思主义学科建设和研究学者。上海市第八届政协委员，第九、十届常委；民进市委第十一、十二、十三、十四届学习委员会主任。曾获市优秀教育工作者、市统一战线先进个人称号。2018年12月被表彰为民进上海市委庆祝改革开放四十周年“四十年·双岗建功四十人”。

幼年深受父亲的影响

1938年4月，余源培出生于湖南省桃源县的一个知识分子家庭。其父余俊生，一生献身于我国地理学的教学和研究，新中国成立前一度工作于商务印书馆，后长期在四川大学、安徽师范大学等院校地理系任教和任系主任。母亲张叔宜节俭持家，心地善良。余源培兄弟姐妹六人，他排行第二。童年在抗日战争和解放战争时期度过，为躲避战乱家人一直处于逃难的状态。其间，日寇在重庆大轰炸造成的惨状给他幼年留下不可磨灭的印记，也切身感受到老百姓对抗战胜利欢欣鼓舞的热情。因此，他从小就有一种爱国情节，内心最大的希望就是国家强大，不要有战争。

父亲对他的影响很深。父辈这一代的很多知识分子，都怀有“教育救国”的思想，并成为他们一生的使命。余源培小时候经常一觉醒来，看见父亲还在深夜伏案备课的背影。白天母亲为了让父亲专心备课，常将孩子们引到其他地方玩。小时候的余源培不懂父亲为何如此孜孜以求，后来慢慢明白父亲从事的是教育人、培养人的工作，是一项高尚的、对社会有重要贡献的事业，也是必须毕生花费心血的事业。这些都深深影响着余源培，在他今后的从教生涯中，常用父辈们在从事教育事业时的执着精神和认真态度鞭策自己。

萌发对哲学研究的兴趣

1950年至1956年，余源培就读于安徽省芜湖市第一中学，这是一所重点中学。在学校进步氛围影响下，他逐渐对文科产生了兴趣，开始接触到艾思奇的《大众哲学》等社科著作，又从父亲的书架上翻看了苏联哲学家尤金和米丁合编的《哲学辞典》，逐渐对哲学萌发了兴趣。

1956年，党中央向全国发出了“向科学进军”的号召，接着又提出“双百”方针。正是在这种形势下，复旦大学哲学系创立，胡曲园任系主任。那年，余源培以第一志愿进入复旦大学哲学系求学，成为第一届学生，学制为五年。此时余源培深受胡曲园的影响，胡教授认为哲学对民族和国家来说，其重要性不只是工具性知识的传授，更是帮助人们掌握解决认识和改造世界的立场、观点和方法；任何时代的哲学发展都意味着人的思想解放。胡曲园注意学风建设，重视马克思主义的中国化，亲自给学生讲授毛泽东的《矛盾论》和《实践论》。这些给他留下深刻的印象，本科毕业后他成为胡曲园的在职研究生。

立志做一名合格的哲学和教育工作者

余源培走过的道路并不是一帆风顺的。1956年，他考入复旦大学哲学系，第二年就赶上反右派斗争，因直言而被贴上走“白专”道路的标签，在“文革”中，又被作为“一张嘴一支笔”的典型，受到批判，身陷逆境。正是在逆境中，他感受到爱和友谊的可贵。当年反右运动时，班上绝大部分是调干生，对于余源培这样的小弟弟，大哥哥大姐姐们给予的是关爱，并不落井下石，这让他很感激。可以说，他既经历了以阶级斗争为纲的腥风血雨，又感受了人与人之间相互保护和相互关爱的温情。1976年，当听到“四人帮”被粉碎的消息，他高兴极了，买了好几瓶啤酒，与几位知己一番痛饮。党的十一届三中全会后，马克思主义哲学在拨乱反正中发挥了积极作用。余源培受到很大鼓舞，参加到这场思想解放大讨论中去，立志做一名新时期合格的哲学工作者和教育工作者。

1967年获得研究生学位后，继续留任复旦从事教学和科研工作，直到退休。在教学和科研中，余源培逐渐对马克思主义哲学的社会功能有了深刻的感悟。他认为哲学是一种大智慧，不仅仅是一种知识性的工具。对马克思主义哲学他用九个字来理解：“主义真”——确立正确的政治信仰，但不是一种教条；“品德正”——培养良好的个人和社会道德，人际间充满爱心和诚意；“方法对”——掌握认识世界和改造世界的立场、观点和方法。无论是教书育人，还是著书立说，余源培都努力体现这种认识。

在教书育人方面，余源培践行一句口头禅：“希望在青年，责任在我们。”他认为教育工作是培养人才的工作，特别是培养青年人。青年人在成长过程中不可能一帆风顺，当他们遇到挫折时，余源培总会联想到自己当年被大哥哥大姐姐们关照的场景，他认为作为教师，应尽全力帮助他们。在教学生涯中，他很自信自己没有践踏一个成才的好苗子，一批接一批的学生——从本科生到硕士生、博士生、博士后，余源培认为这就是他一生最宝贵的财富。一说起他曾经的学生，他就如数家珍，他们大多数已经成为教授、副教授，有的已是教育部的长江学者。如今余源培曾经的学生已经成为硕士生和博士生导师，他们会说“当年余源培教授怎么教我们的，我们就怎么教学生”。

余源培所在马克思主义哲学学科点充满着凝聚力，作为曾经的学科带头人，他与教研室的同事相处融洽愉快。在余源培80岁生日聚会上，一位教研室同事将跟踪拍余源培十几年的工作和生活的照片，编成一本厚厚的相册送给余源培，让他感动落泪，曾经一幕幕的温情画面再次浮现在脑海。

说真话，建诤言

余源培由邓伟志先生介绍，于1990年6月成为中国民主促进会会员。他说，加入民进组织后，也给了他一个很好的政治平台，能够将自己的专业成果转化到参政议政上来。在以后十五年的上海市政协舞台上，余源培一直努力做到：“参政议政要以思考问题为抓手，以提出建议为说真话，做诤友。”

政协八届一次会议期间，市委常委、副市长赵启正参加小组讨论。大家纷纷围绕浦东开发开放与经济发展提出意见。余源培发言说：经济发展的中心是物，即生产力的提高；社会发展的中心是人，是人的全面发展。社会发展要以经济发展为基础，但经济发展要为社会发展服务。赵启正眼睛一亮，赞许道：“余教授这几句话很有道理。我们搞浦东开发就是要这样做。”后来，蕴含着经济与社会发展应以人为本的这段话语，作为“新委员感言”被刊登在当时的《联合时报》上了。

余源培有着很强的参政议政意识，他认为政协委员不能只求“知名度”，更要有“知情度”，要更多地关注民生问题，从生活中搞调研，体现了他参政议政的智慧。一次余源培看完歌剧走出大剧院，演出虽然精彩，但票价也很“高档”。他陷入沉思：一些剧院实行高票价导致高雅艺术远离大众，使老百姓患上“文化饥渴症”，只能到那些低俗、粗俗乃至恶俗的“文化”中去发泄。为了改变这种状况，余源培给市政协提交《舞台艺术呼唤“平民意识”》，并在报纸上发表《“文化大餐”应当名符其实》的时评，受到社会好评，《人民日报》将其转载，并配以漫画。余源培十余年来写下了二十余份提案，十余篇大会发言，有的影响了有关部门的政策，有的影响了社会舆论。

余源培是一个直爽豁达的人，是一个喜欢和年轻人交谈的人，是一个努力追求真理的人，是一个潜心研究学问并努力实践的人，是一个建诤言讲真话的人。与他交谈就犹如读一本哲学的书，话语间流露出朴素却富有深刻的哲理，而且是一本越读越有味道的书。

学术传统的传承者与拓展者

——访民进上海市委原副主委、华东师范大学教授许世远

许世远，全国人大原代表，第十二届民进市委副主委，地貌学、现代沉积学和自然地理学家。1970年起致力于现代沉积环境研究，发现了长江三角洲阶段性演变规律，建立了滨岸风暴沉积等系列沉积模式，其成果五次获得国家、省部级科技进步奖，被誉为中国现代风暴沉积研究的开拓者。1990年以来，提出城市因人类作用出现“第二自然地理”格局的重要思想，探讨苏州河底泥污染规律与治理技术，为中国城市河流污染。研究和治理提供原创性的独特思路与方法。主要成果两次获国家省部级科技进步奖，2004年编著《上海城市自然地理图集》被学术界认为开启了“城市自然地理学”新学科。2000年以来，系统开展了沿海城市自然灾害风险评估和防范研究，为沿海省市防灾减灾战略、城市公共安全规划等提供了重要依据，获2014年上海市哲学社会科学优秀成果一、二等奖。2015年获中国地理科学成就奖。2018年12月被表彰为民进上海市委庆祝改革开放四十周年“四十年·双岗建功四十人”。

学术传统的传承者

地理学是门学科分支众多的学科，自然地理学具有核心学科的地位。任何优秀的地理教学与研究单位，地貌学是自然地理领域最不能替代的、最具代表性的标志性学科。1952年，全国院系调整，当时国内外享有盛名的浙江大学地理

系整体调入华东师范大学，李春芬、严钦尚、陈吉余和郑家祥等自然地理学名师带来了一股欣欣向荣的学术新风，开启了高起点建设华东师大一流自然地理学科的新篇章。而在之后的学术传承之中，许世远成为承上启下最重要的学者之一，他在地貌研究、现代沉积研究和城市自然地理研究等方面进行具有开拓性意义的工作，既守护了严钦尚等前辈学者留下的学术遗产，同时又在新的研究领域作了拓展。纵观华师大自然地理学科的发展历程，就会发现这个学科在严钦尚、许世远、俞立中等几代学人的引领之下，始终走在学术发展的前沿地带，而这个学术前沿又是跟解决中国社会发展所遭遇的问题息息相关的，因此可以说，自然地理学将“学术探索”与“社会责任”实现了完美的无缝对接。

20世纪70年代初，许世远涉足地震研究领域，参与首次探讨地球自转季节性变化与地震的关系。此后，他致力于现代沉积环境研究，在滦河、长江和江浙等地，论证了河流、三角洲、潮坪和沙滩的发育特征、形成机制和沉积模式，其成果《长江三角洲发育过程和砂体类型》获1979年上海市重大科技成果三等奖、《现代海岸及河流沉积》获1985年国家教委科技进步二等奖和1987年国家科技进步三等奖、《长江下游及三角洲地区地貌与沉积环境研究》获1991年国家教委科技进步三等奖。他还是我国现代风暴沉积研究的开拓者，1981年十四号强台风作用期间，他冒险现场观测杭州湾北岸特大台风暴冲淤作用过程，获得大量实测数据，建立了杭州湾风暴沉积标志、层序和模式，并在此基础上，不断实践总结，出版了《长江三角洲地区风暴沉积研究》专著，丰富和发展了现代风暴沉积研究内容，其中“长江三角洲风暴沉积与环境演变研究”获1998年国家教育部科技进步二等奖。

一位心怀感恩、谦虚的学者

许世远教授多次表达对华师大自然地理学学术传统的感恩之心，并反复强调他今天所获得的学术荣誉不应该仅仅看作对他个人的认可，而是对华师大自然地理学整个学科发展状态与成绩的高度肯定。

早在1955年，许世远就到华师大地理系求学，他在华师大学习、工作的六十年，也正是华师大自然地理学蓬勃发展的六十年。追忆半个世纪前的求学往事，许世远仍旧不忘初心，心存感激：“我在华师大从本科读到研究生的七年时间，奠定了我整个学术生涯的基本格局和基础。当时我们这个学科是全国最好的，给我们上课的老师都很厉害，都是我们学科的名人。”

1962年，23岁的许世远在严钦尚教授和施雅风院士的指导下，写出了中国第一篇全面深入研究现代冰川作用的综合性论文《中国天山现代冰川作用研究》，研究成果被著名科学家竺可桢院士引用。

追忆这一段学术生涯初期的成就，许世远感慨不已：“当时研究生还很罕见，出去人家一看你是华师大的研究生，导师又是权威学者，就很重视。我只是普通学生，去冰川研究队人家就让我当副队长，分管业务，我自然要好好干。”研究生就读期间，华师大地理系给像许世远这样的有学术理想和抱负的青年学子创造了很多野外实地考察和外出开会学习的机会，他们年纪轻轻就能够在学术会议上作报告，正是通过这样的切身实践的方式，许世远融入了自然地理学这个学术共同体，得益于它的滋养，反过来也推动这个学术共同体的成长。

平时只要一谈到许世远学术生涯中的辉煌足迹时，他反复强调，这些奖项的获取都是依赖于他所在的科学团队共同的研究努力，没有一个努力奋进、团结协作的科研团队，没有华师大自然地理学的优质基因和优良传统，就不可能在如此广阔的学术领域里耕耘和收获。

长期关注上海城市自然地理

许世远从学生时代开始就长期居住于上海，因此对于上海所在的长江三角洲的地理变化特别敏感，对于上海这座城市的自然地理风貌也极为关心。他根据上海发展中暴露的城市病，提出地理学的新方向——城市自然地理。自20世纪90年代以来，许世远开始从事环境演变与可持续发展研究，重点开展了城市河流污染底泥、滨岸带物质迁移规律、环境影响监测与管理工作，主要成果“长江三角洲环境演变”获1995年国家教委科技进步三等奖、“苏州河沿岸资源环境结构与污染底泥三维分布研究”获1999年上海市科技进步二等奖。苏州河是我国污染历史最长、污染程度最重、整治难度最大的城市河流之一，也是远近闻名的臭水浜。许世远、俞立中等主持的苏州河底泥污染系列攻关项目采用了最新的底泥勘测、采样、分析和GIS建模技术，从生态环境和城市自然地理角度，对苏州河底泥污染规律与治理技术进行系统总结和深入探讨，不仅为上海步入国际大都市作出贡献，而且在理论和实践上也为我国其他城市河流污染整治提供了一系列原创性的独特思路与方法，并拓展和丰富了环境生态学和城市自然地理学的理论体系。

自然地理学跟国计民生紧密相关，许世远和他的团队的学术研究从来就不是阁楼上的智慧游戏，而是立足本土面对现实问题的经世致用之学。20世纪90年代末，长江中下游流域发生了特大洪灾，许世远领衔的团队从城市水文、城市地貌研究角度，开拓了城市防灾减灾研究。许世远提出：城市发展导致一系列自然地理要素发生改变，但各自然地理要素仍然存在，只是出现了一个新的自然地理格局。他认为在地球环境的发展历史中，非人类因素创造了自然地理的基本格局，可称为“第一自然格局”。随着人类活动加剧，特别是20世纪末以来，人类改造自然的能力突飞猛进，导致全球气候变暖、土地荒漠化、热带雨林消退、物种减少等一系列全球性环境问题相继出现，改变了地表的“第一自然格局”，形成了“第二自然格局”，第二自然格局是城市自然地理研究的重点。许世远提出并构建了城市自然地理学理论框架，编制出版了《上海城市自然地理图集》。2004年，他领衔编著的《上海城市自然地理图集》得到著名地理学家陈述彭院士的称赞：高举创建“城市自然地理”新学科的大旗，展示出上海城市发展的“第二自然格局”，令人耳目一新，亮点格外引人入胜。

心系世界的科学家

21世纪以来，在地球系统科学指导下，许世远密切关注全球环境变化对城市的影响和响应，主持长江口潮滩复杂环境条件下的物质循环研究，为河口海岸地区的环境保护与整治提供科学依据；启动沿海城市自然灾害风险研究，为城市规划与安全提供依据与对策。

当被问及全球化视角和跨学科视角在地理科学研究中的价值与意义时，许世远结合其一生致力的学术研究经验，以及对地理科学未来发展趋势的深刻洞见指出：“全球变化之后人类社会的可持续发展问题成为摆在不同科学家面前的共同课题。应运而生的全球变化研究计划就是全世界最大规模的科学计划，由100多个国家和地区的各个方面、各个领域的科学家共同承担。由此可见，如今的学术研究都应该有一个全球化的视角，并且一定要注意学科交叉融合。除了学术团体，科学家提出在未来地球时代，政府部门、各个部分都应该参与进去才能实现全球和谐。地理科学在这样一个时代和全球背景下，必须走跨学科发展的道路。”

面对这样一个地理科学发展的大时代，许世远大有“烈士暮年壮心不已”的豪迈，他所率领的学术团队更是引领国内乃至世界自然地理科学研究的潮流。他多次谈及其团队中一些脱颖而出的学术新秀的人生故事，特别倡导一种刻苦耐劳、敢于尝试、勇于奋斗的精神。最后，他语重心长地对青年一代说：“社会变革时期，我们面临很多的机遇，关键是抓紧这段时间，在科学研究、社会服务等方面树立自己远大的目标，既要有做番事业的雄心壮志，也要注重实干，因为科学创新要花功夫。”这种平实话语背后隐含的道理，正好呼应了华东师范大学首任校长孟宪承先生留下的大学理想：“智慧的创获，品性的陶熔，民族与社会的发展。”

教育时空的领头雁

——民进奉贤区总支原主委、奉贤区教师进修学院原副院长金哲民

金哲民，第十三、十四届市人大代表，第一、二、三、四届奉贤区人大常委，第十三、十四、十五届民进市委委员，民进奉贤区总支原主委，奉贤区教师进修学院原副院长、奉贤区实验小学校长正高级教师，上海市特级校长、上海市语文特级教师。上海市教育督学，上海师范大学兼职教授，奉贤区实验小学教育集团理事长，上海市小学教育管理专业委员会副主任、小学语文教学专业委员会副主任，奉贤区教育学会会长。在全国省市级刊物上发表《语文教学要紧贴生活实际》等论文四百多篇，编著出版《智慧教语文》《当代校长的职责和使命》等著作四十多本。成立“金哲民特级校长工作室”，带教培养了一批优秀校长。其事迹在《现代教育报》《中国农村教育》《人民日报》等多家媒体报道。荣获全国优秀教育工作者、全国群体先进个人、全国创造教育成果奖，全国教育创新人物奖、全国教育科研先进个人等多项荣誉。2018年12月，被民进上海市委表彰为庆祝改革开放四十周年“四十年·双岗建功四十人”。

在一万多名上海民进会员中，金哲民是比较特别的一位，他身上有三个“第一”：奉贤区第一位民进会员、第一位支部主委、第一位总支主委。

1980年，他从上海第六师范学校毕业，被分配到奉贤庄行中心小学任语文教师，从此，他扎根在基础教育战线上，一干就是三十多年。

金哲民还是一位“老资格”的人大代表，从1993年当选为上海市奉贤县人大代表，到如今担任上海市人大代表，已经整整二十年。做群众的“有心人”“代言人”“贴心人”，是他这位老代表的履职心声。

教育需要呵护小草般的温情

金哲民曾在上海市奉贤区教师进修学校干了十一年。其间，他的足迹遍布奉贤的每一所乡村小学，接触过各种各样、特色各异的校长和教师。通过大量的听课、评课、上示范课、举行专题研讨和讲座等活动，金哲民积累了一整套行之有效的语文教学经验，并取得一系列教学成果。

针对缺乏互动交流的“满堂灌”式教学，金哲民在进行大量调研的基础上，提出在教学过程中，必须提倡教师要少讲解、少提问，学生要多读书、多质疑，只有师生之间真正互动起来，才能调动学生参与教学的积极性、主动性。

“向课堂教学要高效益”是金哲民教学的基本原则。如今，在奉贤区实验小学，教师心中都有“五个优化”，那是他们课堂行为的指南，即优化教学内容，让每个学生易于求新；优化教学环境，让每个学生敢于求新；优化教学结构，让每个学生便于求新；优化教学模式，让每个学生善于求新；优化教学手段，让课堂教学更生动活泼。

在实践中，金哲民十分注重对学生思想品德的培养。有一次，学校总务主任反映，学校新植的小草，接二连三被孩子们连根拔起。

金哲民得知后微笑着说：“孩子们犯错可以原谅，不过教育很重要。”在升旗仪式上，他给孩子们讲起了自己小时候参加植树活动的经历，并告诉孩子们，植物都是有生命的，能和人类一起成长。

第二天，一些新植小草还是有几棵被拔起。不少教师摇头说，这些孩子真是无药可救了！

金哲民闻讯后，把孩子们集中起来，布置了一个任务，就是和他一起去种草。很快有的孩子说：“种草真累！”

金哲民说：“种草的确没有拔草那么省力，现在你们知道学校园丁维护绿化不容易了吧！”

这时，有孩子主动提议：“校长，我们愿意做小哨兵，下课后就来保护小草。”从此，拔草事件再也没有发生过。金哲民说，教育需要智慧，更需要呵护小草般的温情。

对学生，金哲民总是倾注满腔的关爱，当他们因家庭变故、疾病、贫穷等原因处于逆境时，他总是想方设法地援助、鼓励他们。

有一年，一名学生不幸得了骨癌，高昂的医疗费用对于一个普通家庭来说雪上加霜。金哲民得知情况后，积极组织全校师生奉献爱心进行捐助，一周内，全校师生共捐款一万多元。当金哲民捧着这笔钱亲手送到学生父母手中时，学生的父亲说："这份情我们永远记在心，孩子能在您当校长的学校里学习，真是幸运！"

"玩泥巴"让全校都动了起来

"特色不是个别学生在某些方面有特长，也不是一两个兴趣班的开设，而是先普及，然后在普及的基础上，个别学生再有所提高，让每个孩子都能快乐成长。"这是金哲民对特色学校的观念。

"玩泥巴"是金哲民抓住的一个教育契机。有一次，在学校花坛里的迎春花下，一群孩子围在一起，他们被什么吸引了呢？金哲民走近后发现，原来有个孩子在玩泥巴。上课铃响了，周围的孩子一哄而散。但这位男孩还是旁若无人专注于他的"泥巴"。金哲民提醒孩子上课了，这个男孩没有表现出丝毫慌张，反而还有些失望和恋恋不舍，眼睛里全然没有了玩泥巴时闪烁的光芒。

看着孩子的身影，金哲民陷入了沉思。这个小男孩叫小于，他性格内向，非常孤僻，学习成绩也一直落在后面。下课后常常躲在旮旯里玩泥巴，弄得脏兮兮的，有时还会逃课。受他的影响，许多孩子也开始玩起了泥巴。

"多想想孩子们身上的闪光点，不要老把目光聚焦在他们的缺点上。"这是金哲民经常对老师们说的话。他的眼前闪现出小于在玩泥巴时那种专注的眼神。对！这就是教育的突破点！于是，金哲民决定在校园内开展捏泥巴大赛，让全校的孩子都参与到"捏泥巴的快乐"中去，一场"让泥巴活起来"为主题的现场捏泥巴活动在校园中轰轰烈烈地展开了。孩子们创意独特的作品让大人们看到了另一个世界。

金哲民认为，学校管理者要跳出教育看教育，要形成大教育观念，要给孩子们提供全面发展的机遇和舞台。学校由最初成立泥巴兴趣班，到一年一度的"快乐泥巴节"，继而发展为一门校本课程被固定下来。

在孩子的世界里潜行

——记原民进闸北区幼教支部主委、芷江中路幼儿园园长郑惠萍

郑惠萍，正高级教师、上海市特级教师、特级园长，现任芷江中路幼儿园园长。被聘教育部首届“国培计划”专家、教育部教育信息化专家委员会委员、中国教育学会学前教育专委会常务理事、上海市普教系统“双名工程”名园长培养基地主持人、上海市示范园沙龙负责人等。是中国民主促进会第十三届、第十四届、第十五届上海市委委员。曾荣获全国优秀教育工作者、首届“浙、沪、苏”长三角地区教科研标兵、第三届全国教育改革创新杰出校长奖、上海市三八红旗手、上海市教书育人楷模（提名）、上海市园丁奖。2018年12月，被表彰为民进上海市委庆祝改革开放四十周年“四十年·双岗建功四十人”。

锲而不舍地专注幼教

上海的幼儿园大约有1500所，其中示范园有57所。芷江中路幼儿园是其中的一所。随着事业的发展，该园的规模扩大成四园五部：芷江园（小班部、中大班部）、龙潭园、新梅园、瑞仕园。

园长郑惠萍的简历很简单：当了十七年的幼儿园教师，与她的同辈著名园长相比，她在第一线带班的时间最长。五年的区幼教教研员的经历，是她厚积薄发

的中间加油站，打开了她的视野和境界。从1995年至2018年，她一直是芷江中路幼儿园的园长。在孩子的世界里潜行，于她，是一种习惯，在旁人看来，则是一种境界。她深深地潜入，每天看到的是一个又一个美好的童真故事，蓦然回首，却走过了一段长长的历程。

凡成就一桩事业，须专注，并锲而不舍地追求。郑惠萍就是这样，她天生喜欢研究，用“痴迷”形容她一路走来的四十多年幼教生涯，一点不为过。

她从2003年至2018年，做了十几个市级课题，几乎都获市教育科研大奖，其中2014年由她领衔的“以幼儿自主学习为核心的低结构活动的探索”课题，获教育部颁发的国家级教学成果一等奖；2016年的课题“让评价成为一种专业行为”，获上海市第十一届教育科研成果一等奖。她还出了4本著作。这份成绩单，不要说在上海幼教界，即使在中小学的著名校长中，也不算少。2003年至2018年的15年中，做了十多个市级课题，每个课题，都是基于新问题的产生，又不断地探索，螺旋式上升，到了今天，已经达到很高的境界。

基于此，她先后被评为特级教师、特级园长。2016年成为上海首批正高级教师之一。她为幼教事业付出了心血与汗水，先后获评市园丁奖，市“三八”红旗手，全国优秀教育工作者，上海市教书育人楷模（提名），首届“苏浙沪”长三角地区教科研标兵，全国第三届教育改革创新杰出校长奖等。她是上海“双名”工程的主持人，还担任南京师大兼职教授、华东师大师范生导师等。

探索研究低结构幼儿教育活动

她创造和编制了一整套低结构活动的“评价指标”和“操作指引”，并且用于实践。芷江园孩子的低结构活动被喻为“中国的瑞杰欧”。2013年，有57个国家和地区的大约300多名顶级的幼教专家（其中有相当多的大学教授、校长）来到中国。教育部把这次会议安排在上海，并向国外专家开放了上海20多所幼儿园，让他们随便观看。芷江中路幼儿园接待了来自美国、德国、瑞典、澳大利亚等地区的30多位专家。他们在仔细观察了幼儿园孩子的活动后，感到非常震撼。一位国际学前教育的主席脱口而出，把芷江园称为“中国的瑞杰欧”。他们还评价，“从孩子的活动，看到了中国学前教育的希望”。

如果来到芷江中路幼儿园，就会发现整个幼儿园仿佛是孩子们的欢乐世界，孩子们那种专注神情，那爽朗的笑声，会把人的心灵，很快地煽动起来。郑惠萍说，一般而言，老师也好，家长也好，都对高结构活动青睐有加。高结构教育活动强调有预设的目标，对老师（家长）而言，让孩子有“看得见”的活动，老师就有了教学的存在感。强调老师有规定的教学任务，活动内容有严密的流程。就多数老师和家长而言，在思维上习惯于这种高结构活动。但郑惠萍团队在研究中发现幼儿园的高结构教育活动存在两个弊端：其一，孩子们一直在规定的时间、规定的内容、规定的活动中，过着完全统一的生活。其二，孩子想真玩，但在老师面前，他们其实是“被玩”。他们研究的结果是：未来的幼儿课堂应当是低结构活动形式。它的特点表现在三个方面：一是低结构活动以幼儿为主导，以幼儿发起为主。二是它的目标内隐，过程开放，强调游戏，强调幼儿自主建构经验。三是老师用最基本的环境设计和简单的材料投放，给幼儿最大的想象和活动空间，让幼儿有充分的自主选择机会，进行自由探索与发现。用一句话归纳：低结构活动是玩，是学，是在高质量的探索中学。郑惠萍对儿童世界有着敏锐的洞察力，善于用孩子的目光看世界，这些都源于她爱那幼小纯洁的生命，倾注了自己的全部心血。

众人眼里的郑惠萍

在众人眼里，郑惠萍是专家，又是学者；是园长，又是老师。她是一位既能脚踏实地又能仰望星空的研究型管理者。她喜欢与孩子交流，与同事交换意见。她将观察幼儿的方法毫无保留地教给同事，告诉他们既要观察孩子们在做什么，又要了解他们的生活经历、兴趣爱好、经验水平，还要观察幼儿的态度，了解他们的情绪、情感和个性特点，让教师在观察评价中发现每个孩子的亮点。中国教育学会学术委员会顾问，华东师范大学教授、前教育系主任朱家雄对郑惠萍赞誉有加：郑惠萍是难得碰到的绝对正宗的人。她坐在这个位置上，其实诱惑是很多的。但她清廉，洁身自好。她做事情细致、踏实、讲规则、讲规矩。郑惠萍看问题都在点子上。她的本事，是能化繁为简，往往能用一句话或几句话，把问题的要义讲清楚。她是兼具务实和创新精神的人。

郑惠萍是一个热爱公益事业的人，为教育部“国培计划”幼儿教师培训课程、中国福利会“国培计划” 深度贫困地区教师发展课程进行论证，并积极参加“国培计划”乡镇幼儿园优秀教师成长助力研修等上课、讲座、现场教学培训等，在上海图书馆参加特级教师公益讲座“用欣赏的眼光看孩子”等。将该幼儿园获得的首届国家级教学成果一等奖——“以幼儿自主学习为核心的低结构活动探索”进行推广辐射，让更多的幼儿教师分享先进的学前教育理念与行动，能惠及全国各地更多的幼儿。

立足本职建言献策

作为民进上海市委连着三届的市委委员，郑惠萍努力投身于民主党派的自身建设，积极参政议政，做好民主监督的工作。她立足本职，为民进市委关于上海市学前教育的提案建言献策，利用多种机会平台积极参政议政，在国家教育部、上海市市政府座谈会、民进市委教师节举办的座谈会上，为学前教育的事业发展，为“幼有所育”的民生大事，为所有儿童提供公平的受教育机会，为一流城市建设普惠公益、开放多元、优质均衡一流的学前教育服务体系，为让老百姓获得更为优质的学前教育服务，献计献策。

郑惠萍是一位富有智慧的人，是一位肯用心、有童心、有爱心的人。这些不仅仅是一种才能，更是一种人生的觉悟，一种开阔的胸怀和眼光。在她的身上，这些都与孩子有着密切的联系，对于心的境界，它是一种丰富的单纯；而这单纯，又能够包容丰富的情感、体验和思想。

爱，能创造奇迹

——记民进会员、嘉定成佳学校艺术教育特级教师夏月珍

夏月珍，2004年被评为“全国模范教师”，2014年被评为“全国优秀教师”并被评为嘉定区教书育人模范，曾获“新中国六十年上海百位杰出女教师”，上海市“三八红旗手”，上海市群众文化先进个人称号。2018年12月，被表彰为民进上海市委庆祝改革开放四十周年“四十年·双岗建功四十人”。由她指导的特教学生舞蹈、演唱、朗诵等节目多次获全国和市区比赛一等奖，其他所获各种荣誉和奖项更是不计其数。不过比起那些金光闪闪的奖杯和奖状，她更热爱自己所从事的特殊教育工作，对那些特殊孩子二十七年如一日的爱从不缺席。她曾说：“从事特殊教育一定要有耐心，只有热爱自己的工作和这群特殊的孩子们，爱，才能创造奇迹。”

以“爱”为基点，用“心”对待每一位学生

在几十年的艺术教育教学工作中，夏月珍深深感到她的学生作为特殊群体，艺术教育存在着难度大、周期长、见效慢等特点。在实践教学过程中，她也深深感受到，只有坚持不放弃，让每个孩子成为自己的最佳。才能让他们充满自信地到舞台上展示自我。

2005年学校更名为成佳学校，专门招收九年制智力残障学生，其中不少孩子患有唐氏综合征，智商40还不到，有些脑瘫患者连路也走不稳，更别提跳舞了。学生的理解能力差，在舞蹈教学中遇到重重困难，但凭着对孩子们的无私关爱，凭着对特殊教育事业的无限热爱，凭着对艺术的执著追求，夏月珍要用自己的真

诚为这些残障少儿开创出一个常人难以想象的艺术世界。

夏月珍没有因为这些孩子智力不健全而放弃对他们的培养，也没有因为教学中遇到的种种障碍而退却。根据智障儿童不同程度的缺陷和生理、心理特点，在教学中不断研究和探索教学方法，用艺术开启他们的心智，让他们能够享受生活的快乐，享受学习的快乐，享受成功的快乐。

在不断学习特殊教育理论中，夏月珍知道要遵循特殊教育的规律，针对学生的不同特点进行教学和节目排练。有一次，在舞蹈排练中有一个动作，花了两个下午也无法矫正孩子们同手同脚的表演动作时，她灵机一动：干脆针对学生肢体协调能力差，“以人为本”改一下动作，就让他们同手同脚表演这个动作！这个小小的灵感果然效果很好，差点沮丧得跳不下去了的孩子们一下子找到了熟悉的感觉和自信，原先怎么摆放都觉得别扭不合适的手脚终于重新归整好了，反而跳出了他们活泼可爱的一面。这也为她以后的教学积累了经验。

当年轻教师问夏月珍，有没有她教不会的学生，她果断地说有，一遍不会两遍，两遍不会三遍，你只要坚持不放弃，奇迹会在一百零一遍出现。这就是她坚持不放弃的信念！

德才并重，不断提升自身素质与教学能力

对学生的爱和责任是夏月珍一切行动的根本动力，但她也明白，光有爱和奉献是不够的，长期从事一线教育的她利用课余时间，不断学习舞蹈专业知识与特殊教育理论和规律，提升教育水平。比起普通教育，特殊教育不仅因为对象的生理、心理障碍而困难重重，更因为每一个特殊学生都有其不同的特点和困难而更加难以复制经验。她学以致用把学到的特殊教育理论、医教结合理念、特教实践经验，来指导特教艺术教学的实践，同时通过教学实践为课题的研究提供丰富的、有价值的实践案例。

尤其是近几年辅读学校的生源发生了很大变化，中重度智障儿童、脑瘫儿童、自闭症儿童、多重残疾儿童等生长发育迟缓儿童增多，辅读学校教育对象的变化势必引起特殊教育模式的改变。为了让每个孩子能享有公平而有质量的教育，在进行课题“辅读学校《律动与打击乐》音乐康复课程开发与实践的研究”中，夏月珍把优秀的传统文化艺术传授给每一位不同类型的残障学生。尊重学生

的个性化需求，让每一个孩子都能通过自己的努力有所改变，让能唱的唱、能念的念、能敲的敲、能演的演，面向全体学生并全方位地调动多感官体验，鼓励学生以自己的方式表达，对学生的认知、言语、运动等，起到音乐教育与音乐康复的双重作用。补偿他们缺陷，挖掘他们潜能，提升他们的生存质量，为每个孩子增添精彩的人生，让他们自信走出校门。

此课题被立项为上海市及区级课题。夏月珍的教学设计《调动多感官体验，培养智障学生表演能力》发表在《上海现代教学名师：课堂教学专辑》上。论文《创想教学在智障学生音乐教育中的实践与研究》发表在《上海教学研究》上。论文《创想教学在智障学生音乐学科中的实践与研究》获上海市第四届中小学艺术展演活动艺术教育科研论文报告会一等奖，论文《在舞蹈教学中培养智障学生创造力的实践与研究》获嘉定区金孔雀舞蹈节，舞蹈教学论文一等奖。还有多篇论文发表在各类期刊杂志上。

近几年学生们在夏老师的带领下，充满自信地到舞台上展示自我，被邀请参加东方电视台直播“哈哈美丽心世界”慈善晚会演出、“欢乐蹦蹦跳”节目的录制，以及“特殊奥林匹克融合慈善筹款晚宴”和“未来毕加索儿童绘画大赛慈善晚宴”等演出活动。2012年她针对两个唐氏综合征的学生特点，与嘉定青少年活动中心的小天使舞蹈团的孩子们，共同表演舞蹈《一样的天空》，感动着全场的观众！并获得上海市第四届中小学生艺术展演活动表演一等奖。学生从2010年到2014年连续五年获上海市特奥阳光韵律操和自编操比赛一等奖、2012年学校舞蹈《活力少年》代表上海市特殊学校参加第六届全国特教学生艺术汇演，获“一等奖”和“创作奖”以及“辅导奖”，2015年舞蹈《快乐宝贝》再次代表上海市特殊学校参加第七届全国特教学生艺术汇演获“一等奖”。她带队的学校“心梦艺术团”在2012年被评为上海市“优秀艺术团队”，这也是得奖学校中唯一的一所特殊学校。

一花独放不是春，万紫千红春满园。夏月珍把对青年教师的培养作为自己的职责。带教数十几位年轻教师获得市、区各类奖项一等奖，有的走上了领导的岗位，更多年轻教师在她的感召之下，对特殊教育投入了更多的热情。

近年来，夏月珍应邀到外省市中小幼学校作师德报告近50场。生动的事例，直观的视频，以及现场学生的演讲和表演，感动着在场的每一位教师。一位幼儿园的青年女教师在学习体会中写道：“倾听了成佳学校夏月珍老师的‘立德树人’的讲座，给我带来了一次心灵上的震撼和洗礼，我更深地理解了教师这个职业的含义。”一位年青小学教师动情地说：“夏月珍老师面对的是一群特殊的学生，她付出比旁人更多的心血与汗水。她用几十年的教学生活诠释了这么一句普通的话语：坚持下去，就会出现奇迹。”

肩负民进责任，关注特教社会价值与影响

钟情于一线教学的夏月珍放弃了各种机会和待遇，她总觉得对于特殊教育事业和学生有一份自发的责任和喜爱。2006年加入民进，她便将这份责任扩大为履行一名参政党成员的职责，而作为一名民进会员，在认真参加民进的各项组织活动中参与参政议政，2017年代表上海市民进会员到北京参加全国第十二届民进代表大会，让她感到非常荣幸与自豪的是，她是唯一一位特殊教育的一线老师，她会带着这份责任，持续关注特殊教育与关爱特殊学生。

夏月珍就关注特殊学生初职毕业后的就业问题向民进组织撰写社情民意信息和提案，《关于加强对青少年残障人士适应生存支持的建议》得到区政府、区人大、区教育局的重视；区残联对她的提案也进行更进一步的完善。她在社情民意中建议上海要重视各类公共设施如地铁站、医院等对于残障人士的关注。同时有一次当她发现华润万家的超市前面的马路在晚上突然安放了钢筋的隔离带时，她马上意识到这是一个不可忽视的安全隐患，而作为一名民进会员有责任和义务关注民生、关注老百姓的安全问题，当机立断马上打了热线电话，没过多久，电话给了她回复：事故接二连三出现，会连夜拆除隔离带，避免更多事故的发生。为了社会的安宁，她真真切切地感受到了一个民进会员应肩负的责任。她还提出为有能力自食其力的特殊学生提供社会工作保障，以及社区的“阳光之家”工作需要进一步完善。她还说，加入民进之后她开始注重培养在参政议政方面的责任意识，就自己所关注和熟悉的特教领域做到留心观察、用心思考，为残障人士更好融入社会贡献自己的力量。结合曾去台湾考察特殊教育和特殊学生就业的经历和思考，她最近又在着手准备推进“阳光之家”工作更加科学完善的提案。

夏月珍将特殊教育作为自己为之毕生奋斗的事业，兢兢业业，无悔付出。她感恩民进的信任和支持，努力履行参政党成员职责，致力帮助残障学生融入社会。面对纷至沓来的荣誉和表彰，她总是说：“我只是做了一名教师应该做的本职工作。”

语言的艺术魅力

——记民进市委普教委员会原副主任、上海浦明师范附属小学原校长贾志敏

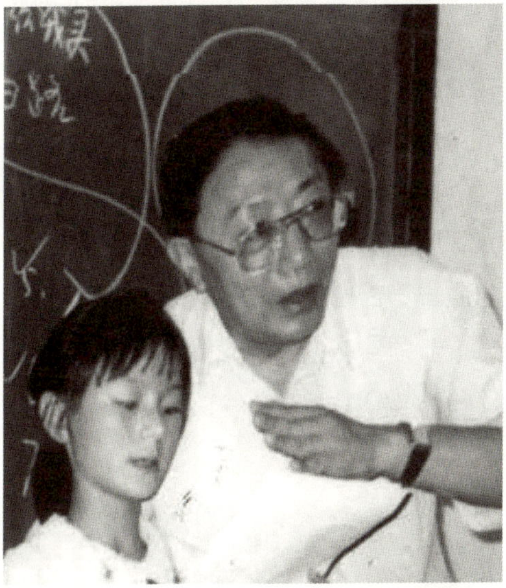

贾志敏，1939年出生于上海。中国民主促进会会员，民进市委普教委员会原副主任，民进浦东新区委原委员，浦东新区政协原委员，上海浦明师范附属小学原校长，中学高级教师。他从事小学教育教学工作已逾五十年。他的课堂教育形成“以学生为主，以训练为主，以激励为主”的风格。在作文教学中形成了“高、趣、真、活、实”的特色。担任校长以后，他大胆试验，积极探索，在实施素质教育方面，取得经验，获得成效。1992年上海电视台录制的电视系列片《贾老师教作文》，1994年上海教育台录制的作文教学系列片《锦上添花》，相继在许多省市教育台播出，获得良好的社会效果。1999年中国唱片公司上海分公司又录制《贾老师教小学生作文》的光盘并面世，受到海内外的关注。1994年被评为特级教师，1999年获浦东开发建设特殊贡献奖，2000年被评为“浦东名师”。2018年12月，被表彰为民进上海市委庆祝改革开放四十周年“四十年·双岗建功四十人”。

贾志敏课堂评价语言的艺术魅力

“我姓贾，但我不假。我这人真诚，真实，而且特别认真、顶真！”听到这句自我介绍，大家就知道，贾老师来了。20世纪90年代起，贾志敏以电视系列教学片《贾老师教作文》闻名全国小学语文教学界，这是他课堂的经典语录之一，

让人耳熟能详，印象深刻。

贾志敏认为教师最重要、最基本的职业技能是口语表达。教师的教育、教学工作，无论是传授文化知识、培养能力技巧，还是启迪学生的心灵、陶冶学生的情操，都离不开口语。一个教师说话水平的高低、口语能力的强弱，直接关系到教育教学工作的优劣成败，也会对学生素质的提高产生潜移默化的影响。

贾志敏正是以他精湛的语言艺术，创设出一个优化的“教育、教学”氛围。20世纪80年代初，贾老师以他形象生动、机敏睿智、充满亲和力的语言，成为上海教育界的一颗明星；而后他从事学校管理工作，又以其丰富的语言，富有感染力、号召力的说话艺术，展现了他鲜明、独特的语言风格和人格魅力。归纳起来，贾老师的课堂评价语言有二十字的特点：准确得体，生动丰富，机智巧妙，诙谐幽默，独特创新。

有人说：“当贾老师的学生是一种福气，听贾老师上课是一种享受。”一般的上海人，普通话总带着“上海普通话”的痕迹，而贾老师的普通话，严格地做到了发音标准、吐字清晰、语言流畅，足见贾老师对自身口语素养的锤炼。在课堂教学中，他科学、规范的语言给人留下了深刻的印象。

一边学习，一边实践

在贾志敏看来，课堂教学是一门艺术，更是一门科学。艺术需要丰富多彩，熠熠生辉；科学则需要严肃认真，一丝不苟。教课既要生动，更要严谨。要给学生留下深刻的印象，教给的知识必须准确无误。

备课，是教师走进教学文本的第一步。拿到课文之后，贾志敏总是要先读上好几遍。读准每个字音，读通每个句子。凡是要求学生做到的，自己必须做得完美无缺。碰着困难，他就从书本里寻找答案或者请教同事、同行，乃至学生。

课文，不但要读通，还要读熟，做到烂熟于心。这样做的好处是能把握课文脉络，掌握文章重点，体会作者思想感情。一个巧妙的教案，往往产生于对文本的熟悉。

阅读教学，就是教师、学生、文本三者之间的对话。文本是教学的材料与载体。对文本中各个元素的理解可以与别人不同，然而，凡属主流的、本质的、重要的，必须准确把握，毫不含糊。

虚心学习，反复实践，一丝不苟，认真教学。“世界上怕就怕‘认真’二字。”因为贾志敏“认真”备课，“认真”教学，“认真”批改作业，所以，他的教学得到家长的认可和学生的欢迎。

生活中的一点一滴都有写进作文的价值

“父亲常说，儿童学写作，最重要的就是观察生活。”贾志敏的儿子贾文骏说，虽然父亲平时忙于工作，但关键时刻的点拨，时常让自己茅塞顿开。

贾文骏至今仍珍藏着一张泛黄的《少年报》，上面刊登着一篇他四年级时获得全市小学生作文竞赛二等奖的作文，题目为“埋地雷”。文章写的是一件生活小事——为了给父亲一个惊喜，饭前，他和弟弟一起在父亲碗里埋下了一个“荷包蛋”。“起初，我的题目是‘一件难忘的事’，父亲看了，觉得有点平淡，建议他把标题起得更引人入胜。果然，一个好题目可以画龙点睛！”贾文骏说，父亲的作文秘诀，其实并不难。经常提醒孩子们，生活中看似不起眼的细节，都可以拿笔写一写，记一记。不知不觉，作文能力就提高了。

贾志敏曾将他教作文的秘诀归纳为四个方法：

第一是抄写，做到书写整洁、格式规范、一丝不苟、认认真真，这看似简单，实则不易。第二是听写，这是非常有价值的一种训练方法，有利于帮助学生集中注意力，边听边记，培养语感，加强积累。第三是缩写扩写，让学生把一段话扩写成一篇文章，或者是把一篇文章缩写成一段话。第四是自由写作，引导学生自由地表达自己的情感和思想。当学生能够自由地表达，又能够学会自己修改，那作文就教得差不多了。

好作文是改出来的

在贾志敏之子贾文骏看来，父亲是为语文而生的人。看着如今空荡荡的书房，他怅然若失。

在这个书房，他曾看见父亲深夜仍“噼里啪啦”摆弄麻将牌，原来，父亲第二天要上一堂《我的发现》。他想到，麻将牌里有繁体字“發”，正好可以拿给孩子们看，可以让课堂更生动一些。他从来不打麻将，所以要把麻将牌倒出来数一数，一共有几张牌，有几个“發”。

在这个书房，父亲也无数次为了一篇文章改了又改。“他一直说，好作文是改出来的，他自己也始终这么做。”贾文骏告诉记者，两年前，《小学语文教学》向贾志敏约稿，结果，一篇500字的短文，他足足改了40遍。不少报纸杂志编辑最喜欢贾老师的文章，因为一个字都不用改，原文刊登即可。

“小车不倒只管推”

2009年，贾志敏因肝部患恶性肿瘤住院接受手术治疗。医生说：“乐观一点的话，你能存活五年。”贾志敏没有失望，更没有绝望。他记着杨水才的遗言“小车不倒只管推，一直推到共产主义！”，决心与病魔顽强抗争，要实现自己的教育理想，要与三尺讲台同在！

贾志敏忍着病痛奔赴各地讲课，为内蒙古的孩子上课，和新疆的教师一起备课，为重庆大学生宣传“怎样当合格的教师？”。

九年里，癌症反反复复，中风过，骨折过，复发过，也转移过……前后动了11次手术，做过15次“放疗”。“九年了，我还奇迹般地活着。今年恰逢虚度八十，我要继续为孩子们授课。我明白，教师的生命，只有在课堂上得以歌唱。”即便在病房里，生性乐观的贾志敏还在和后辈们开着玩笑。

他曾说过，十年树木，百年树人。教师的天职是育人，是把希望的种子撒向大地，是把爱的阳光洒满天下。但求“夕阳无限好”，何须“惆怅近黄昏”？老骥伏枥，志在千里。他始终想着要用自己的绵薄之力，为祖国的教育事业蓝图再添一抹亮色。

2018年4月，浦东新区举办“浦东之春”语文教学高峰论坛。贾老师上了他半个世纪执教生涯的“最后一课”—— 一个月后，他就再度病重卧床，从此再也没有起来。那次论坛上，他教孩子们用“素描写作”的方式，勾画“两个苹果”的模样。整整40分钟，他坚持站着上课，站累了，才会撑一下拐杖，然后继续讲解。

2019年2月5日，贾志敏因病医治无效在上海去世，享年81岁。贾志敏虽然走了，但他的敬业好学、挚爱宽容的精神值得我们每个人学习。

坚定文化自信 君子自强不息

——记民进上海市委原副主委、上海市作家协会副主席赵丽宏

赵丽宏，1952年生，著名作家、诗人、散文家，民进上海市委原副主委。1982年毕业于华东师范大学中文系，现任中国作家协会全委会委员，中国散文学会副会长，上海市作家协会副主席，《上海文学》杂志社社长，上海市人民政府参事，华东师范大学、上海交通大学兼职教授，北京师范大学—香港浸会大学联合国际学院（UIC）荣誉院士。著有散文集、诗集、报告文学集、小说等七十余部，并有《赵丽宏文集》（18卷）。曾获新时期全国优秀散文集奖、首届冰心散文奖、中宣部“五个一工程”奖、上海文学艺术杰出贡献奖等多项国内外重要奖项，2013年，获塞尔维亚最高诗歌奖项“斯梅德雷沃城堡金钥匙奖”。作品被译成英、法、德、俄、日、韩、意大利、西班牙、塞尔维亚、挪威等十几种文字在全世界多个国家出版。2018年12月，被表彰为民进上海市委庆祝改革开放四十周年“四十年·双岗建功四十人”。

四十多年前，在上海崇明岛“插队落户”的赵丽宏在昏暗飘忽的油灯下，从油布封皮的笔记本上的涂鸦开始，踏上了一段与文字、文学和文化结缘半生的奇妙旅途。多年来，他笔耕不辍，出版了一百多部文学作品，涉及散文、诗歌、小说等各类体裁，可谓著作等身。据说，他是现当代中国作家中除鲁迅外被中小学语文教材选文最多的作家，几乎每个上学的孩童都曾经在课本上读过他的文章。这大概也是对他文学作品量和质的另一种肯定和证明，尽管他本人从没想过要把文章写成一篇课文。

赵丽宏深受中华传统文化和中国文学影响，认为汉语是人类语言中最具表现力的，能用最少的文字表达最丰富的情感的语言。进行文学创作，于他而言是一件很愉快的事。书写文字的过程，是回忆的过程，是回味和思考的过程，也是重新学习和磨练的过程。赵丽宏曾说，“作为一个中国人，最值得骄傲的是我们古老悠久而又生机不断的中华文化”。作为民进会员、曾任四届全国政协委员的他在多个场合坚持为中华文化鼓与呼，为坚定文化自信、弘扬民族文化提过许多提案和意见建议，践行着一个知识分子的家国情怀和责任担当。

阅读是毕生的爱好和追求

赵丽宏儿时曾有三个梦想，“一是当音乐家，二是当画家，三是读遍天下好书”。虽然没有实现前两个梦想，但读书、音乐和书画成为他一生的爱好。从小他就吹过口琴和笛子，拉过二胡，也拉得小提琴。他曾经兴趣盎然地写过好几本跟音乐有关的书，音乐素养不逊于专业人士。他自成一派又颇具风骨的书法和绘画作品，常令观者印象深刻，过目难忘。至于读书，他说“阅读是最有价值的事情”，在某种程度上，甚至“改变了他的人生”。

赵丽宏从小就爱看书，从蒙昧未开的儿童初学，到青年时期的挑灯夜读，再到知天命之年依然与文学结伴，读书成了他一生的追求与习惯。“腹有诗书气自华”，中国文人几千年的书卷气息深深地浸润了他的灵魂，与他谦逊儒雅的本性和孤独顽强的内心形成强烈的共鸣，造就了他作为一个文人的高度。他虔诚地相信阅读会丰富一个人的内心，造就一个民族的品格。也正因为此，他连续多年，联合多位文化界名人和全国政协委员倡议建立国家阅读节，重塑国民阅读习惯，让阅读更深入人心，希望能推动中华传统文化在全民阅读中得到进一步积淀和升华。

为儿童打开一扇文学的大门

近年来，有感于儿童文学市场良莠不齐的现状，结合自身阅历的积累和对生活的感悟，赵丽宏开始创作写给孩子看的长篇小说。《童年河》《渔童》和《黑木头》受到广大青少年读者和文学界的好评，驱散了那些“赵丽宏是写散文和诗歌的，不会写小说”的质疑，但这并不是他的本意。“儿童小说，应该向小读者展现人间的真善美，让孩子领悟生命的珍贵，即便在困厄中也能看到人生的希望。必须要真诚地面对孩子。”这是赵丽宏创作儿童作品的初心。他相信现在孩子的理解能力和悟性，真诚地面对他们，把他们当朋友，他们就一定能理解、会感动。

在他看来，优秀的儿童文学作品，要用童真的目光和生动有趣的故事，不动声色地讲述深邃的哲理，传达生命的体验，“是可以从幼儿一直读到老年的，其艺术的价值和思想的深度决不在成人作品之下” 。对于他来说，作品被选入语文教材，虽可以带领学生进入文学的大门，却也难免因为应试的过度解读而使学生望而生畏。因此，他要写真正让孩子爱看的故事，在作品中把美好的东西展现给孩子看，真正触动到孩子的心灵深处，种下乐观和希望的种子，让他们在成长过程中得到乐观向上的能量。

初心不改，坚守文学家园

文学被赵丽宏称作一生中最亲密友善的旅伴，曾经陪伴他度过青年时期的艰难岁月。如今，虽已年过花甲，文学依然是他生命里那盏永不熄灭的灯。经历过20世纪八九十年代的“文学热”到“文学已死”，再到如今网络文学的兴起，赵丽宏始终没有忘记自己对待文学的那份初心。一直以来，他执着地想要写作、想要抒发，几乎没有停笔的时候。2016年，他的诗集《疼痛》出版，其中更多的是对人生的一种反思，也是对他精神世界的一种梳理。《疼痛》被业界评论为“一部值得记住和传颂的诗集”，英文版译者卡米亚· 陈 ·奥鲁塔德评价“用词简单，如童诗般明丽，不带有一丝的自哀自怜。他如此彻底地从自我的境界中脱身而出，令人惊叹，也令他在同辈人中脱颖而出”。历经岁月的沧桑，他用自己的笔直抵生命与死亡的内核，写出了撼动人心的诗作。《疼痛》出版一年多，在世界各地便有英文、法文、西班牙文、保加利亚文、塞尔维亚文、阿拉伯文、波斯文、葡萄牙文等近十种译本，这在中国文学著作中少有。

多年来，赵丽宏始终不忘巴金对他的忠告：“写自己最熟悉的，写自己感受最深的。”他坚持在自己的作品中说真话、抒真情。作为这位国内文学泰斗创立的《上海文学》杂志社现任社长，赵丽宏带着全社一直坚守着文学的骄傲和尊严，所以《上海文学》一直保持着国内纯文学第一流刊物的品格，“再穷也不降门槛”，在业界有口皆碑。日常工作中他坚持审阅稿件，更亲自向作家邀约重要稿件，一步步带领年轻编辑不断成长。《上海文学》被很多作家称为“母刊”，同样也是赵丽宏非常珍视的“作品”。就像他自己写作一样，有些基本的东西是必须坚持而不能变的，绝对不能为了迎合潮流、市场、商业而去媚俗。“哪怕十年以后，《上海文学》基本上还是这样。”

参政议政，推动文化自信

因为读书与文学，在柯灵、冰心等文学与出版界先辈的影响下，赵丽宏与民进结缘，成为以教育、文化、出版为主要界别的中国民主促进会中的一员。加入民进后，他时时不忘发挥党派成员作用和影响力，为坚定文化自信、提升中华文化的影响力发挥自己的力量。文学前辈巴金和冰心一直在呼吁知识分子要讲真话，巴金曾对他说“大家都说真话，国家才有希望”。冰心在赠赵丽宏的一本书上也写了一句话：“说真话就是好文章。”这对他触动很大。赵丽宏一直坚守着这份初心，讲真话、建诤言。

赵丽宏热爱自己的故乡，他觉得每个人都应该热爱自己的故乡，进而热爱自己的国家。这与穷困还是富饶没有直接的关系，这是中华文化的根源所在。他担任四届全国政协委员，一直非常关注中国传统文化的继承与发扬。1988年3月，赵丽宏第一次参加全国政协大会时才30多岁。会议期间，他提交了一份提案，呼吁重视中华传统节日，建议将“清明节”和“中秋节”定为法定节假日，还建议弘扬中华民族传统节日的文化内涵，以此唤起国人对中华民族文化的自豪和热情。他大概算是最早提出相关建议的政协委员。当时，他提出中秋节、清明节要放假，很多人觉得这是异想天开。而此提案提交之后，除了收到国家有关部门的一封简函，就再无下文。赵丽宏的建议尽管在当时颇受争议，但他还是坚持他的想法并持续关注。10多年后，开始有其他人在全国人大和全国政协提出类似提案，与赵丽宏当初的建议不谋而合。社会上越来越多的人有了这样的认识和要求，对中华民族传统节日的重视，逐渐成为全社会的共识。从2003年开始，赵丽宏又先后提了四次相关提案，最终建议得以采纳并落实。2007年12月，国务院终于颁布法令，决定将清明节、端午节和中秋节列为法定节假日，这是以赵丽宏为代表的很多人大代表和政协委员呼吁建议的结果。赵丽宏说，第一次提案建议中秋节放假时，怎么也不会想到，二十年后，会同时有三个中国的传统节日成为法定节假日。抚今思昔，他颇为感慨：“当年这些话，没有白说。”

2008年，赵丽宏在全国政协会议上提交了《建议将中国书法向联合国申报人类非物质文化遗产》的提案，当年就被文化部采纳并立案申报，第二年就被联合国教科文组织通过列为世界文化遗产。

赵丽宏发现在当代中国走向城镇化的进程中，不少年轻人走出故乡，来到城市打拼，但回到故乡以后，发现故乡不再是一个美好的地方，从而失去了对于故乡的依恋和感情。他认为，长此以往，几代年轻人会淡化对故乡和祖国的概念，不利于中华文化的传承和发扬。为此，赵丽宏在多个场合呼吁让每一个孩子发觉家乡的美好，发现故乡的个性，真正从内心深处认同和爱上自己的故乡，再用自己力所能及的方式去回报故乡。2014年的全国两会上，他与其他几名委员联名提交了《保护方言，应该成为国家文化战略》的提案，力主保护中国本土文化的重要载体和源头，引起了社会广泛关注与共鸣。

与此同时，赵丽宏还特别关注名人故居的保护问题。从梁启超故居、巴金故居、谭嗣同故居，到柯灵故居，他连续多年在全国政协会议上单独或联名提了七八个提案，其中有些提案已经得到采纳并落实，这使得名人故居作为爱国主义和中华文化的教育点作用得到很好的发扬。他呼吁，中国有几千年的历史，灿若明星的文化名人，几乎分布在全国各地，把这些人的故事保留下来，具有非常重要的文化意义和教育意义，对人们的心灵是很好的熏陶和净化。在2013年的全国两会上，他又建议国家发行中国现代文学家系列纪念邮票，进一步增强文学文化名人的社会影响力，弘扬我国优秀文学作品。

家国天下的责任担当，是中国知识分子的优良传统，也是民主党派成员的优良传统。在庆祝中国共产党成立九十五周年大会上，习近平总书记郑重提出坚持中国特色社会主义文化自信。赵丽宏持续多年呼吁的对于中华文化的热爱、继承和发扬，在国家根本战略层面得到重视，这令他感到无比的鼓舞和激动。在习近平总书记参加全国政协十二届五次会议的民进、农工党、九三学社联组会议时，赵丽宏作了题为“坚定文化自信，提升中华文化的国际影响力”的发言。他在发言中提出，“要让伟大的中华文化走向世界，有一个非常重要的基础和前提：中国人必须珍惜、热爱、熟悉并欣赏自己的民族文化，为之骄傲，为之沉醉，为之鼓与呼。这就是我们说的文化自信。有了这种自信，才可能奋力将之推广，才有所谓的文化自觉”。

赵丽宏提出，建一个以中国文化为背景的大型主题乐园。几年前他就曾经提交过关于建造“西游记”主题乐园的提案，赵丽宏说，“如今我国完全有能力建造这样的乐园，让更多的孩子能够走进我们自己的乐园，激发对中华文化的热爱，这不仅是商机，更是一份文化传承与传播，对下一代成长有着巨大影响”。同时，他还建议要设立一个中国的权威性的世界文学奖，提升中国文学在世界上的话语权和影响力。

在中华民族伟大复兴的时代，中国的文化传统应该得到更深入的弘扬，这是每个知识分子的自觉行动。赵丽宏表示，个人的作用也许微不足道，但是个人的努力能融入大时代，那就有了非凡的意义。

赵丽宏身上有着中国传统文人的人文主义和报国济民的家国情怀，他用饱含深情的笔触记录下生活的磨砺与时代的变迁，他的作品蕴含着对人生的感悟和思考。无论岁月在他身上留下了什么样的印记，看他的作品总能感到温暖与希望。他长期为弘扬中华文化呐喊呼吁，体现了民进会员的责任担当，展示了高度的文化自信和自觉。随着年龄的增长，如今赵丽宏逐渐卸下了不少社会职务与头衔，但他从未停止作为一名文化工作者的追求步伐。进入新时代后，他对自身也提出更多的期许，“自强不息，创作出属于中国的精湛独特的作品，让世界欣赏甚至惊叹”。

将岁月凝成台上风光

——记民进文广委员会原主委、上海昆剧团国家一级演员张静娴

张静娴， 1986年1月加入中国民主促进会。著名昆剧表演艺术家、上海昆剧团国家一级演员，工闺门旦、正旦。师承朱传茗，又得方传芸、沈传芷、姚传芗等昆剧名家的亲授，经艺术大师俞振飞悉心指点。代表剧目有《乔醋》《跪池》《斩娥》《吃糠》《芦林》《刺虎》《赠剑》等传统折子戏以及《班昭》《长生殿》《玉簪记》《牡丹亭》《占花魁》《血手记》《司马相如》等大戏。曾获第七、第十九届中国戏剧梅花奖、第八届上海白玉兰戏剧表演艺术主角奖、因长期潜心昆曲艺术事业成就显著获文化部表彰、第十届文华表演奖、第四届中国昆剧艺术节特别荣誉奖、上海文艺人才基金“优秀文艺人才特别奖”、上海文艺家荣誉奖、全国文化系统先进工作者、第九届中国艺术节·优秀表演奖、上海优秀文艺工作者、第三届上海市德艺双馨文艺工作者，国家级非物质文化遗产项目昆曲代表性传承人。曾任第八、九、十届市政协委员、第十二、十三届民进市委常委、上海剧协副主席。2018年12月，被表彰为民进上海市委庆祝改革开放四十周年“四十年·双岗建功四十人”。

《长生殿》：奉为经典

1989年，张静娴代表上海昆剧团赴京参加第二届中国艺术节，凭借《长生殿》赢得艺术生涯中的第一个“梅花奖”；1992年，她随《长生殿》剧组首次

赴台湾演出，将一个雍容华贵的杨贵妃演绎得惟妙惟肖，受到观众的热烈追捧；2007年，上海昆剧团下决心将全本《长生殿》搬上昆剧舞台。四年后，由张静娴担任艺术指导并主演的全本《长生殿》登陆德国科隆歌剧院，长达12小时共计43折的昆曲演绎，古老的昆曲瑰宝最大规模登陆欧洲，引起轰动；2010年，精华版《长生殿》摘得中国舞台艺术最高奖"文华大奖"；2017年，上海昆剧团修改提高全本《长生殿》在全国巡演再次掀起热潮。通过几十年的实践和磨砺，张静娴对《长生殿》以及杨贵妃这个人物，有了越发深刻的体悟和理解，同时也融入了自己的生命体验。而她和蔡正仁饰演的"娴贵妃与蔡明皇"也被戏迷朋友们奉为一代经典。

《血手记》：东西文化桥梁

20世纪80年代，随着改革开放的逐渐深入，大量外国名著被译制过来，充实了人们的精神文化生活。1986年，上海昆剧团根据莎士比亚四大悲剧之一《麦克白》改编的昆剧《血手记》亮相"中国首届莎士比亚戏剧节"，引发不同层面观众的思考和想象，尤其受到文化界年轻朋友的欢迎；1987年《血手记》参加第四十一届爱丁堡国际艺术节、贝尔法斯特艺术节，并在英伦三岛巡回演出长达三个月，热情的英国观众写信盛赞，由张静娴饰演的"麦克白夫人"铁氏，美艳、机敏、果敢，为国外观众们带来极大震撼；1993年，新加坡也有专题文章介绍，对《血手记》和"闺疯"一折的精彩演绎给予充分赞许。张静娴在剧中所饰演的麦克白夫人突破了昆曲角色分行归路的严格程式，唱腔、白口及身段都必需在细腻庄重中表达出内心的情感，这样的女性人物形象在昆曲舞台上也是前所未有的，是一次极大的挑战。创排过程中，她不断摸索尝试打破传统昆剧表演模式，找出戏的亮点，从唱腔造型、故事叙述、情感入手，诠释着主人公的心路历程，并取得很好的演出效果。而剧中集中表现人物内心矛盾冲突的"闺疯"一折，更是获得了超乎想象的成功，也打开了张静娴在创作探索之路上的大门。

《班昭》：开拓与超越

2001年，上海昆剧团推出由罗怀臻编剧、杨小青导演、张静娴主演的新编历史剧《班昭》。该剧不同于传统戏，是集体多年在改革道路上探索后的精品佳作，兼具历史意义和现代价值。张静娴塑造的“班昭”形象生动，风采卓然，清朗厚重。班昭从14岁到71岁，年龄跨度五十多年，张静娴熟练地运用花旦、闺门旦、正旦、老旦等各行当表演手段，其声腔、念白、形体的表演也随之变化，充分显示出一个优秀演员卓然不凡的艺术造诣，而这个人物所具备的深厚文化底蕴也尤为专家和观众们所称道。在文化部庆祝昆曲，被联合国评为“人类口头遗产和非物质遗产”的大会上，该剧被列为展演剧目，并荣获中国戏曲学会奖、文华新剧目奖、舞台艺术精品工程剧目，张静娴个人也凭借此剧荣获“文华表演奖”，第十九届中国戏剧梅花奖“二度梅”，2002年文化部“长期潜心昆曲艺术事业成就显著”表彰。

承戏育人、寻觅知音

张静娴从小就勤奋好学、善于思考、严于律己，对每一位曾经在艺术道路上帮助过自己的老师都念念不忘、心怀感恩。如今她的学生已经遍布全国各地，而她在上海昆剧团的学生如沈映丽、余彬、罗晨雪、陈莉等都已成为舞台的骨干。每当有学生和其他昆剧院团的年轻演员前来求教，张静娴总是像专家门诊一样悉心指导，逐个点拨，尽管辛苦，但只要年轻演员肯学，张静娴就感到很欣慰。她将自己的数十年的创作感悟倾囊传授，并告诉她们如何在创新和传统之间达到一种和谐的平衡：对于传统戏，要“冷戏热演，好戏精演，熟戏生演”；对于创新戏，要更加用心，除了想清楚“新”在哪里，还要给观众一个真正新的面貌。张静娴在教学上的严谨认真，令学生心存敬畏又感激不已。“长者们的风范永远留在我的心里。我会竭尽所能，让我的学生少走一些弯路、多一些机会，让昆剧舞台后继有人。”张静娴如是说。

甘洒热血写春秋

——记民进会员、上海京剧院国家一级演员童祥苓

童祥苓，男，1935年3月生，江西南昌市人，初中毕业，民进会员。上海京剧院国家一级演员，中国戏剧家协会会员，上海文史馆馆员，上海戏剧家协会理事，国务院特殊津贴获得者，国家级非物质文化遗产京剧项目代表性传承人。曾向雷喜福、刘盛通、周信芳、马连良学习京剧老生技艺。童祥苓从师多、戏路宽、掌握技艺较为全面，并能兼收并蓄、取长补短，根据自身条件加以发挥。他的嗓音明亮，演唱流利、舒展、刚柔相济，韵味浓郁；表演细腻传神，善于刻画不同人物性格，富有感染力。常演的剧目有《武家坡》《大登殿》《群借华》《乌盆记》《淮河营》《击鼓骂曹》等。还参加创排演出了多部现代戏和新编古代剧，如《红色风暴》《赵一曼》《智取威虎山》《甲午海战》等。曾参加拍摄戏曲电影《尤三姐》《智取威虎山》。特别是杨子荣一角，影响甚大。童祥苓1964年随中国艺术团赴法国、意大利、联邦德国、比利时、巴基斯坦等国演出。1976年赴日本演出《智取威虎山》。其所塑造的杨子荣形象广为群众熟知，且著有《杨子荣与童祥苓》一书。1988年2月加入民进。2018年12月，被表彰为民进上海市委庆祝改革开放四十周年“四十年·双岗建功四十人”。

积极探索 带团开启艺术之旅

童祥苓出生在一个梨园世家，父母爱听戏，哥哥、姐姐从小学戏，童祥苓在

耳濡目染中对京剧产生了一发不可收拾的热爱。八岁登台，一路拜师学艺，在最美好的年华里红遍大江南北，塑造了一代人心中的传奇英雄杨子荣，成为了家喻户晓的角儿。他不曾止步于成功的光辉中，20世纪70年代，在举国改革浪潮的影响下，他跟随时代脚步，续写着自己的艺术畅想。

繁荣发展的艺术之春，戏曲舞台重焕生机。时代呼吁改革，机遇接踵而来。1983年，童祥苓响应国家的文艺号召，签约了承包团，作为负责人，带领着70余位剧院员工开始了如火如荼的全国巡演。

从一心扑在舞台上的演员变身为统领演出经营的剧团“老板”，童祥苓心中忐忑：“承包团制度完全是自负盈亏的，演出联系、项目经营、财务收支等等，我全要一手抓。我只是个演员，没有任何经验，能不能稳定给大家发出工资，让剧团活下来，全是难题。好在我和南云一起，互相商量、讨论，共同面对挑战和挫折。我也很感谢大伙儿对我的信任，大家把心栓在一块，劲往一处使，才能圆满完成演出。这是我一段十分珍贵的艺术经历，是一个千载难逢能深入群众演出的机会。”

历时一年的承包期，演出邀约纷至沓来，《群英会》《甘露寺》《红娘》《武家坡》等传统戏是常演剧目。童祥苓带领团队全国“跑”，所有人一起住过招待所，睡过演出后台，辗转于大大小小的剧场，耐着酷热严寒在临时搭建的露天舞台演出。一天演几场、一演一个月的“连轴转”状态是巡演的常态，艰辛不言而喻。作为“票房号召”的童祥苓几乎场场登台，甚至因积劳成疾导致吐血。爱妻的相伴相守、团友的信任支持、观众的青睐追捧是童祥苓源源不断的动力，回想起每场演出结束“不加唱不给下台”的盛况，他最难忘的还是深入各种偏远乡村演出的所见所闻。

顶着演出收益、高强度排演的双重压力，童祥苓仍然对艺术水准有着执着追求。童祥苓主张文武不分家，带领众演员勤练基本功，时刻保持良好的表演状态。他特意腾出三个月演出空挡期，号召大家一起挥洒热血，浩浩荡荡地排演了一出经典武戏《雁荡山》。该剧被誉为检验剧院武戏实力的试金石，庞大的演员阵容、高难度的扑跌翻腾技巧以及一气呵成的“群荡子”表演对演出团队是极大的考验。凭着对自身的不懈挑战、对艺术的执着追求、对全国巡演的一腔热血，以童祥苓为负责人的承包团顺利完成艰苦的排演工作。《雁荡山》演出所到之处，均收获了观众的赞誉之声。

不忘初心 牢记使命传递薪火

退休二十多年来，童祥苓从未真正离开过京剧舞台，长期参加京剧院的大型演出活动。近些年他将重心从台前转移到幕后，在青年演员的培养上花了大量心血，主动肩负起京剧人的时代担当和社会责任。

从传统戏《战太平》《乌盆记》，到经典传奇《智取威虎山》，童祥苓传授的不仅仅是几个人物，更是举一反三的技法和塑造人物的能力。面对挚爱一生的艺术，面对民族文化的传承，他从不顾忌自己的身体状况和利益得失，对各行各当青年演员的任何求教都是毫无保留、倾囊相授。

童祥苓说："改革开放四十年以来，上海在经济发展的基础上，文化艺术也有更大的发展，各个院团都创造了不少的好戏，为观众丰富了文化生活，我衷心希望，我们的青年演员能够继承发展，让更多人感受到京剧艺术和文化的曲韵芳华。"

金石铁笔仁者高

——记民进会员、西泠印社名誉副社长高式熊

高式熊，1921年出生于浙江鄞县，中国著名篆刻家，中国书法家协会会员、上海市书法家协会顾问、西泠印社名誉副社长、上海市文史研究馆馆员、中国民主促进会会员，著有《西泠印社同人印传》《高式熊印稿》等专著。2018年12月，被表彰为民进上海市委庆祝改革开放四十周年“四十年·双岗建功四十人”。

严父名师熏出童子功

高式熊是“怀揣文房四宝来到人世”的。父亲高振霄，人称“高太史”，历任翰林院编修、国史馆协修、赏加侍讲衔。

9岁时，高式熊正式接受启蒙教育——跟着父亲学习儒家经典、古典文学和书法。从此，这个小儿子就一直在父亲身边，一对一地教与学。高振霄教子，身教多于言传。每天天不亮起床，早餐前要写两张楷书、两张隶书。父亲临摹碑帖时，还没睡醒的小式熊恭立在对面盯着看，这叫“练字先练眼”。长大后，他擅写隶书，常常对人说：“我的隶书，是看我父亲书写看会的。”20岁不到，每个月就要由父亲出题目做论文。根据父亲的精心安排，高式熊习书法，从学欧阳询《九成宫》入门，楷书、小楷、行书、隶书、篆书分别临写各大家作品，临写了二十多年，为日后学习书法和篆刻打下了扎实的童子功。

他最喜欢帮父亲在书法作品上打图章，觉得特别好玩。图章打多了，不免手痒，想自己什么时候也刻一方试试。学写篆书、认识篆文后，他更喜欢印章了。

他小小年纪就对《说文解字》着迷，原因之一正是“篆书可以用来刻图章”。

家里来来往往的客人非常之多，几乎所有上海书画界的精英都露过面。其中，就有篆刻家、收藏鉴定家张鲁庵。这使得高式熊可以有幸目睹学习张鲁庵的篆刻作品，还成了张家的常客。他常会把习作拿给张鲁庵看，先生从来不敷衍他，每次都直接指出习作中的毛病。还有一位篆刻大家，是与高家同住四明村的王福庵，一个星期要碰头两三次。高式熊经常拿了写好的印稿、刻好的图章去王府，向福老请教。福老爱讲实话，缺点绝不放过，要求按修改意见改正，甚至重刻。高式熊崇拜王福庵，用心向学，久而久之，他临福老的章几可乱真。

在名师的悉心指点下，高式熊从临摹秦汉、浙派到邓石如、赵之谦、吴让之、黄牧甫、吴昌硕、赵叔孺、王福庵和陈巨来等名家，博采众长，终于自成一格。1945年冬天，25岁的高式熊把多年来刻的印编成一册《篆刻存景》。这是他的印谱处女作。

西泠印社最年轻的社员

1947年，高式熊跟着王福庵去杭州，怀着景仰的心情，走近西泠印社，成为当时最年轻的社员之一。入社仪式，是在挂有丁敬画像的仪式厅里举行的。新社员都要向丁敬像行三鞠躬礼。

次年初，张鲁庵、秦康祥二位发起，为西泠印社篆刻一部《西泠印社同人印传》。治印的最佳人选，当然首推高式熊。最终由张鲁庵提供印石、连史纸、印泥，秦康祥负责文字编写等文案工作，高式熊负责篆刻。三人通力合作，作品也须三人都满意才算通过。有一方章，刻来刻去不满意，竟反复了五次。就这样花了半年多的时间，完成了220方印章的创作。印社同人每人一方，印面刻姓名，边款刻小传，并钤拓一部四册印谱，每页上方钤印一枚，下方附拓边款。当时的原拓本是孤本，珍藏在印社。印传从未面世，令好多同行为之遗憾。

1995年，为祝贺高式熊75岁生日，忘年交周永泉策划出版原拓本印传。另一位忘年交、书画社老同事李年才听说此事，热心相助，一手操办了印谱拓印、出版事宜。4月，六册线装原拓印谱《西泠印社同人印传》由上海朵云轩出版，拓制了75部。当时朵云轩定价为每部3000元，被一抢而空。如今，每一册已价值数万元。2005年秋日，在中国印学博物馆举办的“西泠印社藏历代名家印章、印谱展”上，《西泠印社同人印传》才初次让世人惊艳。

周总理预订《鲁迅笔名印谱》

1956年起，张鲁庵、吴朴堂、高式熊等二三十位书法篆刻家集体创作《鲁迅笔名印谱》。上海民进的秘书长曹鸿翥非常热心，邀请这个创作群体去民进市委开会、商量事情。另一个“会议室”则是放在四明村的高式熊家。

那年8月18日的《解放日报》，对这件大事作了预告——《正在刻制的“鲁迅笔名印谱”》。为了赶在10月19日即纪念鲁迅先生二十周年纪念日之前完成，高式熊等本市及外埠的68位金石篆刻者，正在积极编辑刻制的“鲁迅笔名印谱”，预计九月中旬就可全部完成。

10月，69位篆刻家，刻印119方（其中，高式熊刻了30多方），完成《鲁迅笔名印谱》的创作。钱瘦铁撰写《鲁迅笔名印谱》跋文。119方印章，交人民美术出版社，出版了原拓印谱50部。这50部原拓印谱中，有40部被空运到了北京。消息甚至传到了周恩来总理那里。周总理指定要这部印谱的原拓本，一下预订了40部。高式熊所在上海电影机械厂印幻灯机说明书的机器，被篆刻家们看上了。他打报告给厂长请求紧急支援。昼夜不歇，赶在鲁迅纪念日前夕完成的40部原拓原打的印谱，当天就运往北京。

让书法篆刻传下去、走出去

高式熊为传播书法篆刻艺术到处奔忙。“人的生命是有限的，但艺术是无限的。我不满足于关起门来写写字、刻刻图章，我还有个‘野心’，那就是要让中国的书法篆刻艺术世世代代传下去，并且走向世界。”这番话，也许可以作为他晚年不少举动的注脚。

高式熊一直不遗余力地推动着书法篆刻艺术的教育、普及和国宝级印泥制作技艺的传承。在他的倡导下，成立了上海市书协楷书专业委员会，每两年举办一次上海市楷书大赛。在高式熊的不懈努力下，2008年6月，上海鲁庵印泥入选第二批国家级非物质文化遗产项目。2012年6月，高式熊以鲁庵印泥代表性传承人的身份，将“鲁庵印泥第49号秘方” 无偿捐献给国家，其高风亮节令人感佩。

2018年4月18日，第三十四届兰亭书法节暨第六届中国书法兰亭奖颁奖仪式在绍兴兰亭举行。中国书法兰亭奖是中国文学艺术界联合会、中国书法家协会主办的中国书法艺术最高专业奖项。颁奖仪式上，高式熊与中国书协名誉主席张海一起被授予“中国文联终身成就书法家”称号。

2019年1月25日清晨，高式熊先生驾鹤仙游，享年98岁。高式熊先生生前亲故知交、门生子弟及社会各界代表500余人汇聚上海龙华殡仪馆，缅怀高老艺德风范，作别这位富有传奇色彩的印坛耆宿、海上名贤。高式熊先生溘然辞世，标志着印坛一个时代的落幕。前辈风仪已远，唯其书法、篆刻及印泥绝艺，将传诸久远，为印学同道永宝重之。

方寸情缘

——记民进会员、上海人民美术出版社原编审贺友直

在中国当代美术史中，著名连环画家贺友直的名字是不能不被讲到的。作为中国连环画坛自新中国成立以来第一个也是迄今唯一荣获“中国美术奖·终身成就奖”的老艺术家，贺友直是公认的“大师”“泰斗”级的连环画大家，尽管他自己对此并不“买账”。

自学成才

谈起俗称“小人书”的连环画，相信人们并不陌生。特别是中年以上的人，对于连环画更有着一种特殊的情结。因为在他们的童年和少年时代，在那些物质条件匮乏而又迫切需要文化普及的年代里，连环画无疑成了当时人们获得文化知识和娱乐的极为重要的方式之一，尤其对于少年儿童来讲，更是成为伴随他们成长的快乐伙伴，甚至可以说连环画带给了几代人难忘的记忆。作为20世纪我国兴

起的一门独特的艺术形式，连环画在20世纪40至80年代可谓遇到了它的黄金时期，被人们广泛接受和喜爱。不论是对于文学脚本的阐释和创作，或是对于少年儿童的文化启蒙与课外娱乐，还是对于文化知识的传播与普及，甚至是对于社会现实的思考与认识、对于当时理想主义和英雄主义的教育，无疑都起到了非常重要的作用。也正是在这样的时代背景下，产生了贺友直这样一位有着深远影响的连环画画家。

其实，贺友直并没有接受过系统的美术专业的学习。生于1922年的他，少时正逢战乱频仍的年代，加之家境贫寒，“穷人的孩子早当家”的他在小小年纪时就不得不为生计而奔波，不要说有机会进专业的艺术学校学习，就连正常的学业学习也在小学毕业后就成为了一种奢望。

好在贺友直对绘画有着与生俱来的天赋和喜好并引导着他走上了连环画创作的道路并终身以此为业。而一切其实都是源于艰苦的自学，要说绘画的“功底”，则应该追溯到小学时期。他少时就读的老家宁波那座设在破旧的关帝庙里的新碶小学，留给他最深印象的，莫过于学校的古戏台四周墙壁上那些隐约可见的《三国演义》绘画。虽然因为岁月的侵蚀，绘画已残缺不全，不知出自什么年代、哪位画师之手，但那些细腻传神的线条、生动形象的人物都深深地吸引着他。于是，有些少不更事的他着魔般痴迷于此，无数次地站在这些绘画前临摹、对照，揣摩思索。而就在这痴迷中，竟渐渐具备了一些绘画的功底，他的美术课在那些小学生中遥遥领先。

贺友直小学毕业时正逢抗日战争爆发，战乱加上父亲的失业迫使他失学。他先后到小铁工厂和印刷厂里度过了一段学徒生涯，甚至登上农村小学讲坛，作了一段时期的农村小学教师。随着年龄的增长，感到在乡下“混”不出什么名堂的他决定来上海闯荡一番。凭着绘画的一点功底，他很快在一家美术社找到了一份工作，并跟随一位画师学画商标，算是正式开始了美术创作生涯。

后来，因为亲戚的介绍，贺友直于1949年开始涉足连环画的创作。尽管时隔六十余年，现已年过九旬的贺老仍清楚地记得，他平生所画的第一部连环画，就是根据赵树理小说改编的《福贵》。这第一部作品确实让他动足了脑筋，他先是凭着小学读过的那点文字功底，一条条编写出文字脚本，再根据脚本一张张来画。第一次接到这样的大“工程”，他丝毫不敢懈怠。那段时间他租住在条件简陋的房屋里，每天起早贪黑地画，连睡梦中想到的也是画稿的事情。画稿后来印成连环画，而更让他高兴的是，他终于可以以此在大上海立足、生存了。而也许正是由于处女作的成功，他后来亦特别喜欢画赵树理的作品。赵树理的小说比较关注农村和基层等平民题材，或许贺友直从中找到了不少共鸣吧。

迭获大奖

起初，贺友直并没有以连环画作为职业，而是如同现在的自由职业者一样，根据出版社的约稿和要求进行创作。1952年，上海市文化局局长夏衍主持举办上海连环画工作者学习班，贺友直考取并参加学习，这算是他唯一接受过的“科班”教育。他非常珍惜这来之不易的学习机会，如饥似渴地“恶补”连环画创作知识。同年11月结业后，他被分配到新美术出版社工作，这样才算有了一份较为固定的职业。1956年他随该社并入上海人民美术出版社，从此开始了他长达数十年的专事连环画创作生涯，后来长期担任该社的编审。也正是在这长达数十年的时间里，在漫长的创作生涯中，他绘制的连环画、小说插图以及少儿读物等多达90余部，有作品近万幅，许多作品为人们熟悉和喜爱，并多次获奖，为我国的连环画创作作出重大贡献。其间，他于1980年被借调中央美术学院，在年画连环画系担任教授和学位研究生导师达七年。

贺友直早期的一些连环画作品对多种表现形式进行探索和尝试。20世纪60年代初，经过苦心钻研和对中国传统描画法的学习研究，他逐渐找到了自己的路子。在此基础上，他经过反复修改创作出风格新颖独特且具有较高艺术性和思想性的代表作《山乡巨变》。这部作品以湖南山乡农业合作化为背景，以长近400页的篇幅，极为形象地刻画出湖南山乡人们在合作化过程中的言行举止、思想神态和当地的风土人情，体现出浓郁的地方风情和强烈的时代特色。这部作品的问世，不仅受到读者的广泛喜爱，而且引起全国画坛的注目，一时成为初学者的学习范本和美术爱好者的珍贵藏本。《山乡巨变》于1963年在文化部与中国美术家协会举办的全国第一届连环画评奖会上获得一等奖，尽管此前他的作品《火车上的战斗》就曾在1957年获得第一届全国青年美展一等奖，但实际上正是由于《山乡巨变》的骄人成绩，人们才开始关注贺友直的创作道路及其艺术特色。《山乡巨变》也当之无愧地被称为中国连环画史上的里程碑式的杰作。

面对殊荣，一向谨小慎微的贺友直依然不敢懈怠。从题材内容的选择到表现方法的运用，他都经过精心的策划，并且开始更加努力地摸索、探寻自已的创作规律。作为一代大师，他后来的许多得意之作都迭获大奖，并且给人们留下了美好的记忆。如《白光》和《十五贯》分获1980年“全国第二届连环画创作评奖”一等奖和二等奖；《皮九辣子》获“全国第四届连环画创作评奖”二等奖；《朝阳沟》获建国三十周年美展暨“第五届全国美展”三等奖；《小二黑结婚》获1999年“第九届全国美展”银质奖等等。贺友直也于2004年获文化部颁发的“2004年度造型艺术成就奖”；《贺友直艺术》获“上海市第四届文学艺术优秀奖”。

多年来，贺友直的作品在海内外产生广泛的影响，先后在上海美术馆、广州美术馆举办艺术展，在法国、德国、新加坡举办个人画展，作品在英国、挪威、瑞士、韩国等国家和地区展出。贺友直还应邀到新加坡南洋艺术学院、法国昂古莱姆高等图像学院授课，并获法国昂古莱姆市荣誉市民证书。他还曾经担任中国美术家协会第四届常务理事、连环画艺术委员会主任，上海市文联委员，上海美术家协会第四届副主席，中国连环画研究会第二届副会长，上海美术家协会艺术顾问，享受国务院特殊津贴。

客观第一

贺友直认为，在艺术创作中，客观水远是第一位的，而手法尚在其次。换句更加通俗的话说，就是画作一定要“像”。而如果“不像”，不像当时、当地的人，不像当时、当地的环境，即便用了再多的手法和技巧，创作出来的作品也不见得是受欢迎的，更经不起时间的考验。

许多看过贺友直连环画作品的人都会深深体会到他的作品中反映出的浓浓的生活气息。然而并没有在农村长期生活经验的贺友直，却尤为擅长创作农村题材的作品。作品中，一草一木，一桌一椅，人物的穿着打扮，乃至于表情动作等，描绘得栩栩如生，真实再现了当时的生活情景，即便现在看来，也无不折射着淳朴、亲切的生活气息和浓郁、深刻的时代背景。其实，这与他长期深入生活、体验生活而非“闭门造车”是分不开的。

在长期的连环画创作中，为求把画作“画得像”，画得“原汁原味”，贺友直经常深入第一线去体验生活。尤其是20世纪五六十年代，那时的农村生活十分艰苦。到农村大队中体验生活的贺友直，不仅亲自参加各种劳动，还要自己照顾自己的生活，“有时甚至不得不到地里挖点东西吃”。也许，正是这样艰苦的切身体验，使他创作出一部部深受人们喜爱的传世之作。

而客观，实际上就是一种表现形式。在贺友直看来，表现形式是搞好创作的一把“金钥匙”，连环画创作一定要懂得“搭得拢，记得牢，要把握表现形式”，否则仅凭一些绘画技术是远远不够的。作为中国连环画坛的一代大家，他从生活中捕捉感觉，总结出“四小”，即小道具、小动物、小动作、小孩子这样重要的连环画创作规律；从传统中寻找语言，画出融思想性、艺术性于一身的精彩作品；从创作中发现自己，在对原著的认真阅读中挖掘作品的主题而非简单的文字图解，进而形成了自己独特的艺术风格。

当然，除了要尊重客观，在贺友直看来，连环画作为画出来的故事，还必须适当运用一些“做戏”的手法。所谓“做戏”，他认为就是根据故事情景和人物特点的需要，选取和捕捉生活中富有表现力的表情、动作、特定情节乃至人物穿着打扮、周围环境等细节，使人物的性格、时代的特征等表现得更加生动、传神。但“做戏”不能过分，而必须来源于生活，既要富有情趣，又要真实可信，这样的“做戏”才是高明的。实际上这种创作方法在他的许多作品中都得以恰当运用，且被不少行家赞为“点子想得巧，人物刻画妙，环境配得好”。而这种评价的确是恰如其分的。

不称大师

贺友直创作的作品有的采用中国传统绘画中高远的手法，从平易中求变化，避免了画面支离破碎和人物形象的不完整。同时根据表现主题和对象，认真分析处理，用简洁的线描表现出对象丰富的艺术感觉。有的作品则从川剧的后台帮腔中获得启发，试图利用“版面”说话，左图叙述故事主题，右图烘托主题内容，或呼应，或影射，或反义，从而利用绘画语言将文学脚本语言说得更为丰富和透彻。

虽然认同艺术是相通的，但贺友直多年来却没有像“文革”后许多转而从事国画创作的连环画作者那样“转行”，他“固执”地固守着连环画的“方寸之地”，固守着自己心目中的这方精神家园。即便直言直语的他认为现在“连环画已经被淘汰了”，也不肯转而去画国画，因为他觉得一个人“定位很重要，自己要有自己的世界”，而连环画无疑就是他的整个世界。

称自己和连环画结缘是有些“上错花轿嫁对郎”的贺友直，对于自己在连环画创作和线描艺术上取得的成就以及多次的获奖看得非常平淡，听到别人称其教授、大师时，他都会说：“千万不要叫我大师，我只是一个画匠而已！”他认为自己从事连环画创作，只是根据素材进行材料加工，跟作坊式的生产没什么两样，只能算是一个吃艺术饭的“画匠”，称不上艺术家，更不敢称什么“大师”。他认为艺术家要有创造性，作为连环画家要善于制造情节，能够用画来表演故事，才是内行。

但实际上，贺友直的作品不仅影响了那个岁月里一代人的文化记忆，而且成为当时颇具时代精神的艺术象征，而这正是他的连环画能够走进人们日常生活，成为艺术经典的原因所在。

2016年3月16日，连环画泰斗贺友直在瑞金医院病逝，享年94岁。回望其长达五十多年的连环画创作生涯，不难发现，贺友直用他的近百部连环画册，用他的上万幅连环画作品，用他的跨越不同年代的一个个全国大奖，不仅绘制了自己作为著名连环画家的精彩人生，更和同人一起绘制了连环画这个中国通俗读物最为辉煌的历史。其精湛的技法和独特的表现形式，至今为人们所津津乐道，绽放着无穷的艺术魅力。

耕耘在神圣事业的沃原上

——记民进上海市委原副主委、少年儿童出版社原副社长李名慈

李名慈，男，汉族，1946年10月出生，籍贯浙江镇海，上海少年儿童出版社原副社长、副总编辑、编审。毕业于上海师范大学化学系。长期从事少年儿童出版工作，曾荣获“上海出版人奖”“上海市优秀科普编辑记者”称号。主持编辑《少年现代科技丛书》《三毛大世界》《知识童话300篇》《小学生自然百科知识大全》《小灵通西部行》等数十种图书，分别获得中国图书奖、国家图书奖。2004年，李名慈担任总策划的新世纪版《十万个为什么》获我国出版界最高荣誉——首届中国出版政府奖。

1985年，李名慈加入中国民主促进会，先后任民进少年儿童出版社支部主任、民进上海新闻出版局委员会主任、民进上海世纪出版集团委员会主任。1998年至2012年，李名慈任民进第十、十一、十二届中央委员，1999年至2012年，任民进上海市委员会副主任委员。李名慈曾担任上海市政协常委、上海市政协副秘书长，2012年被聘为上海市文史研究馆馆员。2018年12月，被表彰为民进上海市委庆祝改革开放四十周年“四十年・双岗建功四十人”。

作为一名资深出版人，李名慈是国家改革开放四十周年的实践者和见证者。他说，由于党和国家对党外人士的充分信任，他才能站在少年儿童出版这个舞台上，与改革开放同行，为社会主义现代化建设和上海国际文化大都市建设奉献力量。

从院刊编辑到出版社当编辑

1978年，在邓小平的倡导下，中国开启了改革开放的历史征程。李名慈的成长轨迹无疑是改革开放四十年的波澜壮阔中，上海出版人乃至上海文化人的一个缩影。

1978年恢复高考后，在港务局当工人的李名慈考进了上海师范大学（原上海师范学院）。大二时，李名慈发现，上海师范学院没有专门给学生看的报纸。于是，在校党委宣传部的支持下，他和几个同学共同创办了《上海师范学院院刊》。

改革开放进程推动着人们思想观念与文化需求的不断升级。思想敏锐的李名慈带领院刊的其他编辑积极跟踪社会热点，及时报道最新消息。20世纪80年代初，中国女排在世界杯、世锦赛上连环夺冠。编辑部听说女排部分队员正在上海，就把她们请来给大学生作报告。还有一次，国画大师刘海粟先生到上师大美术系讲授如何画泼墨山水，此时又当编辑又当记者的李名慈得到消息后，立刻赶去作了现场报道。

李名慈平时爱读书，一直向往有朝一日能当上编辑。可他的出版生涯从一开始并不顺利。大学毕业时，李名慈原是被分配到上海教育出版社做编辑的，报到当天，他被告知原编辑岗位被调整了。由于他出色的学习成绩和专业条件，少年儿童出版社接受他来工作。

李名慈在少儿社的第一个岗位是《少年科学》杂志编辑。1988年，邓小平提出“科学技术是第一生产力”的著名论断后，小读者的来信多如雪片。李名慈不厌其烦，坚持有信必复，不仅如此，每逢周末，他都会放弃自己的休息时间，去上海科技情报所，阅读、转录、翻译各种资料，不断提高自己的编辑能力。

李名慈常说，他热爱做编辑，认为这就是最适合他的工作，从一开始他就要求自己把编辑的平凡工作做到极致，认真和严谨是他在数十年编辑生涯中养成具备的基本素质。

锐意进取 敢于担当的出版人

20世纪80年代，进入改革开放时代的少年儿童出版社面临着严峻的市场考验，图书不仅要讲社会效益，也要讲经济效益。刚担任自然科学读物编辑室主任的李名慈面临的第一项考验，就是必须完成经济指标：一年70万元毛利。在挑战面前，李名慈迅速敏锐地发现了部分滞销书的市场价值。如《小灵通漫游未来》和《动脑筋爷爷》两套书，因内容跟不上时代步伐，市场遇冷，库存积压。李名慈建议可通过增补扩展，延伸出新的《小灵通再游未来》和《动脑筋爷爷》系列。修订扩容后的新版图书内容与时俱进，出版后深受孩子们的喜爱，经济效益十分显著。

从1983年在江苏科技出版社发表第一篇科普文章起，多年来李名慈坚持笔耕不辍，先后撰写出版了大量的少年儿童科普读物，如《绘图儿童科学辞典》《小脚丫科学画丛》《小学生自然百科知识大全》《凡尔纳科幻故事选》《儿童成长万事通》等，出版后均成为图书市场最受欢迎的儿童畅销读物。其中一套四册的《绘图365夜知识童话》初版开印量达60万册之巨。与此同时，李名慈带领自然读物编辑室的编辑，为开拓针对提高少年儿童现代科学素质的图书选题，殚精竭虑，付出了极大努力，许多新开发的图书一上柜，立即受到孩子和家长的喜爱，少年儿童出版社的儿童知识读物不仅内容精彩，针对性强，而且设计新颖，装帧漂亮，市场评价很高，始终占据着国内儿童科普读物领头羊和风向标的地位。

1996年3月7日上海《文汇报》发表《少儿科普读物大有可为》的记者采访报道，文章专门介绍了少年儿童出版社自然科学编辑室，这个仅有七个人的编辑室一年竟能实现3000万元的图书销售，完成400万元的利润，记者提出，在全国多家儿童出版社削减少儿科普图书出版，纷纷撤并科普读物编辑室的形势下，是什么样的动机和力量使他们创造出如此骄人的业绩？文章发表后社会反响很大，不少业内人士认为，这个编辑室的成功经验值得出版界深思，但他们的敬业精神、工作态度更值得称赞。

1994年李名慈被任命为少年儿童出版社副社长兼副总编辑，这一年出版社刚被国家新闻出版总署授予“全国优秀出版社”称号，在一个拥有近300人的享有盛名的大型出版社担任领导，李名慈深感责任重大。在全社大会上他表示要站在更高起点上，思考未来的出版宏图，努力实现图书的社会效益和经济效益最大化。他希望全社编辑要高度重视国家重点图书选题的制订，特别要在儿童文学、人文历史、自然科学和思想品德方面花大力气，拿出有分量的选题计划。

《十万个为什么》是少儿出版社的品牌图书，出版30多年来影响了几代人，由于现代科学技术发展迅速，《十万个为什么》的部分内容已显陈旧急需增补最新科技知识。1996年李名慈率先提出，集中全社力量，争取在新中国成立五十周年之际，推出新世纪版的《十万个为什么》。

经过三年多的坚持不懈和艰辛努力，在数十位两院院士和众多科学家的支持下，一套崭新12册的新世纪版《十万个为什么》终于在1999年秋天如期出版，新书首发当天，福州路上海书城外排起了两公里的长队，从四面八方赶来购书的读者人潮如涌，把整个书城围了个水泄不通。作为这套大型科普丛书的总策划编辑，此时的李名慈更是心潮澎湃，《十万个为什么》曾凝聚了几代编辑的心血和努力，今天我们接过来，终于把它推到了一个新的的高度。新中国成立五十周年，新世纪版《十万个为什么》被评为“感动共和国的50本书”之一，2004年，获得我国出版界最高荣誉“中国出版政府奖”。

参政议政 尽心尽职的政协委员

1985年，李名慈加入了中国民主促进会。1993年，他被新闻出版界推荐为上海市第八届政协委员，在他心中始终牢记的是，上海出版人的文化担当和文化责任。

上海世纪出版集团转制前夕，清产核资将核销报废部分积压的图书库存，按惯例这些图书会被作为废纸处理，最后化为纸浆。就拿直属单位少儿出版社为例，《上下五千年》《唐诗三百首》及许多外国经典童话尚有大量积存，如果全变成纸浆太可惜了！

在李名慈的推动下，民进上海市委向市政协提交由他撰写的提案《关于上海率先启动图书希望工程的意见和建议》。提案建议，希望将原本作为企业“核销资产”报废处理的图书捐给希望工程，运往西部贫困地区，让更多的孩子阅读。这项提案引起社会关注，上海《新民晚报》在头版报道后，市民反映热烈，市委宣传部迅速回应，要求所属出版单位作出相应安排，没多久各家出版社的库存图书开始陆续运往西部地区。

20世纪90年代后期，全国出版业随着改制转型，出现较大变化，李名慈认为，上海这座城市极具历史文化底蕴，它既是中国出版的发祥地，也见证了中国近现代出版业发展的轨迹。2005年，李名慈通过政协提案建议，上海应建立一座与其出版历史和地位相称的出版博物馆，既彰显海派文化特色和城市的精神内涵，又反映中国近现代新闻出版历史变迁，对继承和研究近现代中国出版业和建设上海国际文化大都市具有重大意义。经过反复认证、研究和决策，在新闻出版总署和上海市政府、市委宣传部的支持下，该提案终于获得落实。

德医双馨，勇毅奋进

——记民进上海市委原副主委、复旦大学附属肿瘤医院原副院长吴毅

吴毅，第十二届市政协常委，第十三届民进中央委员，民进市委副主委，复旦大学甲状腺肿瘤诊治中心主任、复旦大学附属肿瘤医院甲状腺诊治首席专家、教授。1992年起曾任肿瘤医院副教授、教授、科副主任、主任、副院长等职。结合临床利用分子生物学及免疫组化技术对甲状腺癌的组织中P53、P16、S100、P-糖蛋白进行研究，研究成果突出。主持参与科研课题六项，曾获卫生部科学进步二等奖，是国内甲状腺癌诊治的权威。1993年获上海医科大学梯队优秀奖，1995年获首届“励树雄”教育卫生三等奖，1997年获卫生部科技进步一等奖，1999年被评为市卫生局“精神文明建设优秀组织者”。2018年12月，被表彰为民进上海市委庆祝改革开放四十周年“四十年·双岗建功四十人”。

坚守自己热爱的职业是一种幸福

吴毅，1953年出生于上海的一个高级知识分子家庭，父亲是上海医科大学药学教授。在这样的家庭中，他对医学知识也比别人接触的更多，在家庭的耳濡目染下，对医学有了初步的认识，这对他今后从医有一定的影响。从小在心底里他一直崇拜的职业就有两个，一个是医生，一个是教师，他认为这两个职业是最值得尊重的职业。

1970年，吴毅下乡到了黑龙江黑河龙镇农场，当时黑龙江的农场生活条件非常艰苦。他清楚地记得，他们当时要到茅房挑粪用作肥料，一到冬天，茅房的粪池被冻得生硬，这项工作便被他们戏称为“刨粪”，“刨粪”过程中冰碴子落在他们的身上、背上，甚至脸上，一开始没什么，等冰化了之后，就会有满身的臭味，久久都散不了。这五年的下乡经历，让吴毅对我国的国情有了更多的了解，对其世界观的形成有很大帮助。

1975年，吴毅作为工农兵大学生回到上海，进入上海第二医学院（后改为上海第二医科大学）医疗系就读。1978年毕业后，他被分配到了上海市肿瘤医院，先从住院医师干起，然后到主治医生。直到1985年，他得到法国巴黎第六大学附属Tenon医院学习的机会，1989年结束法国进修回到肿瘤医院。之后，从副教授、教授、硕士生导师、博士生导师，再到科副主任、主任和副院长，在上海市肿瘤医院一直坚守了四十一年。他发现时间越久越热爱这份工作。他认为，一个人只有对他的工作有了热爱，才会投入很多的感情与精力，否则无论做什么都将一事无成。事实上，医生这个职业教会了他很多，也让他相信一个职业的重要性不仅仅在于它本身，还在于它带来的一种态度、气质与人格。

患者的笑容是动力和快乐的来源

吴毅很喜欢这样一句话：作为一个医生，他所有知识和成就的来源都应该是病人。在他看过的许多病例中，曾经有一个病人给他留下了深刻的印象，那时他还是一个主治医生，有一次来了一个病人，是来上海的广西打工妹，由于病得很严重，已经是甲状腺癌晚期，其男朋友甚至想要放弃治疗，但吴毅最终还是说服了她坚持治疗，手术顺利完成，吴毅也渐渐忘了这件事。十年以后，有一天吴毅正在看门诊，发现对面坐着的一排病人中有一个人一直看着他，轮到给她看门诊的时候，她激动地流下了眼泪。原来，她就是当年的那个女孩子。“吴医生，你老了，你还记得我么？当时你给我开过刀的。”“我这一次来，就是想来看看你，再对你说一句谢谢你。”她手术成功后去了日本，现在发展得很好，这次回来专门来看看他，只为对他说几句话。那一刻，吴毅非常感动，也非常自豪自己是个医生。治好病人，并能从病人那里听到一句感激的话语，看到一个笑容的回应，实在是最大的快乐和满足。吴毅说，这是对他最大的鼓励，在他的从医生涯中，遇到过许多这样的笑容，医生和患者相互理解的一幕幕仍浮现在他的脑海中。这是作为一位治病救人的医务工作者的初心，这也是他一直坚守医生这个职业的一个很重要的因素。

干好医生的工作需要爱和坚持

还有一件事让吴毅非常难忘，一次一位单亲母亲带着12岁的女孩来看病，被查出患了甲状腺癌，由于她们负担不起治疗费用，这位母亲有了放弃的念头。吴毅劝导这位母亲，让她不要放弃，并告诉她上海对于儿童大病方面有住院互助医疗保险等项目可以申请，并对她们说："你们先去把能申请的都先申请好，不够的钱我来帮你们负担。"之后，手术非常成功，十几年后，这个女孩结婚了，并送来了喜糖，这让吴毅十分感动。在他看来，一份关爱和温暖也许就能挽救一个生命。

身为一个医生，在技能上一定要精益求精，在态度上要与病人感同身受，将病人的痛苦当成自己的痛苦，要认真负责地对待每一位病人。有时他一天要看六七十个病人，这对医生的意志力是一种考验，必须尽力保持一种所有病人都要一样好的服务态度，要经受得住这种考验，才能得到认同。他曾做过的最长的一台手术是从早上8点到晚上11点，整个过程几乎都是站着的，这十几个小时里，手术的进程是容不得间断的，其间为了让医生补充能量，就用饼干泡在牛奶里并捣碎，让护士站在身后喂到嘴里。手术过程中，没有什么感觉，但是手术结束后，便瘫倒在地，真想好好睡上一觉。但一切的坚持，最终都是以病人的康复作为回报，这让他很满足。

做一个乐建诤言的民进人

吴毅是1994年加入民进的。1993年，上海市肿瘤医院的民进会员只有两人，民进儿科支部委员师英强非常欣赏吴毅，并且得知他当时还没有加入任何党派。于是，师英强在与吴毅聊天的时候就提出希望吴毅加入民进的想法，其实当时九三学社也希望吴毅加入，最终在师英强的坚持下，吴毅顺利地加入了民进，成为上海市肿瘤医院第三位民进会员。

加入民进后，吴毅积极开展会务工作，参加各类组织活动，曾担任民进市委副主委，民进市委中青年联谊会第一届的会长。中青年联谊会的成立，为市委会挖掘和培养了中青年骨干会员提供了良好的渠道。当时，民进市委换届选举后，有三分之一的委员都是中青年联谊会的成员。在履职平台上，吴毅认真履行职能，曾担任第十二届市人大代表，第十一、十二届市政协常委，两届市政协民进界别召集人。吴毅积极参政议政，共提交了多项提案，其中有《为办好2010年上海世博会进一步提高市民文明素质已刻不容缓》《改善上海三级甲等综合性医院急诊室诊疗环境的建议》获得了优秀提案。

吴毅是个性格直爽、敢于直言的人，他有一个提案是关于解决上海高架拥堵问题，这个提案涉及外牌车辆的限行措施，曾引起一定的争议，最后间接推动如今的外牌限行措施。吴毅在建言献策中充满创新和智慧，他曾首次提出因我国器官移植供体严重不足，建议在驾驶证上加一页有关交通意外自愿捐献器官的栏目，这引起了人民日报和公安部门的关注。

要做一个努力而高尚的医者，吴毅是这样做的，用爱、坚持、探索、责任来践行他的本职。要做一个乐建诤言的民主党派成员，吴毅也是这样做的，用思考、创新、求实、直言来实现他的履职承诺。

破解针灸密码的医者

——记民进市委医疗卫生专委会副主任、上海市针灸经络研究所所长吴焕淦

吴焕淦，上海中医药大学首席教授、博士生导师，两届国家973计划项目首席科学家，上海市著名中医，全国政协委员，民进上海市委医疗卫生专委会副主任，享受国务院政府特殊津贴，卫生部有突出贡献中青年专家，上海市领军人才，任中国针灸学会副会长、上海市针灸学会会长，2017年12月6日当选首届中国针灸学会灸疗分会主任委员。2018年12月，被表彰为民进上海市委庆祝改革开放四十周年“四十年·双岗建功四十人”。

汗水浇开遍地花

一个学科的持续发展需要创新的团队，吴焕淦作为针灸学科的学科带头人，十分注重青年人才的培养和团队的协作。他极为重视中医学的“传帮带”作用，致力于海派针灸的传承与发展研究，主持牵头申报的“陆氏针灸疗法”已列入上海市和国家级非物质文化遗产名录项目。始终坚信：“高明热情的老师是‘耕耘者’，聪明好学的学生是‘种子’，好的制度保障是‘土壤’，这是流派传承的三个要素。”他尤其注重中医学的传帮带，有着一颗“拼却老红一万点，换得新绿百千重”的育才之心。他以学科发展培养人才，通过人才梯队建设促进学科发

展。作为民进上海中医药大学委员会的杰出代表性人物，民进上海市委员会医疗卫生专委会副主任，吴焕淦非常关心会员培养和发展。2017年10月18日下午，作为上海中医药大学党外优秀知识分子“同心”传承计划导师，与民进上海中医药大学委员会委员傅勤慧结对。市教委工作党委统战处处长金勤明亲自为吴焕淦、傅勤慧颁发上海中医药大学党外优秀知识分子“同心”传承证书。吴焕淦作为导师以自身的模范作用，培养党派传承人，为民进上海中医药大学委员会的会员培养和成长，开创了新的模式。吴焕淦还与上海金山区亭林医院民进会员巩浩主治医师结对子，并收其为徒，与民进金山区委共同培养中医药健康人才。

传承创新针灸惠民

吴焕淦致力于推动中医针灸学，特别是灸法的应用与发展，促进了国际学术界对中医针灸的认同。2017年，适逢上海市医学会百年庆，设立上海医学发展系列奖项，以表彰和奖励对医学发展作出突出贡献的上海医学精英，致敬大医精诚、医者仁心，进一步调动和发挥广大医学科技工作者投身建设具有全球影响力科创中心的积极性和创造性，同时，向社会展示上海医学百年发展的丰硕成果，弘扬上海医学的优良传统，继往开来，再创辉煌。基于传承创新针灸惠民的成就，以及对中医针灸学发展做出的重大贡献，2017年9月19日，吴焕淦获上海医学发展杰出贡献奖。2017年12月，吴焕淦领衔完成的“灸法作用的免疫机制与临床特色技术应用”项目获上海市科技进步一等奖。

参政议政心系民进

吴焕淦十分重视参政议政和信息工作，通过提案、双月座谈会和统战理论研讨会等方式，积极献计献策。吴焕淦通过民进上海市委及市政协会议，先后就创新和发展中医药文化、加强针灸学科建设、发挥中医针灸在医改中的作用、构建和谐医患关系、改善本市医疗执业环境，以及2017年1月两会期间就“关于女性集中的医院和学校二孩政策开放后的问题及建议”和“关于推进中医针灸、推拿、火罐、刮痧等中医适宜技术进社区的建议”等多份重量级的提案，可谓件件点到“穴位”。这些提案和建议，得到有关部门采纳，取得较好的社会影响。2017年1月两会期间，吴焕淦“关于创新发展针灸医学的建议”的提案获市政协2016年优秀提案奖。

2018年4月17日，吴焕淦领衔的民进市委2018年参政议政课题“建立上海国际针灸医院，建设健康上海，打造上海城市新名片”中标。该课题以国家大力扶持中医行业为契机，通过整合上海的中医针灸优质资源，建立国际一流、上海特点、中医特色的上海国际针灸医院，引领中医国际化进程示范效应，促进海派中医针灸流派传承，提升中医针灸的原创性、整体竞争力，和作为中医药的代表，提升我国针灸发展的核心竞争力，推进上海具有全球影响力科技创新中心的建设进程，更好地服务于“一带一路”沿线国家和地区。

此外，吴焕淦积极参与推进2017年民进上海中医药大学委员会与民进金山区委结对共建。2018年，民进上海中医药大学委员会与民进浙江省衢州市衢江区总支部委员会结对共建。后者是民进上海中医药大学委员会紧跟时代潮流，响应长三角一体化发展的新举措，是民进沪浙两地组织迈出合作的第一步。结对共建双方深入交流各自优势，拟通过加强专业对接，为推动上海市金山区、浙江衢州市衢江区中医药健康事业发展助力；建立长效合作机制，为共同推进医疗合作搭建平台；加强党派履职工作交流，提升影响力；建立互动机制，有序推进全面合作；共建、共创、共享、共赢，不断提升共建双方民进基层组织影响力和参政议政能力。

作为上海市著名中医、973计划项目首席科学家，吴焕淦如今仍积极活跃在中医针灸临床与科研的舞台上。不管是本职工作，还是民主党派工作，他都满腔热情、锐意进取，怀着传承中医国粹的执着信念，不遗余力地为中医针灸的传承、创新和发展出谋划策。

蛟龙入泥，点土成金

——记民进上海市委企业家联谊会副会长、上海港湾软地基处理工程（集团）股份有限公司董事长徐士龙

徐士龙是一个长期与烂泥、淤泥打交道的人，更是一个变烂泥、淤泥为宝的神奇“魔术师”。民进会员、上海港湾软地基处理工程（集团）股份有限公司董事长徐士龙用他的聪明才智和坚韧顽强，用他的奋发有为和敢于创新，不仅书写了从自学成才到拥有八项国家专利的民间发明家、从白手起家到拥有亿万资产并为社会创造巨大财富的企业家的传奇经历，更展现出一条依靠自身努力和科技创新叩开事业大门、实现人生梦想的精彩成功之路。

创业艰难

俗话说“万丈高楼平地起”，不管上面要建造什么样的建筑，其地基的加固处理尤为重要，“基础不牢，地动山摇”，这自然开不得半点玩笑。特别是软地基的加固处理，历来就是一个世界性的技术难题。想一想，要把原本是一片沼泽地甚至是围海造田的淤泥滩变成可以铺路搭桥、造房建楼的硬地基，对普通人而言本就是难以想象的事情。而国内外普遍采用的软地基加固传统工法不仅工期长，而且需要消耗大量水泥、石灰石等材料，施工成本较高，已经远不能适应现代经济建设的需求，急需改进和创新。早在十几年前，徐士龙就敏锐地看到了这一点。1997年，在江苏省江阴市政府工作了三年的他，被任命为江阴市港口开发公司总经理。作为一名从事软地基加固处理相关业务的国企老总，他对传统加固技术的落后与局限性有着切身的体会，

同时也深深感受到这一行业技术创新的紧迫性和其巨大的市场发展前景。于是，在时光进入21世纪的第一年，他毅然扔掉了那个在许多人眼里可谓梦寐以求的“金饭碗”，义无反顾地“下海”了。

而实际上，那时的徐士龙，除了有一张大专文凭和为数不多的一点积蓄，剩下的就只有满腔的豪情和坚强的毅力了。创业远比他想象的要艰苦得多，一无经费、二无场地、三无设备，人员也只有他和合作伙伴两个人。要想创业，而且是科研创业，谈何容易！可是更大的困难接踵而至。手里的那点“家底”很快用光了，他们不得不向亲友借债。而新技术的研发似乎就是一个无底洞，100万填进去了，没有声音，200万填进去了，还是没有声音……一年下来，不仅研发没有取得满意的效果，他们还欠下了500多万元的外债。合作伙伴感到无望和难以承受了，选择退出，只剩下徐士龙一个人。

徐士龙一样深感压力，但是他相信自己的方向没有错，因此仍然坚持着，没有退缩。他以工棚为研究室，以工地为试验场，继续锲而不舍地苦苦探求着。他不仅翻遍了国内外的相关资料，还走访了同济大学等多所高校的专家教授，历尽千辛万苦，尝遍酸甜苦辣，“屡战屡败、屡败屡战”。经过六百多个日夜的艰苦努力，先后投入近千万元，终于“柳暗花明”，研发成功快速“高真空击密法”的软地基加固处理新技术并获得国家专利。在此基础上，他通过不懈努力，先后获得8项专利，成为一位名副其实的民间发明家。

一炮打响

天道酬勤，苦尽甘来。但又一个更大的命题摆在徐士龙面前，就是如何将他的发明成果产业化。知难而上、敢作敢为的他认为“酒香也怕巷子深”，因此，他没有选择等待，而是主动出击。外高桥港区软地基加固处理项目成了他的“翻身仗”。当时，由于该项目难度很大，前面的几家公司都因为没有做好而先后撤出。工期紧迫，焦急万分的项目负责人面对找上门来的当时尚名不见经传的徐士龙和他的上海港湾软地基处理工程有限公司，面对徐士龙工期缩短一半、造价节省三分之一、质量可控和施工环保的承诺，项目负责人答应让其一试。这一试果然不同凡响，徐士龙的承诺一一变为令人信服的现实。于是一炮打响，后来连外高桥港区的二期、三期的软地基处理也全部交给徐士龙公司来做了。

2003年，上海浦东机场二号跑道改扩建工程实施。这是一项“向大海要机场”的方案，跑道是建在濒临海滩的软土上，其地基的加固处理事关重大，工程的竞争也很激烈，当时连负责的院士也不敢确定在哪个方案上签字。后来在多个方案的竞争试验中，徐士龙公司以6个主要技术指标中5个达到第一的优异成绩胜出。这项工程，试验论证的时间长达十个月，而徐士龙公司仅仅用了三个多月时间就圆满完成了工程，并节约造价一亿多元。在使用一年多后，跑道经组织专家鉴定为“国内第一，远远超过设计标准”。徐士龙发明的“高真空击密”技术以其质量高、造价低、工期短再次使人信服。在2006年浦东国际机场三号跑道的建设中，徐士龙带领公司再次折桂。

上海临港新城是上海市政府决策的一个综合型现代滨海城市，总规划面积293平方公里，相当于半个上海市区。在临港新城景观大道等400万平方米路基软地基处理中，由于采用了徐士龙公司的“高真空击密”新技术施工，仅此一项工程就节约了建设资金达3.6亿元，而且投入使用后，效果良好。

徐士龙研发的“高真空击密”这项新技术不仅解决了传统技术无法克服的技术难点，而且具有传统技术无法比拟的优点，被上海市科委组织专家鉴定评价为“国内首创、国际领先”。这项专利技术还能节省大量水泥、石灰石等建筑材料，节约生产能耗，从而有效减少二氧化碳等温室气体的排放量，其所能创造的经济效益和社会效应是难以估量的。

在快速“高真空击密”等工法的基础上，徐士龙经过多年实践积累，还研究开发了快速“低位高真空分层预压击密法”“新型高真空变能量交叉击密法”，快速“高真空击密、桩基”和快速“填水预压、动力压差排水法”等软地基处理工法，并全部取得国家专利。自新技术发明并成功转化后的短短数年里，徐士龙带领公司共承接完成国内和国际重点工程1000多项。除上海外，在浙江宁波港三期地基处理工程、青岛国家石油储备基地、津唐港、广东佛山、珠海、广西钦州港等重大工程中都得到广泛成功应用。2015年自带医生，克服重重困难，参与远海七个地基的科研，配合设计，施工及检测标准，实现总书记“快速、优质、廉价”的要求，获国家军委一等奖，为国防建设作出巨大贡献。2018年三亚某基地地基处理项目受到书面表彰。

走出国门

徐士龙这些新技术的发明和应用也受到国际同行的高度关注和普遍好评，韩国、印度、印度尼西亚、越南、泰国、孟加拉国和马来西亚等国的同行和业主，纷纷要求引进该项专利技术。2006年8月韩国工程院院长和土木工程学会会长亲率专家组专程前来考察该项新技术，认为是“一项了不起的发明”，称该项新技术的发明“为推动软地基加固技术进步作出宝贵贡献” 。2008年“高真空击密法”专利技术成功出口韩国，填补了国内行业内技术出口的空白。徐士龙的海外团队先后完成了迪拜世界岛，新加坡樟宜机场，印度尼西亚第一、第二高速公路等近20个国家数百个重大项目，为国家获得了荣誉，印度尼西亚、越南、泰国十多位国家领导人接见发明人，海外主流媒体主动报道。

主要荣誉

徐士龙发明高真空系列技术，先后完成国内外近1000个项目，节省资金超1000亿元，CO_2减排超1000万吨。连续两届当选为国际岩土力学协会旗下中国软土地基改良技术委员会会长，中国发明协会副理事长；并主编中国《吹填土地基处理技术规范》，参编中国《沿海软弱地基地基大坝建筑技术规范》及军用标准，民航标准等；2017年参编印度尼西亚《地基处理》国家规范。

2012年徐士龙被联合国知识产权组织授予最佳发明金奖，世界发明联合会授予世界发明领域对社会巨大贡献奖的鲍格胥奖（全球10位，中国首位），世界发明协会绿色发明最高荣誉绿色发明金奖。中国国家发明创业奖，省部一、二等发明奖等。2018年6月，他作为安永全球企业家中国大陆区域大奖得主。徐士龙作为全国民企代表出席“一带一路”五周年座谈会和全国科技创新大会。2017年，徐士龙被评为民进坚持和发展中国特色社会主义学习实践活动先进个人。2018年12月，被表彰为民进上海市委庆祝改革开放40周年“四十年·双岗建功四十人”。

展望未来

在荣誉和财富面前，徐士龙却没有迷失人生方向。虽然有亿万身价，他却依然过着简单朴素的生活。他烟酒不沾，与员工一起在食堂吃工作餐，却捐出数百万元资助贫困学生和困难发明人。他对打高尔夫等“贵族运动”也不感兴趣，唯一的嗜好就是看书和学习。他始终不忘，是学习改变了他人生的命运，是知识给了他无穷的力量。除此之外，再没什么业余爱好，他把全部精力都投入到自己喜爱的事业中去。而在生活上非常节俭的他，对于科技创新领域的投入却从不吝惜，先后投入的研发资金达亿元。他联合多所高校的几位院士和多位专家教授创办了上海港湾软地基设计开发研究院，在现有专利技术基础上进一步研发新技术，同时进行理论和机理研究，制定新的国内外行业规范与标准。

可以看出，在以劳务输出为主的我国建筑行业内，作为一家以技术输出而赚取“老外”技术费的公司掌门人，徐士龙有着更为远大的战略眼光和奋斗目标。相信这位“点土成金”、胸怀大志的发明家与企业家，在二十多个国家有分支机构的情况下，正在进一步全球布局，不断创新，例如2018年在菲律宾总统见证下签订了用港湾技术废物造地50平方公里建民生保障新城项目等，徐士龙将以技术加资本创新模式，创民族品牌，为民生造福。

附录

1993年至2012年上海民进会员界别分布情况

年度	教育		文化艺术		出版		科学技术		医药卫生		公有制经济		非有公制经济		法律		政府机关		党派机关		团体		其他	
	人数	比例	人数	比例	人数	比例	人数	比例	人数	比例	人数	比例	人数	比例	人数	比例	人数	比例	人数	比例	人数	比例	人数	比例
1993	3348	68.0%	298	6.1%	288	5.8%	368	7.50%	485	9.8%	13	0.3%	5	0.1%	6	0.1%	35	0.7%	58	1.2%	2	0.1%	18	0.3%
1994	3482	67.5%	312	6.0%	296	5.7%	392	7.60%	529	10.3%	15	0.3%	9	0.2%	8	0.2%	37	0.7%	57	1.1%	2	0.1%	17	0.3%
1995	3613	67.1%	326	6.0%	307	5.7%	407	7.50%	575	10.7%	17	0.3%	16	0.3%	9	0.2%	40	0.7%	57	1.1%	3	0.1%	16	0.3%
1996	3752	66.5%	339	6.0%	314	5.6%	435	7.70%	624	11.0%	31	0.5%	19	0.3%	11	0.2%	44	0.8%	56	1.0%	4	0.1%	16	0.3%
1997	3851	66.0%	341	5.8%	316	5.5%	452	7.80%	662	11.3%	46	0.8%	23	0.4%	13	0.2%	49	0.8%	57	1.0%	4	0.1%	19	0.3%
1998	3968	65.6%	354	5.9%	319	5.3%	474	7.80%	708	11.7%	55	0.9%	26	0.4%	15	0.2%	52	0.9%	56	0.9%	3	0.1%	19	0.3%
1999	4119	65.1%	364	5.8%	327	5.2%	502	7.90%	752	11.9%	71	1.1%	31	0.5%	16	0.3%	56	0.9%	61	0.9%	3	0.1%	21	0.3%
2000	4256	65.0%	371	5.7%	332	5.1%	518	7.90%	789	12.0%	82	1.3%	33	0.5%	18	0.3%	61	0.9%	62	0.9%	3	0.1%	21	0.3%
2001	4391	64.9%	379	5.6%	348	5.1%	533	7.90%	814	12.0%	91	1.3%	36	0.6%	19	0.3%	68	1.0%	62	0.9%	2	0.1%	22	0.3%
2002	4502	64.8%	390	5.6%	362	5.2%	548	7.90%	833	12.0%	95	1.3%	39	0.6%	20	0.3%	75	1.1%	61	0.9%	2	0.0%	22	0.3%
2003	4700	65.4%	357	5.0%	365	5.1%	441	6.1%	870	12.1%	123	1.7%	40	0.6%	18	0.3%	96	1.3%	64	0.9%	—	—	116	1.6%
2004	4818	65.1%	418	5.7%	355	4.8%	445	6.0%	885	12.0%	133	1.8%	52	0.7%	16	0.2%	96	1.3%	64	0.9%	3	0.0%	114	1.5%
2005	5000	65.0%	429	5.6%	370	4.8%	448	5.8%	912	11.9%	151	2.0%	78	1.0%	17	0.2%	100	1.3%	65	0.9%	3	0.0%	119	1.6%
2006	5117	64.7%	435	5.5%	379	4.8%	450	5.7%	950	12.0%	164	2.1%	94	1.2%	17	0.2%	108	1.4%	66	0.8%	5	0.1%	122	1.5%
2007	5251	64.7%	438	5.4%	382	4.7%	452	5.6%	971	12.0%	177	2.2%	109	1.3%	17	0.2%	123	1.5%	67	0.8%	5	0.1%	124	1.5%
2008	5344	64.5%	450	5.4%	385	4.6%	451	5.4%	997	12.0%	193	2.3%	120	1.4%	17	0.2%	124	1.5%	67	0.8%	6	0.1%	126	1.5%
2009	5448	64.4%	460	5.4%	394	4.7%	452	5.3%	1026	12.1%	206	2.4%	136	1.6%	17	0.2%	127	1.5%	67	0.8%	6	0.1%	126	1.5%
2010	5556	64.2%	463	5.4%	394	4.6%	457	5.3%	1045	12.1%	223	2.6%	154	1.8%	17	0.2%	138	1.6%	70	0.8%	7	0.1%	127	1.5%
2011	5662	64.1%	467	5.3%	405	4.6%	460	5.2%	1063	12.0%	240	2.7%	171	2.0%	18	0.2%	144	1.6%	72	0.8%	7	0.1%	127	1.4%
2012	5794	63.9%	473	5.2%	408	4.5%	463	5.1%	1087	12.0%	250	2.8%	208	2.3%	20	0.2%	153	1.7%	78	0.9%	7	0.1%	129	1.4%

2013年至2015年上海民进会员界别分布情况

年度	教育		文化艺术		新闻出版		科学技术		医药卫生		公有制经济		新的社会阶层人士		司法机关		政府机关		党派机关		团体		其他	
	人数	比例	人数	比例	人数	比例	人数	比例	人数	比例	人数	比例	人数	比例	人数	比例	人数	比例	人数	比例	人数	比例	人数	比例
2013	5982	63.5%	485	5.2%	420	4.5%	469	5.0%	133	12.0%	257	2.7%	258	2.7	20	0.2%	171	1.8%	81	0.9%	8	0.1%	131	1.4%
2014	6105	63.1%	498	5.2%	423	4.4%	473	4.9%	1158	12.0%	265	2.7%	304	3.1%	21	0.2%	201	2.1%	82	0.8%	8	0.1%	131	1.4%
2015	6222	62.8%	504	5.1%	431	4.3%	478	4.8%	1189	12.0%	278	2.8%	350	3.5%	21	0.2%	221	2.2%	86	0.9%	8	0.1%	122	1.2%

2016年至2017年上海民进会员界别分布情况

年度	教育		文化艺术		出版传媒		科学技术		医药卫生		公有制经济		新的社会阶层人士		人大政府机关		司法机关		政治机关		党派机关		社会团体		其他	
	人数	比 例	人数	比例	人数	比例	人数	比例	人 数	比 例	人数	比例	人 数	比例	人数	比例	人数	比例	人数	比例	人数	比例	人数	比例	人数	比例
2016	6302	62.5%	506	5.0%	439	4.3%	481	4.8%	1220	12.1%	288	2.9%	379	3.8%	19	0.2%	1	0.0%	239	2.4%	86	0.9%	9	0.1%	124	1.2%
2017	6395	61.9%	509	4.9%	448	4.3%	483	4.7%	1253	12.1%	311	3.0%	438	4.2%	22	0.2%	1	0.0%	351	3.4%	96	0.9%	20	0.2%	12	0.1%

2018年上海民进会员界别分布情况

年度	教育		文化艺术		出版传媒		科学技术		医药卫生		公有制经济		非公有制经济		新的社会阶层人士		人大政协机关		司法机关		政府机关		党派机关		社会团体		其他	
	人数	比 例	人数	比例	人数	比例	人数	比例	人 数	比 例	人数	比例	人数	比例	人数	比例	人数	比例	人数	比例	人数	比例	人数	比例	人数	比例	人数	比例
2018	6344	59.6%	506	4.8%	480	4.5%	271	2.5%	1238	11.6%	614	5.8%	106	1.0%	506	4.8%	24	0.2%	2	0.0%	409	3.8%	96	0.9%	27	0.3%	13	0.1%

1993年至2018年发展会员情况

年份	发展人数	其中女性	学历		层次分布			职称				年龄结构			
			大学以上	比例%	中上层人士	比例%	其他	高级职称	比例%	中级职称	比例%	平均入会年龄	40岁以下	41岁至50岁	51岁至60岁
1993	335	156	303	90.4	311	92.8	24	92	27.5	215	64.2	41.4	188	116	31
1994	271	127	252	93	254	93.7	17	84	31	165	60.9	40.8	144	98	29
1995	263	118	237	90.1	241	91.6	22	78	29.6	159	60.5	40.9	147	90	26
1996	288	126	267	92.7	262	90.6	26	30	10.4	233	71.5	52.9	141	122	24
1997	216	94	203	94	210	97.2	6	57	23.6	158	73.2	41.1	102	86	28
1998	251	132	235	93.6	236	94	15	40	15.9	196	78.1	38.8	150	78	23
1999	312	179	290	93	298	95.5	14	41	13.1	249	79.5	38.9	186	98	28
2000	248	120	223	94	232	98	3	51	21.7	181	77	38.3	158	73	4
2001	235	125	187	94	191	96	8	42	21	149	75	38.2	144	45	10
2002	199	111	235	94.8	222	89.5	24	40	16.1	182	73.4	37.9	169	61	18
2003	265	149	258	97.4	246	92.8	19	44	16.6	202	76.2	37.6	183	70	12
2004	283	168	274	96.8	279	98.6	4	71	25.1	208	73.5	37.8	194	80	9
2005	327	170	293	89.6	310	94.8	17	64	19.6	225	68.8	38.5	218	86	23
2006	253	150	219	86.6	252	99.6	1	71	28	162	64	38.4	161	81	11
2007	245	133	227	92.7	242	98.8	3	70	28.6	158	64.5	38.1	166	64	15
2008	229	151	202	88.2	222	96.9	7	58	25.3	148	64.6	37.8	160	62	7
2009	227	142	204	89.9	207	91.2	20	64	28.2	143	63	39.2	149	65	13
2010	229	146	221	92.1	203	88.6	26	59	25.8	142	62	38	149	76	4
2011	213	144	195	91.5	186	87.3	27	66	31	119	55.9	37.9	143	67	3
2012	280	180	258	92.1	228	81.4	52	70	25	157	56.1	38.1	183	90	7
2013	386	222	353	91.5	332	86.0	54	87	22.5	243	63.0	38.5	238	141	7
2014	313	192	293	93.6	223	71.2	90	67	21.4	156	49.8	38.2	202	99	12
2015	277	146	262	94.6	210	75.8	67	50	18.0	160	57.8	37.6	188	81	8
2016	249	145	245	98.4	207	83.1	42	36	14.5	171	68.7	38.0	171	67	11
2017	294	162	277	94.2	213	72.4	81	57	19.3	156	53.1	38.4	198	87	9
2018	406	194	393	96.7	264	65.0	142	64	15.8	200	49.3	38.4	264	129	12

1993年至2012年发展会员界别情况

年份	全年发展数	教育	比例%	科学技术	比例%	医药卫生	比例%	文化艺术	比例%	新闻出版	比例%	公有制经济	比例%	非公有制经济				法律	比例%	政府机关	比例%	党派机关	比例%	团体	比例%	其他	比例%
														企业界人士	比例%	其他人员	比例%										
1993	335	201	60.0	31	9.2	56	16.7	19	5.7	14	4.2	3	0.9	3	0.9	0	0.0	2	0.6	3	0.9	3	0.9	0	0.0	0	0.0
1994	271	153	56.5	27	10.0	48	17.7	18	6.6	11	4.1	2	0.7	6	2.2	0	0.0	2	0.7	4	1.5	0	0.0	0	0.0	0	0.0
1995	263	151	57.4	19	7.2	49	18.6	15	5.7	12	4.5	2	0.8	7	2.7	0	0.0	1	0.4	5	1.9	0	0.0	1	0.4	1	0.4
1996	288	154	53.5	29	10.1	55	19.1	17	5.9	7	2.4	13	4.51	0	0.0	0	0.0	0	0.0	7	2.4	0	0.0	2	0.7	4	1.4
1997	216	131	60.7	23	10.7	41	19	5	2.3	5	2.3	3	1.3	0	0.0	0	0.0	0	0.0	7	3.2	0	0.0	0	0.0	1	0.4
1998	251	142	56.6	29	11.6	56	22.3	7	2.8	3	1.2	1	0.4	0	0.0	0	0.0	0	0.0	8	3.2	1	0.4	0	0.0	4	1.6
1999	312	194	62.2	30	9.6	48	15.4	13	4.2	10	3.2	0	0	0	0.0	0	0.0	0	0.0	12	3.9	5	2.0	0	0.0	0	0.0
2000	248	155	62.5	17	6.9	39	15.7	8	3.2	8	3.2	3	1.21	2	0.8	0	0.0	0	0.0	15	6.1	1	0.4	0	0.0	0	0.0
2001	235	150	63.8	14	6.0	26	11.1	9	3.8	18	7.7	7	2.98	0	0.0	0	0.0	0	0.0	8	3.4	0	0.0	0	0.0	3	1.3
2002	199	126	63.3	22	11.1	20	10.1	12	6.0	7	3.5	2	1.01	1	0.5	0	0.0	0	0.0	9	4.5	0	0.0	0	0.0	0	0.0
2003	265	174	65.7	22	8.3	27	10.2	7	2.6	12	4.5	12	4.53	4	1.5	0	0.0	1	0.4	6	2.3	0	0.0	0	0.0	0	0.0
2004	283	164	58.0	6	2.1	41	14.5	13	4.6	13	4.6	10	3.53	7	2.5	5	1.8	2	0.7	7	2.5	0	0.0	3	1.1	12	4.2
2005	327	213	65.1	3	0.9	27	8.26	11	3.4	18	5.5	18	5.5	2	0.6	24	7.3	1	0.4	4	1.2	1	0.4	0	0.0	5	1.5
2006	253	154	60.9	2	0.8	38	15	6	2.4	10	4.0	13	5.1	2	0.8	14	5.5	0	0.0	8	3.2	1	0.4	2	0.8	3	1.2
2007	245	163	66.5	4	1.6	22	9	3	1.2	7	2.9	14	5.7	2	0.8	13	5.3	0	0.0	15	6.1	1	0.4	0	0.0	1	0.4
2008	229	153	66.8	2	0.9	25	10.9	14	6.1	3	1.3	16	7	1	0.4	8	3.5	0	0.0	4	1.7	0	0.0	1	0.4	2	0.9
2009	227	139	61.2	4	2.0	31	13.7	12	5.3	7	3.1	13	5.7	2	1.0	14	6.2	0	0.0	5	2.2	0	0.0	0	0.0	0	0.0
2010	229	137	59.8	5	2.2	20	8.7	4	1.7	7	3.1	19	8.3	8	3.5	12	5.2	0	0.0	12	5.2	3	1.3	1	0.4	1	0.4
2011	213	127	59.6	4	1.9	21	9.9	6	2.8	16	7.5	14	6.6	5	2.3	11	5.2	1	0.5	7	3.3	1	0.5	0	0.0	0	0.0
2012	280	172	61.4	3	1.1	27	9.6	8	2.9	4	1.4	11	3.9	16	5.7	21	7.5	2	0.7	8	2.9	6	2.1	0	0.0	2	0.7

2013年至2015年发展会员界别情况

年份	全年发展数	教育	比例%	科学技术	比例%	医药卫生	比例%	文化艺术	比例%	新闻出版	比例%	公有制经济	比例%	新的社会阶层人士				司法机关	比例%	政府机关	比例%	党派机关	比例%	团体	比例%	其他	比例%
														私营企业主	比例	其他	比例										
2013	386	222	57.5	7	1.8	49	12.7	13	3.4	13	3.4	8	2.1	10	2.6	41	10.6	0	0.0	17	4.4	3	0.8	1	0.3	2	0.5
2014	313	170	54.3	10	3.2	27	8.6	14	4.5	7	2.2	10	3.2	10	3.2	34	10.9	1	0.3	30	9.6	0	0.0	0	0.0	0	0.0
2015	277	141	50.9	4	1.4	32	11.6	7	2.5	9	3.2	15	5.4	8	2.9	34	12.3	0	0.0	20	7.2	7	2.5	0	0.0	0	0.0

2016年至2017年发展会员界别情况

年份	全年发展数	教育	比例%	科学技术	比例%	医药卫生	比例%	文化艺术	比例%	新闻传媒	比例%	公有制经济	比例%	新的社会阶层人士				人大政府机关	比例%	政府机关	比例%	司法机关	比例%	社会团体	比例%	党派机关	比例%	其他	比例%
														私营企业主	比例	其他	比例												
2016	249	123	49.4	5	2.0	35	14.1	3	1.2	13	5.2	16	6.4	8	3.2	21	8.4	0	0.0	21	8.4	0	0.0	1	0.4	0	0.0	3	1.2
2017	294	125	42.6	7	2.4	35	11.9	11	3.7	7	2.4	21	7.1	11	3.7	48	16.3	0	0.0	21	7.1	0	0.0	4	1.4	2	0.7	2	0.7

2018年发展会员界别情况

年份	全年发展数	教育	比例%	科学技术	比例%	医药卫生	比例%	文化艺术	比例%	出版传媒	比例%	公有制经济	比例%	非公有制经济	比例%	新的社会阶层	比例%	人大政协机关	比例%	政府机关	比例%	司法机关	比例%	社会团体	比例%	党派机关	比例%	其他	比例%
2018	406	167	41.1	12	3.0	33	8.1	7	1.7	10	2.5	48	11.8	18	4.4	70	17.2	0	0.0	33	8.1	1	0.3	4	1.0	1	0.3	2	0.5

后　记

自2010年以来，民进上海市委编印的“风云往昔”系列丛书、“在正道上行”系列丛书等各类会史资料，得到广大会员的欢迎和好评，不仅为民进的创立发展史以及上海民进会史的挖掘和整理作出了积极贡献，而且在会员的会史会章教育中收到了良好的效果，进一步提升了会员的素质，提高了会员的凝聚力，扩大了民进组织的影响。

2019年是民进上海地方组织成立七十周年，民进上海市委以此为契机，于2018年8月启动编写《在正道上行——上海民进七十年》一书。本书所采用的信息截至2019年4月底。

民进上海市委高度重视本书的编写出版工作。2018年9月，成立了本书编写委员会，由民进中央副主席、上海市政协副主席、民进上海市委主委黄震担任主编，民进上海市委专职副主委胡卫担任常务副主编，专职副主委黄山明、秘书长何少华担任副主编，研究室副主任陈振民（主持工作）担任执行副主编，汤晓平（执行）、谈玲、李文荣担任编委。全书由民进上海市委研究室负责撰写、采写、编辑等工作，办公室、组织部、参政议政部、宣传部、社会服务部参与第二篇至第六篇的资料补充和核对工作，在民进上海市委机关各部室密切配合下，有力保证了本书的编写工作。

本书在编撰过程中，得到民进中央的大力支持和帮助指导，也得到民进上海各区委（总支）、基层委员会和直属支部的大力支持和积极配合。其中，民进上海各区委（总支）参与第二篇中有关各区级组织沿革简介部分的核对修改工作，民进上海各基层委员会、直属支部参与第二篇中有关各基层组织沿革简介部分的核对修改工作。

本书在编写过程中，有关资料参考了中共中央统战部编写的《大道——多党合作历史记忆和时代心声》，民进中央编写的《中国民主促进会简史（1945—2007）》《中国民主促进会大事记》《民进会史资料选集》（第一辑至第七辑）、《民进名人录》（第一辑），中共市委统战部编写的《铭记与传承——上海多党合作事业光影风华》，上海市政协文史资料委员会编写的《一代名师——我们永远的老校长》《上海民进专辑》，上海社会科学院出版社出版的《中国民主党派上海市地方组织志》，黄浦区政协编写的《民主人士在黄浦》等。

本书的出版得到了上海人民出版社的大力支持，在此深表谢意！

由于年代久远，部分资料缺失，如有不周疏漏之处，诚恳希望广大读者批评指正。

民进上海市委编委会

2019年8月

图书在版编目(CIP)数据

在正道上行:上海民进七十年/黄震主编.—上海:上海人民出版社,2019
ISBN 978-7-208-15942-6

Ⅰ.①在… Ⅱ.①黄… Ⅲ.①中国民主促进会-工作概况-上海 Ⅳ.①D665.3

中国版本图书馆 CIP 数据核字(2019)第 128805 号

责任编辑 汪耀华 刘华鱼
版面设计 王 蓓
封面设计 一本好书

在正道上行:上海民进七十年
黄 震 主编

出 版 上海人民出版社
(200001 上海福建中路 193 号)
发 行 上海人民出版社发行中心
印 刷 上海中华印刷有限公司
开 本 720×1000 1/16
印 张 36.75
插 页 4
字 数 595,000
版 次 2019 年 9 月第 1 版
印 次 2019 年 9 月第 1 次印刷
ISBN 978-7-208-15942-6/D·3443
定 价 198.00 元